全国高职高专汽车类“工学结合-双证制”人才培养“十三五”规划教材

汽车电路与电气系统的检测与维修

主　编　李海斌　江　军　黄　鹏　陈纪钦
副主编　李振兴　蔡文斐　刘阳阳

华中科技大学出版社
中国·武汉

内 容 简 介

“汽车电路与电气系统的检测与维修”是汽车类专业的基础课程。本书在基于工作过程导向的课程开发与教学设计思想之上，紧紧围绕高素质技能型人才的培养目标，编排过程注重理论与实践于一体，以实现一体化教学，是具有工学结合特色的改革教材。本书主要内容包括汽车电路与电子系统认识及相关设备使用、发动机启动无力、充电指示灯常亮、启动机不工作、前照灯近光灯不亮、信号系统工作异常、辅助电器工作异常、安全气囊指示灯常亮、空调制冷效果不好、汽车多媒体播放声音效果不良。

本书既可作为高职高专汽车类专业教材，也可作为汽车维修从业人员的培训教材和参考资料。

图书在版编目(CIP)数据

汽车电路与电气系统的检测与维修/李海斌等主编.—武汉：华中科技大学出版社，2017.9
高职高专汽车类“工学结合-双证制”人才培养“十三五”规划教材
ISBN 978-7-5680-3330-5

Ⅰ.①汽… Ⅱ.①李… Ⅲ.①汽车-电气设备-检修-高等职业教育-教材 ②汽车-电气系统-检修-高等职业教育-教材 Ⅳ.①U472.41

中国版本图书馆 CIP 数据核字(2017)第 211444 号

汽车电路与电气系统的检测与维修
Qiche Dianlu yu Dianqi Xitong de Jiance yu Weixiu

李海斌　江　军　黄　鹏　陈纪钦　主编

策划编辑：王　剑
责任编辑：姚　幸
封面设计：杨玉凡
责任校对：何　欢
责任监印：周治超
出版发行：华中科技大学出版社(中国·武汉)　　电话：(027)81321913
　　　　　武汉市东湖新技术开发区华工科技园　　邮编：430223
录　　排：武汉市洪山区佳年华文印部
印　　刷：武汉市籍缘印刷厂
开　　本：787mm×1092mm　1/16
印　　张：17.75
字　　数：453 千字
版　　次：2017 年 9 月第 1 版第 1 次印刷
定　　价：42.80 元

前 言

本书以汽车电路与电气系统常见故障检修任务为依据，按照工学结合、行动导向的思路进行编写，改变了传统教材按章节进行编排的形式，以典型工作任务为载体，对汽车电路与电气系统的教学内容进行了重新整合。本书分为11个学习情境、32个工作任务，并配以与任务对应的工单，便于按照“任务导向，工单引领，问题导向”的教学模式开展教学。本课程以能力培养为主线，以应用为目的，重点对学生加强实践环节的培养，强化动手能力，突出对岗位综合能力的培养。

本书由李海斌、江军、黄鹏、陈纪钦任主编，并负责全书的统稿工作，李振兴、蔡文斐、刘阳阳任副主编。具体编写分工如下：天津职业大学李海斌编写学习情境1、3，天津职业大学李振兴编写学习情境5、6，湖南交通职业技术学院黄鹏编写学习情境7、9，湖北轻工职业技术学院蔡文斐编写学习情境4，安徽国防职业技术学院刘阳阳编写学习情境8，河源职业技术学院陈纪钦编写学习情境2、10，湖北工业职业技术学院江军编写学习情境11。天津职业大学周晶晶老师在编写过程中全程参与并负责全书的资料整理工作。

本书可作为中、高等职业技术院校汽车运用与维修技术、汽车运用技术等相关专业的教学用书，也可供汽车检测与维修技术人员参考和学习。

由于编者水平有限，书中难免存在不足之处，敬请广大读者批评指正。

编 者

2017年5月

目　　录

学习情境1　汽车电气系统的基础知识

学习目标

1. 知识目标

- 正确描述汽车电气系统的组成。
- 正确描述汽车电气设备的特点。
- 掌握汽车电路基础知识。
- 掌握汽车电路基础元件的作用及工作原理。

2. 能力目标

- 正确认知汽车上的电气设备。
- 掌握汽车电气系统常用检测工具的使用方法。
- 了解汽车电气系统故障的基本诊断方法。

职业情境描述

来到某家汽车4S店实习的小王同学，第一次接触汽车电气设备的维修。面对汽车电气系统，小王同学有很多不懂的问题，于是维修车间李主任安排维修技师给予小王同学帮助，带他了解汽车电气系统基础知识。

工作任务1　汽车电气系统的认知

1. 汽车电器系统的组成

自从汽车诞生以来，汽车的发展给整个世界和人类的生活带来了很大的改变，汽车的技术发展也取得了显著的进步。汽车电气系统是汽车的重要组成部分，其工作性能的优劣直接影响汽车的动力性、经济性、安全性、可靠性、舒适性和对大气环境的保护。

1）电源系统

电源系统的作用是向全车用电设备提供低压直流电能，包括蓄电池、发电机及电压调节器。发电机是汽车上的主要电源，蓄电池是辅助电源。当发电机工作时，由发电机向全车用电设备供电，同时给蓄电池充电。蓄电池的作用是启动发动机时向启动机供电，当发电机不工作时向用电设备供电。电压调节器的作用是保持发电机的输出电压恒定。

2）用电设备

汽车上的用电设备众多。汽车电气系统可分为：启动系统，点火系统，照明与信号系统，仪表、报警与电子显示系统，辅助电气系统及电子控制系统等。

（1）启动系统　其作用是带动发动机飞轮旋转使曲轴达到需要的启动转速，从而启动发动机。主要部件有启动机、启动继电器等。

（2）点火系统　点火系统仅用于汽油发动机上，其作用是将直流低压转变为高压，适时点燃发动机汽缸内的可燃混合气。点火系统分传统点火系统、电子点火系统及电控点火系统三种。

（3）照明与信号系统　其作用是：确保车内及车外一定范围内合适的照度；告示行人车辆引起注意，指示行驶趋向，指示操纵件状态，报警运行性机械故障，以确保行驶和停车的安全性和可靠性。照明部分包括车内及车外各种照明灯。信号部分包括喇叭、闪光器、蜂鸣器及各种信号灯，提供安全行车所必需的信号。

（4）仪表、报警与电子显示系统　其作用是：显示汽车运行参数及交通信息，监控汽车各系统的工况。仪表包括发动机转速表、车速里程表、燃油表、水温表等。

（5）辅助电气系统　其作用是为驾驶员和乘员提供良好的工作条件和舒适的乘坐环境。辅助电气系统包括电动刮水器、风窗洗涤器、空调中控门锁、电动车窗和电动座椅等。

（6）电子控制系统　其作用是更加精确地控制汽车各个系统，使汽车的经济性、动力性、安全性等得到提高。电子控制系统包括电子控制燃油喷射装置、点火装置、自动变速器和防抱死制动装置等。

3）配电装置

配电装置的作用是为了规范布线，便于诊断汽车电气故障。包括中央接线盒、电路开关、保险装置、插接器和导线等。

2. 汽车电气系统的特点

汽车电气系统与普通的电气系统相比，有以下的特点。

1）双电源

汽车上有蓄电池和发电机两个供电电源。蓄电池是辅助电源，发动机未运转时，由蓄电池向有关电气设备供电；发电机是主电源，当发动机运转到一定转速后，开始向所有电气设备供电，并给蓄电池充电。

2）低压直流

汽车电气系统的额定电压主要有 12 V 和 24 V 两种。汽油车普遍采用 12 V 电源，柴油车采用 24 V 电源，这是因为柴油机负载大，启动扭矩比汽油机大得多，如果仍采用 12 伏电源，启动机会做得很大、很重，改用 24 伏电源就可以减小启动机的体积和重量。汽车运行中，12 V 电源系统电压为 14 V，24 V 电源系统电压为 28 V。由于蓄电池充放电均为直流电，所以汽车电源采用直流电。

3）并联单线制

汽车用电设备较多，采用并联电路能确保各支路的电气设备相互独立控制，并联电路布线清晰、安装方便、节约导线、排除故障简便。汽车电气设备采用单线制接线方式，即把车架、发动机、底盘等金属机体连通，并作为各种用电设备的公共并联端使用。安装在钣金件上、挂车上或非金属车厢板上的电气设备则一般采用双线制。

4）负极搭铁

为减少蓄电池电缆铜端子在车架、车身连接处的电化学腐蚀，提高可靠性，采用单线制时，蓄电池的一个负电极必须接到车架上，俗称“负极搭铁”。目前世界各国生产的汽车基本上都采用“负极搭铁”的形式。

了解这些汽车电气系统的特点对汽车电路的分析和故障的检修有很大的帮助。

工作任务 2　汽车电路的基础知识

1. 电工电子基础知识

1）电路基础知识

（1）电阻器　当电路中不需要最大电流或电压时，可利用电阻器来限制电流。电阻器产生电压降并将电能转化成热能，该功能在汽车上的许多地方都有应用，如后窗除霜装置、加热器和点烟器等。灯泡中的灯丝也会产生热，但它主要是起照明作用。

① 定值电阻器　定值电阻器的阻值是固定的，并以 Ω（欧）为单位标定。定值电阻器用于降低电路中的电压或限制电流。定值电阻器可根据其用途装在某一部件里或接在电路上。电阻线用于向一已知负载提供预定电压。电阻线的规格是以每英尺多少欧来表示，电阻线的长度对整个系统的工作十分重要。电流通过电阻线时，电压会因电阻器而降低。可根据检测出的电压降的情况，来执行预先设定的措施，其典型应用是车灯故障警告系统。

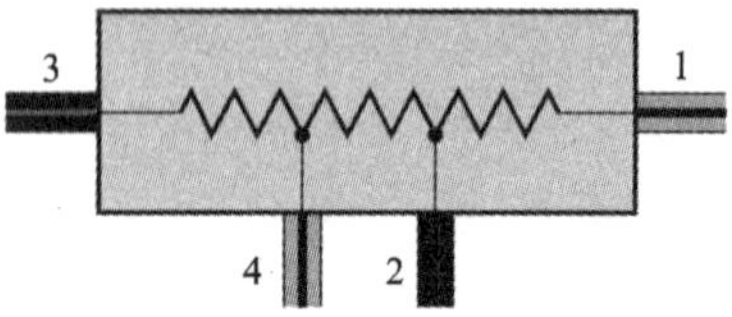

图 1.1　不连续可变电阻器

② 不连续可变电阻器　不连续可变电阻器具有 2 个或 2 个以上供选择的固定电阻值，如图 1.1 所示。将导线连接到电阻器上不同的抽头接线端，就可获得几种不同的电阻值。空调风机上用的电阻器就属于这一类。选择风机风量控制钮，可增加或减少风机串联电路中的电阻值，减小或增加风机的电流，从而选择风机转速。

③ 可变电阻器　可变电阻器利用滑臂来获得一定范围内的电阻值，其图形符号如图1.2所示。转柄电阻器是可变电阻器的一种形式。仪表板的照明控制和收音机的音量控制都是可变电阻器在汽车上应用的例子。在转柄电阻器中，电流从电源进入电阻器，然后从电阻器上的滑臂输出。另一种可变电阻器称电位器。它的工作原理与转柄电阻器相同，所不同的只是增加了第 3 条支路，电流通过电阻器接地。滑臂依其在电阻器上的位置产生一个介于源电压和零电压之间的输出电压。这类装置常用于电控系统，用于检测某一机械部件的运动状况。

④ 热敏电阻器　热敏电阻器是另一种形式的可变电阻器，其图形符号如图 1.3 所示，其阻值随着温度的变化而变化，可以用热敏电阻器感测温度的变化，并把这种变化转换成电压信号的变化。冷却液温度传感器、自动空调的温度传感器等都是典型热敏电阻器的应用。

⑤ 光敏电阻器　光敏电阻器也是一种可变电阻器，其图形符号如图 1.4 所示，它的阻值随光照强度的变化而变化，光照强度越大，其阻值越小，光照强度越小，阻值越大。汽车电气系统中前照灯自动开灯系统就是通过光敏电阻器实现自动开灯功能的。

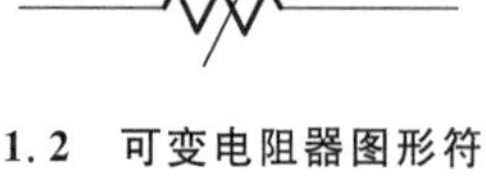

图 1.2　可变电阻器图形符号

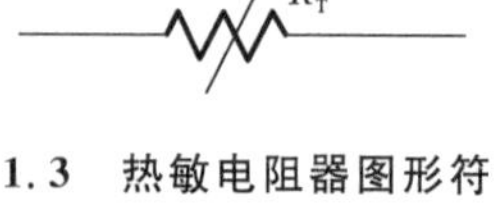

图 1.3　热敏电阻器图形符号

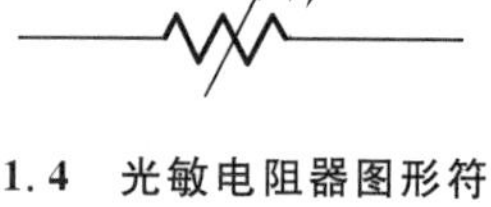

图 1.4　光敏电阻器图形符号

（2）电容器　电容器可以吸收和储存电荷。电容器是由两个或多个导体（板），并在导体之间填充非导电性介质制成。电容器具有通交流阻直流的功能，其所产生的微小直流电流有助于吸收峰值电压，防止击穿断开的触点。若用于音响设备，电容器也可以起到“噪声”过滤器的作用。电容器的单位为 F（法拉）。电容器的种类很多，可分为固定电容器、可变电容器和半可变(微调)电容器。电容器的图形符号如图 1.5 所示。

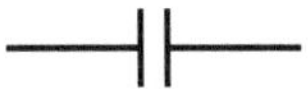

图 1.5 电容器图形符号

对于不同的电路,应选用不同类型的电容器。谐振回路可选用云母、高频陶瓷等电容器;隔直流可选用纸介、云母、电解、陶瓷等电容器;旁路交流可选用涤纶、纸介、陶瓷、电解电容器;滤波电路可选用电解电容器。在滤波电路中,电容器的耐压值不能小于交流电压有效值的 1.42 倍。在电容器装入电路前,需检查有无断路、短路和漏电现象,并核实其电容量,正、负极性不能接反。

(3) 二极管　二极管具有单向导电性,只允许电流从一个方向流向另一个方向,阻止电流向相反方向的流动。二极管可用来制作逻辑电路,这种电路只有在某些条件满足一定顺序时才能起作用。例如点火开关钥匙警告蜂鸣器的电路,只有在点火开关在关闭(OFF)位置而车门打开的情况下才能被接通。二极管是一种半导体器件,用于在不希望电流流过的方向或路径上阻止电流流过。二极管通常由特殊加工的半导体硅制成,当施加正向电压(PN 结正向偏置)时,二极管导通,二极管相当于导体(正向压降可忽略),电流流过该电路;当施加反向电压(PN 结反向偏置)时,二极管截止,二极管相当于绝缘体,电流将被阻断。普通二极管的图形符号如图 1.6 所示。

图 1.6 普通二极管图形符号

二极管在导电时发光,这种二极管称为发光二极管(LED)。发光二极管上有一小透镜(见图 1.7)。不同的材料制成的发光二极管可发出不同颜色的光。发光二极管的工作情况与普通二极管相同,不同的是它会在加偏压时发光,电流约为 3 mA。

(4) 三极管　三极管又称为晶体管,三极管的 3 个极分别是基极(b)、集电极(c)和发射极(e)。将一个微小的电流或电压施加在三极管的基极上,就可以控制流经其他两极较大的电流,这就意味着三极管可以当做放大器和开关来使用。基极非常薄,并且导电性与反射极和集电极相比较弱。一个非常小的基极—发射极电流可以控制一个非常大的集电极—发射极电流。三极管的类型有 NPN 型和 PNP 型(见图 1.8)。汽车电路中最常使用的是 NPN 型三极管。

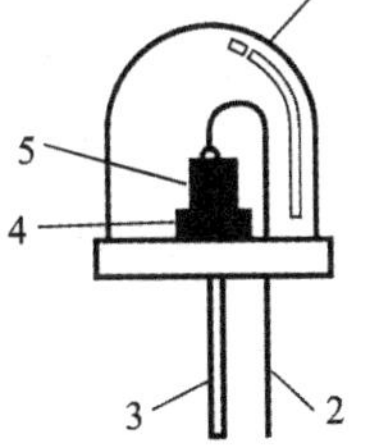

图 1.7 发光二极管

1—透明壳;2—阳极(+);3—阴极(−);
4—N 型半导体材料;5—P 型半导体材料

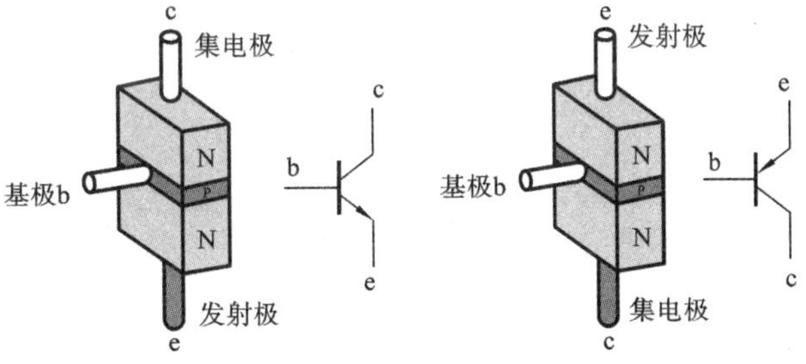

图 1.8 NPN 和 PNP 型三极管结构及其图形符号

① 开关作用　晶体管是三层半导体材料组成,作用如同高速开关。

对于 NPN 型三极管,当基极加正偏压时,发射极引导电流流至集电极,但晶体管不能导通,除非加到基极的电压超出发射极电压大约 0.7 V 时,三极管才导通,基极和集电极电压相对于发射极电压都必须是正的。如果加到基极与发射极的电压相比小于 0.7 V,三极管的作用如同断开的开关;如果大于 0.7 V,作用就像合上的开关。

对于 PNP 型晶体管,当给基极加比发射极电压更低的正偏压时,电流便从发射极流到集电极。为使电流从发射极流到集电极,基极和集电极的电压都必须比发射极的电压低。PNP 型晶体管的工作原理与 NPN 型相同,不同的只是所流的电流是空穴电流。

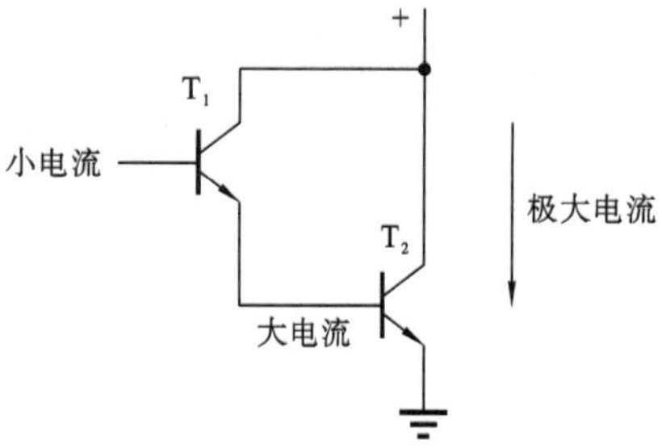

图 1.9 达林顿管(放大电路)

② 放大作用　三极管的另一个重要作用是放大作用。这个作用对于读出计算机输入的微弱电压是很有用的,但必须将此微弱电压增强才能驱动负载部件。有些放大电路使用达林顿管,如图 1.9 所示,这种电路将两个三极管连在一起,三极管 T_1 用做前置放大管,它产生推动三极管 T_2 的电流。三极管 T_2 是次级放大管,它与控制电路是隔离的,它将电流增强到驱动负载部件所需的数值。电子点火系统的控制模块大多采用这种放大电路。

2) 磁与电磁场

(1) 磁场与电磁感应。

① 磁场　静止不动的带电粒子(电荷)周围存在着电场,电场对静止的电荷有电场力的作用。而运动的电荷周围不仅有电场,还有另一种看不见的物质存在,这种由运动电荷产生的物质叫磁场,磁场对运动的电荷有力的作用。

② 电流的磁效应　电流是电荷的运动形成的,因此,电流的周围就有磁场。

如果把磁场想象成布满沿磁场方向的磁力线,通电导体周围的磁场就是围绕导体的同心圆,磁场的方向可用右手螺旋定则判定,如图 1.10 所示。

线圈的磁场实际上是通电导体弯曲成螺旋状时的另一种形式,磁场的分布形式和方向判定如图 1.11 所示。

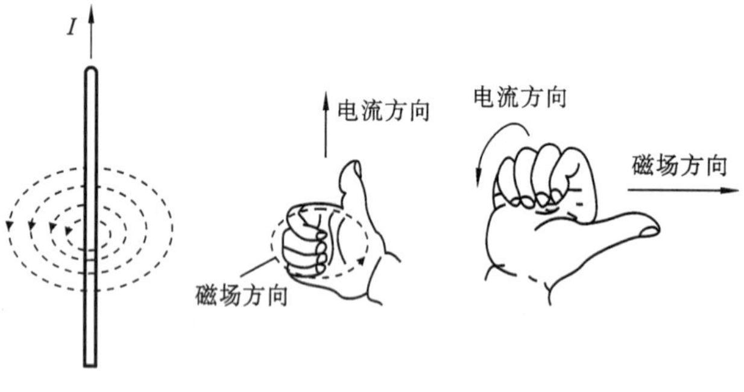

图 1.10 通电直导体周围的磁场

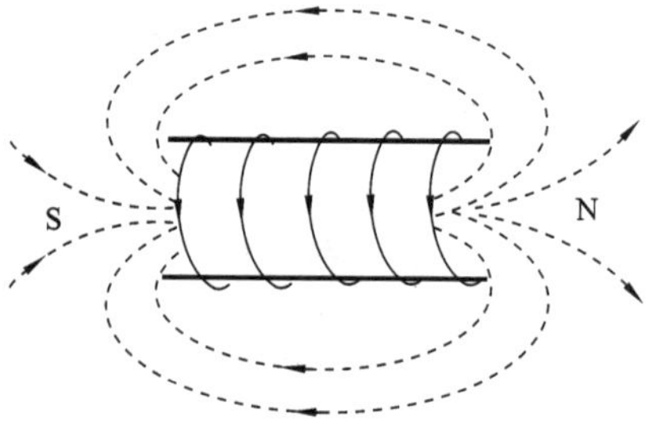

图 1.11 螺旋线圈产生的磁场

③ 磁场的基本物理量。

a. 磁感应强度 B　磁场的重要特性之一就是磁场对磁场中的载流导体有力的作用(电磁力),若把通电导体按垂直于磁感应线的方向放入一磁场中,则作用于导体上的电磁力与导体中通过的电流及导体的长度成正比。力的方向和磁感应线的方向及电流的方向垂直,三者的关系可用左手定则来确定。若把同一载流导体按垂直于磁感应线的方向放入不同的磁场中或同一磁场的不同位置中,电磁力的大小可能各不相同,而且磁场越强的地方电磁力也越大。可见，电磁力不仅与电流和导体的长度成正比，且与导体所在位置的磁场强弱有关。因此，需要引入一个用来描述磁场中各点的磁场强度和方向的物理量，这个物理量称为磁感应强度，用 B 来表示 。如果磁场内各点的磁感应强度的大小相等，方向相同，则这样的磁场称为均匀磁场。

b. 磁通 Φ　磁感应强度 B（如果不是均匀磁场，则取 B 的平均值）与垂直于磁场方向的面积 S 的乘积称为通过该面积的磁通。磁感应强度在数值上可以看成与磁场方向垂直的单位面积所通过的磁通，故磁感应强度又称为磁通密度。如果用磁感应线来描述磁场，使磁感应线的疏密反映磁感应强度的大小，则通过某一面积的磁感应线的总数就反映通过该面积的磁通的大小，通过垂直于磁场方向的单位面积的磁感应线数目就反映该点的磁感应强度的大小。

c. 磁导率 μ　各种物质在磁场中的表现是不一样的，有的会增强磁场，有的会削弱磁场，这主要与各种物质的导磁性能有关。为了衡量物质的导磁性能而引入“磁导率”这个物理量。自然界中，大多数的物质对磁场强弱影响甚微，有的物质使磁场略比真空中增强，如空气、锡、铝等；有的物质使磁场略比真空中减弱，如铜、银、石墨等；只有铁、镍、钳及其合金，它们的磁导率很大，能使磁场大为增强，我们将这类物质称为铁磁材料。铁磁材料的磁导率是真空的几百倍，它能使磁场大大增强，故而通电线圈一般都绕在铁磁材料制成的铁芯上，这样就能以较小的电流产生较强的磁场，使线圈的圈数减少，体积和重量减小。在电气设备中，铁磁材料得到了广泛应用。

d. 磁场强度 H　磁感应强度 B 的计算在实际中往往很难求得，因为它不仅与电流的大小和导体的形状、位置有关，而且还与物质的磁导率有关。为了方便地计算出 B，我们引入了一个辅助物理量，称为磁场强度，用符号 H 表示。在电工技术中，用简单的形式来计算出某一区域的磁场强度，磁感应强度等于磁导率与磁场强度的乘积。磁场强度的引入不仅简化了磁场计算，而且常用来分析铁磁材料的磁化状况。

(2) 磁路的概念及基本定律。

① 磁路　磁路是指磁通通过的路径。磁路实质上是局限在一定路径内的磁场，常见的磁路如图 1.12 所示。磁路中的磁通由励磁电流产生，经过铁芯和空气隙而闭合，如图 1.12(a)、图 1.12(b)所示；也可由永久磁铁产生，如图 1.12(c)所示。

② 磁路欧姆定律　图 1.13 所示为绕有线圈的铁芯，当线圈中通入电流 I 时，在铁芯中就会有磁通通过。实验可知，铁芯中的磁通与通过线圈的电流 I、线圈匝数 N、磁路的截面积 A 及磁导率 μ 成正比，与磁路的长度成反比。

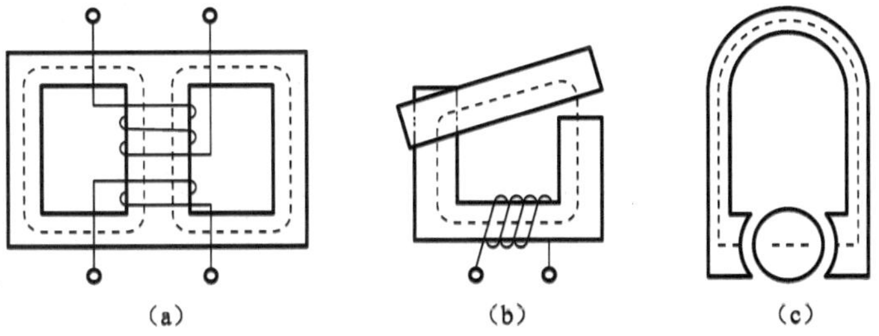

图 1.12　常见电气设备的磁路

(a) 变压器　(b) 电磁铁　(c) 磁电式电表

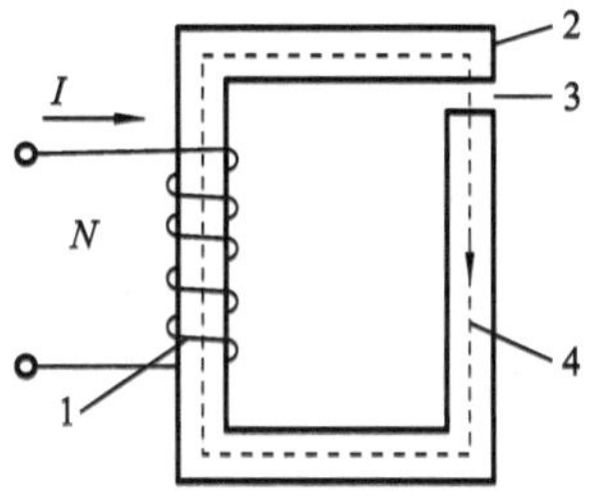

图 1.13　磁路的构成

1—通电线圈(磁源)；2—铁芯；3—气隙；4—磁路

2. 汽车电路基础元件

1）导线

汽车电路所用导线分为低压线与高压线。低压线又有普通线、启动电缆和蓄电池搭铁电缆之分；高压线又有铜芯线与阻尼线之分。汽车导线主要根据导线的绝缘、通过电流的大小和机械强度三个方面的要求进行选择。例如，点火系的次级电压一般都在 10000～20000 V 之间，导线的绝缘性能要求较高，因此，必须采用耐高压的导线。其他线路均采用低压线。

（1）低压导线。

① 导线横截面面积　普通低压导线为铜质多芯软线，根据外皮绝缘包层的材料不同，分为 QVR 型和 QFR 型两种。普通低压导线的截面面积主要根据用电设备的工作电流进行选择。然而，对功率很小的设备而言，如果仅从工作电流来进行选择导线，那么由于其截面面积小、力学强度低，导线就很容易折损，因此汽车电路所用的导线截面面积≥0.5 mm^2。各种低压导线的标称截面面积所允许的负载电流值见表 1.1。

表 1.1　低压导线的标称截面面积所允许的负载电流值

导线截面面积/mm^2	1.0	1.5	2.5	3.0	4.0	6.0	10	13
允许载流值/A	11	14	20	22	25	35	50	60

导线截面面积还受通过电路的电压降的制约。整车电路的电压降最大允许值为 0.8 V。当发电机以额定负载工作时，电源线的电压降最大允许值为 0.3 V。当启动机通过启动电流时，电压降的最大允许值为 0.5 V，这是因为导线横截面面积小时，导线电阻增大，温度升高。电阻增大会使电压降增大，可能导致用电设备供电电压不足而无法正常工作。温度升高会加速导线老化，缩短其使用寿命；温度过高还有可能导致火灾。

② 导线颜色　各国汽车厂商在电路图上多以字母（英文字母）表示导线颜色及条纹颜色。主要国家汽车制造厂商导线颜色部分代号见表 1.2。

表 1.2　汽车导线颜色代号

颜色＼车型	全称	丰田	本田	通用	福特	克莱斯勒	宝马	奔驰	三菱
黑色	black	B	BLK	BLK	BK	BK	BK	SW	B
棕色	brown	BR	BRN	BRN	BR	BR	BR	BR	BR
红色	red	R	RED	RED	R	RD	RD	RT	R
黄色	yellow	Y	YEL	YEL	Y	YL	YL	GE	Y
绿色	green	G	GRN	GRN	GN		GN	GN	G
蓝色	blue	L	BLU	BLU	BL		BU	BL	L
紫罗兰色	violet	V				VT	VI	VI	V
灰色	grey	GR	GRY	GRY	GY	GY	GY	GR	GR
白色	white	W	WHT	WLLT	W	WT	WT	WS	W
粉红色	pink	P	PNK	PNK	PK	PK	PK		P
橙色	orange	O	ORN	ORN	O	OR	OR		O

导线颜色要易于区别，导线上采用条纹标志要对比强烈，双色线中的主色所占比例大些，辅色所占比例小些，主色条纹与辅色条纹沿圆周表面比例为 3∶1 至 5∶1。双色线标注的第一色为主色，第二色为辅色。

(2) 高压导线。

高压导线用来传送高压电流，由于工作电压很高(一般都在 10 kV 以上)、电流较小，因此高压导线的绝缘包层很厚、线芯截面面积很小，但耐压性能很好。国产汽车用高压导线有铜芯线与阻尼线两种。带阻尼的高压导线可抑制和衰减点火系产生的高频电磁波，降低对电控装置和无线设备的干扰。

(3) 线束。

为使全车线路规整，安装方便及保护导线的绝缘，汽车上的全车线路除高压线、蓄电池电缆和启动机电缆外，一般将同区域的不同规格的导线用棉纱或薄聚氯乙烯带缠绕包扎成束，称为线束，如图 1.14 所示。

图 1.14 汽车线束

2) 插接器

通常所说的插头和插座是指插接器，用于导线与导线间或线束与线束间的连接。为了防止插接器在汽车行驶过程中脱开，所有的插接器均采用了闭锁装置。图 1.15 所示为几种常见的插接器。

图 1.15 常见插接器

要拆卸插接器，首先要解除闭锁装置，然后把插接器拉开，不允许在未解除闭锁的情况下用力拉导线，否则会损坏闭锁装置或连接导线，如图 1.16 所示。

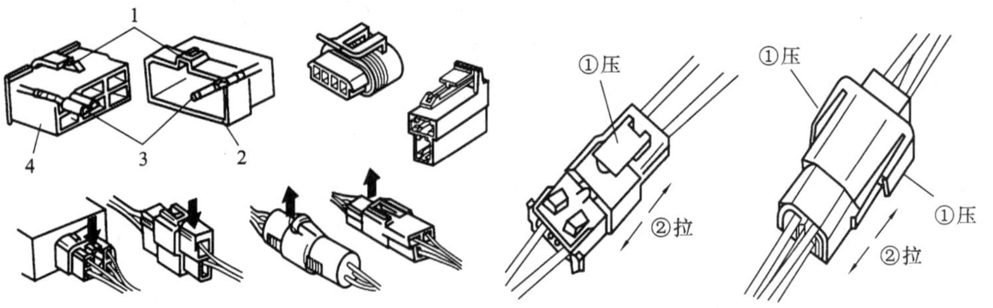

图 1.16　插接器的拆卸方法

1—锁止扣；2—插头体；3—插接器端子；4—插座体

有些插接器用钢丝扣锁止，取下钢丝扣后才能将插接器拉开。在插接器端子有接触不良或断线故障时，可将插接器分解，用小一字形螺丝刀或专用工具从壳体中取出导线及端子进行修理或更换，如图 1.17 所示。

用工具压锁舌时，用力要适当，不能用力太大，否则会损坏锁舌和接头。如果用工具压住锁舌后仍然不能移动端子，可能是压的地方不对或没有压住锁舌，而不是用力不够。如果位置正确，轻轻用力即可压住锁舌。通过维修手册可以很容易确定锁舌的位置。

3）电路保护元件

当汽车电路中的电流超过规定值时，汽车电路保护装置能够自动切断电路，从而保护电气设备和防止烧坏导线，把故障限制在最小范围内。汽车上的电路保护装置主要有熔断器、易熔线、断路器等。

(1) 熔断器。

熔断器俗称保险丝，当电路中流过超过规定的电流时，熔断器的熔丝自身发热而熔断，切断电路，防止烧坏电路连接导线和用电设备，并把故障限制在最小范围内。熔断器一般安装在仪表盘附近或发动机罩下面的熔断器盒内，常与继电器组装在一起，构成全车电路的中央接线盒，如图 1.18 所示。

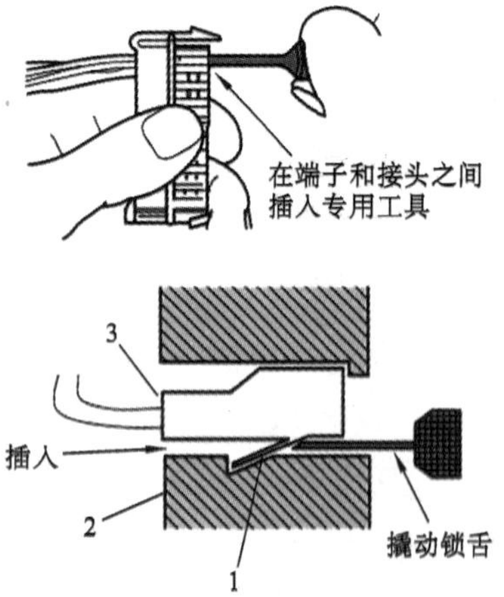

图 1.17　使用工具拆卸插接器

1—锁舌；2—接头；3—端子

图 1.18　中央接线盒中的熔断器

1—继电器；2—熔断器；3—蓄电池；4—保险丝；5—易熔线

图 1.19 所示为 3 种基本类型的熔断器：熔管式、缠丝式、插片式。熔断器损坏后，可以直观看到熔断丝断开。熔断器的检查如图 1.20 所示，熔断器外壳体上的两个小孔可以使修理工很方便地检查电压降、工作电压或通导性。熔断器的图形符号如图 1.21 所示。插片式熔断器在汽车上的应用最为广泛，并具有规定的安培值和颜色编码，熔断器标明额定电流值。一般情况下，环境温度在 18 ℃～32 ℃时，流过熔断器的电流为额定电流值的 1.1 倍时，熔丝不熔断；达到 1.35 倍时，熔丝在 60 s 内熔断；达到 1.5 倍时，20 A 以内的熔丝在 15 s 以内熔断，30 A 的熔丝在 30 s 以内熔断。

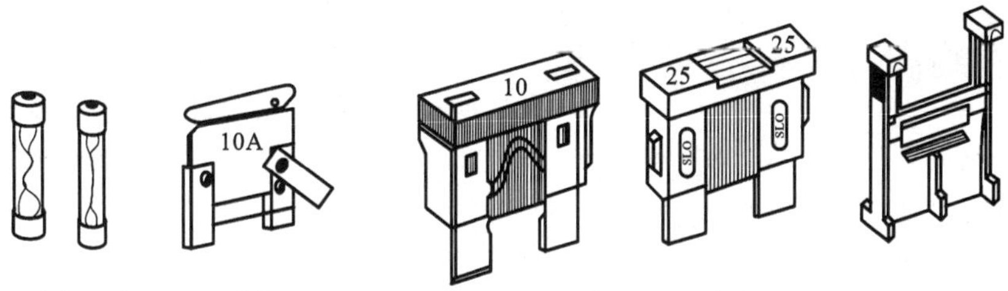

(a)　　(b)　　(c)

图 1.19　熔断器的类型

熔断器的使用需要注意以下几点。

① 熔丝熔断后，必须找到故障原因，彻底排除故障。

② 使用更高额定值的熔断器进行更换时，一定要参阅维修手册和用户手册，以确认电路保护装置能正常工作。

③ 熔断器支架与熔断器接触不良会产生压降和发热，安装时要保证接触良好。

(2) 易熔线。

易熔线是一种大容量的熔断器，用于保护电源电路和大电流电路。易熔线的安装位置接近电源。易熔线通常在不宜采用熔断器或断路器的情况下保护较大范围的车辆电路。若发生过载，易熔线较细的导线将熔断，以在发生损坏前断开电路。易熔线的图形符号如图 1.22 所示。

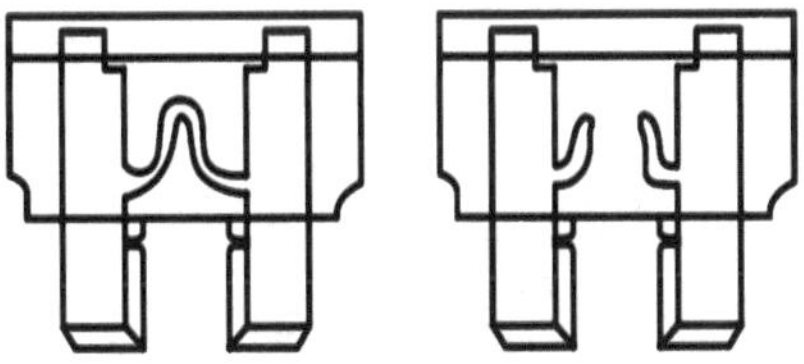

(a)　　(b)

图 1.20　熔断器的检查

(a) 熔丝完好的熔断器　(b) 熔丝熔断后的熔断器

图 1.21　熔断器的图形符号

图 1.22　易熔线的图形符号

一部汽车或许有一根或几根易熔线。易熔线盒外壳上标有额定值，电路过载时，易熔线会熔断，从而切断电路。易熔线一般位于蓄电池附近的主连接处(见图 1.23)。在有些汽车上，易熔线位于启动电动机附近的主连接处。易熔线的电流容量由它的线号决定，易熔线一般比它保护的线号大 4 个线号(即大 4 个号码)，导线越细，其线号越大，比如 14 号线需要 18 号易熔线保护。

图 1.23 易熔线

易熔线在使用中应注意以下几点。

① 绝对不允许换用比规定容量大的易熔线。

② 易熔线熔断时，可能是主要电路发生短路，因此需要仔细检查，彻底排除隐患。

③ 不能和其他导线绞合在一起。

(3) 断路器。

断路器是机械装置，它利用两种不同金属（双金属）的热效应断开电路。如果大的电流经过双金属带，双金属带弯曲，触点开路，电流不能通过。当断路器冷却后，触点再次闭合，电路导通，即无电流时，双金属带冷却而使电路重新闭合，断路器复位。

一般来说，有两种类型的断路器：循环式和固态断路器。

① 循环式断路器　循环式断电器是自动复原的，结构如图 1.24 所示。这种断电器利用了双金属片的特性。当出现过载或电路故障引起过大电流时，双金属片被流过的大电流加热而弯曲，触点随之断开。触点一旦断开，电流便不再流过双金属片，双金属片自然冷却而再次将触点闭合。如果电路仍然引起过大电流，则断电器触点再次断开，如此断电器便周期性地断开和闭合，直至不过载为止。

在实际的运行中，触点断开的速度是很快的。若持续存在过载，断路器将反复循环（断开、闭合），直到该情况得到纠正为止。

② 固态断电器　图 1.25 所示为固态断路器。这种断路器的电阻值随着温度的升高而增大，它没有机械部件，聚合体内有定密度的碳和晶体。碳是可以导电的，所以当断路器两端有电压时，电流就通过碳导通，其中的晶体膨胀，从而导致聚合体中碳的密度减小，使聚合体的电阻值变大。当温度达到一定值时，碳的密度太小，电阻值过大，就会形成断路状态。聚合体中没有电流通过时，就会开始降温，晶体收缩，碳的密度又会增加，电路又会重新导通。这种断路器在汽车电动车窗和电动门锁电路中都有使用。

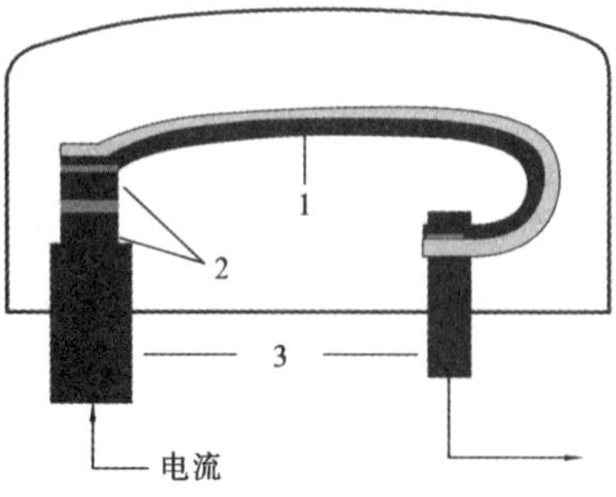

图 1.24 循环式断路器

1—双金属片；2—触点；3—端子

图 1.25 固态断路器

4) 开关

汽车上所有用电设备的接通和停止都必须经过开关控制。对开关的要求是坚固耐用、安全可靠、操作方便、性能稳定。

（1）机械式开关。

在汽车电路中，各用电设备都设有单独的控制开关，如灯光开关、灯光组合开关（见图1.26）、刮水器开关、转向信号灯开关、危急报警开关、倒车灯开关、制动灯开关、喇叭开关、空调开关等等。开关是切断或接通电路的一种控制装置，其动作可以手控，也可以根据电路或车辆所处状况自动控制。开关分常开和常闭两种形式，常开是指开关在常态位置或静止位置时，电路是不通的；常闭是指开关在常态位置或静止位置时，电路是接通的。

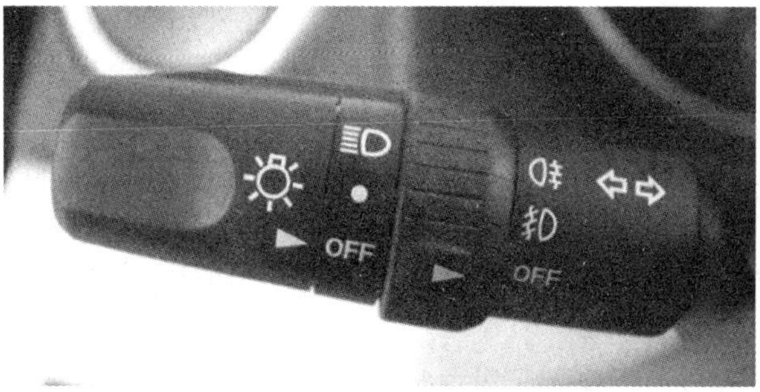

图1.26 灯光组合开关

开关在电路图中的表示方法有多种，常见的有结构图表示法、表格表示法和图形符号表示法等。下面以点火开关为例，介绍电路开关的表示方法。如图1.27所示，点火开关的功能主要有锁住方向盘转轴（LOCK挡）、接通仪表指示灯（ON或IG挡），启动发动机（ST或START挡），给附件供电（ACC挡主要是收放机专用），发动机预热（HEAT挡）。其中启动、预热挡工作时消耗电流很大，开关不宜接通过久，所以这两个挡位在操作时必须用手克服弹簧力，扳住开关，一松手就弹回点火挡，不能自行定位，其他挡位均可自行定位。

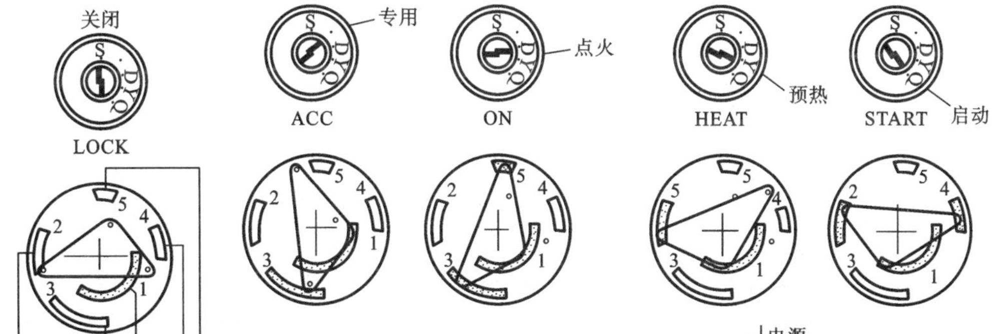

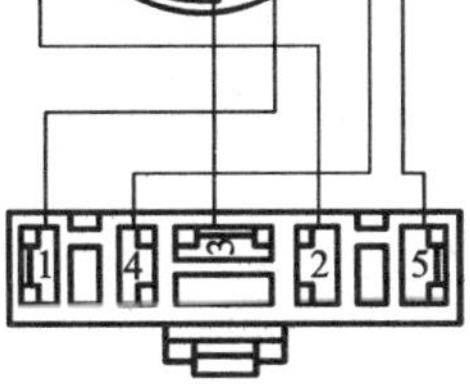

	1	3	5	2	4
LOCK锁住(S)	●				
ACC专用(·)	●	●			
ON点火(D)	●	●	●		
HEAT预热(H)	●	—	—	●	
START启动(Q)	●	—	—	●	●

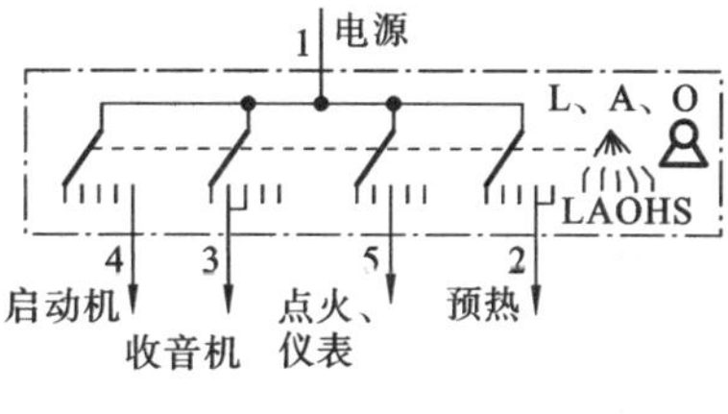

（a）　　（b）　　（c）

图1.27 点火开关的表示方法

（a）结构示意图 （b）表格表示法 （c）图形符号表示法

（2）温控开关。

温控开关也称“双金属片”开关，它是根据不同的金属对热的反应不同而设计的。如果温控开关受热达到规定值，双金属片就会变形，使触点闭合，接通电路。汽车的冷却液温度报警灯开关就是温控开关，当冷却液温度达到预定值时，开关就会闭合，接通冷却液温度过高报警灯电路，仪表板上的报警灯就会点亮，以提醒司机。还有一些温控开关是“常闭”型的，其原理和“常开”型温控开关是一样的，它在正常情况下开关闭合，当开关的温度达到一个预定值时，开关就会受热断开。

（3）时间延迟开关。

时间延迟开关由一个双金属条、两个触点和加热元件组成。时间延迟开关是“常闭”的。开关中有电流通过时，加热元件开始放出热量，当温度达到一定值，双金属片会受热弯曲变形，触点断开。随着加热元件的持续放热，触点一直保持断开状态，保持的时间和双金属片的特性及加热元件的加热时间有关。加热元件的电流被断开后，加热元件停止发热，温度开始下降，双金属片恢复原状，触点闭合。后车窗除雾系统就利用了时间延迟开关。

5）继电器

在汽车电路中，有许多地方应用了继电器，例如，燃油泵、喇叭和启动系统等。继电器是一个电气开关，其作用是用一个小电流控制一个大电流。继电器分为：常开继电器、常闭继电器和常开常闭混合型继电器。下面以常开继电器为例介绍其结构简图（见图 1.28），包括一个控制电路、一个电磁铁和一组触点等。常开继电器的图形符号如图 1.29 所示。

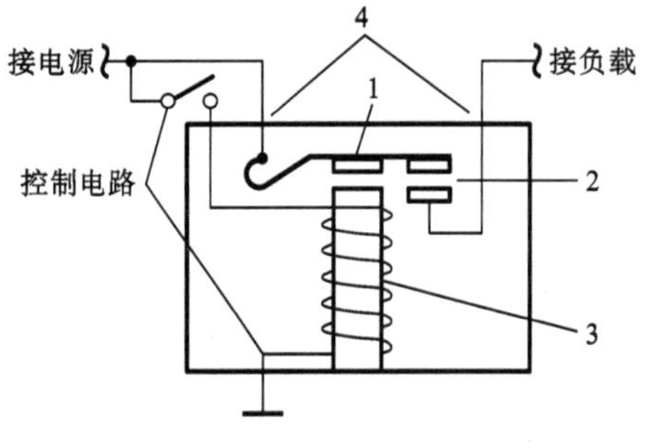

图 1.28　常开继电器简图

1—衔铁；2—触点；3—电磁铁芯；4—电源电路

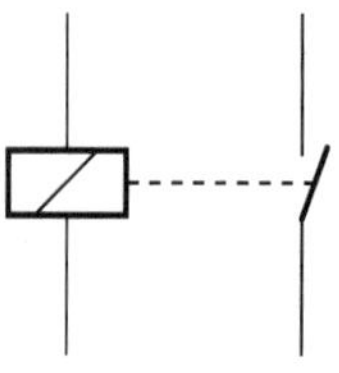

图 1.29　常开继电器图形符号

常开继电器有两个电路（见图 1.30），一个是控制电路，一个是负载电路。控制电路有一个线圈控制负载电路中开关。当给控制电路中的线圈（1、3 引脚）接通电流后，就会产生一个磁场，该磁场会作用于负载电路（2、4 引脚）中的开关，使其闭合，从而接通负载电路。当切断控制电路中的电流后，磁场消失，负载电路中的开关会恢复原位（断开状态）。这样，就可以实现以小电流（流过线圈 1、3 间的电流）控制大电流（开关 2、4 间的电流）。

当继电器发生故障时，首先要分清楚继电器的各个引脚。一般情况下厂家会在继电器的外壳上标明继电器的引脚和内部接线图，通过标识可以辨别控制电路和负载电路的引脚。继电器检测方法如下。

（1）用万用表电阻挡确定继电器的引脚　如果厂家没有标明引脚，可以用万用表电阻挡测试确定，如图 1.31 所示（以 4 引脚继电器为例）。通常控制电路（线圈）的两个引脚之间的电阻在 50～120 Ω 之间。如果测试到两个引脚之间的阻值在这个范围内，那么这两个引脚就是

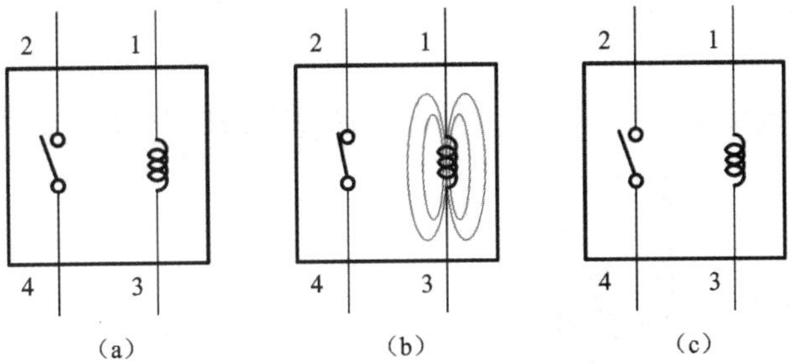

图1.30　常开继电器工作原理

(a) 正常位置　(b) 线圈通电时　(c) 断电后

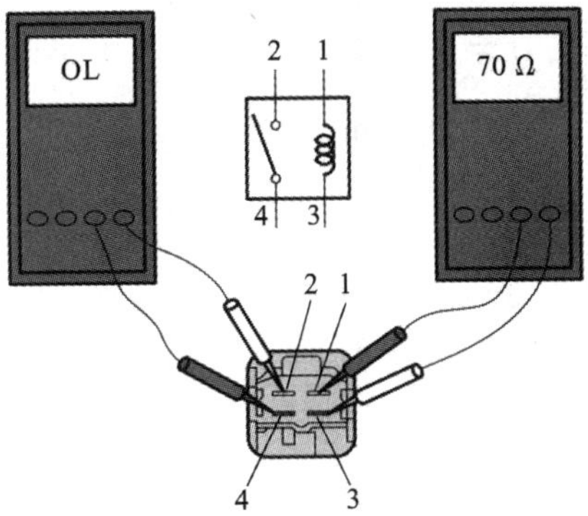

图1.31　用万用表电阻挡测试确定继电器引脚

控制电路(线圈)的两个引脚。如果控制电路之间的电阻小于50 Ω,大于0 Ω,那么要查阅有关手册,确认线圈是否有问题。然后检查另外两个引脚之间的电阻,阻值应该是0 Ω(常闭继电器)或无穷大(常开继电器)。

确定各个引脚之后,可以将引脚1接通电源,将引脚3接地。如果在控制电路(线圈)通电的同时,能听到"咔哒"声,说明线圈良好。

如果在控制电路(线圈)通电的同时听不到"咔哒"声,说明控制电路(线圈)损坏,请更换继电器。

(2) 用测试灯检测继电器(粗略检测)　在确定继电器各个引脚的前提下,在引脚4上连接一个测试灯,如图1.32所示,测试灯的另一端接地。按图示方法将控制电路(线圈)通电,会听到"咔哒"声(如果听不到"咔哒"声,说明控制电路有问题)。在控制电路产生的磁场作用下,负载电路(开关)接通,此时测试灯会点亮。切断控制电路的电源后,测试灯熄灭。如果测试灯像上面描述的那样,说明继电器正常,否则需要更换继电器。

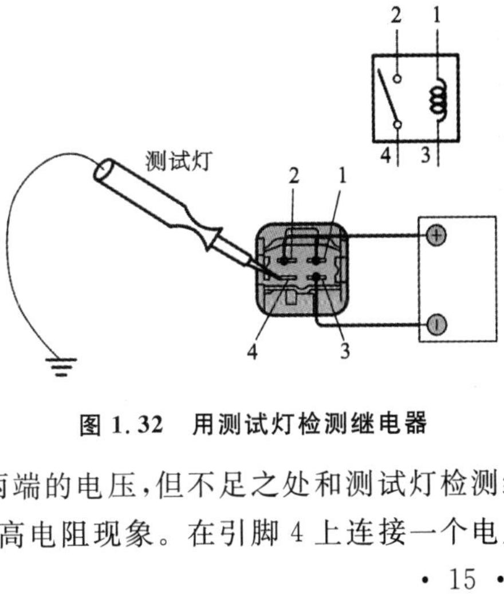

图1.32　用测试灯检测继电器

(3) 用电压表检测继电器　可以用电压表代替上面步骤中的测试灯。电压表能更准确地测试开关两端的电压,但不足之处和测试灯检测继电器一样,不能很好地确定开关的触点是否有烧坏即高电阻现象。在引脚4上连接一个电压表，如图 1.33 所示，电压表的另一端接地。如图示方法将控制电路（线圈）通电，会听到“咔哒”声（如果听不到“咔哒”声，说明控制电路有问题），在控制电路产生的磁场作用下，负载电路（开关）被接通，此时电压表会显示电源电压。切断控制电路的电源后，电压表显示零。

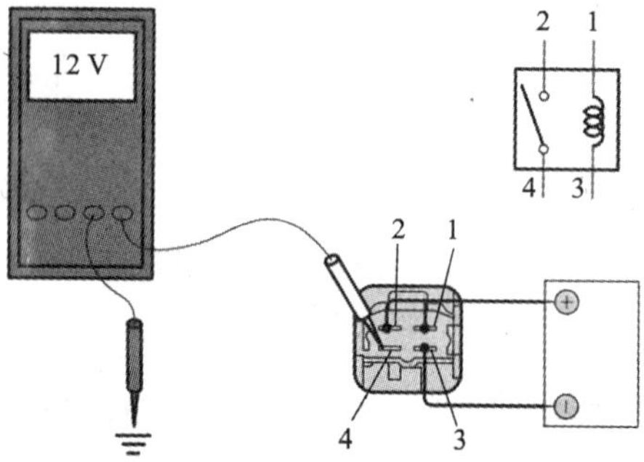

图 1.33　用电压表检测继电器

工作任务 3　常用检测工具认知及使用

1. 汽车电路常用检测工具

1）数字式万用表

现代汽车电控单元和电子控制元件越来越多，而汽车上的电控单元和电子元件不允许用低阻抗的指针万用表检测，因此数字万用表在汽车电气维修中成为主要检测仪器。汽车用数字万用表如图 1.34 所示。

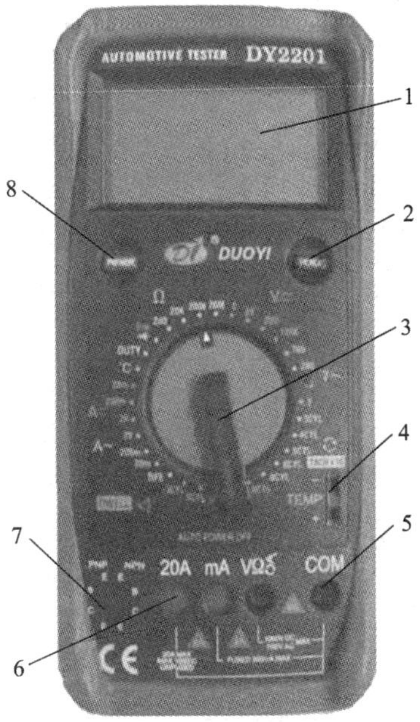

图 1.34　汽车用数字万用表

1—显示器；2—数据保持开关；
3—功能/量程选择开关；4—温度测试插孔；
5—表笔插孔 COM；6—表笔插孔挡板；
7—三极管测试插座；8—电源开关

数字万用表在许多方面都优于绝大多数型号的指针万用表，其中最主要的方面是它更准确。影响指针万用表精确度的因素不单是内部电路，指针也会因从不同的角度观察而指在不同的位置。而数字式万用表却不必为读数不准而担心。

数字万用表有一个测试值的电子数字读出装置。数字万用表具有使测试精确的电子电路，其准确度超过 0.1%，远远超过指针万用表。数字万用表已普遍用于电气诊断和检测，尤其是电气系统的检测。

当数字万用表的正导线接电源正极而负导线接地时，它即在读数前显示一个“＋”号。如果两导线接法相反，则读数前将会出现“－”号，以示相反极性。

大部分高质量的仪表是由表内电池为电源的内部电路提供已知数据。如果电池电力不足，就将影响读数的精确度。因此，要时常检查表内电池，以确保数据的准确性。大部分数字式仪表都有一个电池警告标志，用来显示电池的电位状况。

测电压时具有极敏性，它可显示正电压或负电压。数字万用表用“＋”或“－”来表示正电压或负电压。数字万用表电压挡有几个供选择的挡位，各挡的量程不同，读数有所不同。所选择的量程挡应以得到最精确读数为准。一般数字式仪表的量程挡位为：200 mV、2000 mV、20 V、200 V、1000 V DC 和 750 V AC。

数字万用表电阻挡校零时，同样使两表笔互相接触，如果显示不为零，则说明表内电池可能电力不足，需要更换电池才能使用。当测量仪表的两支表笔没有碰在一起或没有与所测电路连接时，表上所示应为无穷大。数字万用表在显示屏的最左侧显示“1”或“＋1”。同样，测量电阻值时，要首先确定所测部件没有电流通过，然后再将仪表与所测部件的两端连接，同时还要使该部件在电路中与其他部件分开。进行测量时，表内的电池向所测部件提供电压，使电流通过该部件，仪表利用内部已知数据与所流经的电流进行比较，这样，该部件的电阻值就显示在仪表上了。

数字万用表常用在电压值、电阻值、电路导通性测试及二极管的测量，其具体的使用方法如下。

(1) 电压值的测量。

① 将红表笔插入“V/Ω”插孔,黑表笔插入“COM”插孔。

② 将功能选择开关置于电压挡,并将表笔并接在被测负载或信号源上。

数字万用表显示电压读数的同时会指示出红表笔的极性。

③ 如果测量的数值在不断地变化,这时可按下“HOLD”按钮,锁定测量结果,并与标准值进行对比。在测量高电压(几百伏)时,应单手操作,即先把黑表笔固定在被测电路的公共端,再用一只手持红表笔去接触测试点,这样才比较安全。

(2) 电阻值的测量。

① 红表笔插入“V/Ω”插孔,黑表笔插入“COM”插孔。

② 将数字万用表的功能选择开关置子电阻挡,此时若不设置量程,则数字万用表为自动量程状态。

③ 观察数字万用表显示区域的数据显示。

④ 按下控制区域的“HOLD”按钮,锁定测量结果,与标准值进行对比。严禁在被测线路带电的情况下测量电阻值,也不允许用电阻挡测量电池的内阻,因为这相当于给数字万用表的电阻测量电路外加了一个电压,测量结果完全失去意义,而且还有可能损坏仪表。

(3) 电路通导性测试。

① 红表笔插入“V/Ω”插孔,黑表笔插入“COM”插孔。

② 将数字万用表的功能选择开关置于电路导通/二极管测试挡位。

③ 将数字万用表的两测试导线接入被测试电路。

④ 若数字万用表的蜂鸣器发出声响,表明所测电路没有断路。

(4) 二极管的测量。

① 红表笔插入“V/Ω”插孔,黑表笔插入“COM”插孔。

② 将数字万用表的功能选择开关置于电路导通/二极管测试挡位。

③ 将数字万用表的两测试表笔接被测试二极管的两个管脚。

④ 将数字万用表的两测试表笔对调后再接被测试二极管的两个管脚。

⑤ 在③、④两种测试情况下,若一次测量的结果呈无值状态,另一次测量结果呈低电压状态,则表明二极管性能良好;若两次测量结果都呈低电压状态,表明二极管已击穿;若两次测量结果都呈无值状态,表明二极管已烧坏。

测量二极管时,需要注意数字万用表红表笔是内部电池的正极,当使用其二极管挡位测量时,显示的数值表示的是二极管的正向压降值,单位为 mV。使用数字万用表测量时,质量良好的二极管正向压降一般为 500～700 mV,反向电阻为几百 kΩ。

2) 测试灯

12 V 测试灯由试灯、导线、各种型号端头组成,如图 1.35 所示。它主要是用来检查系统电源电路是否给电气部件提供了电源。

将 12 V 测试灯一端搭铁,另一端接电气部件电源接头,如图 1.36 所示。如灯亮,说明电气部件的电源电路无故障;如灯不亮,再接去向电源方向的第二个接线点,如灯亮,则故障在第一接点与第二接点之间,电路出现的是断路故障。如灯仍不亮,则再去接第三接点,依此类推,直到灯亮为止。且故障在最后被测接头与上一个被测接点间的电路上,大多为断路故障。注意不要用测试灯检测计算机系统电路。

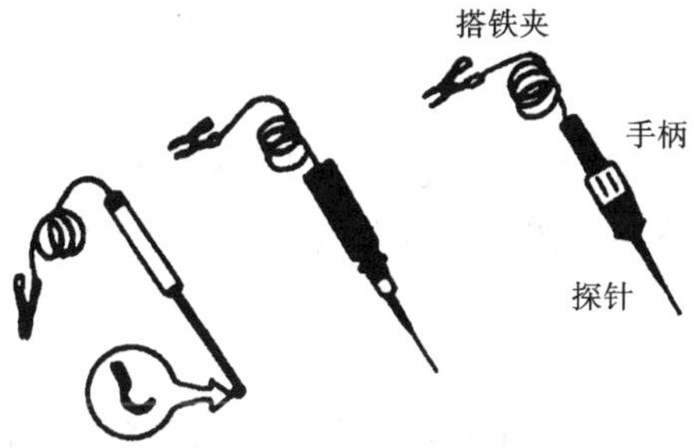

图 1.35　测试灯

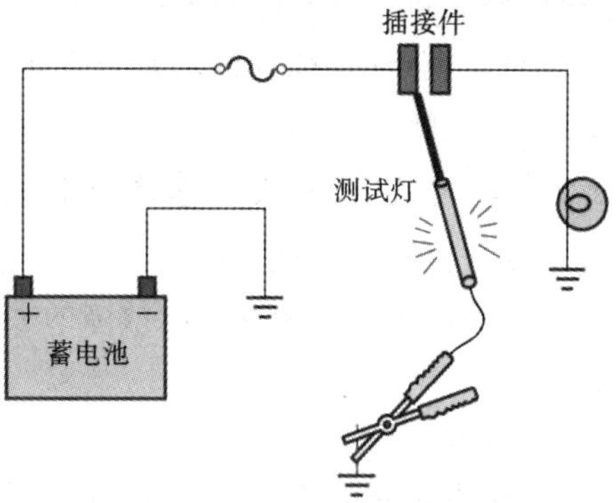

图 1.36　用测试灯测量电路

3）跨接线

简单的跨接线就是一段多股导线，它的两端分别接有鳄鱼夹或不同形式的插头，它具有多种样式，如图 1.37 所示。工具箱内必须有多种形式的跨接线，作为故障诊断的辅助工具，可用于跨过某段被怀疑已断开的导线，而直接向某一部件提供电的通路，也可用于不依赖于电路中的开关或导线而向电路中加上电源电压。

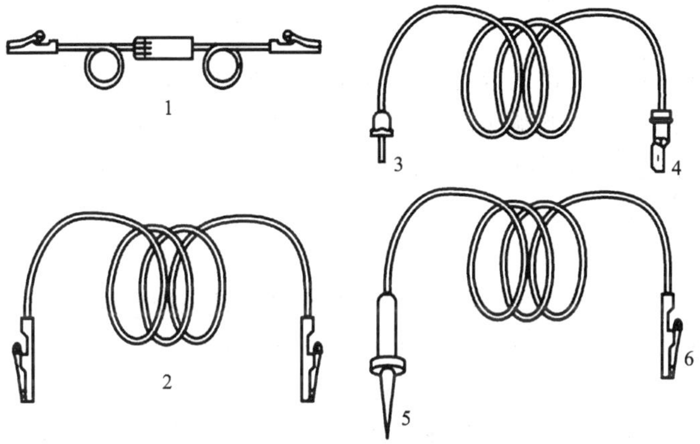

图 1.37　跨接线的样式

1—带直列式熔断器的鳄鱼夹；2、6—鳄鱼夹；3—针形端子；4—接片端子；5—探针

注意事项：

（1）用跨接线将电源电压加至被测部件之前，必须先确认被测部件的电源电压是否应为 12 V。如有的喷油器电源电压为 4 V，如加上 12 V 电压就可能使喷油器损坏。

（2）跨接线不可错误连接在试验部件“＋”接头与搭铁之间。

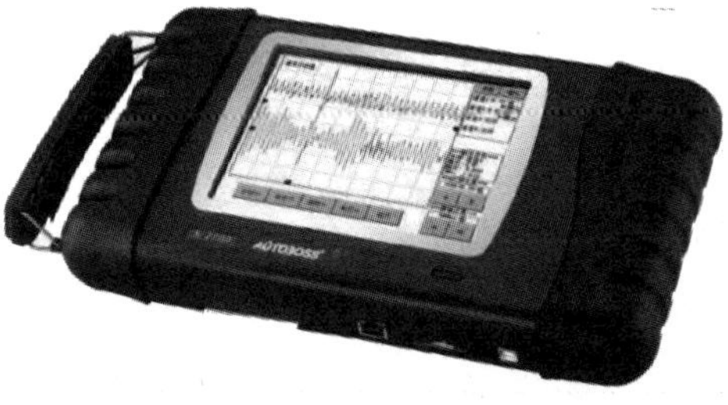

图 1.38　汽车专用示波器

4）示波器

汽车专用示波器（见图 1.38）主要用来显示汽车电气控制系统中输入、输出信号的电压波

形，以供维修人员根据波形分析判断汽车电气的故障。

它能显示电压的瞬时波形，是汽车电路尤其是点火系统和信号系统故障诊断中的重要设备。

2. 汽车电气系统故障基本诊断方法

随着现代汽车电子设备的增多，汽车电路及电气部件出现的故障愈显复杂。发生故障后，选用合适的诊断方法是顺利排除故障的关键。为此下面介绍几种汽车电气系统故障的基本诊断方法。

1）观察法

电路、电器出现故障后，通过对导线和电气元件可能产生的高温、冒烟甚至出现电火花、焦煳气味等，靠观察和嗅觉（闻气味）来发现较为浅显的故障部位。

2）触摸法

用手触摸电气元件表面，根据温度的高低进行故障诊断。电气元件正常工作时，应有合适的工作温度，若温度过高或过低，意味着有故障。例如：启动机运转无力时，若蓄电池极柱与导线接触不良，触摸时将有烫手感觉。

3）测试灯法

用测试灯将已经出现或怀疑有问题的电路连接起来，通过观察测试灯的亮与不亮或亮的程度，来确诊某段电路有无故障。

4）短路法

当低压电路断路时，用跨接线或螺丝刀等将某一线路或元件短路，来检验和确定故障部位。如制动灯不亮时，可在踏下制动踏板后，用螺丝刀将制动灯开关两接柱连接来检验制动灯开关是否良好。对于现代汽车的电子设备而言，应慎用短路法来诊断故障，以防止短路时因瞬间电流过大而损坏电子设备。

5）断路法

汽车电气设备发生短路（搭铁）故障时，可用断路法判断，即将怀疑有短路故障的电路断开后，观察电器设备中短路故障是否还存在，以此来判断电路短路的部位。

6）更换法

对于难以诊断且故障涉及面大的故障，可利用更换机件的方法来确定或缩小故障范围。

7）仪表检测法

利用专用仪表对电气元件及线路进行检测，来确定电路故障。对现代汽车上越来越多的电子设备来说，仪表检测法有省时、省力和诊断准确的优点，但要求操作者必须具备熟练应用汽车专用仪表，以及对汽车电气元件的原理、电路组成等能准确地把握。

学习情境2　电路图的识读

学习目标

1. 知识目标

- 掌握常用汽车电气元件的图形符号。
- 了解汽车电路图的分类与识读方法。
- 掌握常见车型的电路识读。

2. 能力目标

- 能够运用电路图查找电气元件位置。
- 能够根据电路图分析相关系统的电路工作原理。

职业情境描述

客户反映：汽车发生碰撞事故，前部大灯全部损毁，需要更换。

根据客户的描述，维修师傅查看了该车型的电路图，清楚掌握了大灯系统工作原理和拆装步骤，顺利完成了更换汽车前大灯的工作。

工作任务1　识图的基础知识

1. 常用电气元件的图形符号

汽车电气元件的外形比较复杂，在电路图上绘制实物外形比较困难，一般采用相应的图形符号来表示。目前国际上还没有形成汽车电气元件图形符号的统一标准，各大汽车生产厂家采用的图形符号会有一些差异，但基本结构的组成是相似的。常用的一些电气元件的图形符号如表2.1所示。

表2.1　车田车系部分电器元件符号

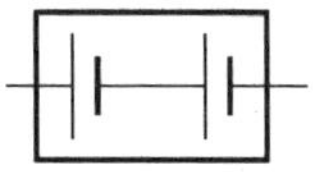	蓄电池	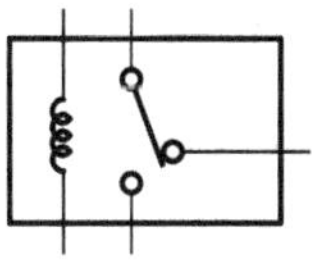	双投式继电器
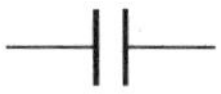	电容器		电阻器

续表

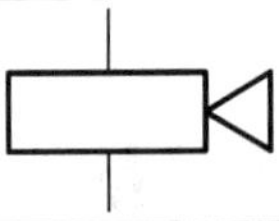 点烟器	 分接式电阻器
 断路器	 可变式电阻器（变阻器）
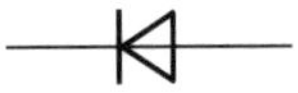 二极管	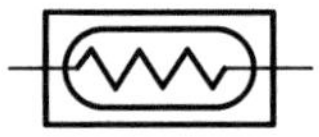 传感器（热敏电阻）
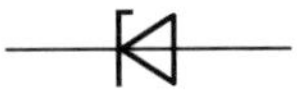 齐纳二极管	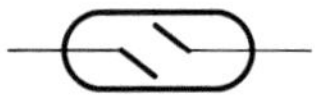 模拟速度传感器
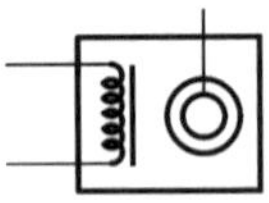 分电器、集成式点火总成	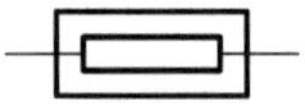 短插脚
 熔断器	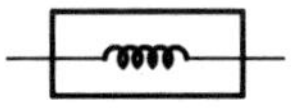 电磁线圈
 易熔线	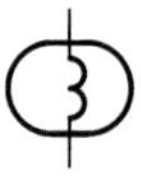 1 前照灯单灯丝
 搭铁线	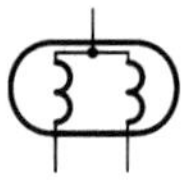 2 前照灯双灯丝

此外，还可以采用文字符号来表明电气元件的名称、功能、状态和特征等。文字符号可以分为基本文字符号和辅助文字符号两类。

基本文字符号又可分为单字母文字符号和双字母文字符号。单字母文字符号是指用拉丁字母将各种电气元件分为 23 大类，每一大类用一个专用字母符号表示，如“C”表示电容器类，“R”表示电阻器类等。双字母文字符号一般是由单字母符号和另一个字母组合而成，如“R”表示电阻器类，“RP”表示电位器，“RT”表示热敏电阻器；“G”表示电源、发电机类，“GB”表示蓄电池，“GS”表示同步发电机，“GA”表示异步发电机。

为了简单表示电路图中各系统的名称，很多车型的电路图中还采用缩写词表示该系统，如“ECU”表示电控单元，“ABS”表示防抱死制动系统等。各汽车生产厂的缩写词表达略有不同，具体请参阅具体车型的维修手册。

2. 插接器的表示方法

目前汽车上大量采用插接器实现电路的连接。常用的插接器一般分为以下几类：第一类是线束与电气元件的连接，如图 2.1 所示；第二类是线束与线束的连接，如图 2.2 所示；第三类是线束与车身的连接，如图 2.3 所示；第四类是将线束内的两条或多条导线用跳线端子连接，如图 2.4 所示。

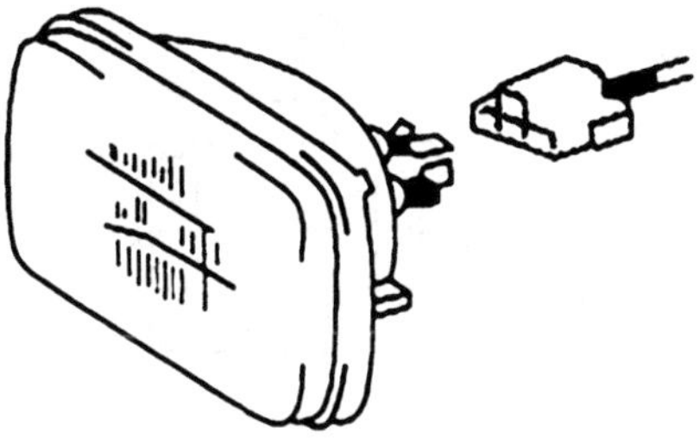

图 2.1　线束与电气元件的连接

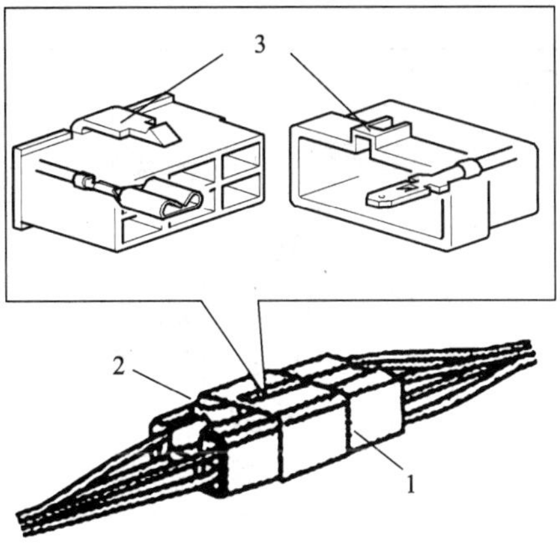

图 2.2　线束与线束的连接

1—插头；2—插座；3—卡扣

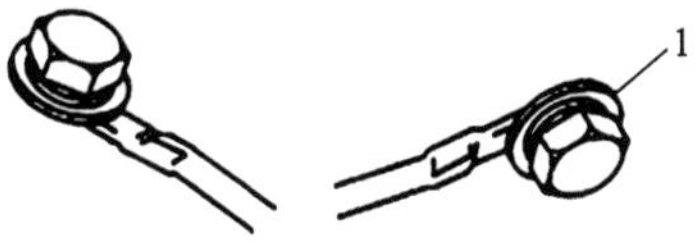

图 2.3　线束与车身的连接

1—防松垫圈

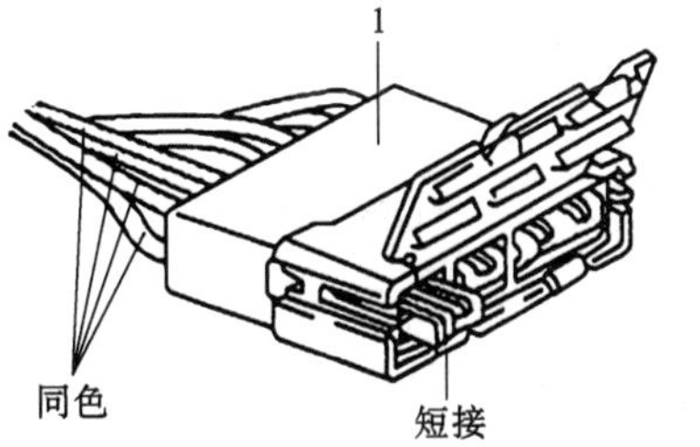

图 2.4　跳线插接器

1—接线插接器

在电路图中通常用数字、字母配合相应的符号表示插接器，表 2.2 为丰田车系部分插接器的表示方法。

表 2.2　插接器的表示方法

<table>
<tr><th>连接类型</th><th>表示方法</th><th>插接器符号</th><th>插接器符号示例</th></tr>
<tr><td>直接与
元件相连</td><td>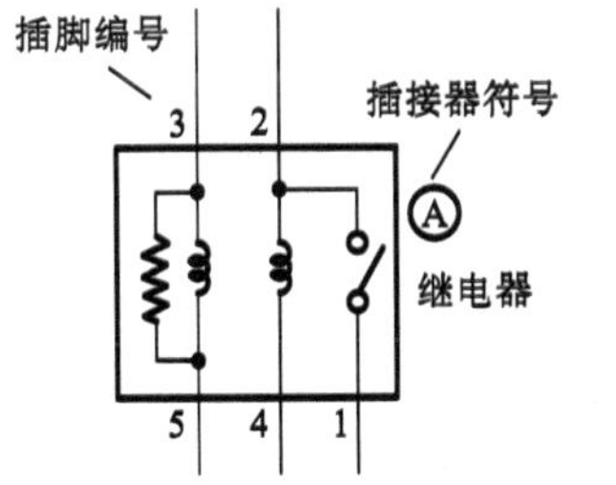

一个插接器和一个元件
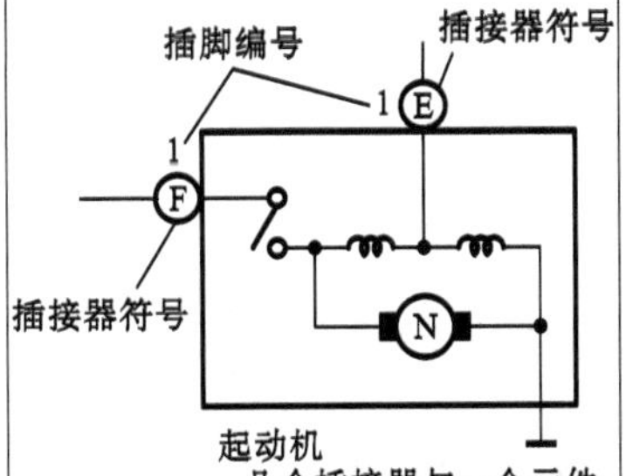

几个插接器与一个元件</td><td>Ⓐ、Ⓑ、Ⓒ
一般用字母
外加圆圈表示</td><td>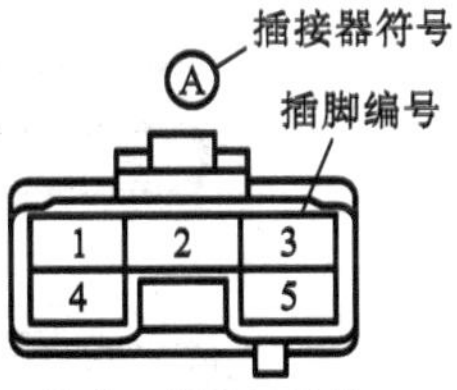

配线束一侧的插接器
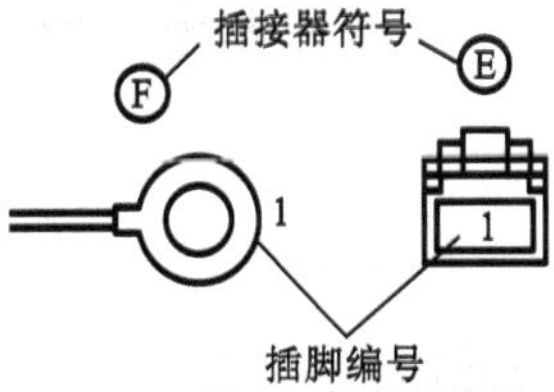

配线束一侧的插接器</td></tr>
</table>

续表

连接类型	表示方法	插接器符号	插接器符号示例
与接线盒相连	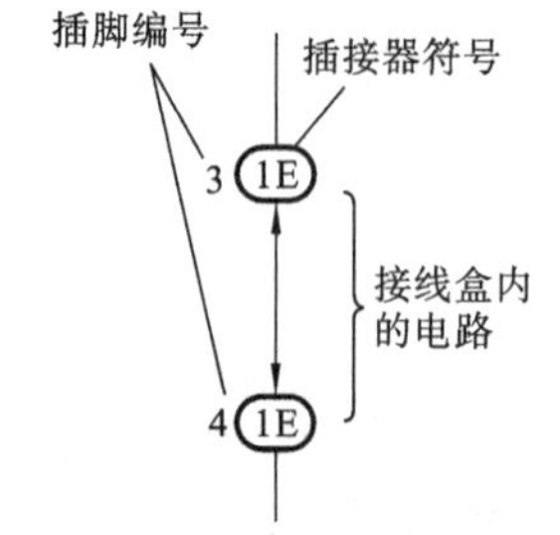	(1A)、(1B)、 (2A)、(2B)、 (3A)、(3B) 椭圆框内数字表示接线盒编号，字母表示插接器编号	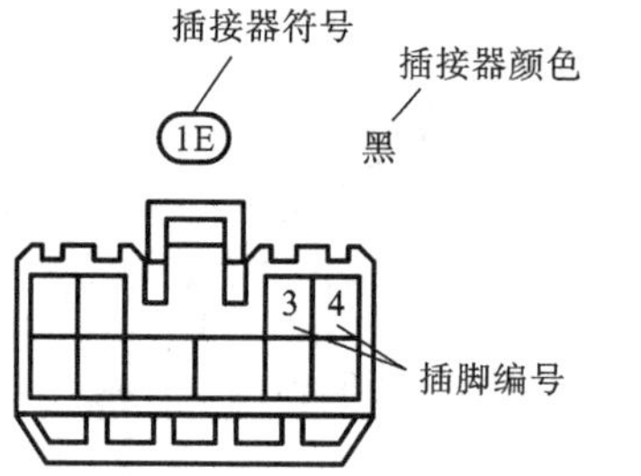
线束与线束相连	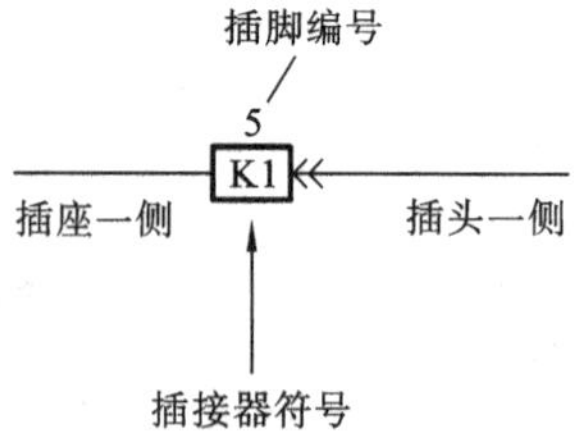	[A1]、[B1] 方框内的字母加数字表示插接器编号	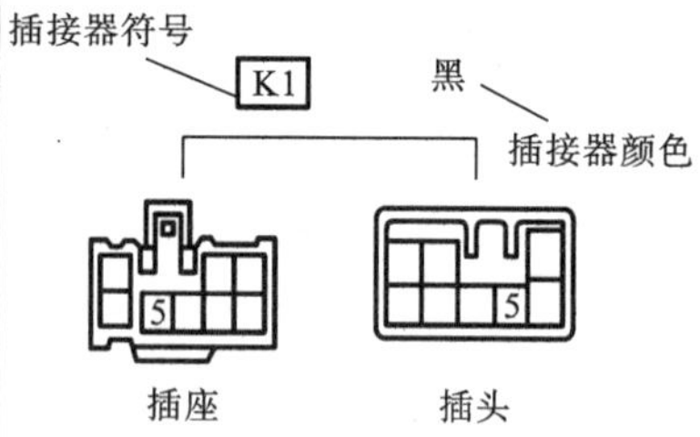
线束与车身的连接（一般表示搭铁点）	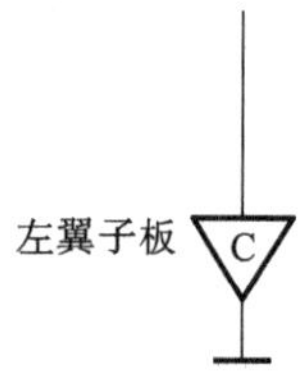	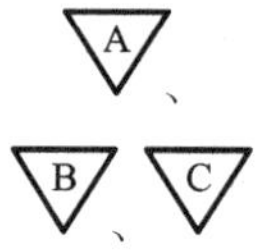三角形内字母表示搭铁点编号	

为了更清楚表示插接器内每根导线的具体连接情况，插接器内每根导线都有单独编号。对于插座，从上到下逐行按从左到右的顺序进行编号；对于插头则是从上到下逐行按从右到左的顺序进行编号，如图 2.5 所示。

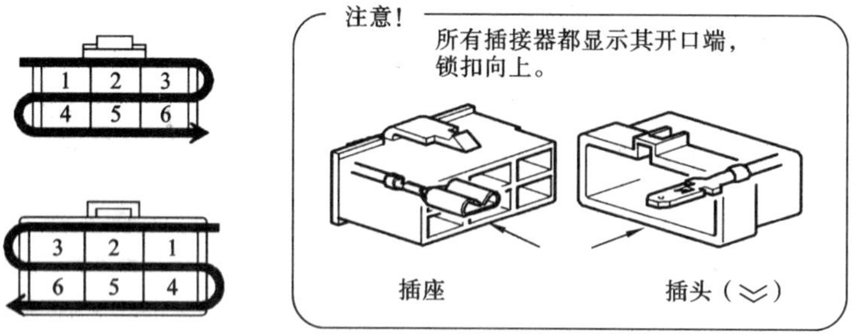

图 2.5　插接器的插脚编号

3. 导线的表示方法

电路图中常用线条表示导线，并在线条旁边用字母标注线条的颜色。一般取该颜色的英文单词第 1 个字母或第 2 个字母表示。因每个品牌汽车厂商的表达方式有差异，具体缩写要参照维修手册。表 2.3 为丰田车系维修手册中颜色对应的字母表示。

表 2.3 丰田车系导线颜色的表示方法

颜色	字母	颜色	字母	颜色	字母	颜色	字母
黑色	B	蓝色	L	褐色	BR	紫色	V
白色	W	黄色	Y	浅绿色	LG	粉红色	P
灰色	GR	红色	R	橘黄色	O	绿色	G

如果导线不是纯色，而是多了根其他颜色的色条，则是"底色字母-色条字母"，如图 2.6 所示。有些厂商甚至将导线横截面积也用数字在电路图中表示。

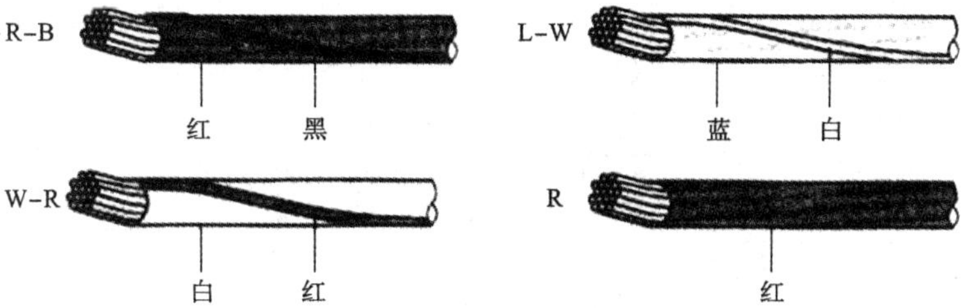

图 2.6 导线的颜色及表示方法

工作任务2　电路图的分类与识读方法

1. 汽车电路图的类型

根据用途，汽车电路图分为汽车电路原理框图、汽车电气线路图、汽车电路原理图，以及汽车线路定位图。

1）汽车电路原理框图

汽车电路原理框图简要表示了汽车电气系统或分系统的主要特征和相互关系，它把全车电路划分成若干部分，各部分用矩形框表示，矩形框之间则用线条连接以表达相互关系。原理框图一般不画出元器件间的具体连接情况。图2.7所示为汽车信号系统的原理框图。

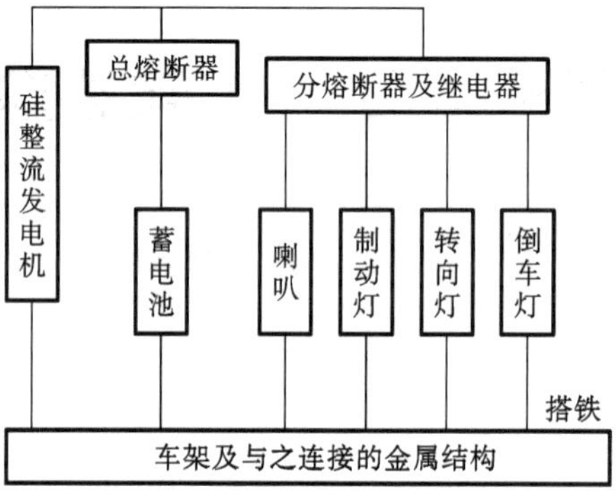

图2.7　汽车信号系统的原理框图

2）汽车电气线路图

汽车电气线路图具体反映汽车电气系统各元件间的连接关系，甚至各元件的原理也可以表达得比较具体，如图2.8所示。这种电路图所连接的电气设备的安装位置、外形和线路走向都与实际电路类似，但读图不方便，一般只适合电气部件少、线路连接简单的传统汽车。

3）汽车电路原理图

用简明的图形符号表示电路中各元器件，并用线路将它们合理连接，并分系统按一定顺序排列，组成汽车电路原理图，如图2.9所示。这种电路图可以清楚地反映各电气部件的连接关系和系统工作原理。

4）汽车线路定位图

定位图一般用于指示各电气元件及导线的具体位置，一般采用绘制的立体图甚至实物照片的形式。这种图直观、清晰地反映了各电气元件或线束在车上的具体位置。线路定位图还可以细分为以下几种类别。

（1）电气元件定位图。

用于查找各元件、连接器、接线盒、搭铁点、铰接点及诊断座等部件的安装位置，如图2.10所示。

（2）线束图。

线束图是根据汽车线束在车上的位置、分段和各分支导线连接端子的具体连接情况绘制，可以反映汽车线束的外形、分支、连接端子、护套的具体型号，可以在图中方便找到有关电气元

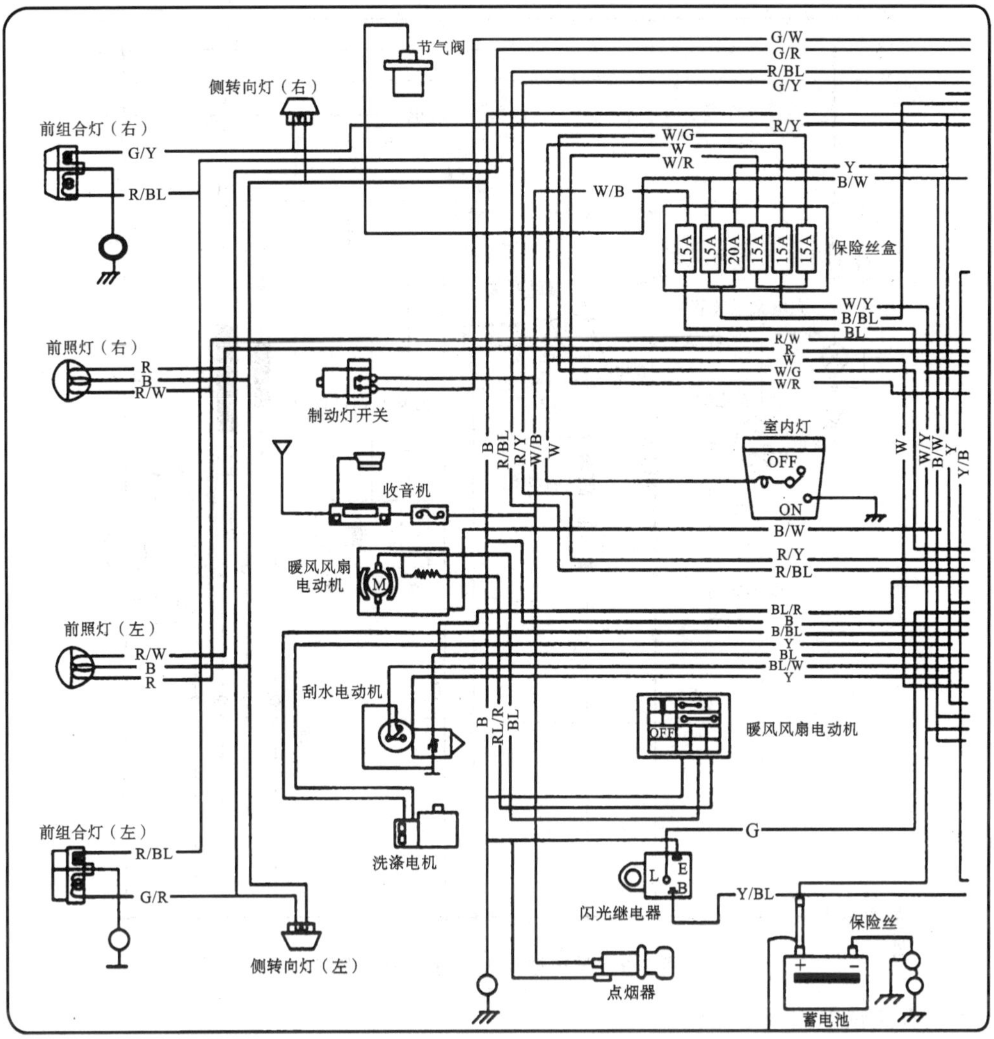

图 2.8　汽车电气线路图

件与线束的连接点，但不方便分析电路原理。图 2.11 所示为某型汽车驾驶室的线束图。

（3）插接器端子编号图。

插接器端子编号图能确定插接器内连接各导线的具体编号，方便配合原理图排查故障，如图 2.12 所示。

（4）接线盒布置图。

确定熔断器、继电器具体的安装位置，如图 2.13 所示。

2. 汽车电路图的识读方法

由于车载电气系统越来越多，汽车电路图也变得越来越复杂。推荐以下几种方法，以便快速识读汽车电路图。

1）化整为零

按系统将全车电路进行划分，根据相关系统的工作原理来查找线路的走向。这种方法可以尽量避免被不相关的电路影响，将复杂问题简化。

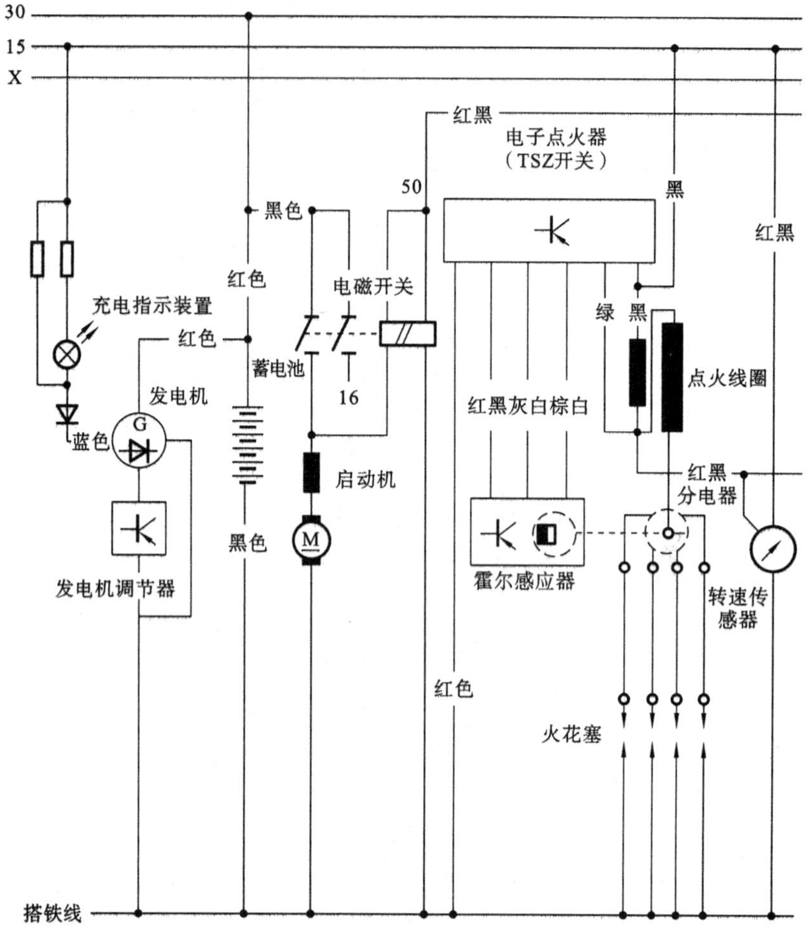

图 2.9　某车型点火系统电路原理图

2）认真阅读电路图下方注解

电路图下方一般都有注解标明图中电气元件的名称、位置等，可以尽快帮助查阅该车型电气装置的配备，还可以通过电气装置间线路的连接来了解各电气元件的控制关系。

3）熟悉线路的配线和颜色标记

一般情况下，电路中线路的走向是按照一定的规律进行布置的。识读电路图时，按照各系统配线说明进行分析，可以事半功倍。熟记配线颜色的字母标记，可以方便长跨距线路的查阅。

4）熟悉开关的挡位及功能

了解开关的挡位及功能可以帮助掌握电路图中各回路的工作状态。掌握开关各接线端子分别与哪些电气元件相连接，以及在不同挡位时各接线端子的通电情况，有助于掌握系统工作原理。

5）熟记回路原则

汽车上的电路一般包含了电源、熔断器、开关、控制器、用电器和导线等元器件。它的电流一般也是从电源正极出发，流经这些元器件后通过搭铁回到电源负极，构成一个完整的回路。

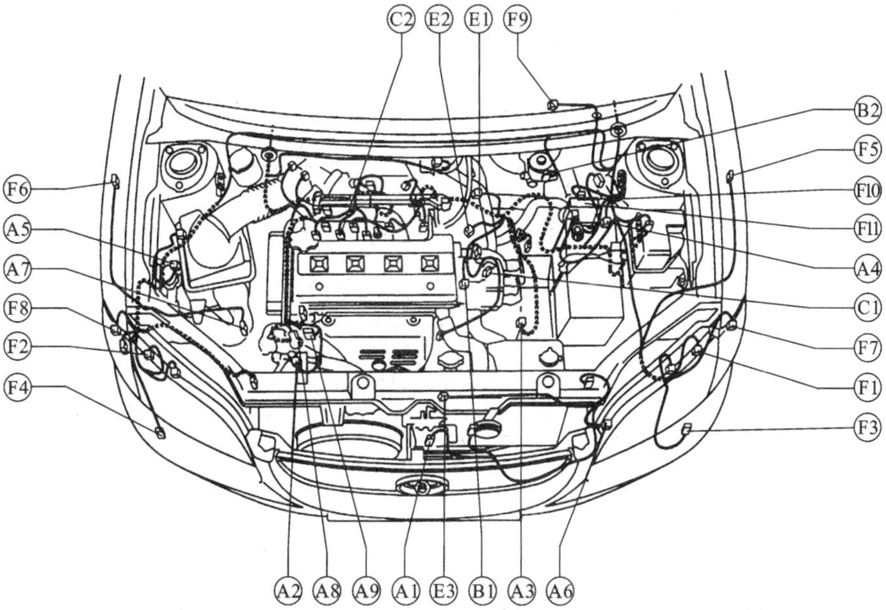

图 2.10　发动机舱内的电气元件定位图

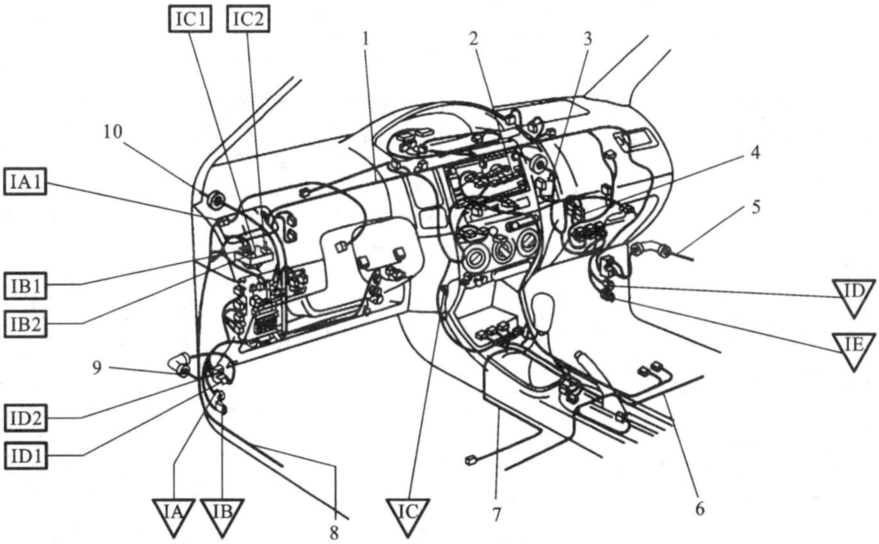

图 2.11　驾驶室内的线束图

1—仪表板线束；2—收音机副线束；3—发动机线束；4—空调副线束；5—右前门线束；
6,8—地板线束；7　3 号地板线束；9—左前门线束；10—发动机室主线束

6）围绕核心部件查找

根据需要，围绕核心部件查找其两端电路的连接情况。一般都是一端连着电源，另一端搭铁。

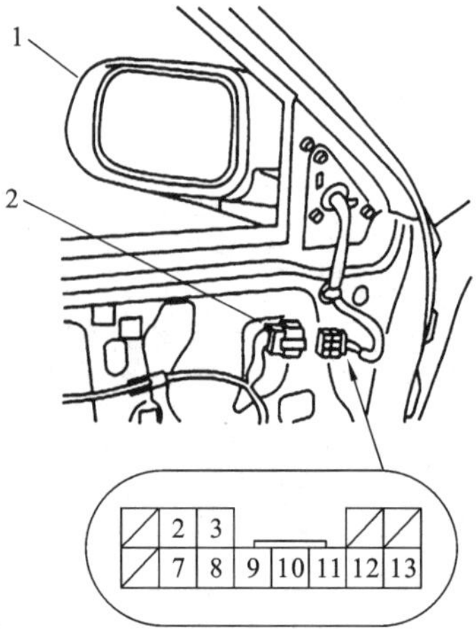

图 2.12　插接器端子编号图

1—电动后视镜；2—13P 插接器

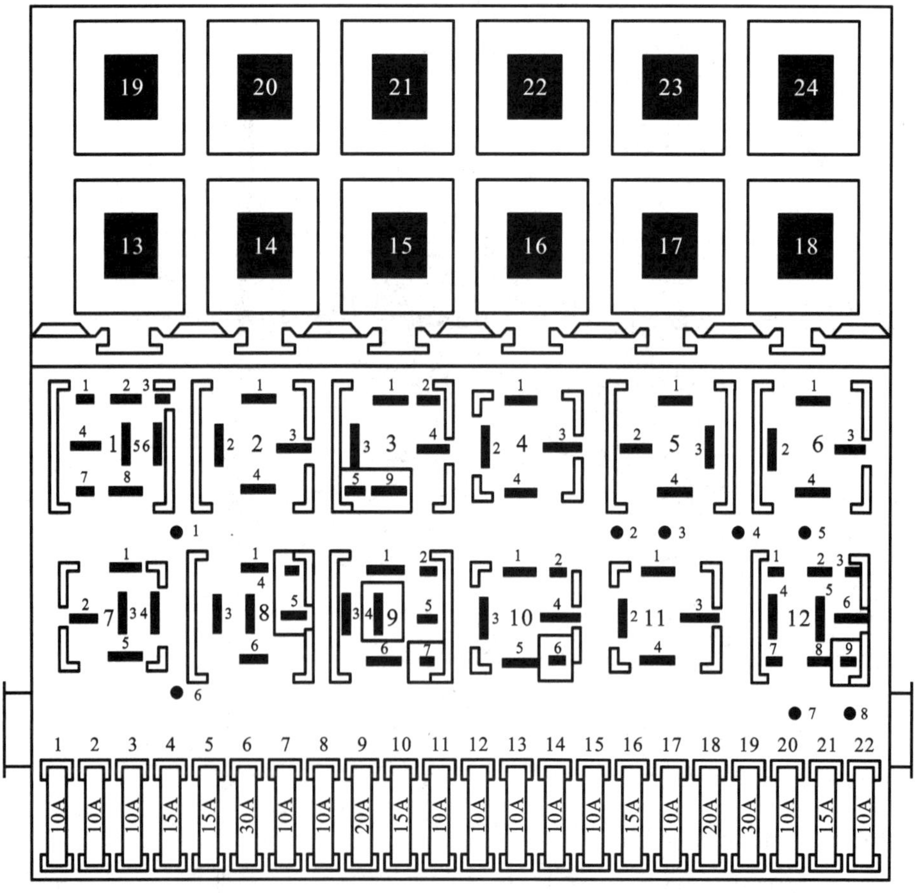

图 2.13　接线盒布置图

工作任务 3　典型汽车电路图的识读

1. 大众汽车电路图识读

大众车型采用的是横坐标式电路图，该形式电路图的下方有坐标编号，标注各电气部件的位置，各线路平行竖向排列，如图 2.14 所示。

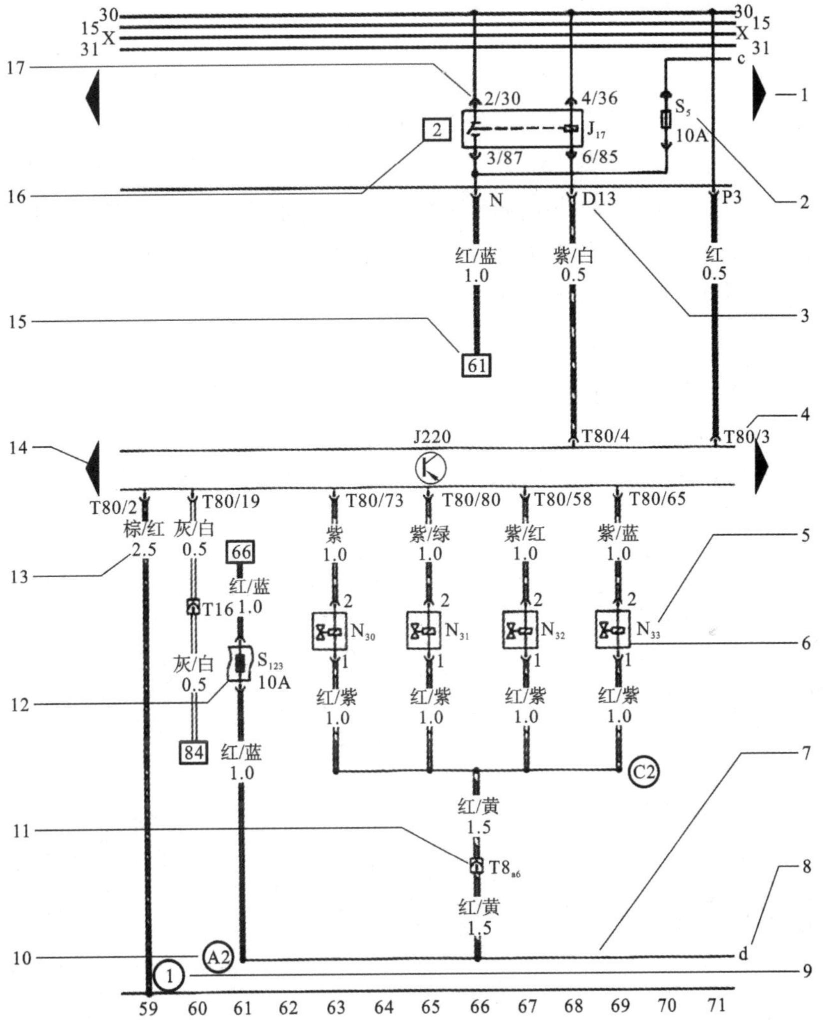

图 2.14　大众车型电路图示例

1—三角箭头，表示连接下一页电路图；2—熔断丝代号，图中 S_5 表示该熔断丝位于熔断丝盒内第 5 号位，10 A；3—继电器盒内插头连接代号，图中 D13 表示 D 位置端子 13；4—接线端子代号，表示电气元件上接线端子数/多针插头连接端子编号；5—元件代号，可以在该页电路图下方查到元件的名称；6—元件的符号，可参见该车型电路图符号说明；7—内部接线（细实线），表示元件或线束内部的电路，并非独立导线；8—指示内部接线去向，字母表示内部接线在下一页电路图中与标有相同字母的内部接线相连；9—搭铁点的代号，在电路图下方可以查到该代号搭铁点在汽车上的位置；10—线束内连接线的代号，可在电路图下方查到该连接位置在哪个线束内；11—插头连接，图中 T8a/6 表示 8 针 a 插头 6 号端子；12—附加熔断器，图中 S_{123} 表示在中央继电器附加继电器板上第 23 号熔断丝，10 A；13—导线颜色和线芯横截面积（单位：mm^2）；14—三角箭头，指示元件接续上一页电路图；15—指示导线的去向，框内的数字指示导线连接到哪个坐标编号对应位置；16—继电器位置编号，表示继电器板上的继电器位置编号；17—继电器板上的继电器或控制器接线代号，如 2/30 表示该插座的 2 号端子，30 代表继电器的 30 端子大众车型电路图的主要特点如下。

(1) 各连接线路平行竖向排列,每条线路下方均有对应的坐标编号。一般电源正极在电路图上方,搭铁点在电路图下方。

(2) 图中尽量减少线路交叉,一般不允许横向交叉跨度较大的走线,横向连接的走线采用断口标注的方式表示。即导线连接的方框内数字表示与之相连的另一段线路所在图中的位置坐标编号。

(3) 电路图一般分为上方的中央配线盒、中间部位的电气元件及连线、下方的搭铁线(包含位置坐标编号)。

(4) 系统电源正极一般分为三种,分别是“30”“X”“15”。其中标号“30”表示该导线与蓄电池正极直接连接,也称“常火线”,可以在拔走点火钥匙后继续向需要的用电设备供电,如危险警告灯、冷却风扇电动机等;标号“X”表示该导线专为大功率用电设备供电(如前照灯、刮水等),接通点火开关后由卸荷继电器接通该导线和蓄电池正极之间的连接,但启动发动机的过程中,卸荷继电器断开;标号“15”表示该导线专为小功率用电设备供电,必须接通点火开关后才能接通该导线和蓄电池正极之间的连接。

2. 丰田车型电路图识读

丰田车型电路图一般按横向逐个排列各系统,电路图上方一般标注了各系统电路的区域和代表该电路系统的符号和文字说明。丰田车型电路图中也直接标注了插接器的端子序号,可以结合线束图和端子编号图,方便查找每个接线端子的位置。丰田车型电路图示例如图 2.15 所示。

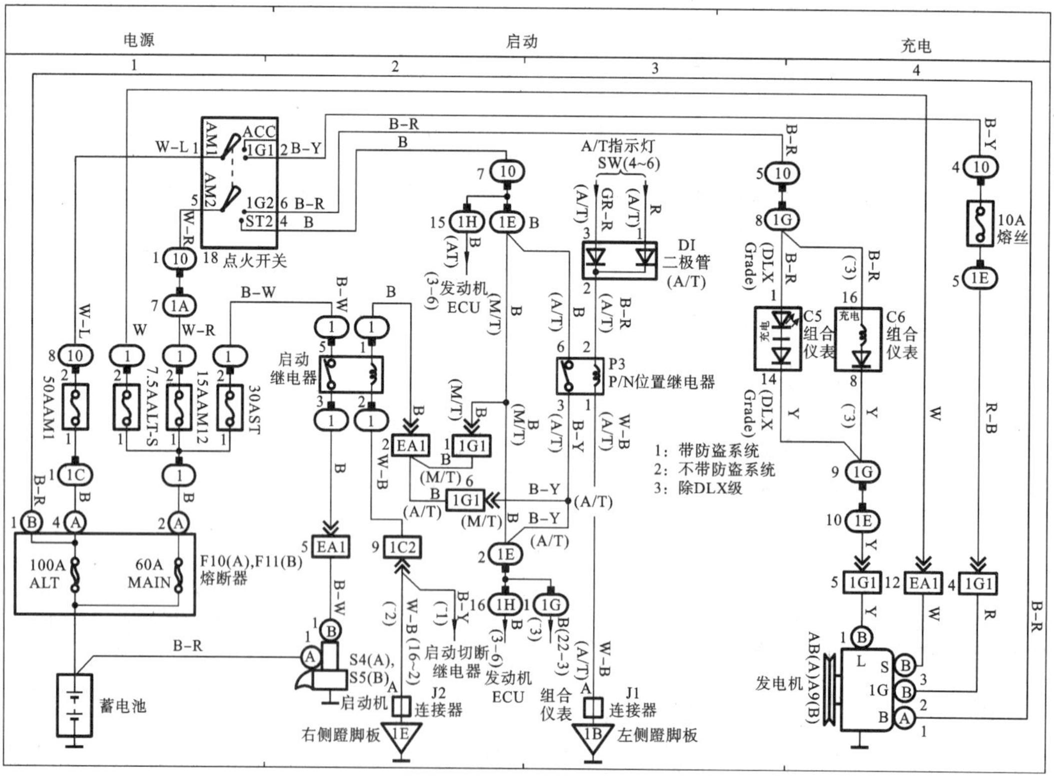

图 2.15 丰田车型部分系统电路图

丰田车电路图识读示例如图 2.16 所示。

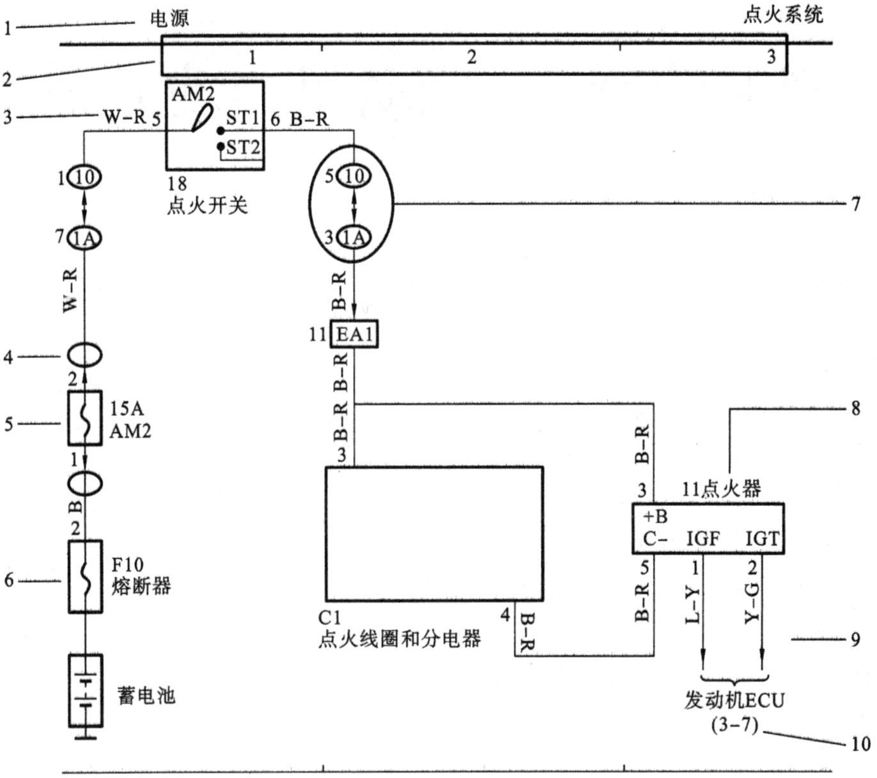

图 2.16　丰田某车型点火系统电路原理图

1—该页电路图描述系统的名称；2—各系统电路的区域，如点火系统横坐标 2～3 区；
3—该线路电线的颜色；4—继电器盒；5—易熔线；6—熔断器；7—接线盒；8—电气元件名称；
9—该处连接到其他系统；10—与该处相连的“发动机 ECU”所属的区域是 3～7 区

学习情境3　发动机启动无力

学习目标

1. 知识目标

- 掌握蓄电池的作用与构造。
- 了解蓄电池的工作原理和工作特性。
- 掌握蓄电池的使用与维护。
- 蓄电池的常见故障及其诊断与排除。

2. 能力目标

- 掌握蓄电池的维护操作。
- 掌握蓄电池的检测与充电的操作。

职业情境描述

客户反映：汽车启动时，启动机转速很快降低，转动无力，喇叭声音弱，前大灯的灯光很暗，需要检修。

根据客户描述的发动机启动无力的故障现象初步判断，可能是汽车供电系统或启动系统的故障。客户同时还描述了喇叭声音变弱和灯光变暗的故障现象，这表明故障可能发生在供电系统中。经检查发现蓄电池存在故障。

工作任务1　蓄电池认知

1. 蓄电池的作用及安装位置

汽车蓄电池是汽车上储存电能的装置，一旦连接外部负载或接通充电电路，便开始了它的能量转换过程。在放电过程中，蓄电池中的化学能转换成电能；在充电过程中，电能转换成化学能。在汽车电路中，蓄电池与发电机并联，构成一个完整的供电系统。

1）汽车蓄电池的主要用途

（1）在启动发动机期间，它为启动系统、点火系统、电子燃油喷射系统和汽车的其他电气设备供电。

（2）当发动机停止运转、故障状态或低怠速运转的时候，由它给汽车的用电设备供电。

（3）当出现用电需求超过发电机供电能力时，蓄电池也参加供电。

（4）蓄电池起到了整车电气系统的电压稳定器的作用，相当一个大电容器，能够吸收汽车电气系统中的冲击电压,保护汽车上的电子设备。

(5) 在发电机正常工作时,蓄电池将发电机发出的多余电能存储起来。在发动机启动后,当发电机的转速达到一定转速时,车辆的电源系统即开始向蓄电池充电。

2) 蓄电池的安装位置

蓄电池在汽车上安装位置是根据汽车制造厂的车型结构设计而定的。轿车一般安装在发动机的机舱内,货车安装在车的车架中前部的左侧或右侧,客车多装在车厢底部。蓄电池都用特制金属框架和防震垫进行牢靠的固定。蓄电池外形及其在轿车中的安装位置如图 3.1 所示。

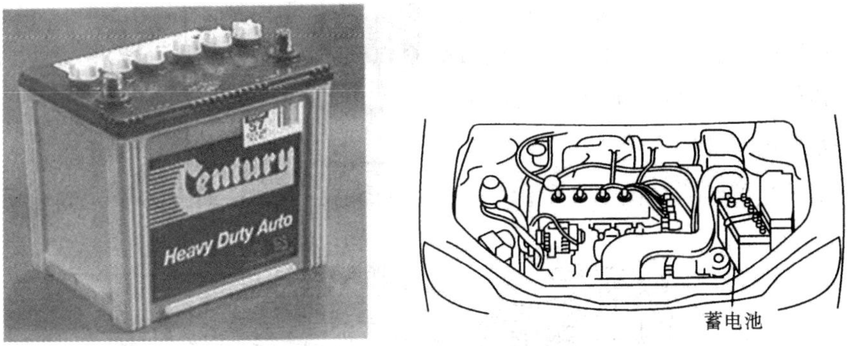

图 3.1　蓄电池外形及其安装位置

2. 蓄电池的型号

按照我国对启动型铅蓄电池的标准,其型号的编制由五部分组成,一般都标注在外壳上。蓄电池产品型号和含义如下。

1	— 2 3 —	4 5
串联单格电池数	— 电池类型和特征 —	额定容量

1:表示蓄电池总成由几个单个格电池组成,用阿拉伯数字表示。其额定电压值为该数字的两倍。

2:表示蓄电池用途,用大写字母表示,如汽车用蓄电池用"Q"表示,摩托车用蓄电池用"M"表示,船用铅蓄电池用"JC"表示,飞机用铅蓄电池用"HK"表示。

3:表示蓄电池特征,用大写字母表示,干封普通极板铅蓄电池可省略不写,特征代号见表 3.1。

表 3.1　常见蓄电池产品特征代号

序号	1	2	3	4	5
产品特征	干荷电	湿荷电	免维护	少维护	胶质电解液
代号	A	H	W	S	J

4:表示 20 h 放电率的额定容量,用阿拉伯数字表示,单位是 A · h(安培 · 小时)。

5:表示特殊性能,用大写字母表示(无字母为一般性能蓄电池),如薄型板的高启动率电池用"G"表示,S 表示塑料外壳。

例如，夏利 TJ7100 型轿车用 6—QA—40S 型蓄电池，含义：由 6 个格组成，额定电压为 12 V，额定容量为 40 A·h 的启动用干荷电型铅酸电池，采用塑料外壳。

3. 蓄电池的分类

根据电解液的不同蓄电池可分为：镍碱电池、铅酸电池、电动汽车电池。

镍碱电池容量大，使用寿命长，维护简单，能承受大电流放电而不易损坏，但其活性物质导电性差，价格较高，目前只在少数汽车上应用。

铅酸电池具有价格便宜、内阻小等特点，在汽车上广泛应用。其可分为：普通型、干荷电型、免维护型、胶体电解质型。通常使用的是干荷电型、免维护型。

电动汽车用的高能电池一般为碱电池或燃料电池，比容量大，无污染，充、放电性能好，使用寿命长，同时其结构相对复杂，成本也较高。

4. 蓄电池的结构

免维护蓄电池的结构如图 3.2 所示，干荷电型蓄电池的结构如图 3.3 所示。

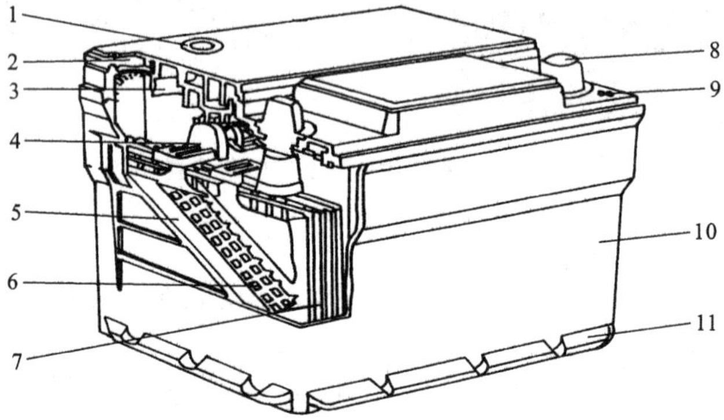

图 3.2　免维护蓄电池的结构

1—内装的温度补偿型密度计；2—壳内起消除火焰作用的排烟孔；3—液-气隔板；4—中心极板连接夹板和单格连接器；5—活性物质；6—铅钙栅架上锻制的“小窗”；7—密封极板的隔板封皮；8—极柱；9—模压代号；10—壳体；11—用于安装的下滑面

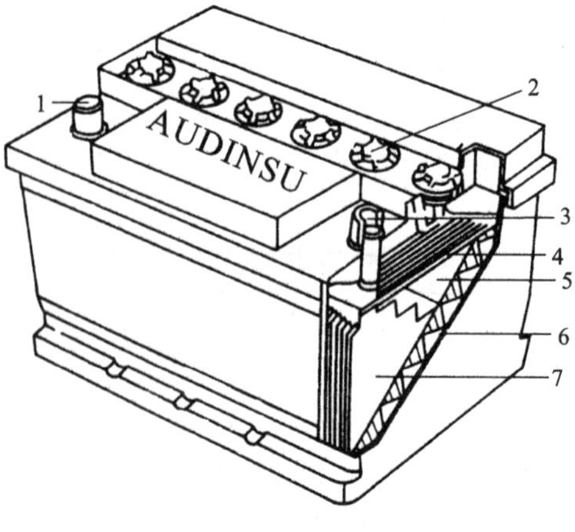

图 3.3　干荷电型蓄电池的结构

1—负极桩；2—加液螺塞；3—正极桩；4—隔板；5—负极板；6—外壳；7—正极板

目前国内外汽车均选用12 V蓄电池，其主要结构由极板、隔板、电解液、外壳和接线柱五部分组成。

1）极板

极板是蓄电池的核心，分为正极板和负极板。极板由栅架和活性物质组成，其形状如图3.4所示。

栅架多由铅锑合金制成，锑的含量一般为5%～7%。正极板上的活性物质是呈深棕色的二氧化铅；负极板上的活性物质是呈青灰色的海绵状铅。

为了增大蓄电池的容量，常将多片正、负极板并联，用横板焊接，组成正、负极板组（见图3.4）。横板上有电柱，各片间留有间隙，安装时正负极板相互嵌合，中间插入隔板。在每单格电池中，负极板的数量总比正极板多一片，这样可使正极板两面都处于负极板之间，使其两侧放电均匀，避免强度差的正极板由于单面工作而使两侧活性物质体积变化不一致而造成的极板拱曲和活性物质脱落。

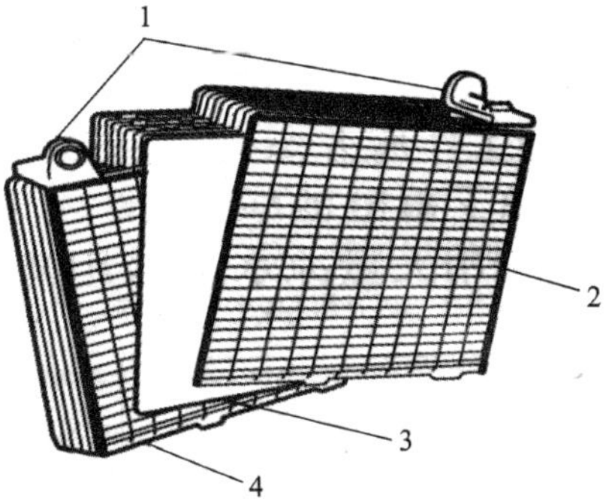

图3.4　单格蓄电池极板组

1—极板连接条；2—负极板；3—隔板；4—正极板

2）隔极

隔板安装在正、负极板之间，其作用是使正负极板尽量靠近而又不至于接触短路，以缩小蓄电池的体积。隔板多采用微孔塑料、橡胶、纸质及玻璃纤维等材料制成。有的隔板采用信封袋状，可有效防止活性物质脱落而造成的极板间的短路。

3）电解液

电解液是用专用硫酸和蒸馏水按一定比例配制而成的，一般密度为1.24～1.30。电解液的纯度是影响蓄电池的性能和使用寿命的重要因素，因此，一般工业用硫酸和水不能用做电解液，因其内含有微量金属杂质，会增加自放电和损坏极板。电解液的密度对蓄电池的工作有重要影响。密度大，可以减少结冰的危险并提高蓄电池的容量，但密度过大，由于黏度增加，反而会降低蓄电池的容量，而且会缩短极板使用寿命。电解液的密度应随地区和气候条件而定，特别是冬季温度越低，电解液的密度应越大。辽宁地区冬季应为1.28，夏季应为1.26左右。

4）壳体

蓄电池的壳体是用来盛放电解液和极板组的，因此应由耐酸、耐热、耐振、绝缘性好，且有一定强度的材料制成，一般采用橡胶或塑料制成。壳体内部由6个互不相通的单体组成，底部有凸起的肋条，以便放置极板组。肋条之间的空间用来储存脱落下来的活性物质，以防止在极板间短路。极板装入壳体后，上部用与壳体相同材料制成的电池盖密封。每个单体的顶部有一个加液孔，用于添加电解液和蒸馏水，也用于检查电解液液面高度和测量电解液密度等。加液孔盖上设有通风孔，供蓄电池化学反应中产生的气体（氢气和氧气等）能随时逸出。免维护蓄电池无加液孔。

5）接线柱

普通蓄电池在首尾两极板组的横板上焊有接线柱，接线柱分圆锥形、L形，还有一种是侧置，如图3.5所示。为了便于区分接线柱的极性，在正极接线柱或旁边标有“+”或“P”，在负极接线柱上标“－”或“N”；有的蓄电池在正极涂有红油漆。

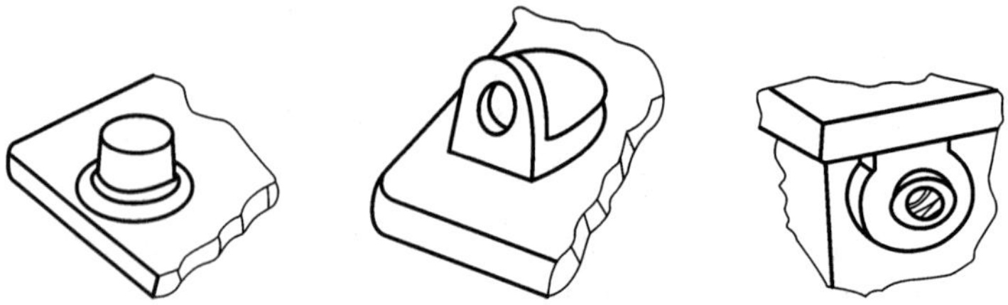

（a）　　（b）　　（c）

图 3.5　蓄电池接线柱外形及放置

工作任务2　蓄电池的检测与维护

1. 蓄电池的工作原理和工作特性

1）蓄电池工作原理

当极板浸入电解液时，在负极板处的金属铅受到两方面的作用，一方面它有溶解于电解液的倾向，因而有少量铅进入溶液，生成 Pb_2^+，在极板上留下两个电子，使极板带负电；另一方面，由于正、负电荷的吸引，Pb_2^+ 有沉附于极板表面的倾向。当两者达到平衡时，溶解便停止，此时极板具有负电位，约为－0.1 V。

在正极板处少量 PbO_2 溶入电解液，与水生成 $Pb(OH)_4$，再分离成四价铅离子 Pb_4^+ 和氢氧根离子 OH^-。由于 Pb_4^+ 沉附于极板的倾向，大于溶解的倾向，因而沉附在正极板上，使极板呈正电位。当达到平衡时，约为＋2.0 V。

因此，当外电路未接通，反应达到相对平衡状态时，蓄电池的单格静止电动势约为

$$E_0 = 2.0\ \text{V} - (-0.1)\ \text{V} = 2.1\ \text{V}$$

（1）放电。

放电反应如图3.6(a)、图3.7所示。当接通外电路负载，即蓄电池放电时，正极板上的 PbO_2 和负极板上的 Pb 与 H_2SO_4 发生化学反应，生成了 $PbSO_4$ 并附在极板上。随着放电不断进行，硫酸逐渐消耗，并且生成水，电解液中的硫酸减少了，水增多了，使电解液浓度逐渐减小，电解液的密度下降（见图3.6(b)）。

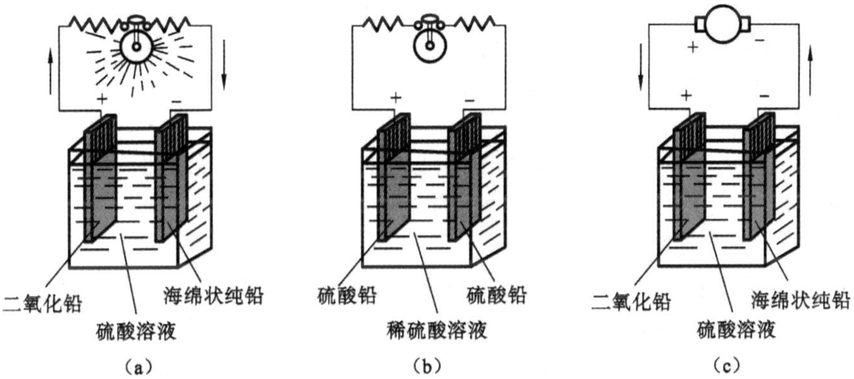

图3.6　蓄电池的工作过程

(a) 放电开始　(b) 放电结束　(c) 充电结束

（2）充电。

充电反应如图3.6(c)、图3.8所示。连接上外部电源充电，在外部电流的作用下，蓄电池恢复到原来的形态，正极板是 PbO_2，负极板上是 Pb。随着充电不断进行，电解液中的硫酸增多了，水减少了，使电解液浓度逐渐增大，电解液的密度上升。所以，可通过测量电解液密度的方法来判断蓄电池的充电或放电程度。蓄电池的充、放电过程，即是其内部活性物质处于化合、分解的过程。正、负极板上发生的化学变化可用下式表示：从下式可看出，充、放电是可逆的化学反应。

$$PbSO_4 + 2H_2O + PbSO_4 \underset{\text{放电}}{\overset{\text{充电}}{\rightleftharpoons}} PbO_2 + 2H_2O + Pb$$

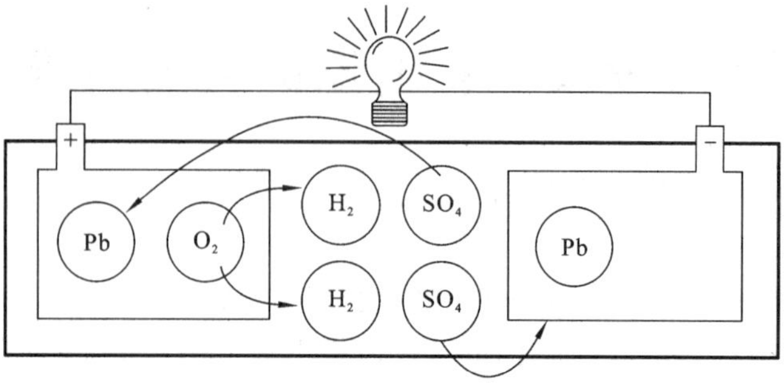

图 3.7　放电过程中蓄电池内部产生的化学反应

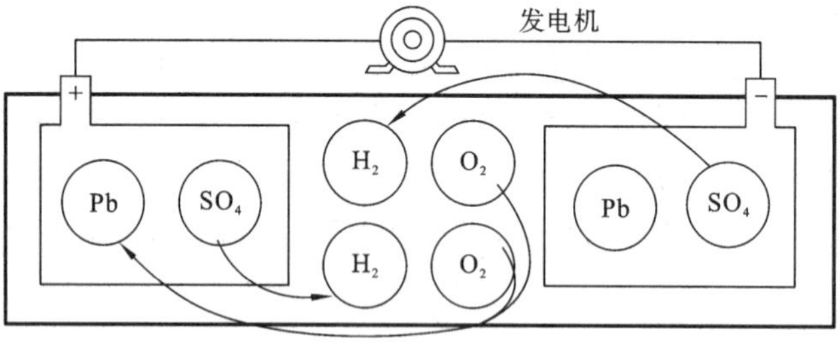

图 3.8　充电过程中蓄电池内部产生的化学反应

2）蓄电池的工作特性

（1）蓄电池的放电特性。

蓄电池的放电特性是指充足电的蓄电池在恒电流放电过程中，蓄电池的端电压和电解液相对密度 $\rho_{25℃}$ 随放电时间变化的规律。如图 3.9 所示，放电终了时，蓄电池端电压迅速下降到 1.75 V，如果继续放电，端电压迅速下降到 0 V，致使蓄电池过度放电，缩短其使用寿命。所以蓄电池在使用中不能过度放电。

放电终止的标志如下。

① 单格电池电压下降到放电终止电压值（以 20 A · h 放电率放电时，此值为 1.75 V）。

② 电解液相对密度下降到最小许可值，约为 1.11。

（2）蓄电池的充电特性。

蓄电池的充电特性是指在恒流充电过程中，单格电池的端电压 U 和电解液的相对密度 $\rho_{25℃}$ 随时间变化的规律。如图 3.10 所示，充电终止的三个标志如下。

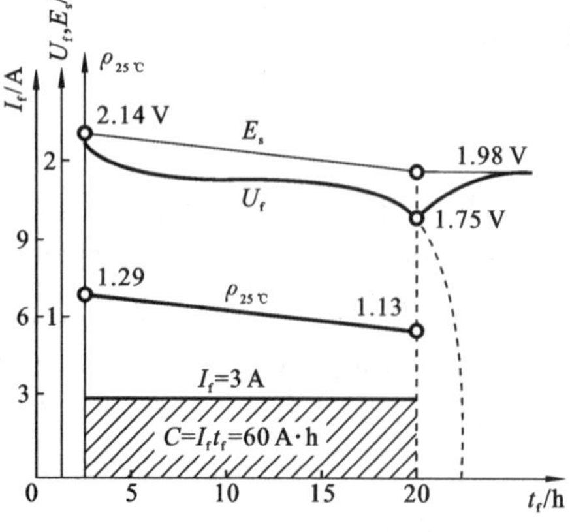

图 3.9　恒流放电特性曲线

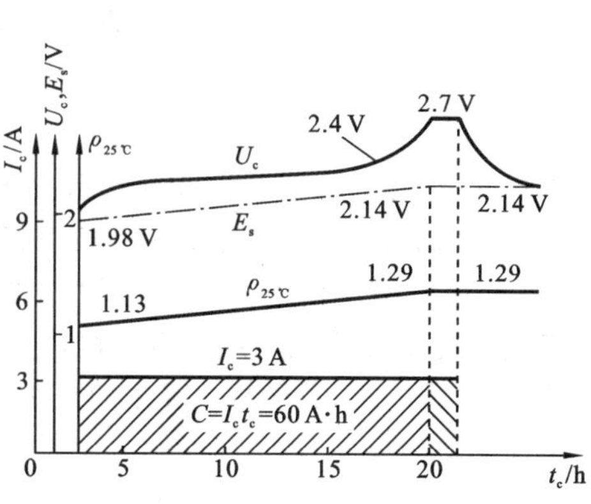

图 3.10　恒流充电特性曲线

① 电解液呈“沸腾”状(因析出氢气和氧气所致)。

② 电解液相对密度上升至最大值,且 2～3 h 内不再上升。

③ 端电压上升至最大值(2.7 V),且 2～3 h 内不再升高。

3) 蓄电池的充电

无论是启用新的蓄电池和使用修复的蓄电池,或者是装在汽车上使用的蓄电池,以及存放的蓄电池,都需要对其进行充电,这可以延长蓄电池的使用寿命。蓄电池充电时的充电机如图 3.11 所示。

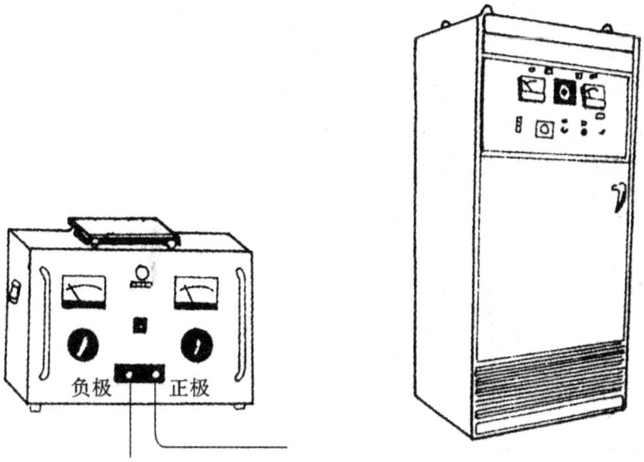

图 3.11　充电机外形

(1) 充电种类。

① 初充电　是指新的蓄电池或修复后的蓄电池在使用前的首次充电。初充电的特点是充电电流小,充电时间长。现在很多新电池都不用初充电了。

② 补充充电　是指蓄电池使用后的充电。经常要对蓄电池进行补充充电。

③ 去硫充电　当蓄电池极板轻微硫化时,可进行去硫化充电。

(2) 充电方法。

① 定流充电　在充电过程中,充电电流保持一定的充电方法称为定流充电。硅整流充电机、晶闸管充电机都能很方便地进行电流控制。一般经常采用定电流充电法。因为它有较大适用性,可任意选择和调整电流,适应各种不同条件(新蓄电池的初充电,使用中的蓄电池补充充电及去硫充电等)下的充电,其主要特点是充电时间长,需要经常调整充电电流,充电比较足。

定流补充充电具体步骤如下。

a. 从汽车上拆下蓄电池,清除蓄电池盖上的脏污,拧下加液盖,疏通加液孔盖上的通气小孔,清除极桩和导线接头上的氧化物。

b. 检查电解液的密度和液面高度。电解液液面应高出极板上沿 10～15 mm。如果密度不符合规定要求,用蒸馏水或密度为 1.49 的稀硫酸调配。

c. 将蓄电池正极接充电机正极,蓄电池负极接充电机负极。

d. 选择充电电流的大小。充电一共分两个阶段:第一阶段的充电电流约为蓄电池额定电流容量的 1/10,充至单格电压为 2.3～2.4 V,电解液开始冒泡时结束;第二阶段的充电电流约为蓄电池额定容量的1/20，充至单格电压为2.5～2.7 V，电解液密度达到规定值，并且在2～3 h内基本不变，蓄电池内产生大量气泡，电解液呈"沸腾"状态，此时表示蓄电池的电已充足。两个阶段的时间为13～15 h。

e. 将充电机的充电电流调整钮调到零位，关闭电源，拆下与蓄电池连接的电源线，检查电解液面的高度是否符合要求。

f. 将蓄电池加液口盖拧紧，擦净蓄电池表面，即可使用。不同容量的蓄电池串联起来一起充电，按容量最小的蓄电池容量选择电流。

免维护蓄电池的补充充电：一般来讲，免维护蓄电池很少进行补充充电，根据经验对其充电通常采用定流充电法，电流的大小选择为蓄电池容量的1/20，或更小。要经常观察内装式密度计，当观察镜看见绿色时，再充电1个多小时便可。注意：严禁大电流充电，否则因产生气体而无法排出，会损坏极板、膨胀壳体，甚至爆炸。

定流充电连接方法及充电曲线如图3.12所示。

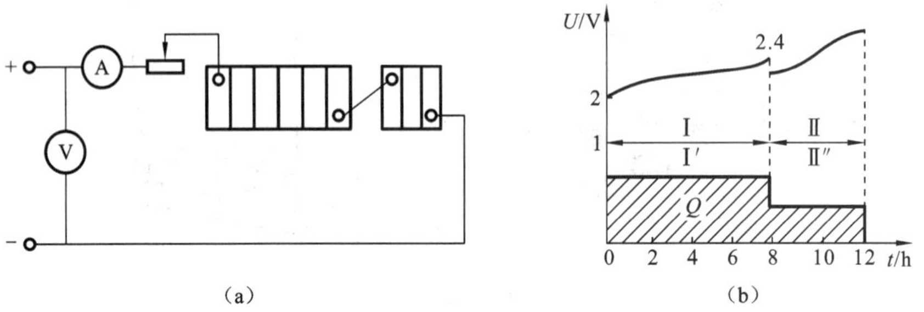

图3.12　定流充电连接方法及充电曲线

(a) 电路　(b) 曲线

② 定压充电　在充电过程中，加在蓄电池两端的充电电压保持恒定不变的充电方法称为定压充电。汽车上的发电机对蓄电池的充电即为定电压充电。定压充电的特点是充电开始的充电电流很大(应该注意蓄电池的温度)，随着蓄电池电动势的不断增高，充电电流逐渐减小。充电终了，充电电流将自动减小至零，因而不需要人照管。同时，由于定压充电速度快，4～5 h内蓄电池就可获得本身容量的90%～95%，比定流充电时间大大缩短。所以，定压充电特别适合对具有不同容量蓄电池的并联充电。使用定压充电时，充电电压要选合适，否则不是充不足、就是过充电。

充电电压的选择：一般按蓄电池每单格需要2.5 V，即12 V蓄电池需要充电电压15 V。

定压充电连接方法及充电曲线如图3.13所示。

③ 脉冲充电　脉冲快速充电过程：正脉冲充电→停充(25 ms)→负脉冲(瞬间)放电或反充→停充→脉冲充电。

该充电方法显著的特点是充电速度快，即充电时间大大缩短，补充充电仅需1 h左右。采用这种方法充电，还可以使蓄电池容量增加，使极板"去硫化"明显。但其缺点是充电速度快，析出的气体总量虽减少，但其出气率高，对极板活性物质的冲刷力强，故易使活性物质脱落，因而对蓄电池的使用寿命会有一定影响。脉冲充电方法的充电电流的大小和波形如图3.14所示。

蓄电池在使用中，如果发现启动机运转无力，灯光比平时暗淡，或冬季放电超过25%、夏

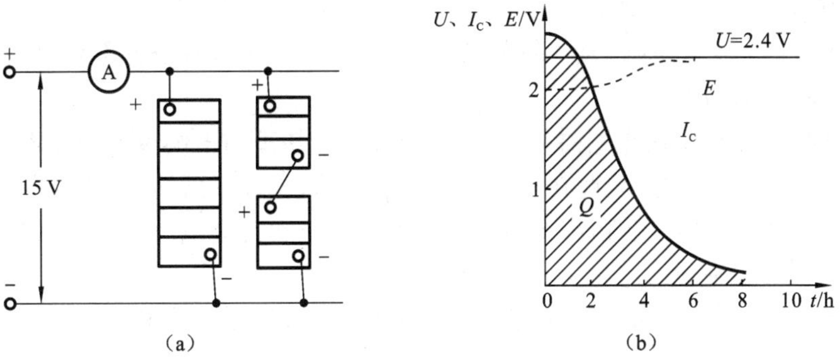

图 3.13　定压充电连接方法及充电曲线

(a) 电路　(b) 曲线

季放电超过 50%，或储存近一个月的蓄电池，都必须进行补充充电。另外，由于汽车上使用的蓄电池进行的是定电压充电，不一定能使蓄电池充足。为了有效防止硫化，最好每 2～3 个月进行一次补充充电。

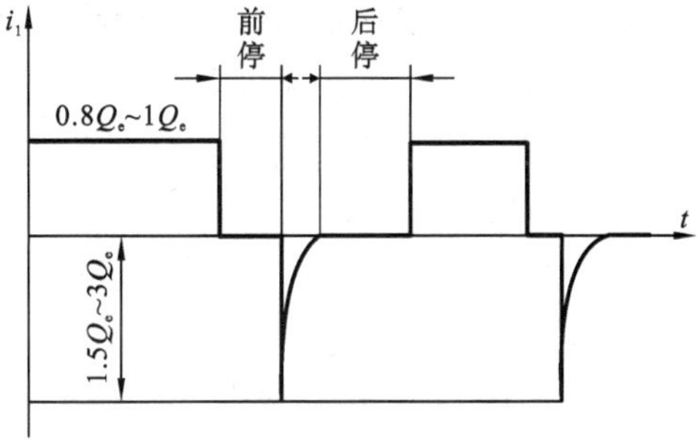

图 3.14　脉冲快速充电电流波形

(3) 充电注意事项。

① 严格遵守各种充电方法的充电规范。

② 在充电过程中，要密切观察各单格电池的电压和电解液密度变化，及时判断其充电程度和技术状况。

③ 在充电过程中，密切注意电池的温度。

④ 充电室应通风良好，并严禁有明火。

⑤ 充电时，导线必须连接可靠，防止产生电火花。

2. 蓄电池的使用、维护与检测

1) 蓄电池的使用与维护

蓄电池的性能与使用寿命不仅取决于其结构和质量，而且还与使用条件和维护密切相关。加强蓄电池的日常维护，合理使用蓄电池，对延长蓄电池的使用寿命特别重要。

为降低汽车的运行成本，延长蓄电池的使用寿命，蓄电池在使用中应注意"三抓"和"五防"。

一抓正确及时充电：

① 放完电的蓄电池应在 24 h 内进行补充充电；

② 车上正在使用的蓄电池一般每两个月补充充电一次，蓄电池的放电程度，冬季不得超过 25%，夏季不得超过 50%；

③ 带电解液存放的蓄电池，每两个月补充充电一次。

二抓正确操作使用：

① 不要连续使用启动机，每次启动的时间不得超过 5 s，如果一次未能启动发动机，应停歇 15 s 以后再进行第二次启动；连续三次启动不成功，应查明原因，排除故障后再启动发动机；

② 安装、搬运蓄电池应轻搬轻放，切不可随便敲敲打打或在地上拖拽；蓄电池在车上固定要牢固，以防行车时颠簸受损。

③ 冬季使用的注意事项如下。

a. 冬季使用蓄电池时，应特别注意保持其处于充足电状态，有条件下要进行保暖，以免电解液相对密度降低而结冰。

b. 冬季补加蒸馏水应在充电前进行，以使蒸馏水较快地与电解液混合而不致结冰。

c. 冬季蓄电池容量降低，因此在启动冷态发动机前，应进行预热，以减少启动阻力矩。

d. 冬季气温低，充电较困难，因此可以适当调高充电机的充电电压，以改善蓄电池的充电状态，但仍需避免过量充电。

e. 要经常检查蓄电池的电解液和蓄电池的放电情况，如发现电解液不足或蓄电池充电不足，要及时进行补充和充电。

三抓清洁维护：

(1) 经常清除蓄电池表面的灰尘污物，保持蓄电池外表清洁；

(2) 极柱和电线连接要牢固，出现氧化物时应及时清除，并涂上润滑脂；

(3) 经常疏通蓄电池通气孔。

一防充电电流过大和长时间过充电；二防过度放电；三防电解液液面过低；四防电解液密度过高；五防电解液内混入杂质。

2) 蓄电池的安装、拆卸、清洁、跨接与存储

(1) 安装。

将蓄电池放在托架上，必须保证固定可靠。先把正极线连接好，然后再连接搭铁线。为了防止极桩和卡子的腐蚀，连线前应在极桩上涂抹上凡士林油或润滑脂。注意正负极桩绝对不能接反，否则会烧毁电器。

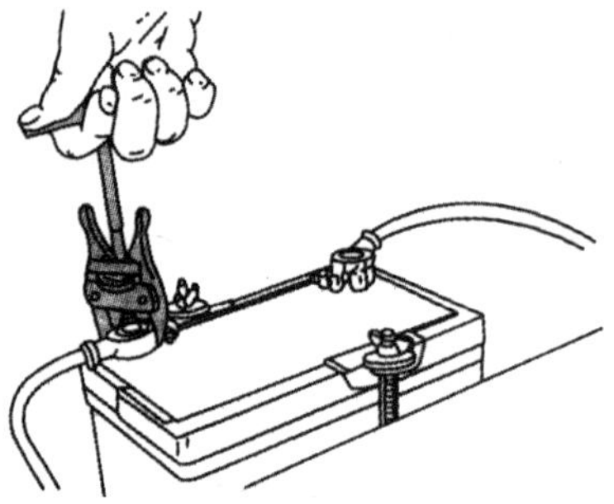

图 3.15 用拉拔器拆卸蓄电池上的电缆

(2) 拆卸。

准备好扳手、尖嘴钳子、拉拔器、提升卡具。

操作：先松开蓄电池线卡子的紧固螺栓，用拉拔器拔下卡子。如果接线柱螺栓锈蚀，切莫敲打，可用开水冲洗后再拧开螺栓。注意：先卸搭铁线，然后再卸正极线。若先卸正极线，扳手碰上车体会产生火花。用蓄电池提升卡具把蓄电池小心地从蓄电池托架上移出，如图 3.15、图 3.16 所示。

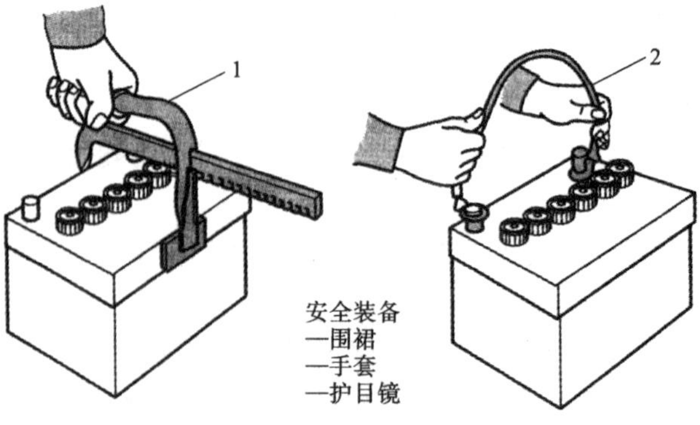

图 3.16 使用蓄电池搬运器或手提带移动蓄电池

1—搬运器；2—搬运带

（3）清洗。

拆下蓄电池后，用热的小苏打溶液清洗蓄电池壳体上的腐蚀性沉积物，然后用旧毛巾擦干净。清洗时要拧紧加液盖，防止小苏打溶液流入蓄电池内部。电缆线接头和蓄电池的极桩应该用专用的清洗工具和毛刷清洗。如图3.17和图3.18所示。

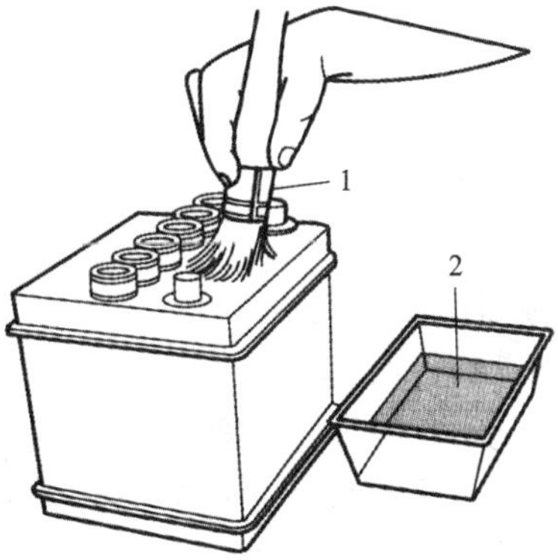

图3.17　用小苏打溶液清洗酸性腐蚀物

1—刷子；2—小苏打溶液

图3.18　用清洗器清洗电缆线接头和极桩

（4）跨接。

汽车蓄电池的电用完后，可采用与其他汽车蓄电池跨接的方法启动车辆。

跨接启动的步骤如下。

两部汽车的手制动都拉上，并且变速器挡位为空挡或停车挡；把正极跨接线连接到被启动汽车的蓄电池的正极柱和支援车蓄电池的正极柱上，将负极跨接线的一端连接到支援车蓄电池的负极柱上，另一端连接到被启动汽车的搭铁处，并且离蓄电池至少1 m，以保证安全，如图3.19所示。启动支援车的发动机，让它以较高的怠速运转几分钟后，然后再启动被救援车的发动机，实施蓄电池的跨接启动。

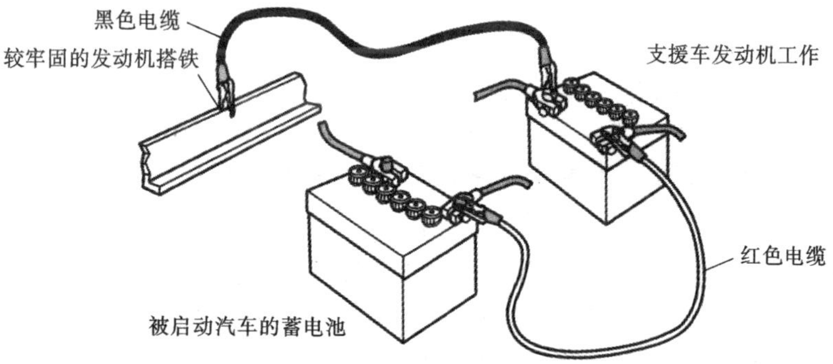

图3.19　支援车与被启动汽车之间跨接电缆的连接

注意：蓄电池的单格短路、断路时，不能实施蓄电池的跨接启动。装备有控制计算机的汽车，禁止使用超过16 V的电压去跨接启动，以免损坏汽车的电气部件和电子控制系统。

（5）蓄电池的正确储存。

未启用的新蓄电池储存：要存放于室温5 ℃～30 ℃及干燥、清洁、通风的地方；不要受阳光直射，不得倒置或卧放，不得叠放，存放时间不得超过2年。注意加液孔盖上的通气孔的密封不能打开。

暂时不用的蓄电池的储存：采用湿储存法，即先充足电，然后将通气孔密封存放。因其会自放电，使用者应每隔一段时间(一般两个月)对蓄电池进行充电。存放时间不得超过半年。

长期停用的蓄电池的储存：采用干储存法，即先将充足电的蓄电池以 20 A·h 放电率放完电，然后倒出电解液，用蒸馏水反复冲洗直到水中无酸性为止，晾干后旋紧加液孔盖，并将通气孔密封存放。存放时间不得超过两年。

注意：严禁将蓄电池置放在水泥地上，必须上架。

3）蓄电池的检测

(1) 蓄电池液面高度检测。

检测方法 1：对于半透明的塑料壳体蓄电池，电解液液面应保持在壳体上标出的上、下液面线之间，若液面过低应加入适量的蒸馏水，如图 3.20 所示。

检测方法 2：对于橡胶壳体的蓄电池，应用孔径为 3～5 mm 的透明玻璃管，通过测量电解液高出隔板的高度来检查。将玻璃管垂直插入蓄电池的加液孔中，直到与隔板上缘接触，然后用手指堵紧管口并将管取出，管内所吸取的电解液的高度为 10～15 mm 即可，如图 3.21 所示。

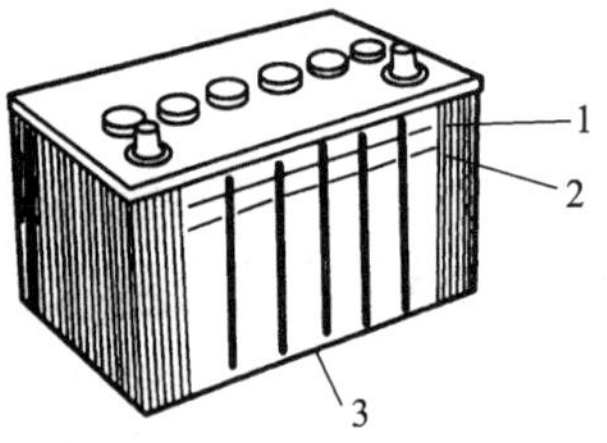

图 3.20　观察液面高度

1—上液面线；2—下液面线；3—透明的蓄电池壳体

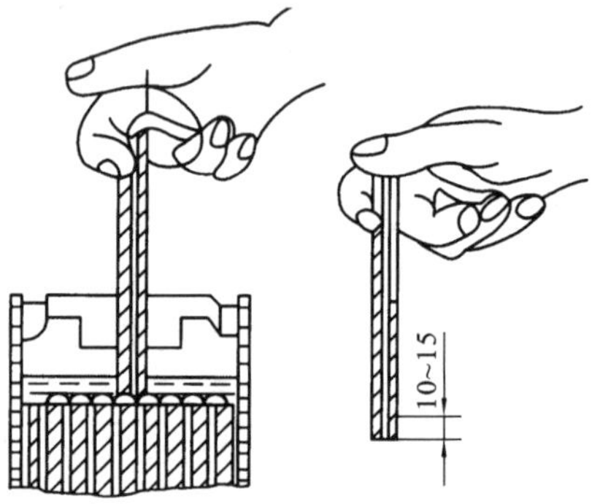

图 3.21　用细玻璃管测量电解液高度

(2) 蓄电池电解液的密度检测。

用密度计测量蓄电池电解液密度的步骤如下。

① 打开蓄电池的加液孔盖。

② 把密度计下端的吸管伸入单格电池的加液口内(见图 3.22)。

③ 用手将橡皮球捏一下，再慢慢放开，电解液就会被吸到玻璃管中。

④ 注意吸入时电解液不要过多或过少，以能将密度计浮子浮起而不会顶住为宜。

⑤ 使管内的浮子浮在玻璃管中央(不要相互接触)，读密度计的读数。要求读数时使密度计刻度线与眼睛平齐，测量的密度值应用标准温度(25 ℃)予以校正。

⑥ 将所测量的密度值与上次充电终了时的电解液密度值进行对比，根据密度下降的程度来判断蓄电池的放电程度。

注意：对于刚进行过强电流放电或刚加过蒸馏水后的蓄电池，不宜进行电解液密度测量，否则会因电解液混合不均而使测量结果不准。

⑦ 放电程度的判断方法。

电解液密度与放电程度的关系是：密度每下降 0.01 相当于蓄电池放电 6%，当判定蓄电

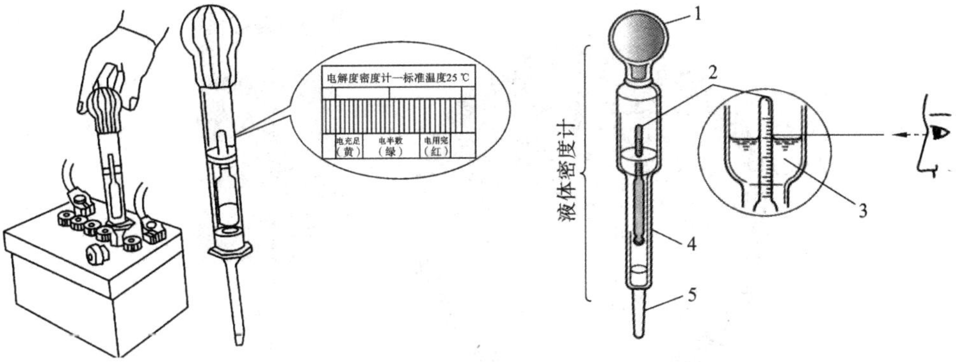

图 3.22 用密度计测量蓄电池电解液密度

1—橡皮球；2—浮子；3—电解液；4—外管；5—吸管

池在夏季放电超过 50％、冬季放电超过 25％时不宜再使用，应及时进行充电，否则会使蓄电池早期损坏。

冰点测试仪是测量溶液浓度的小型精密光学仪器（见图 3.23），其基本原理是应用全反射临界角法测量溶液的折射率，进而标定出所测得液体的浓度及其性能。用其测量电解液的密度和防冻液、玻璃清洗剂的冰点。图 3.24 所示，视场图的左侧标尺指示电解液的密度。

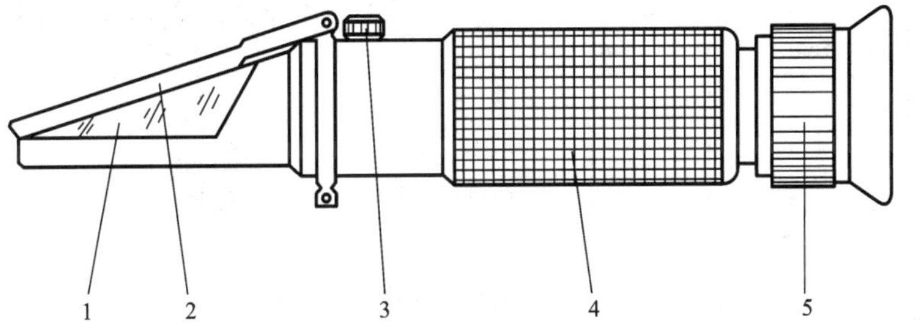

图 3.23 冰点测试仪结构

1—棱镜；2—盖板；3—校正钉；4—把套；5—目镜

冰点测试仪的操作步骤如下。

a. 掀起盖板，用柔软绒布将冰点测试仪的盖板及棱镜表面擦拭干净。

b. 将待测液体用吸管滴于棱镜表面，合上盖板轻轻按压，将冰点测试对向明亮处，旋转目镜，使视场内刻线清晰。读出明暗分界线在相应标尺上的数值即可。

左侧标尺：电池液密度（BATTERY FLUID）。

1.15～1.20 需充电（RECHAGE）。

1.20～1.25 电量够用（FAIR）。

1.25～1.30 电量充足（GOOD）。

c. 测试完毕，用绒布擦净棱镜表面和盖板，清洗吸管，将仪器收藏于包装盒内。

d. 在测量电解液时，注意不要将电解液洒在皮肤和眼睛上，以防烧伤。

免维护蓄电池设有内装式密度计，其内部装有一颗能反光的绿色小球，从顶部观察孔可观察到代表着不同电量状态的颜色，如图 3.25 所示。观察前先看盖上的说明，各家蓄电池的说明不一样。

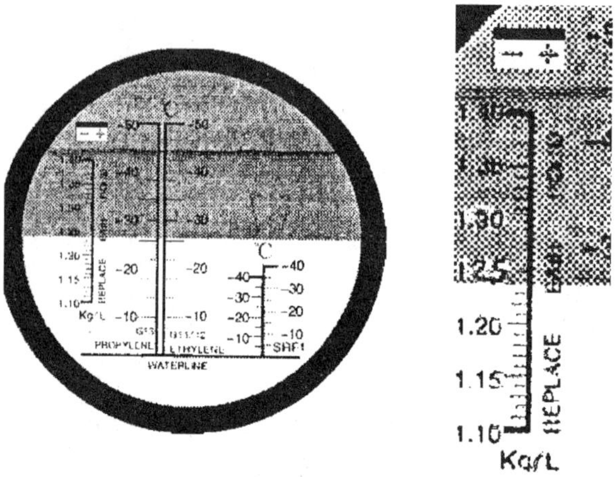

图 3.24　冰点测试仪的视场图

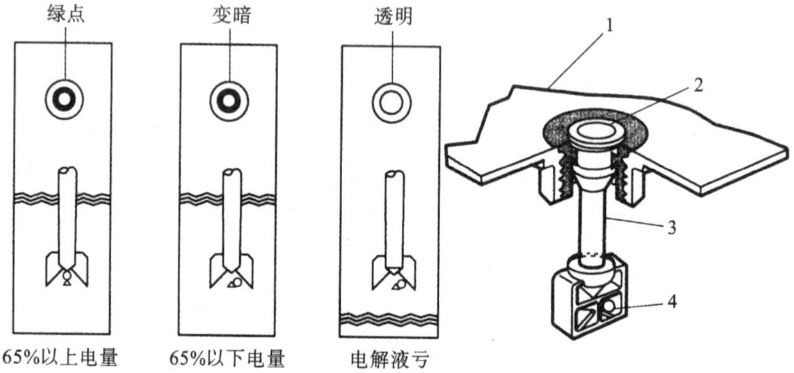

图 3.25　内装式密度计示意图

1—蓄电池顶；2—观察孔；3—透明玻璃柱；4—绿球

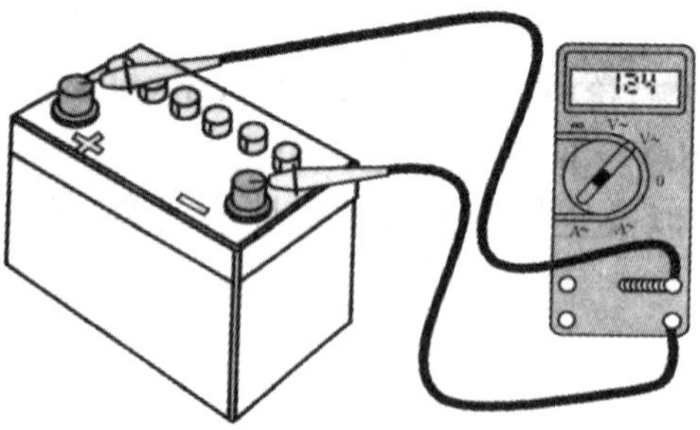

图 3.26　万用表检测蓄电池的端电压

(3) 蓄电池端电压的检测。

① 电压表检测端电压　测量蓄电池开路电压，如图 3.26 所示。充足电的蓄电池开路电压应在 12.6 V 以上，如果电压下降到 12 V，应补充充电了。注意：刚充完电的蓄电池，测量前应大电流放一会电，消除电荷再测，否则测不准。

② 高率放电计检测蓄电池的端电压　高率放电计是模拟启动机工作状态检测蓄电池容量，能比较准确判定蓄电池的容量和基本性能，如图 3.27 所示。

检测方法：在温度 25 ℃下，将高率放电计的正、负放电针分别压在蓄电池的正、负极柱上保持 5 s，若电压保持在 9.6 V 以上，说明性能良好；若稳定在 10.6～11.6 V，说明存电充足；若电压迅速下降，说明蓄电池已经损坏。高率放电计有可变电流式和不可变电流式，注意：不能检测过长或连续检测，会损坏蓄电池和仪器。

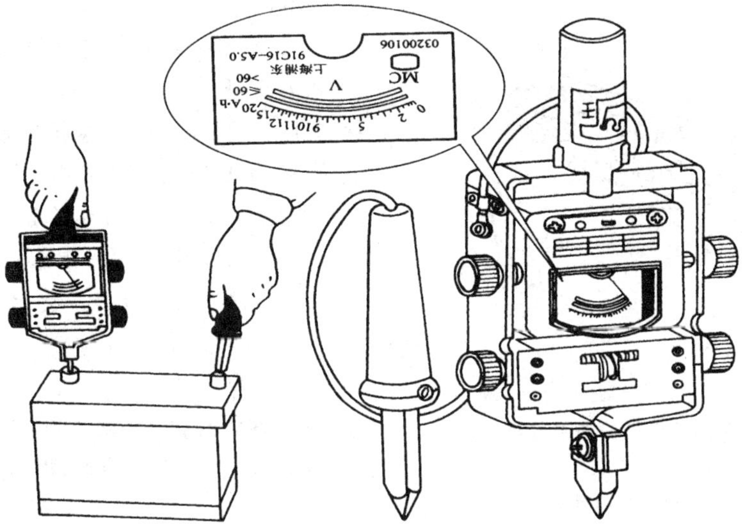

图 3.27　高率放电计检测蓄电池的端电压

③ 检测蓄电池极桩电压降　用电压表在启动发动机时检测极桩和电缆之间的电压值，如图 3.28 所示，如果这个电压差超过 0.1 V，表示电极连接处存在额外的电阻，需要拆下连接器，对连接部位进行清洗。

检测时应该使点火系统停止工作，将中央高压线搭铁，以防止汽车启动。

④ 检测蓄电池自行放电　当蓄电池壳体上面脏污或湿润的时候，微弱电流会通过污物在正负极柱间产生电流，自行放电。

检测方法：把电压表的负极表笔接到蓄电池负极极柱上，正表笔移到蓄电池壳体的顶部不同部位，检测有无电压，如图 3.29 所示。若有电压，则存在自放电现象。

处理方法：用热水冲洗后擦干净。

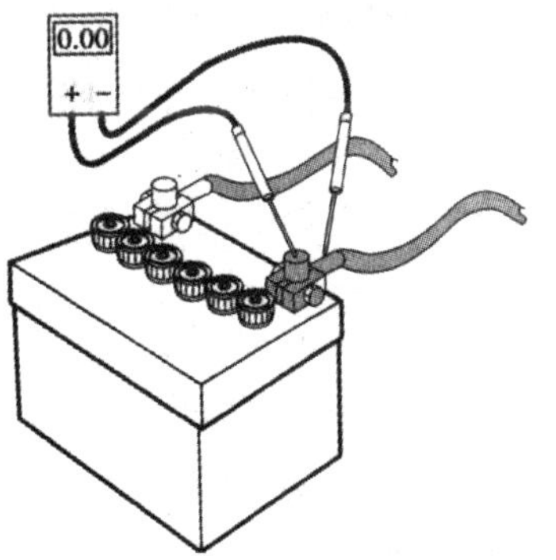

图 3.28　检测极桩与电缆间电压降

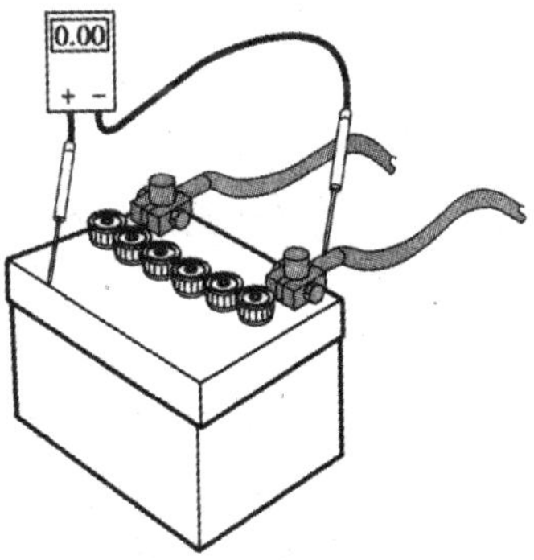

图 3.29　检测蓄电池极间电压降

3. 蓄电池的常见故障及排除

1）蓄电池外部故障

蓄电池壳体裂纹多因搬运不当或固定不牢造成的，可黏补；封口胶开裂；极桩腐蚀，普通蓄电池和干荷蓄电池都比较严重，要经常清除，免维护蓄电池很少腐蚀；电池爆破是因蓄电池正

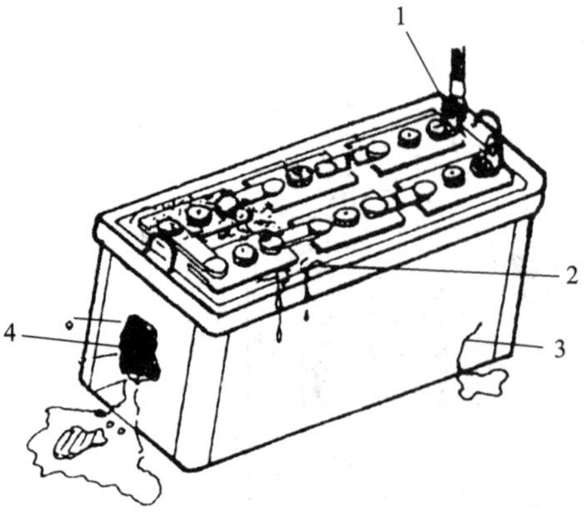

图 3.30　普通蓄电池的外部故障

1—接线柱腐蚀；2—封口胶开裂；
3—壳体裂纹；4—电池爆破

负极桩短路造成强大电流放电，产生大量气体所致。图 3.30 所示为蓄电池各种外部故障。

2）极板硫化

极板上生成坚硬、不易溶解的硫酸铅白色粗晶粒的现象称为极板“硫酸铅硬化”，简称“极板硫化”。这种粗晶粒硫酸铅导电性能很差，正常充电时很难转化为二氧化铅和海绵状纯铅。极板严重硫化后，蓄电池在充、放电时都会出现异常，致使蓄电池储存、放电能力下降。

（1）故障现象。

① 电池容量降低，启动时电压急剧下降，启动无力，严重时不能持续供给启动电流，以至于不能启动。

② 检测蓄电池，电解液的密度下降到低于规定的正常数值；用高率放电计检测，电压迅速下降到规定的正常数值以下。

③ 充电时，蓄电池在充电时过早地产生气泡，甚至一开始充电就有气泡；电解液温度上升过快，易超过 45 ℃；蓄电池在开始充电及充电完毕时电压过高，单格电压可达 2.7 V 以上。

（2）故障产生的原因。

① 存储不当。蓄电池在放电与半放电状态下长期放置，或长期放置在水泥地上，由于硫酸铅在昼夜温差或上下液体温度差存在的情况下，不断在电解液中有溶解与结晶两个相反的过程交替发生，产生再结晶。经过多次再结晶，便在极板上形成粗大的不易溶解的硫酸铅晶体。

② 使用不当。蓄电池经常过量放电或小电流深放电，从而在极板细小孔隙的内层生成硫酸铅，平时充电不易恢复。电解液液面过低，极板上部的活性物质暴露在空气中被氧化，汽车行驶时电解液的波动使其接触氧化的活性物质，生成粗晶粒的硫酸铅；使用期间不进行定期补充充电，使其在半充电状态长期使用，极板上的放电产物硫酸铅长期存在，也会通过再结晶形成粗大的颗粒。

③ 电解液不纯或其他原因导致蓄电池自行放电，均会产生硫酸铅，从而为硫酸铅再结晶提供物质基础。

（3）故障排除。

蓄电池出现轻度硫化故障时，可用 2～3 A 的小电流长时间充电，即过充电；或用全放、全充的充放电循环方法使活性物质还原；现在有所谓的去硫充电机对轻度硫化蓄电池进行充电，可恢复大部分容量，也可用去硫充电的方法消除，但这种方法不太实用。硫化严重的蓄电池，应予以报废。

3）自行放电

（1）故障现象。

蓄电池在无负载状态下，电量自行消失的现象称为自行放电（俗称“漏电”）。如果使用中自行放电在一定范围内，可视为正常现象，如果超出一定范围就应视为故障。一般自行放电的允许范围为每昼夜在 1%以内，如果每昼夜放电超过 2%，就应视为故障。

（2）故障原因。

① 内部原因　电解液不纯，电解液中的杂质沉附于极板上产生局部放电，极板活性物质脱落，下部沉淀物过多使极板短路，蓄电池长期放置不用，电解液下部密度较上部大，极板上下部产生电位差，引起自行放电等。

② 外部原因　蓄电池溢出的电解液堆积在盖板上，使正负极桩形成回路；停车后有的负载仍在工作。

（3）故障排除。

如负载工作，检查搭铁和开关短路，并排除；如端盖脏污，应清洗擦干净；如蓄电池内部极板短路，应拆开修复，但多数直接报废。

（4）预防自行放电的措施。

配制电解液用的硫酸及蒸馏水、器皿必须符合规定；购置的电解液应妥善保管；加液螺塞要盖好，保持蓄电池外表清洁干燥，加电解液时严防掉入脏物；补充的蒸馏水要符合要求。

4）活性物质脱落

活性物质脱落是指正极板上的活性物质二氧化铅脱落。

（1）故障现象。

蓄电池中极板上的活性物质脱落严重时，电解液混浊并呈褐色。蓄电池充电时，有褐色物质自电解液底部上升，蓄电池电压上升过快，电解液沸腾过早出现，电解液密度上升缓慢；放电时，电压下降过快，容量下降。

（2）活性物质脱落的原因。

① 充电电流过大或长时间过充电，水被电解，产生大量气体，在极板内部造成压力，使活性物质脱落。

② 大电流放电，尤其是低温大电流放电，硫酸铅迅速生成，体积严重膨胀，极板拱曲变形，促使活性物质脱落。

③ 蓄电池极板组松旷，安装不良，汽车行驶颠簸振动等也会加速活性物质脱落。

（3）预防极板活性物质脱落的措施。

避免过充电和大电流长时间充、放电；安装搬运蓄电池应轻搬轻放，避免振动冲击；蓄电池在汽车上的安装应牢固可靠。

（4）故障排除。

拆开修复或直接报废。

普通铅蓄电池正常使用时，寿命可达两年；免维护铅蓄电池正常使用时，寿命可达四年。如果使用不当，会形成各种故障，造成过早报废。因此在使用中应以预防为主，尽量避免故障产生。

学习情境4　充电指示灯常亮

学习目标

1. 知识目标

- 熟悉汽车仪表的作用、结构、工作原理、检查及维护方法。
- 了解警告灯的作用和含义。
- 了解充电系统的组成、工作原理。
- 掌握交流发电机、调节器的结构与工作原理。

2. 能力目标

- 能够对仪表系统和报警装置的常见故障进行检测、诊断和排除。
- 能够对充电系统电路的检测与充电的操作。
- 能对交流发电机、调节器的常见故障进行检测、诊断和排除。

职业情境描述

客户反映：一辆桑塔纳2000轿车，接通点火开关，启动发动机充电指示灯亮，但发动机在怠速或更高转速时充电指示灯却不灭。要求解决该故障。

根据客户描述的在发动机怠速或更高转速时充电指示灯不灭的故障现象初步判断，可能是交流发电机充电不正常，需及时维修。通过接车谈话和现场检查，发现充电指示灯线路有短路故障。检查线路，排除故障。

工作任务1　仪表及显示系统

汽车仪表是汽车的重要部件之一，它能集中、直观、迅速地反映汽车在行驶过程中的各种动态指标。汽车仪表的功能是让驾驶员随时了解汽车各系统的工作情况并及时采取措施，保证汽车安全可靠地行驶。

汽车仪表按工作原理可分为机械式、电气式、模拟电路电子式和数字式仪表四种。我们习惯将机械式、电气式和模拟电路电子式仪表称为传统仪表。

数字式仪表是由ECU采集传感器的信号，将模拟量转换为数字量，经处理后送往显示装置。数字式仪表性能完善，目前在高、中档汽车上使用较多。

汽车仪表按安装方式分为组合式和分装式两种。组合式仪表就是将各仪表组合安装在一起，主要由仪表、指示灯、报警灯、照明灯、报警蜂鸣器等组成。组合式仪表又分为可拆式（如桑塔纳 2000 车型所装仪表）和整体不可拆式（如别克系列汽车所装仪表）两种。可拆式仪表的仪表、指示灯、报警灯和照明灯等部件可单独更换，整体不可拆式仪表需整体更换。分装式仪表就是将各仪表单独安装。

汽车仪表要求结构简单、美观大方、工作可靠，耐震及抗冲击性能好，示数准确，受电源电压波动影响小，不随周围温度的变化而变化。

（1）组合仪表的特点　除具有汽车仪表的基本特点外，还具有结构紧凑、体积小、便于安装和组合接线等特点，还易于实现仪表的多功能要求。

（2）数字式仪表的特点　具有指示精度高，重复性好，响应速度快，分度均匀，通用性好，稳定性和可靠性高等特点。数字式仪表在欧、美等国应用已相当普及。目前，国内部分中、高档轿车，如一汽红旗世纪星，上汽帕萨特、东风雪铁龙、奇瑞，长安世纪星等均配套使用数字式仪表。

1. 传统仪表的认知

国产汽车普遍采用组合式仪表，且多数为模拟电路电子式仪表，一些中、高档汽车配置数字显示系统。图 4.1 所示为桑塔纳 2000 型车用组合仪表。仪表盘上有车速表、里程表、发动机转速表、冷却液温度表、燃油量表等，还设置有数字钟、发动机冷却液温度过高、机油压力不足、燃油量不足、制动液面过低等报警灯和转向、远光、充电等指示灯等。

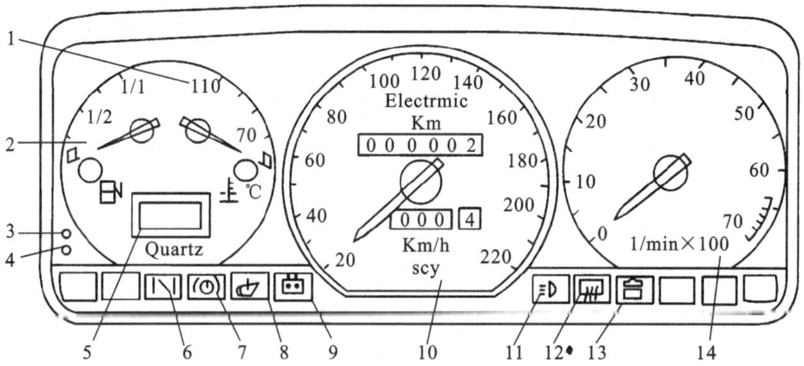

图 4.1　桑塔纳 2000 型车用组合仪表

1—冷却温度表；2—燃油表；3—电子钟分调整钮；4—电子钟时调整钮；5—电子液晶钟；
6—阻风门接起指示灯；7—手制动/制动液面警告灯；8—机油压力警告灯；9—充电指示灯；
10—车速里程表；11—远光指示灯；12—后窗除霜加热指示灯；13—冷却液液面警告灯；14—发动机转速表

1）机油压力表

机油压力表的作用：它是用来检测和显示发动机主油道内的机油压力的大小，防止汽车发动机因缺少机油而造成拉缸、烧瓦等重大故障发生。

机油压力表的组成：它由机油压力传感器和机油压力指示表两部分组成。机油压力传感器安装在发动机主油道上，机油压力指示表安装在仪表板上。机油压力传感器可分为双金属片式和可变电阻式两种。

机油压力表的分类：机油压力表按工作原理可分为电热式、电磁式和弹簧式三种。通常电热式机油压力表与双金属片式机油压力传感器配置，电磁式机油压力表与可变电阻式机油压力传感器配置。

(1) 电热式机油压力表与电热式机油压力传感器　电热式机油压力表也称双金属片式机油压力表,其与电热式传感器的基本结构如图 4.2 所示。

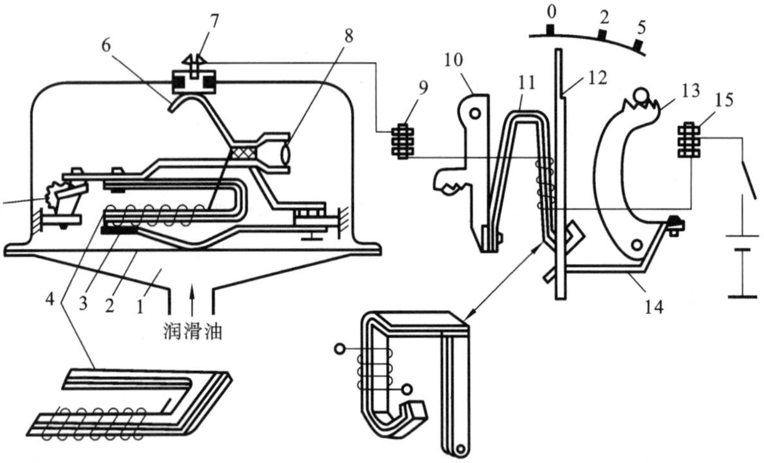

图 4.2　电热式机油压力表与电热式传感器

1—油腔;2—膜片;3—弹簧片;4—双金属片;5—调节齿轮;6—接触片;7—传感器接线柱;8—校正电阻;9—机油压力表传感器接线柱;10、13—调节齿扇;11—双金属片;12—指针;14—弹簧片;15—机油压力表电源接线柱

电热式机油压力传感器一般做成盒状,外部有一接线柱 7 与机油压力指示表相连。内部中间有金属膜片 2,膜片的下方油腔 1 经管接头与润滑系统主油道相通,膜片上方压有弯曲的弹簧片 3,弹簧片的一端焊有触点,另一端与外壳固定并搭铁。双金属片 4 上绕有加热线圈,它的一端焊在双金属片端的触点上,另一端焊在接触片 6 上。调节齿轮 5 可以调节触点的接触压力。

电热式机油压力表外部有两个接线柱,传感器接线柱 9 与机油压力传感器相连,电源接线柱 15 与电源相连;内部装有双金属片 11,其上绕有加热线圈,线圈两端分别与两接线柱相连。双金属片 11 一端弯成钩形扣在指针 12 上,指针在双金属片 11 和弹簧片 14 作用下保持在某一位置。调节齿扇 10 和 13 可以调节指针的位置。

当点火开关置 ON 时,电流由蓄电池正极→点火开关→机油压力表电源接线柱 15→加热线圈→机油压力表传感器接线柱 9→机油压力传感器接线柱 7→接触片 6→双金属片 4 的加热线圈(校正电阻 8 与加热线圈并联)→触点→弹簧片 3→搭铁→蓄电池负极。因电流流过双金属片 4 的加热线圈,双金属片 4 受热变形,使触点分开,切断电路。随后双金属片 4 又冷却伸直,触点重又闭合,接通电路。如此反复,在电路中形成一脉冲电流。该脉冲电流平均值取决于机油压力的大小,其波形如图 4.3 所示。

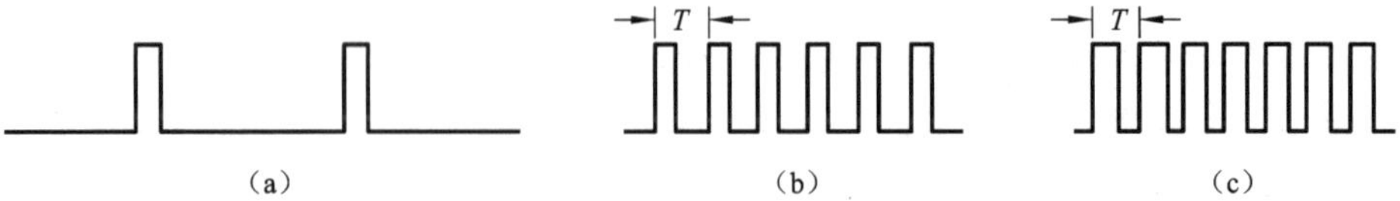

图 4.3　电热式机油压力表加热线圈中电流的波形

(a) 油压为 0, f=15 Hz, I=0.06 A　(b) 油压为 0.2 MPa, f=70 Hz, I=0.17 A

(c) 油压为 0.5 MPa, f=125 Hz, I=0.24 A

当油压降低时，传感器膜片 2 变形小，触点压力小，闭合时间短，打开时间长，变化频率低，电路中平均电流小，双金属片 11 温度低，弯曲变形小，指针偏摆角度小，指向低油压。

当油压升高时，膜片 2 向上拱曲变形大，触点压力大，闭合时间长，打开时间短，变化频率高，电路中平均电流大，双金属片 11 温度高，弯曲变形大，指针偏摆角度大，指向高油压。

为保证油压的指示值不受外界温度的影响，双金属片 4 做成“Ⅱ”字形，其上绕有加热线圈的一边称为工作臂，另一边称为补偿臂。当外界温度变化时，工作臂的附加变形被补偿臂的相应变形所补偿，使指示表的指示值保持不变。在安装传感器时，必须使传感器外壳上的箭头（安装记号）向上，不应偏出垂直位置 30°，从而保证“Ⅱ”形双金属片的工作臂位于补偿臂之上，避免工作臂产生的热气上升对补偿臂产生影响而造成指示值失准。

当发动机低速运转时，机油压力不应小于 0.15 MPa；发动机高速运转时，机油压力不应超过 0.5 MPa。正常压力应为 0.2～0.4 MPa。

（2）电磁式机油压力表与可变电阻式机油压力传感器　电磁式机油压力表与可变电阻式机油压力传感器的基本结构如图 4.4 所示。可变电阻式机油压力传感器 5 是利用油压大小推动滑臂来改变可变电阻器 R 的阻值，当油压升高时，电阻值减小；当油压降低时，电阻值增大。电磁式机油压力表内部有两个线圈 L_1 和 L_2，中间置有铁磁转子 2，转子上连有指针 3。

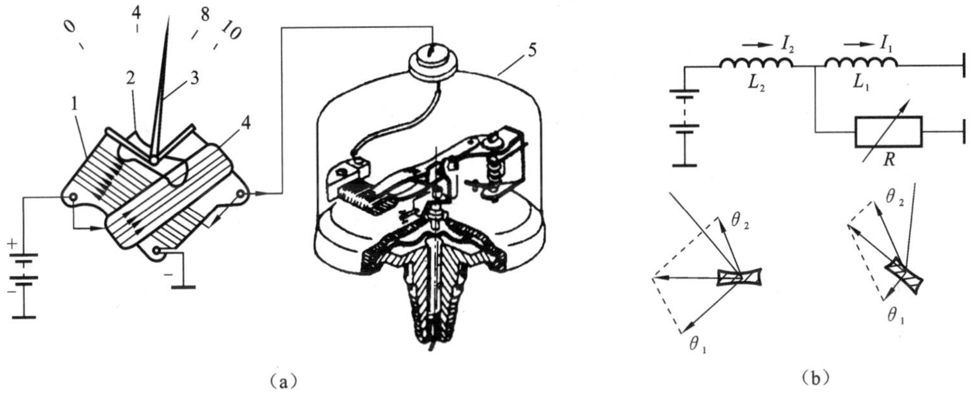

图 4.4　电磁式机油压力表与可变电阻式机油压力传感器

(a) 电磁式机油压力表与可变电阻式机油压力传感器　(b) 电磁式机油压力表的等效电路

1—L_1 线圈；2—铁磁转子；3—指针；4—L_2 线圈；5—可变电阻式机油压力传感器

当油压降低时，传感器 5 的电阻 R 的阻值增大，线圈 L_1 中的电流减小，线圈 L_2 中的电流增大，转子 2 带动指针 3 随合成磁场的方向逆时针方向转动，指向低油压；当油压升高时，传感器 5 的电阻器 R 的阻值减小，线圈 L_1 中的电流增大，线圈 L_2 中的电流减小，转子 2 带动指针 3 随合成磁场的方向顺时针方向转动，指向高油压。

2）冷却液温度表

冷却液温度表的作用：它主要用来检测和显示发动机水套中冷却液的工作温度，防止因冷却液温度过高而使发动机过热。

冷却液温度表的组成：它由冷却液温度传感器和冷却液温度指示表两部分组成。冷却液温度传感器可分为双金属片式和热敏电阻式两种。冷却液温度传感器安装在发动机气缸盖或缸体的水套上，冷却液温度指示表安装在仪表板上。

冷却液温度表的分类：冷却液温度表按工作原理可分为电热式、电磁式和动磁式三种。常用的是电热式冷却液温度表配双金属片式传感器、电热式冷却液温度表配热敏电阻式传感器和电磁式冷却液温度表配热敏电阻式传感器三种。

(1) 电热式冷却液温度表与双金属片式传感器　电热式冷却液温度表与双金属片式传感器的基本结构如图 4.5 所示。电热式冷却液温度表与电热式油压表的构造相同,仅表盘刻度不同。

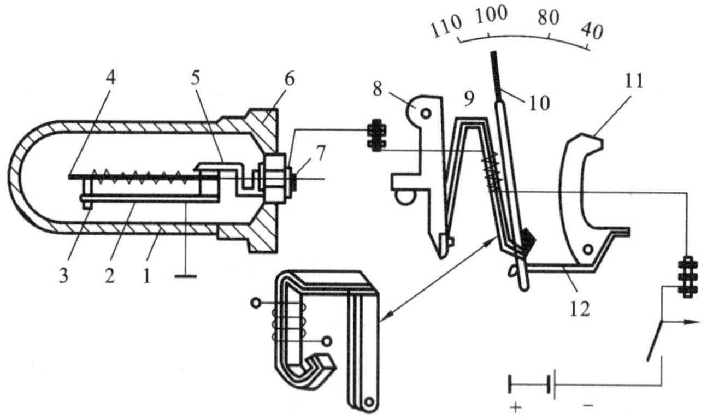

图 4.5　电热式冷却液温度表与双金属片式传感器

1—铜壳;2—底板;3—固定触点;4—双金属片;5—接触片;6—壳;7—接线柱;

8、11—调整齿扇;9—双金属片;10—指针;12—弹簧片

双金属片式冷却液温度传感器有一个密封的铜质套筒,外部有一个接线柱 7 与指示表相连。传感器内部装有条形双金属片 4,其上绕有加热线圈,线圈的一端接双金属片的触点,通过固定触点 3 搭铁,另一端通过接触片 5 与接线柱 7 相连。触点具有一定的初始压力,当水温升高时双金属片向上翘曲,使触点间的压力减弱。

当启动开关置 ON 时,电流从蓄电池正极→点火开关→指示表电源接线柱→指示表双金属片 9 加热线圈→指示表传感器接线柱→传感器接线柱→双金属片 4 加热线圈→触点 3→搭铁→蓄电池负极。因电流流过加热线圈,双金属片 4 受热变形使触点分离,切断电路。随后双金属片冷却伸直,触点重又闭合,电路又被接通。如此反复,电路中形成一脉冲电流。该脉冲电流的平均值取决于冷却液温度。

当水温较高时,传感器中双金属片 2 向上翘曲变形大,触点压力小,闭合时间短,打开时间长,电路中电流的平均值小,指示表的双金属片 9 变形小,指针偏摆角度小,指向高温。反之,当冷却液温度较低时,双金属片 2 变形小,触点压力大,闭合时间长,打开时间短,电路中电流的平均值大,该电流流过指示表加热线圈,指示表的双金属片 9 变形大,指针偏摆角度大,指向低温。

(2) 电热式冷却液温度表与热敏电阻式传感器　电热式冷却液温度表与热敏电阻式传感器的基本结构如图 4.6 所示。热敏电阻式传感器的主要元件是负温度系数的热敏电阻 14(由镍、钴、锰、铜烧结而成),其特性是温度升高,电阻 R 值减小。利用热敏电阻可以将水温的变化转换成电阻的变化,从而控制电路中电流的大小,使水温表指针指出相应的温度。

当启动开关置 ON 时,电流从蓄电池正极→点火开关→电源稳压器→温度表双金属片 6 的加热线圈 7→传感器接线柱 12→热敏电阻 14→传感器外壳 15→搭铁→蓄电池负极。

当发动机冷却液温度升高时,传感器的热敏电阻 R 的阻值减小,电路中电流的平均值大,

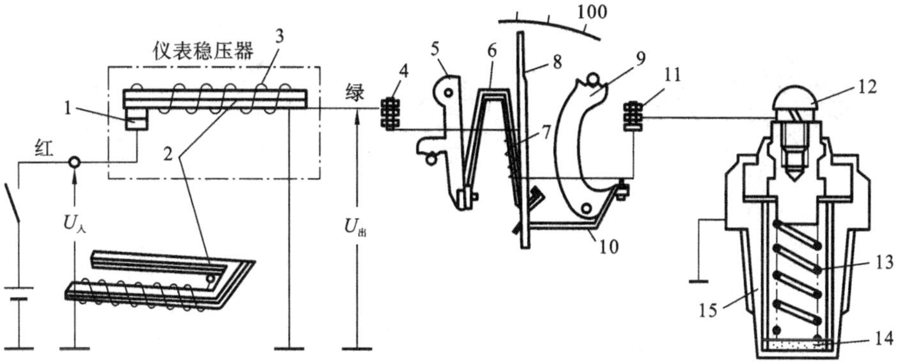

图 4.6　电热式冷却液温度表、热敏电阻式传感器与稳压器

1—触点；2、6—双金属片；3、7—加热线圈；4、11、12—接线柱；
5、9—调解齿扇；8—表针；10、13—弹簧；14—热敏电阻；15—外壳

温度表的双金属片弯曲变形大，指针指向高温。反之，当冷却液温度降低时，热敏电阻阻值大，电路中电流的平均值小，温度表的双金属片弯曲变形小，指针指向低温。

仪表稳压器：为防止因电源电压变化影响仪表读数的准确性，双金属片式冷却液温度表和燃油表配用可变电阻式传感器时，应在电路中串入仪表稳压器。它的作用是当电源电压变化时稳定仪表平均电压，避免仪表的指示误差。常见仪表稳压器有电热式和电子式两类。

电热式仪表稳压器的结构如图 4.6 所示，其工作原理是：当稳压器触点 1 闭合时，输出电压 U_o 与输入电压 U_i 相等，即等于电源电压，此时，双金属片 2 因加热线圈 3 通电受热变形，使触点 1 断开；触点 1 断开后，输出电压 $U_o=0$，双金属片因加热线圈断电而逐渐冷却复原，触点 1 重又闭合，如此反复，而稳压器则输出一脉冲电压，其电压波形如图 4.7 所示。

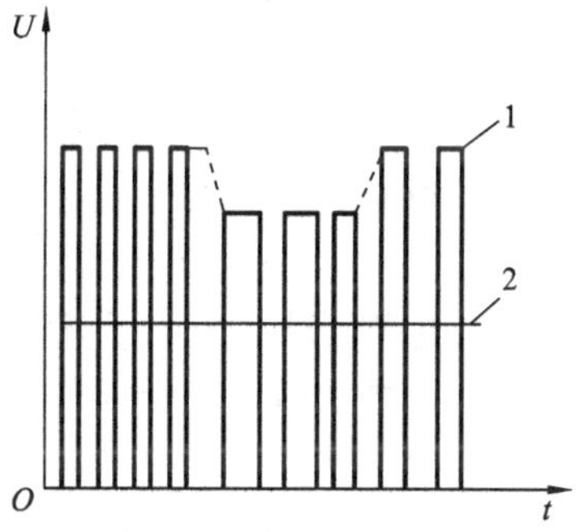

图 4.7　仪表稳压器的电压波形图

1—输入电压 U_i；2—输出电压 U_o

当电源电压增加时，加热线圈 3 的电流增大，触点闭合时间短，断开时间长；反之，当电源电压降低时，加热线圈 3 的电流减小，触点闭合时间长，断开时间短，输出电压平均值保持稳定。该仪表稳压器的输出电压为 8.64 V ±0.15 V。

采用电子式仪表稳压器可简化仪表结构，降低仪表成本，提高稳压精度，延长仪表寿命。桑塔纳、奥迪轿车仪表板采用了专用的三端式电子稳压器，该稳压器的输出电压为 9.5～10.5 V。

安装仪表稳压器时，两接线柱的接线不得接错。凡使用仪表稳压器的燃油表及冷却液温度表，不允许直接与电源相接，否则会烧坏仪表。

(3) 电磁式冷却液温度表与热敏电阻式温度传感器　电磁式冷却液温度表通常在美、日进口系列汽车上装设较多，它与热敏电阻式温度传感器配套工作，其基本结构和等效电路如图 4.8 所示。

电磁式冷却液温度表内有左、右两个互成一定角度的铁芯，铁芯上分别绕有磁化线圈 1 和 2，两铁芯下端装有软铁转子 3，转子上装有指针 4。

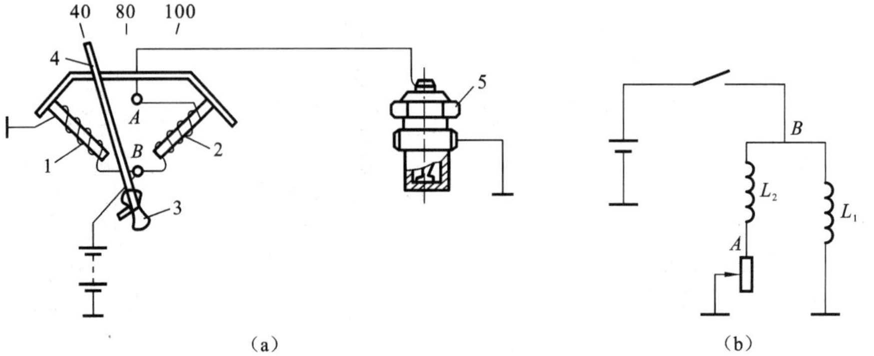

图 4.8　电磁式冷却液温度表与热敏电阻式温度传感器

(a) 电磁式冷却液温度表与热敏电阻式温度传感器　(b) 电磁式冷却液温度表的等效电路

1—左线圈；2—右线圈；3—软铁转子；4—指针；5—冷却液温度传感器

当点火开关置 ON 时，左、右两线圈通电，各形成一个磁场，同时作用于软铁转子，转子 3 便在合成磁场的作用下转动，使指针指在某一刻度上。当电源电压不变时，通过左线圈 1 的电流不变，因而它所形成的磁场强度是一个定值；而通过右线圈 2 的电流取决于与它串联的传感器热敏电阻值的变化。当冷却液温度降低时，传感器热敏电阻器阻值增大，线圈 2 中电流变小，合成磁场逆时针方向转动，使指针指在低温处；反之，当冷却液温度升高时，传感器热敏电阻器阻值减小，线圈 2 中电流增大，合成磁场顺时针方向转动，使指针指在高温处。

3) 燃油表

燃油表用于指示燃油箱内燃油的储存量，主要由燃油指示表和燃油量传感器两部分组成。燃油指示表安装在仪表板上，燃油量传感器安装在燃油箱内。燃油表有电磁式、动磁式和电热式三种，用于配套的传感器均为可变电阻式。

(1) 电磁式燃油表与可变电阻式燃油量传感器　电磁式燃油表与可变电阻式燃油量传感器的基本构造如图 4.9 所示。指示表中有左、右两只铁芯，铁芯上分别绕有磁化线圈 1 和 2，中间置有软铁转子 3，转子上连有指针 4。传感器由可变电阻 5、滑片 6 和浮子 7 组成，浮子浮在油面上，随油面的高低而改变位置。

当点火开关置 ON 时，电流由蓄电池正极→点火开关 11→燃油表接线柱→10→左线圈 1→接线柱 9→右线圈 2→搭铁→蓄电池负极。与此同时电流由接线柱 9→传感器接线柱 8→可变电阻 5→滑片 6→搭铁→蓄电池负极。左线圈 1 和右线圈 2 形成合成磁场，转子 3 就在合成磁场的作用下转动，使指针指在某一刻度上。

当油箱无油时，浮子下沉，可变电阻 5 上的滑片 6 移至最右端，可变电阻 5 被短路，右线圈 2 也被短路，左线圈 1 的电流达最大值，产生的电磁吸力最强，吸引转子 3，使指针停在最左面的“0”位上。随着油箱中油量的增加，浮子上浮，带动滑片 6 沿可变电阻滑动。可变电阻 5 部分接入电路，左线圈 1 电流相应减小，而右线圈 2 中电流增大。转子 3 在合成磁场的作用下向右偏转，带动指针指示油箱中的燃油量。如果油箱半满，指针指在“1/2”位；当油箱全满时，指针指在“1”位。

为提高指针的灵敏度，在一些燃油表中，与左线圈 1 并联一个分流电阻，使通过左线圈 1 的电流减小，而右线圈 2 的电流增大，使转子偏转角增大，指针 4 的灵敏度得到提高。传感器可变电阻 5 的末端搭铁，可消除滑片 6 与可变电阻 5 接触不良时产生的火花。

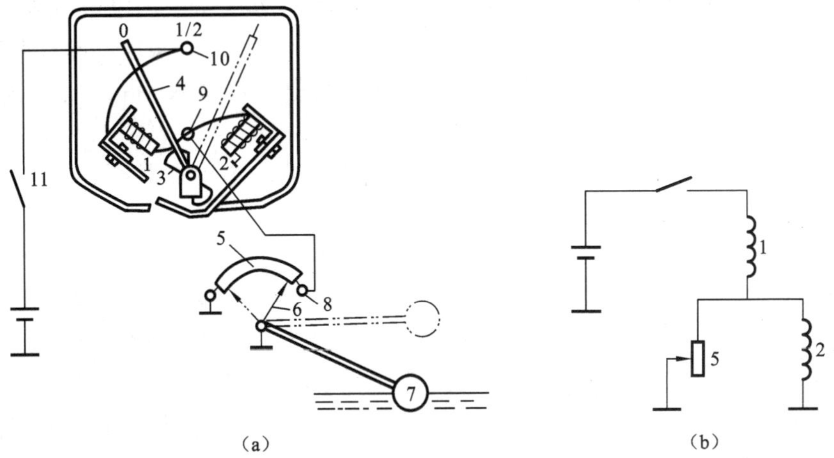

图 4.9　电磁式燃油表与可变电阻式燃油量传感器

(a) 电磁式燃油表与可变电阻式燃油量传感器　(b) 电磁式燃油表的等效电路

1—左线圈；2—右线圈；3—软铁转子；4—指针；5—可变电阻；6—滑片；7—浮子；8、9、10—接线柱；11—点火开关

(2) 动磁式燃油表与可变电阻式燃油量传感器　图 4.10 所示为动磁式燃油表与可变电阻式燃油量传感器的结构，两个磁化线圈 1 和 2 不是绕在铁芯上，而是互相垂直地绕在同一个矩形塑料架上，塑料套筒轴承和金属轴穿过交叉线圈，金属轴上装有永磁铁转子 3，转子上连有指针 4。工作原理与电磁式燃油表基本相同。

电磁式和动磁式燃油表的优点是当电源电压波动时，通过左、右两线圈的电流成比例地增减，使指示值不受影响。动磁式燃油表由于线圈中没有铁芯，因此没有磁滞现象，指示误差小。

(3) 电热式燃油表与可变电阻式燃油量传感器　电热式燃油表的基本结构如图 4.11 所示。它的基本结构和工作原理与电热式机油压力表和水温表相同，仅表盘刻度不同。电热式燃油表配用可变电阻式燃油量传感器，需串联一个稳压器。

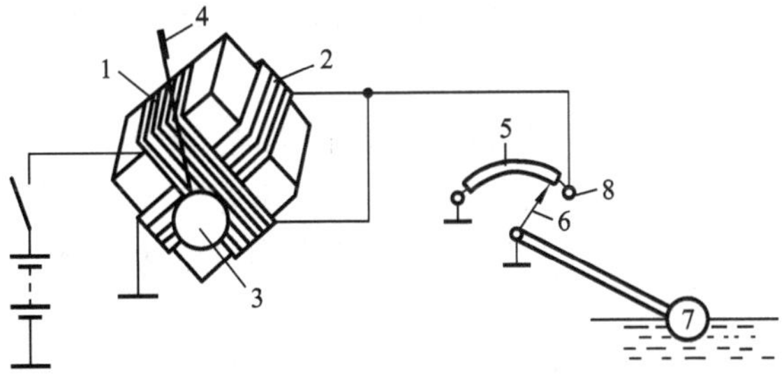

图 4.10　动磁式燃油表与可变电阻式燃油量传感器

1—左线圈；2—右线圈；3—永久磁铁转子；4—指针；

5—可变电阻；6—滑片；7—浮子；8—接线柱

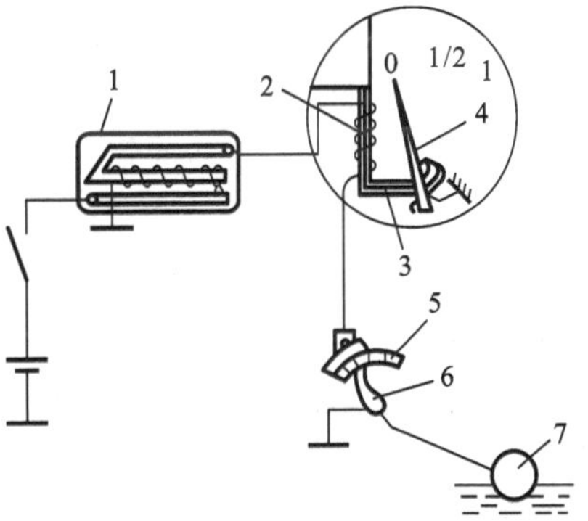

图 4.11　电热式燃油表与可变电阻式燃油量传感器

1—稳压器；2—加热线圈；3—双金属片；

4—指针；5—可变电阻；6—滑片；7—浮子

当油箱无油时，浮子下沉，滑片 6 处于可变电阻 5 的最右端，传感器的电阻全部串入电路中，此时电路中电流最小，燃油表加热线圈 2 发热量小，双金属片 3 变形小，带动指针 4 指在

“0”位。当油箱内油量增加时，浮子上升，滑片向左移动，串入电路中的电阻值减小，电路中的电流增大，燃油表加热线圈 2 发热量大，双金属片 3 变形增大，带动指针 4 向右偏转。当油箱充满时，滑片移至最左端，将可变电阻短路，此时电路中电流最大，指针偏到最右边，指在“1”处。

在有些汽车上还装有副油箱，这时在主、副油箱中各装一个传感器，在传感器与指示表间装有转换开关，可分别测量主、副油箱的油量。

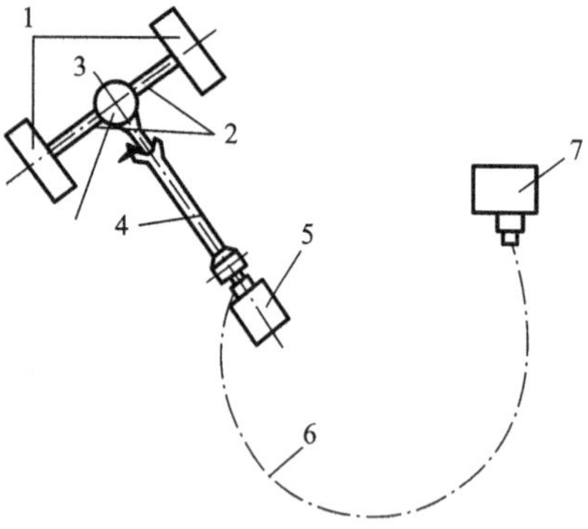

图 4.12　车速里程表的传动机构

1—驱动轮；2—后轴；3—后桥壳；4—传动轴；5—变速器；6—软轴；7—车速里程表

4）车速里程表

车速里程表是用来指示汽车行驶速度和累计行驶里程数的仪表，由车速表和里程表两部分组成。常用的有磁感应式与电子式两种。

（1）磁感应式车速里程表　车速里程表的传动机构如图 4.12 所示。它由变速器（或分动器）内的蜗轮蜗杆经软轴驱动。

磁感应式车速里程表的基本结构如图 4.13 所示。车速表是由与主动轴紧固在一起的永久磁铁 1，带有轴及指针 6 的铝碗 2，磁屏 3 和紧固在车速里程表外壳上的刻度盘 5 等组成。不工作时，铝碗 2 在盘形弹簧 4 的作用下，使指针指在刻度盘的零位。当汽车行驶时，主动轴带着永久磁铁 1 旋转，永久磁铁的磁力线穿过铝碗 2，在铝碗 2 上感应出涡流，铝碗在电磁转矩作用下克服盘形弹簧的弹力向永久磁铁 1 转动的方向旋转，直至与盘形弹簧弹力相平衡。由于涡流的强弱与车速成正比，故指针转过角度与车速成正比，指针便在刻度盘上指示出相应的车速。

里程表由蜗轮蜗杆机构和 6 位数字的十进制数字轮组成。蜗轮蜗杆和主动轴具有一定的传动比。汽车行驶时，软轴带动主动轴，主动轴经三对蜗轮蜗杆（或一套蜗轮蜗杆和一套减速齿轮系）驱动里程表最右边的第一数字轮。第一数字轮上的数字为 1/10 km，每两个相邻的数字轮之间的传动比为 1∶10。即当第一数字轮转动一周，数字由 9 翻转到 0 时，便使相邻的左面第二数字轮转动 1/10 周，成十进制递增。这样汽车行驶时，就可累计出其行驶里程数，最大读数为 99999.9 km。

（2）电子式车速里程表　电子式车速里程表主要由车速传感器、电子电路、车速表和里程表四部分组成。车速传感器的作用是产生正比于车速的电信号，常用的车速传感器有光电式、磁感应式、磁性电阻式和霍尔式等。奥迪 100 型轿车的组合仪表中装有指针式电子车速里程表。

图 4.14(a)所示为奥迪 100 型轿车组合仪表的车速传感器的基本结构，它由一个舌簧开关和一个含有 4 对磁极的转子组成。变速器驱动转子旋转，转子每转一周，舌簧开关中的触点闭合、打开 8 次，产生 8 个脉冲信号，该脉冲信号频率与车速成正比。当车速为 20 km/h 时，传感器的信号频率为 17.5～22.9 Hz；当车速为 200 km/h 时，传感器的信号频率为 213.3～225.2 Hz。

电子线路的作用是将车速传感器送来的电信号整形、触发，输出一个电流大小与车速成正比的电流信号。其线路组成见图 4.14(b)，主要包括稳压电路、单稳态触发电路、恒流源驱动电路、64 分频电路和功率放大电路。

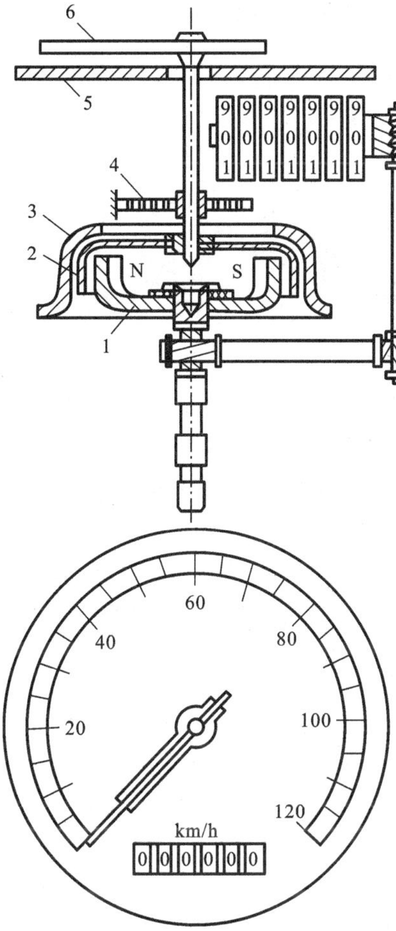

图 4.13　磁感应式车速里程表

1—永久磁铁；2—铝碗；3—磁屏；

4—盘形弹簧；5—刻度盘；6—指针

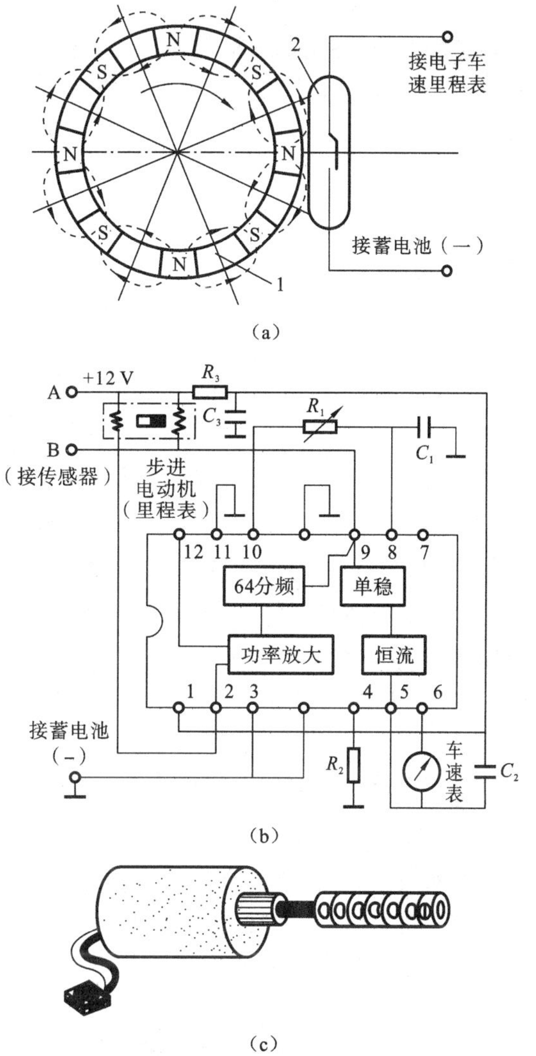

图 4.14　奥迪 100 型轿车电子式车速传感器的基本结构、电子电路、里程表

(a) 车速传感器　(b) 电子电路　(c) 里程表

1—塑料环；2—舌簧开关管

车速表实际为一个电磁式电流表。当汽车以不同车速行驶时，从电子电路接线端 6 输出的与车速成正比的电流信号便驱动车速表指针偏转，即可指示相应的车速。

图 4.14(c)所示的里程表由一个步进电动机和 6 位数字的十进制数字轮组成。车速传感器输出的信号，经 64 分频后，再经功率放大器放大到足够的功率，驱动步进电动机，带动数字轮转动，从而记录行驶的里程。

有的汽车还带有日行程计数器，它由四只数字轮组成，最大读数为 999.9 km，其传动机构及工作原理与上述里程计数相同，不同的是日行程计数器装有一个人工复位机构，以便根据需要，将日行程计数器复位到零。

5）发动机转速表

发动机转速表用于指示发动机的运转速度。常用的转速表有机械式和电子式两种。电子式转速表结构简单、指示精确、安装方便，因此应用广泛。

电子式转速表获取转速信号的方式有三种，即取自点火系、发动机的转速传感器和发电机。汽油发动机多采用从点火系获取转速信号。图 4.15 所示为桑塔纳轿车转速表电路原理图。

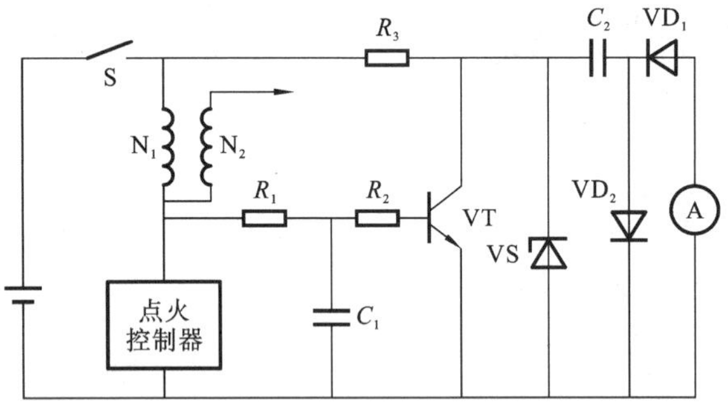

图 4.15　桑塔纳轿车电子式转速表电路原理图

当初级电路导通时，三极管 VT 截止，电容 C_2 被充电，$i_{充}$ 由蓄电池正极→点火开关(S)→电阻 R_3→电容 C_2→二极管 VD_2→蓄电池负极。当初级电路截止时，三极管 VT 导通，电容器 C_2 放电，$i_{放}$ 通过三极管 VT→电流表→二极管 VD_1。当发动机工作时，点火系初级电路不停地导通与截止，电容 C_2 不停地充、放电。因为初级电路通断的次数与发动机转速成正比，所以电流表中电流平均值与发动机转速成正比，从而可用电流平均值标定发动机的转速。

2. 数字仪表的认知

汽车仪表正向“全数字化”“智能化”和“综合信息系统”的方向发展，全数字式汽车仪表的应用将会更加普及。掌握数字仪表的结构、工作原理和检测方法尤为重要。图 4.16 所示为组合式车用数字电子仪表板。

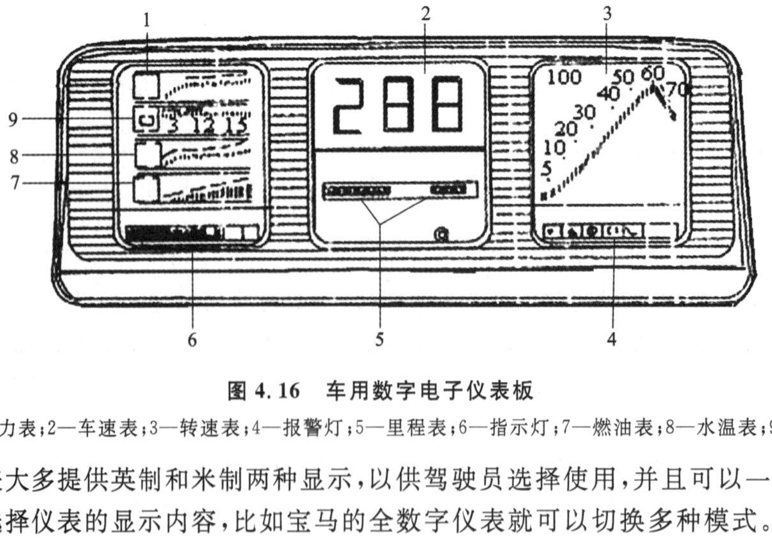

图 4.16　车用数字电子仪表板

1—机油压力表；2—车速表；3—转速表；4—报警灯；5—里程表；6—指示灯；7—燃油表；8—水温表；9—电压表

数字仪表大多提供英制和米制两种显示，以供驾驶员选择使用，并且可以一表多用，可根据个人喜好选择仪表的显示内容，比如宝马的全数字仪表就可以切换多种模式。大多数数字仪表都有自诊断功能，可以进行自检和存储故障码，便于维修人员迅速诊断故障。

数字仪表主要由传感器、控制单元和显示装置构成。传感器的作用是检测信号；控制单元的作用是采集传感器的信号，将模拟量转换为数字量，经处理后送往显示装置；显示装置的作用是接收来自控制单元的信息并显示。

1）电子显示器件

汽车数字仪表的电子显示器件可分为发光型和非发光型两大类。发光型显示器自身发光，容易获得鲜艳的流行色；非发光型显示器靠反射环境光显示。发光型显示器主要有真空荧光管(VFD)、发光二极管(LED)、阴极射线管(CRT)、等离子显示器件(PDP)和电致发光显示器件(ELD)等；非发光型显示器有液晶显示器(LCD)和电致变色显示器(ECD)等。其中用得最多的是真空荧光管(VFD)和液晶显示器(LCD)。

(1) 真空荧光管　真空荧光管(VFD)是最常用的数字显示器，如图 4.17 所示，它由玻璃罩 1、钨灯丝 2、栅格 3 和涂有荧光物质的屏幕 4 构成。其中钨灯丝为阴极，接电源负极；涂有荧光物质的屏幕为阳极，接电源正极，其上制有若干字符段图形(一般为 7、14 或 20 字符段)，每个字符段由电子开关单独控制通电状态；栅格置于灯丝和屏幕之间；整个装置密封在被抽真空的玻璃罩内。

真空荧光管的工作原理如图 4.18 所示。当阴极钨灯丝 1 通电时，灯丝发热，释放电子，电子被电位较高的栅格 2 吸引，并穿过栅格，均匀地打在电位最高的屏幕字符段 3 上。凡是由电子开关控制通电的字符段受电子轰击后发亮，而未通电的字符段发暗。这样通过控制字符段通电状态，就可形成不同的显示数字。

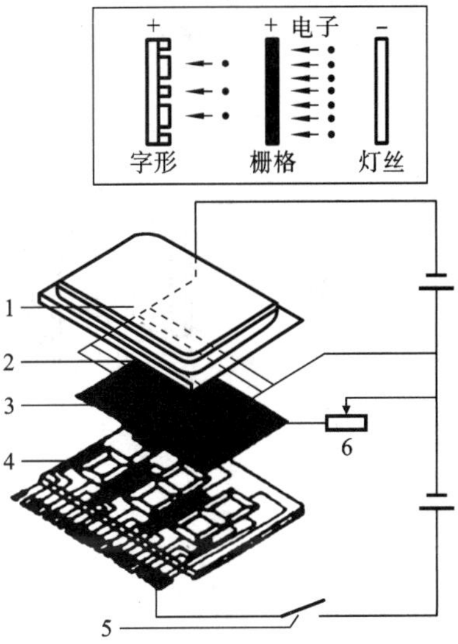

图 4.17　真空荧光管的结构

1—玻璃罩；2—钨灯丝(阴极)；3—栅格；
4—涂有荧光物质的屏幕(阳极)；
5—电子开关；6—电位器(亮度调节)

真空荧光管的优点是可靠性高，抵抗恶劣环境的能力强，操作电压低，并且色彩鲜艳、可见度高、立体感强。其缺点是玻璃外壳较厚，体积和质量较大。

(2) 液晶显示器　液晶是一种有机化合物，由长形杆状分子构成。在一定温度条件下，它具有液体的流动性，又具有晶体的某些特征，其光学性质随分子排列方向的变化而变化。当在液晶上加一电场时，液晶分子排列方向发生变化，光学性质也随之变化。

液晶显示器(LCD)的结构如图 4.19 所示。前玻璃板 2 和后玻璃板 3 之间加有一层液晶，外表面贴有垂直偏光镜 1 和水平偏光镜 4，最后面是反射镜 5。

液晶显示器的工作原理如图 4.20 所示，当液晶不加电场时，液晶的分子排列方式可将来自垂直偏光镜的垂直方向的光波旋转 90°后，变成水平方向的光波，再经水平偏光镜后射到反射镜上，经反射后按原路回去，这时透过垂直偏光镜看液晶时，液晶呈亮的状态。当液晶加一电场时，液晶的分子排列方式改变，不能将来自垂直偏光镜的垂直方向的光波旋转，通过液晶后仍是垂直方向的光波，不能通过水平偏光镜达到反射镜，这时透过垂直偏光镜看液晶时，液晶呈暗的状态。这样将液晶制成字符段，通过控制每个字符段的通电状态，就可使液晶显示不同的字符。

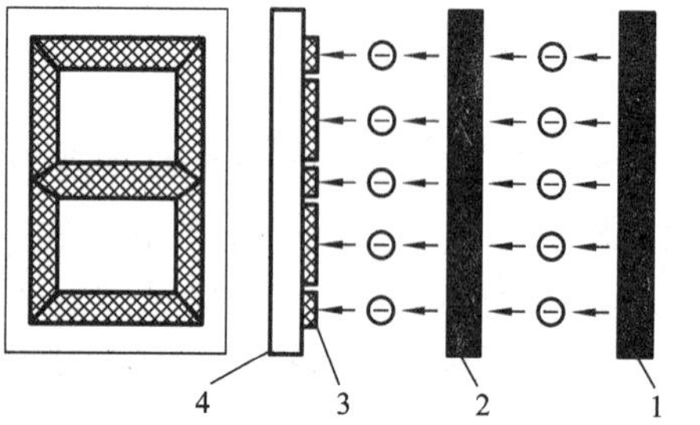

图 4.18 真空荧光管的工作原理

1—钨灯丝(阴极);2—栅格;3—字符段(阳极);4—屏幕

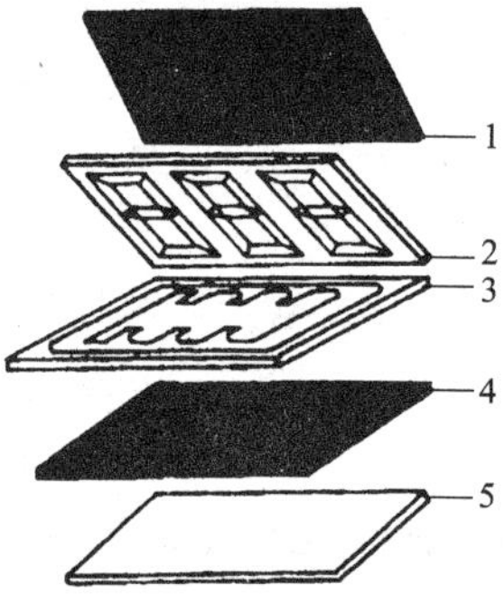

图 4.19 液晶显示器(LCD)的结构

1—垂直偏光镜;2—前玻璃板;3—后玻璃板;4—水平偏光镜;5—反射镜

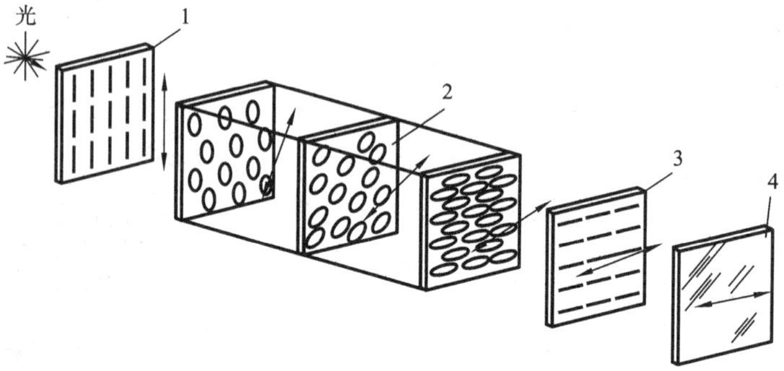

(a)

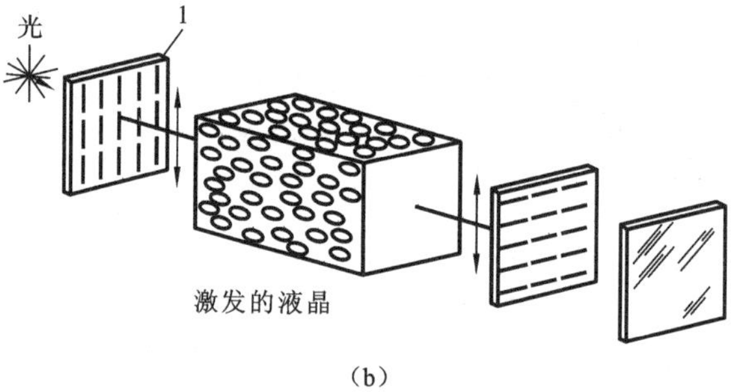

(b)

图 4.20 液晶显示器的工作原理

(a) 当液晶不加电场时,液晶将垂直光波旋转 90° (b) 当液晶加电场时,液晶不能将光波旋转

1—垂直方向偏光镜;2—单元(液晶);3—水平方向偏光镜;4—反射镜

液晶显示器的优点是:工作电压低,功耗小;显示面积大,示值清晰;通过滤光镜可显示不同的颜色;工艺简单。缺点是:液晶为发光型物质,白天靠日光显示,夜间必须使用照明光源;低温条件下灵敏度较低,甚至不能正常工作,需要附加加热电路,改进驱动方式。

(3) 发光二极管　发光二极管是显示装置中最简单的一种,因而应用也比较广泛。发光二极管可通过透明的塑料壳发出红、绿、黄、橙等不同颜色的光,以供需要时使用。可由一个二极管单独使用,也可由若干个二极管组成数字或光条图。发光二极管不仅响应速度快、工作稳定、可靠性高,而且体积小、质量小,常用来作为汽车仪表中的指示灯和简单的图符显示。

2）显示器显示方法

发光二极管、液晶显示器和真空荧光显示器等均可采用以下几种显示方法。

(1) 字符段显示法　字符段显示法就是一种利用七段、十四段或十七段小线段组成数字或字符显示的方法。七段小线段可组成数字 0～9，十四段或十七段小线段可组成数字 0～9 或字母 A～Z。每段都由电子电路选择并控制明暗，从而组成数字或字符。图 4.21 所示为七字符段和十四字符段及七字符段和十四字符段显示的数字和字母。图 4.22 所示为七只发光二极管组成的数字显示板。

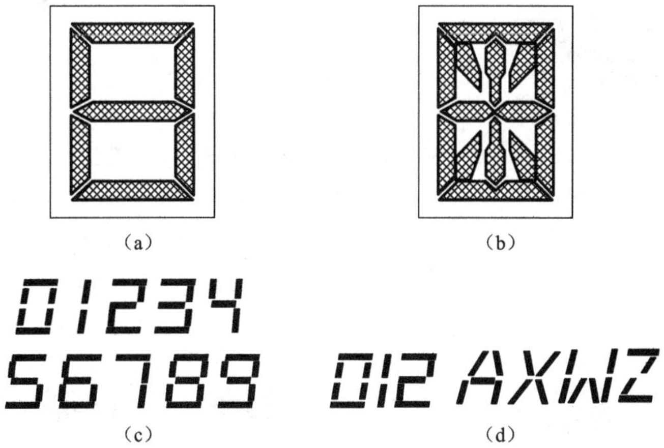

图 4.21　字符段显示法

(a) 七字符段　(b) 十四字符段　(c) 七字符段显示的数字　(d) 十四字符段显示的数字和字母

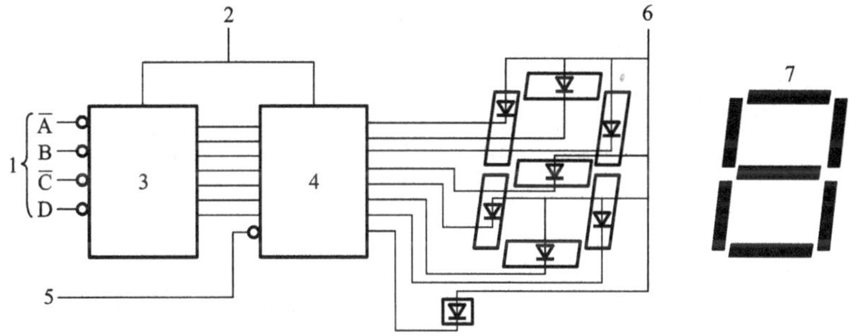

图 4.22　七只发光二极管显示板

1—输入端；2—逻辑电路；3—译码器；4—恒流源；5—小数点；6—发光二极管电源；7—“8”字形

(2) 点阵显示法　点阵显示法就是一种利用成行列排列的点阵元素组成数字或字符显示的方法。各点阵元素都是由电子电路选择并控制明暗，从而组成数字或字符。图 4.23 所示为发光二极管组成的 5×7 点阵显示板和 5×7 点阵显示的一些数字和字母。

(3) 特殊符号显示法　特殊符号显示法就是利用一些形象直观的国际标准 ISO 符号显示的方法。图 4.24 所示为数字仪表常用的 ISO 符号。

(4) 图形显示法　图形显示法就是利用图形显示提醒驾驶员注意大灯、小灯与制动灯的故障，以及清洗液与油量多少的方法。如图 4.25 所示，图形显示警告器上显示出汽车顶视外观图形，在所需警告显示的部位上均装有发光二极管显示装置，当这个部位上出现故障时，传感器即向电子组件提供信息，控制加在发光二极管上的电压，使发光二极管闪光，以提醒驾驶员注意。

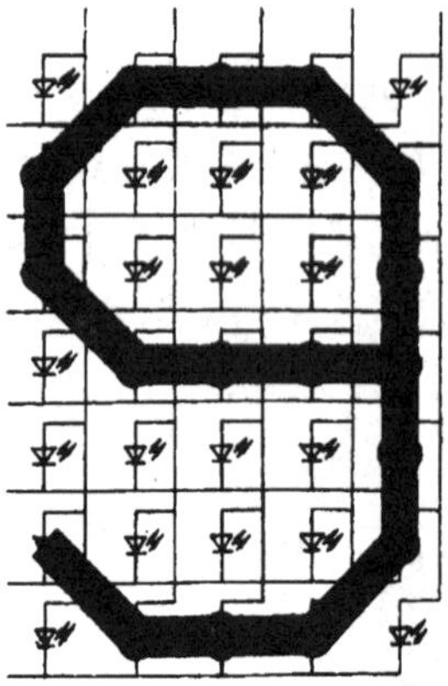

（a）

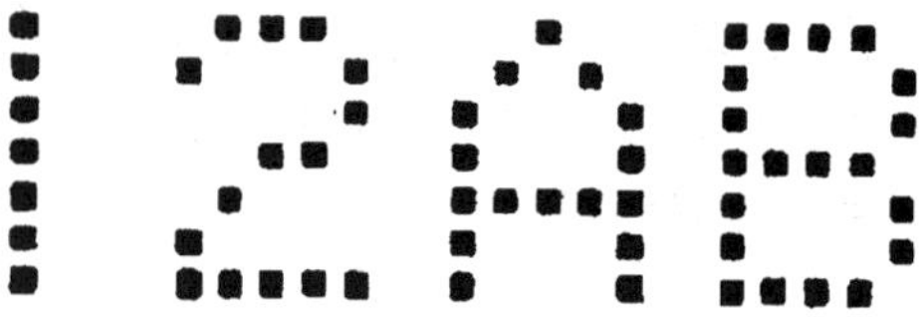

（b）

图 4.23　点阵显示法

（a）5×7 点阵显示板　（b）5×7 点阵显示的数字和字母

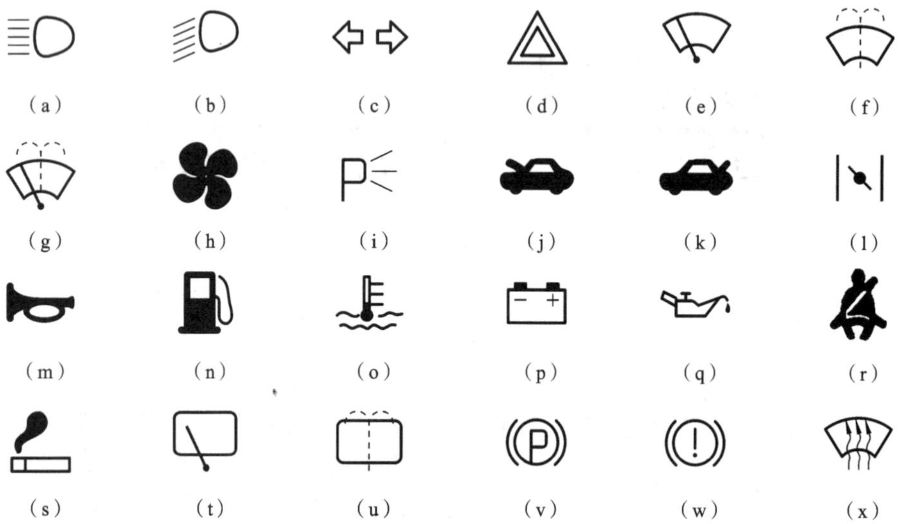

图 4.24　国际标准 ISO 符号

（a）远光　（b）近光　（c）转向　（d）危急　（e）雨刷　（f）清洗　（g）雨刷与清洗　（h）风扇　（i）停车灯　（j）前盖　（k）后盖　（l）阻风　（m）喇叭　（n）油量　（o）水温　（p）电瓶充电　（q）机油　（r）安全带　（s）点烟器　（t）后窗雨刷　（u）后窗清洗　（v）手制动　（w）制动故障　（x）除霜、除雾

图 4.26 所示为利用杆图显示燃油量的方法。用 32 条亮杆代表燃油量，当满油时，32 条亮杆都亮；当燃油量减少时，发亮亮杆数量减少；当燃油量减至 3 条发亮亮杆时，燃油量不足符号闪烁，提醒应该加油了。图 4.27 所示为利用光条图显示燃油量等的方法。

3）数字仪表控制电路

（1）分装式数字仪表　分装式数字仪表具有各自独立的控制电路，图 4.28 所示为一数字燃油表的控制电路。R_x 为浮筒式可变电阻传感器，用于采集油量信号，安装在油箱中；两块集成电路 IC_1、IC_2（LM324）和 LED 管（VD_1～VD_7）组成显示器电路；R_{15} 和 VD8 组成串联稳压电路，为电压比较器反向输入端提供稳定的基准电压。为了消除燃油晃动的影响，R_x 输出端 A 点电位经 R_{16} 和电容 C 组成的延时电路加到电压比较器的同向输入端，与反向输入端的基准电压比较并加以放大。

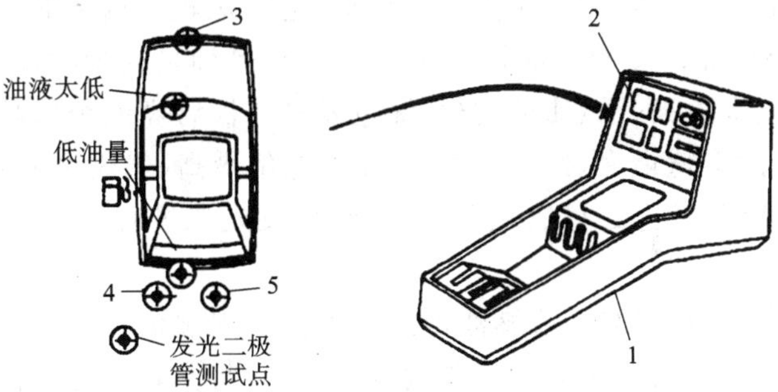

图 4.25　用发光二极管作图形显示

1—座架；2—图形显示警告器；3—大灯；4—尾灯；5—制动灯

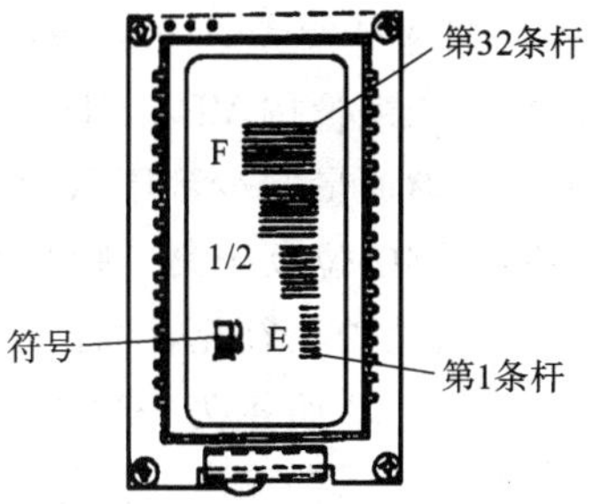

图 4.26　用杆图显示燃油量

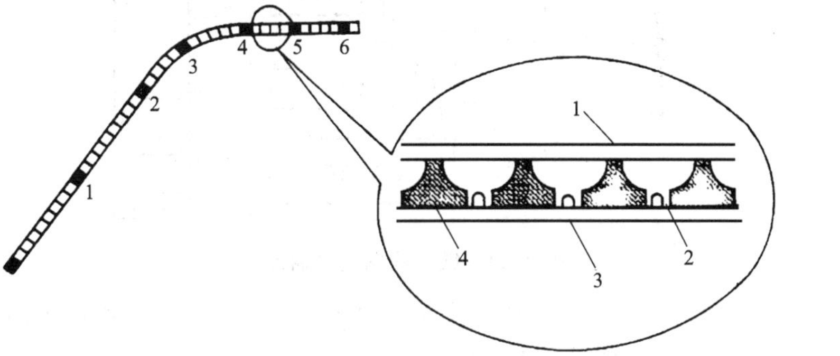

图 4.27　用光条图作图形显示

1—漫射器；2—发光二极管；3—印制电路板；4—分隔器

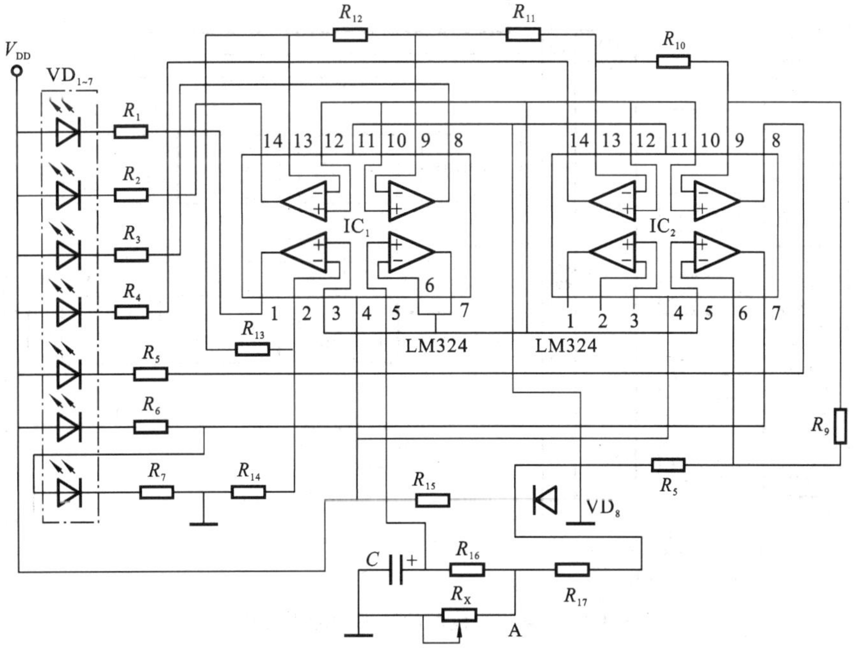

图 4.28　数字燃油表控制电路

当燃油箱满油时，传感器 R_x 的阻值最小，约为 5 Ω，A 点电位最低，电压比较器输出低电平，6 只绿色发光二极管（VD_2～VD_6）均亮，红色发光二极管 VD_1 熄灭。当燃油量减少时，绿色发光二极管按 VD_7、VD_6、VD_5…次序依次熄灭。燃油量越少，绿色发光二极管亮的个数越少。当燃油量减少到下限时，传感器 R_x 的阻值最大，约为 100 Ω，A 点电位最高，集成块 IC_2 的第 5 脚电位高于第 6 脚基准电位，6 只绿色发光二极管全部熄灭，红色发光二极管 VD_1 点亮，提醒驾驶员补充燃油。

图 4.29 所示为一微机控制的燃油表系统。ECU 给燃油传感器提供一固定的＋5 V 电压，燃油传感器输出的信号电压通过 A/D 转换后送至微处理器进行处理，并将其转换为操作显示器的电压信号，以杆图方式显示燃油量。

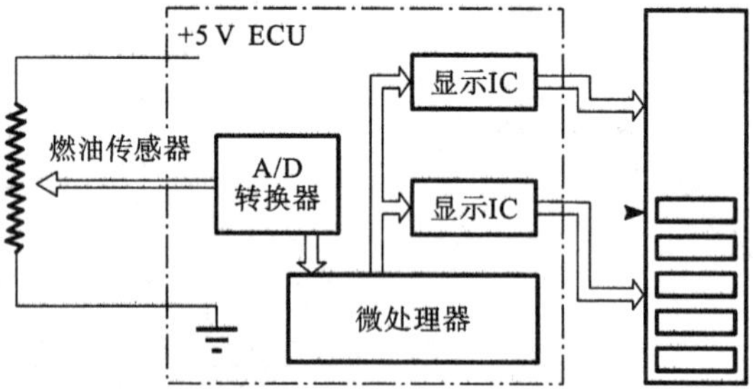

图 4.29 微机控制的燃油表系统

（2）组合式数字仪表　图 4.30 所示为单片机控制的汽车智能组合仪表，它由汽车工况采集、单片机控制（MCS-51）及信号处理、显示器等部分组成。

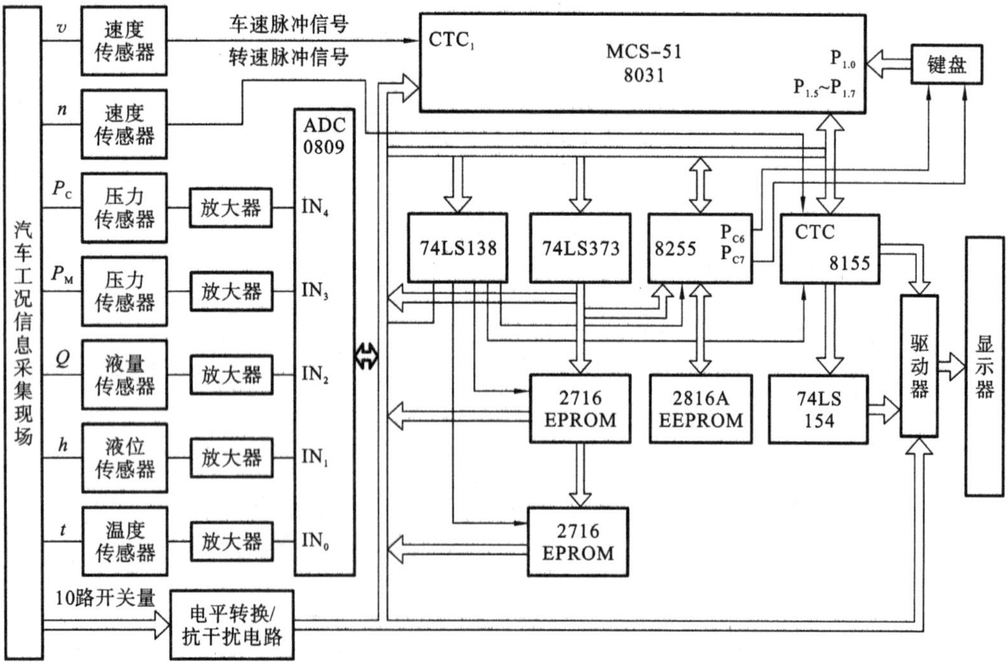

图 4.30 单片机控制的汽车智能组合仪表

（3）综合信息系统　综合信息系统就是将各种仪表、报警装置和舒适性控制器组合到一起而形成的系统。该系统可以是简单的组合(如图4.31所示的燃油数据中心),也可以是对各种信息进行分析计算处理,具有更多功能的一体式信息系统,其所监控的车上信息如图4.32所示。

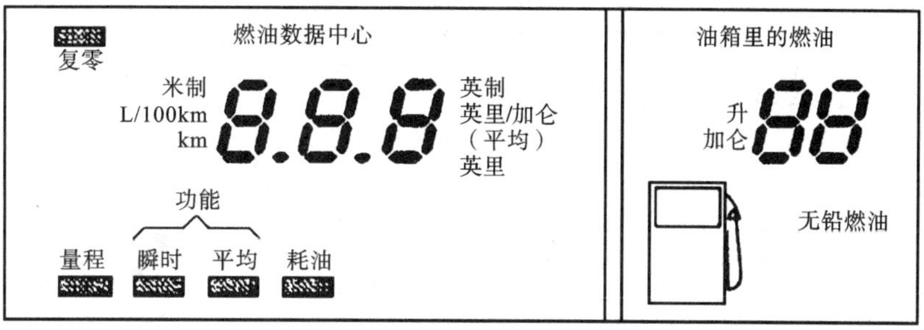

图4.31　燃油数据中心

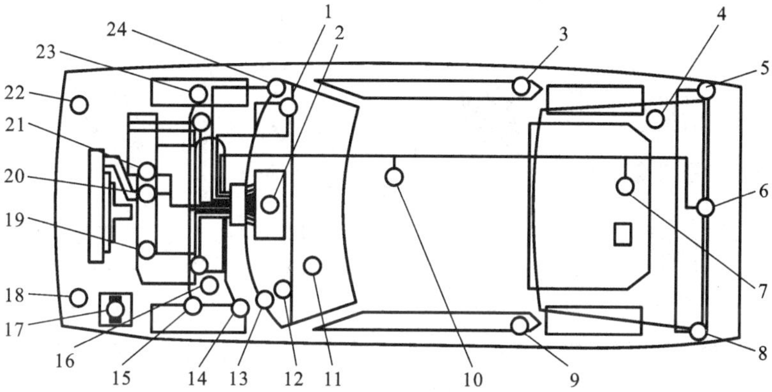

图4.32　综合信息系统所监控的车上信息

1—电子声音报警器;2—监控器;3、9—关门信号;4—后洗涤器液量;5、8—尾灯/制动灯;6—后仓关闭信号;7—燃油量信号;10—安全带信号;11—车钥匙信号;12—喷洗器液量;13—驻车制动;14—制动液量;15、23—制动踏板信号;16—机油温度;17—发动机冷却液量;18、22—前照灯;19—变速箱压力;20—冷却液温度;21—机油量;24—蓄电池报警

3. 汽车报警装置

为了警示汽车某系统处于不良或特殊状态,引起驾驶员的注意,保证汽车可靠工作和安全行驶,防止事故发生,现代汽车在仪表板上安装了很多报警装置。报警装置由红色报警灯和传感器组成。报警装置一般分为对内(本车驾驶员)和对外(行人及其他车辆)两类报警装置。

对内报警通常由报警灯和报警开关组成,当被监测的系统或总成不正常时,开关自动接通而使指示灯发亮,用以提醒驾驶员注意,如机油压力报警灯、车门未关好报警、制动液压不足指示灯、燃油不足报警灯、发动机故障指示灯、变速器故障指示灯、制动系统故障报警、防盗报警等。

对外报警装置通常有危险报警闪光装置、转向蜂鸣器、倒车报警蜂鸣器、汽车防撞报警、座椅安全带报警、前照灯未关及点火钥匙未拔报警系统等,一般都带有声音信号或同时有灯光信号。

1) 汽车报警灯

报警灯在所指示部位工作正常时是不亮的,只有在某个部位工作不正常时,代表其工况的报警灯才亮。报警灯通常安装在驾驶室内仪表板上，功率为 1～3 W(也有采用 LED 管)。灯泡前有滤光片，以使灯泡发黄或发红。报警灯的功能、图形符号常刻在滤光片上以便显示，其含义如表 4.1 所示。

表 4.1　常见图形符号及其含义

燃油	(水)温度	油压	充电指示灯	转向指示灯	远光
近光	雾灯	手制动	制动失效	安全带	油温
示廓(宽)灯	真空度	驱动指示	发动机室	行李室	停车灯
危急报警	风窗除霜	风机	刮水/喷水器	刮水器	喷水器
车灯开关	阻风门	喇叭	点烟器	后刮水器	后喷水器

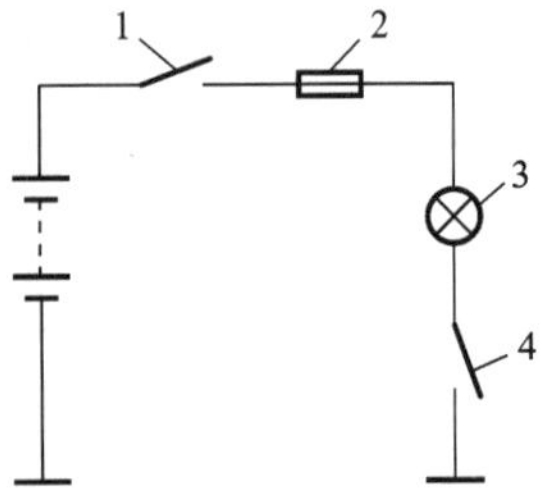

图 4.33　低气压报警灯电路

1—电源开关；2—熔断丝；3—报警灯；4—报警开关

(1) 制动系统低压力报警灯　在气压制动的汽车上，当制动系统气压过低时，报警灯开关监视相应值，并按照设定条件动作，使得报警电路接通，制动系统低气压报警灯发亮，引起驾驶员注意。低气压报警灯传感器装在制动贮气筒或制动阀空气输入管路中，红色报警灯装在仪表板上。报警灯多为红色，以示情况紧急，需要及时检修。低压传感器电路如图 4.33 所示。

(2) 机油压力报警灯　机油压力油压报警灯用来提醒驾驶员注意。图 4.34 和图 4.35 所示为弹簧管式油压报警灯开关和膜片式油压报警灯开关。打开点火开关，发动机尚未启动时，油压开关处于接通状态，红色报警灯点亮。发动机启动后，主油道压力升高，开关的触点断开，红色报警灯熄灭，表明润滑系统工作正常。如果运行过程中，油道出现堵塞、泄漏等情况，使得机油压力低于某一设定值，开关将接通，报警灯点亮，以提醒驾驶员立即停车修理。另外，有的车辆设有低压、高压两个压力值，当机油压力低于低压值或高于高压值时，低压常闭开关打开或高压常开开关接通，点亮报警灯。

(3) 冷却液温度报警灯　冷却液温度报警灯的作用是当冷却液温度升高至一定限度时，红色报警灯自动点亮，以示报警。其电路如图 4.36 所示。在传感器的密封套筒内装有条形双金属片，其自由端焊有动触点，而静触点直接搭铁。当温度升高至限定值时，由于双金属片膨胀系数的不同，向静触点方向弯曲，一旦两触点接触便接通报警灯电路，红色报警灯点亮。

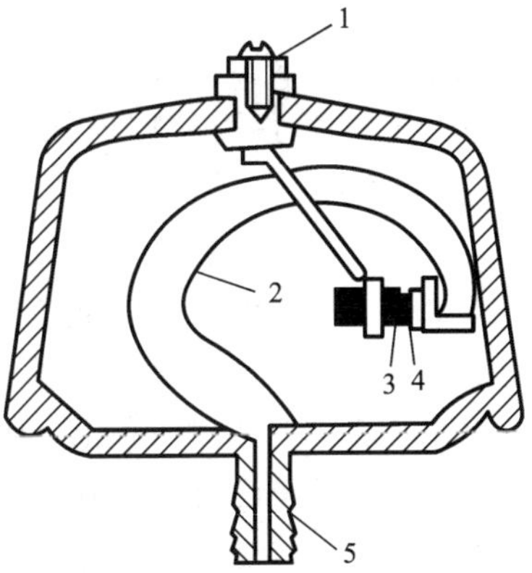

图 4.34　弹簧管式油压报警灯开关

1—接柱；2—管形弹簧；3—静触点；4—动触点；5—管接头

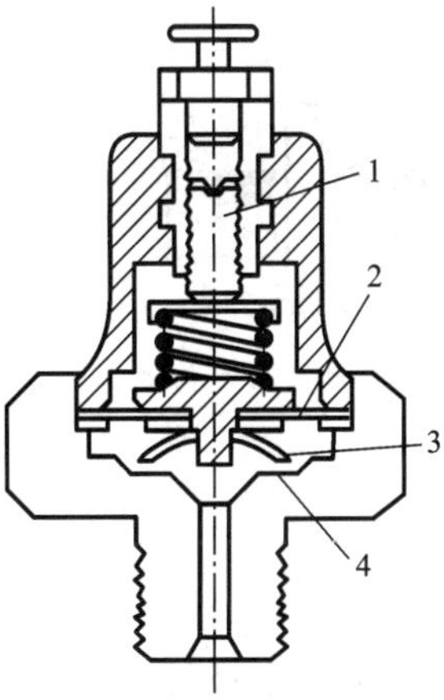

图 4.35　膜片式油压报警灯开关

1—调整螺钉；2—膜片；3—活动触点；4—搭铁点

(4) 燃油量报警灯　当燃油箱内的燃油减少到某一限定值时，为了告知驾驶员，引起注意，在许多车辆上都装有燃油量报警灯，其工作原理如图 4.37 所示。它由负温度系数热敏电阻式燃油量报警传感器和报警灯组成。当油箱内燃油量充足时，热敏电阻元件浸没在燃油中散热较快，其温度较低，电阻值相应增大，故此电路中的电流较小，报警灯处于熄灭状态；当燃油不足时，热敏电阻元件露出油面，散热慢，温度升高，电阻值相应减小，电路中的电流增大，报警灯自动点亮，以示报警。

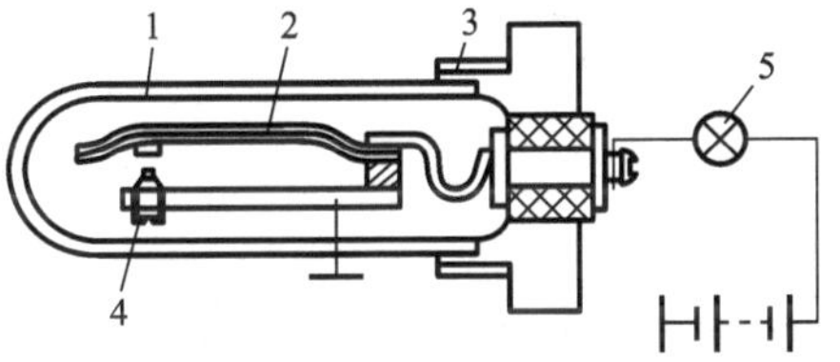

图 4.36　冷却液温度报警灯电路

1—冷却液温度报警传感器套筒；2—双金属片；

3—螺纹接头；4—静触点；5—报警灯

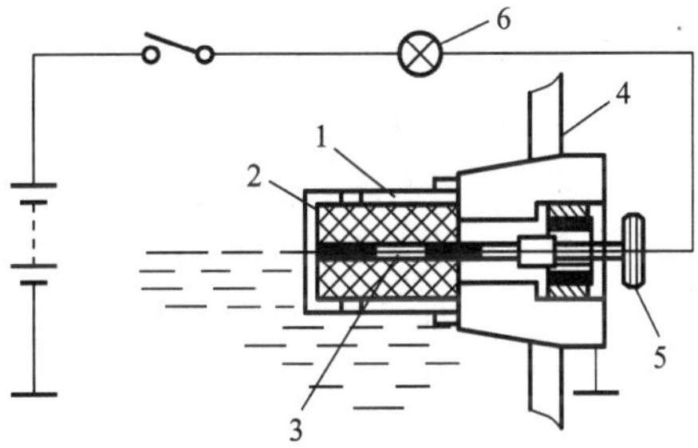

图 4.37　燃油量报警灯电路

1—外壳；2—防爆用金属网；3—热敏电阻元件；

4—油箱外壳；5—接线柱；6—报警灯

(5) 制动液液面报警灯　制动液液面报警灯的传感器安装于制动液管内，其结构如图 4.38所示。在传感器的外壳内装有舌簧开关，开关的两个接线柱与液面报警灯及电源相连接，浮子上固装有永久磁铁。当浮子随制动液面下降至规定值以下时，永久磁铁的磁吸力使得舌簧开关闭合，接通报警灯电路，发出报警；当制动液液面在限定值以上时，浮子上升，由于吸力减弱，舌簧开关在自身弹力作用下断开报警灯电路。

2) 声音报警装置

(1) 倒车报警装置　驾驶员倒车时因视线不良很容易发生危险，为了警告行人和其他车辆，通常汽车大都装有倒车报警装置(目前大多被汽车可视倒车装置或倒车雷达所取代)。常见的倒车装置有简易倒车报警装置、倒车语音报警装置和倒车测距报警装置等三种。

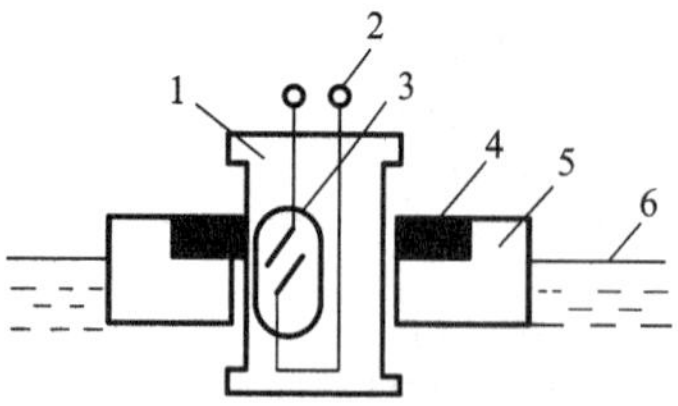

图 4.38　制动液液面传感器

1—外壳；2—接线柱；3—舌簧开关；
4—永久磁铁；5—浮子；6—液面

简易倒车报警装置：由一个低频信号发生器和一个蜂鸣器组成，倒车时发生间歇的蜂鸣声。

倒车语音报警装置：由内存语音报警信号的专用语音报警片制成的报警装置，在倒车时可发出“嘟嘟，请注意倒车！”或“倒车，请注意！”等语音信号。

倒车测距报警装置：该装置由发射、接收、数字显示和报警四大部分组成。不仅倒车时能重复发出“倒车，请注意”的语言警告声提醒行人注意，而且能自动测出车尾与最近障碍物的距离，并通过数字显示给驾驶员。倒车至极限安全距离（距离障碍物 0.6 m）时，报警装置能发出急促的警告声，提醒驾驶员注意采取制动。

（2）座椅安全带报警系统（美国车系）　当接通点火开关而没有扣紧座椅安全带时，座椅安全带报警系统蜂鸣器发出报警声响并点亮报警灯约 8 s。座椅安全带扣环开关是一端搭铁的常闭式开关，如图 4.39 所示。当座椅安全带被扣紧时，开关才张开，蓄电池电压随点火钥匙置于点火位时加至定时器，如果此时安全带未扣好，电路便通过常闭开关搭铁，接通蜂鸣器及报警灯电路。如果在安全带扣好的状态下接通点火开关，来自蓄电池的电流便通过加热器使得双金属带发热，达到一定程度后，使触点张开从而切断电路。

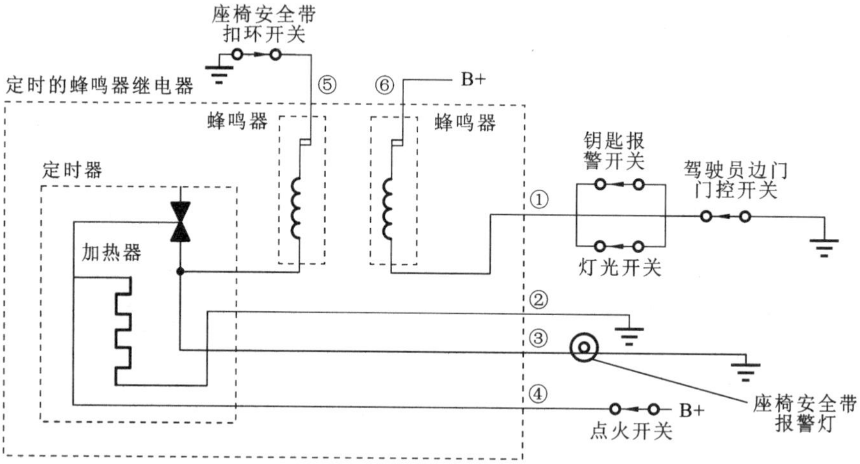

图 4.39　座椅安全带报警系统

（3）前照灯未关及点火钥匙未拔报警系统　如果驾驶员在离开车辆打开车门时没有关闭前照灯，蜂鸣器或发音器便发出鸣叫提示。驾驶员边门控制开关为常闭式，其一端搭铁，只有车门关闭时，该开关才断开。如果前照灯开关在前照灯或停车挡，蓄电池电压经蜂鸣器和灯光开关加至驾驶员边门控制开关。如果此时驾驶员打开车门，蜂鸣器电路即被接通，于是发出鸣叫提示，直到前照灯关闭或驾驶员边门关闭才停止。

（4）防撞系统报警　为了提高行车安全，保护车辆及乘员，现代汽车装备了防撞系统。按照距离识别元件的不同，有红外线防撞系统、超声波防撞系统、激光防撞系统等。它们均采用单片机控制技术，能够自动检测并跟踪被测车辆与障碍物的距离，一旦该距离达到安全设置的极限距离时，便通过单片机发出报警声音信号，并自动刹车，使车辆减速行驶乃至停车。

（5）汽车超速报警装置　随着汽车动力性能的提高和我国道路条件的改善，汽车行驶速度越来越快，而高速行驶往往也是酿成交通事故的直接原因。为了防止超速行驶，在汽车上安装超速报警器。当汽车行驶速度超过一定数值时，报警器的音调发生器使扬声器发出声响，提醒驾驶员适当减速或集中精力观察前方的交通情况。

（6）超车自动报警装置　车辆高速行驶时，因本车噪声的干扰而听不到后面汽车发出的超车信号。特别是白天，驾驶员的目光不可能总是盯着后视镜，所以后面的汽车不得不长时间尾随其后等待机会超车，而一旦后车驾驶员强行超车，便会带来不良后果。为防止这种情况发生，可在汽车上安装超车自动报警器。该报警器通过装在车尾的拾音器获取后车请求超车的喇叭声，经处理后变成报警信号，提示驾驶员后面有汽车准备超车。

工作任务 2　电源系统的认知

1. 充电系统的组成

1）充电系统的组成

汽车电气设备所使用的电源是直流电源，它来自蓄电池或发电机。由蓄电池、发电机、电压调节器、继电器、充电状态指示装置、熔丝、熔线、点火开关和导线等连接而成的电气系统称为电源系统（俗称充电系统），如图 4.40 所示。

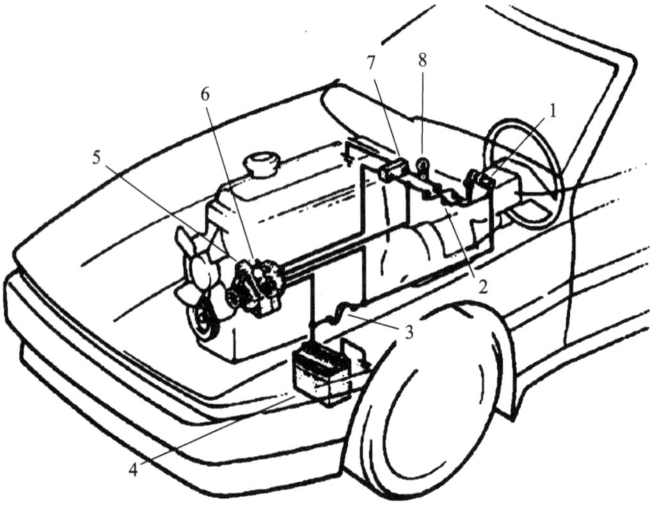

图 4.40　汽车电源系统的组成

1—点火开关；2—熔丝；3—熔线；4—蓄电池（电瓶）；5—发电机；6—调节器；7—继电器；8—指示灯

发电机作为汽车运行中的主要电源，担负着除了启动系统之外，还有向设备供电和向蓄电池充电的任务。由于发电机是由发动机经传动带驱动旋转的，当发动机转速变化时，发电机输出电压是变化的。为满足汽车用电设备和向蓄电池充电的恒定电压要求，充电系统中设有电压调节器，通过调整发电机的励磁电流，保持发电机在转速和负荷变化时输出稳定的电压。充电状态指示装置用于指示充电系统的工作情况，反映蓄电池是处于充电还是放电状态。在充电系统内，蓄电池和发电机是并联工作的。

2）充电系统的布置形式

目前汽车上的充电系统可分为 12 V 电系和 24 V 电系，且普遍采用交流发电机与电子电压调节器。按电压调节器的安装方式不同，充电系统的布置形式可分为分离式和整体式两种。

在图 4.41 所示充电系统电路中，电子电压调节器具有调节发电机输出电压和控制充电指示灯指示蓄电池充放电状态的功能。充电指示灯可安装在组合仪表板上，且占用空间较小，因此，这种布置形式既适用于载货汽车，也适用于结构紧凑的小轿车。

调节器与发电机分离时，由于两者之间需用导线连接，所以其系统的故障率较高，但当系统发生故障时，能够就车诊断出故障发生的部位，只需更换故障部件即可继续行驶。

图 4.42 所示为整体式交流发电机（电子调节器与发电机组合成整体）的充电系统电路。

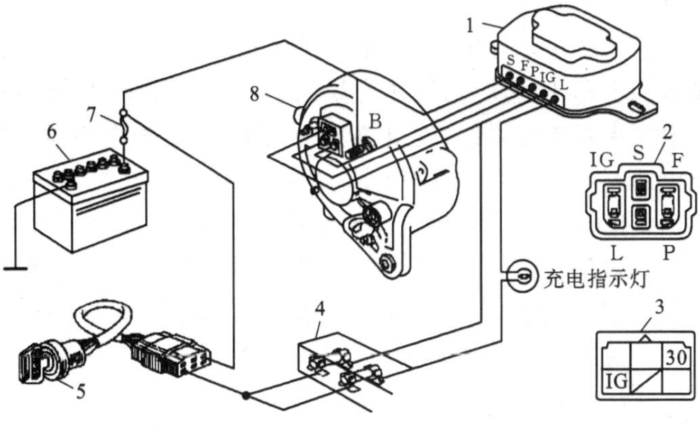

图 4.41　分离安装的充电系统电路

1—电子电压调节器；2—调节器线束插头；3—点火开关线束插头；
4—熔断器盒；5—点火开关；6—蓄电池；7—熔线；8—交流发电机

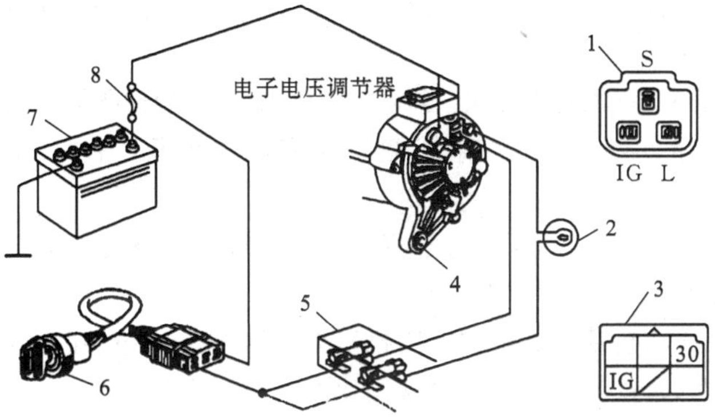

图 4.42　整体式交流发电机充电系统电路

1—发电机线束插头；2—充电指示灯；3—点火开关线束插头；
4—整体式交流发电机；5—熔断器盒；6—点火开关；7—蓄电池；8—熔线

整体式交流发电机充电系统的交流发电机与电子电压调节器之间不再使用导线连接，系统线路大大简化，故障率大大降低。但是系统发生故障时不能迅速就车诊断出故障发生的部件。

近几年来，随着人们对汽车乘坐舒适性、燃油经济性、排放环保性的要求日益提高，新的电气装置在汽车上得到广泛应用，汽车电子附件所占的比例大幅度提高，如各种电控系统（电控喷射、电控自动变速器、电控悬架）、巡航控制、车载计算机网络等。

一些电磁或电动执行器也逐渐取代了液压传动和气压传动执行器，从而大大增加了电气系统的负荷，这就要求汽车的充电系统能提供更高的电能。

2. 充电指示装置

1）充电指示装置的作用

充电系统的交流发电机的励磁电路还有一个功能，就是控制充电指示灯电路，在图 4.41 和图 4.42 所示电路中，有一充电指示灯，其作用是既指示发电机及调节器的工作情况，又可以在停车后提醒驾驶员及时关闭点火开关，避免浪费蓄电池电能。

2）充电指示灯的工作原理

当点火开关接通时，发电机未发电，由蓄电池供给磁场电流，此时充电指示灯亮，表示蓄电池放电，发电机他励。当发动机启动后，转速升高到怠速及其以上时，发电机应能正常发电并对外输出，此时磁场电流由发电机供给，发电机自励发电，此时充电指示灯应熄灭。若没有熄灭，说明发电机不发电或充电指示灯电路有故障。当发电机熄火后，由于发电机不再发电，如果没有关闭点火开关，蓄电池会通过磁场电路向励磁绕组放电，充电指示灯会再次发亮，可提醒驾驶员关闭点火开关，避免蓄电池放电时间过长烧坏励磁绕组和引起蓄电池亏电。

目前，大多数汽车上都有充电指示灯电路，用来监测发电机的工作情况。

3. 汽车交流发电机的种类及型号

1）汽车交流发电机的种类

汽车交流发电机按照不同的分类方法分为以下几类。

(1) 按总体结构分类。

① 普通交流发电机　这种发电机既无特殊装置，也无特殊功能，使用时需要配装电压调节器。解放载货汽车上使用的 JF132 发电机、东风载货汽车上使用的 JF1522A 型交流发电机(见图 4.43(a))等，都是普通交流发电机。

② 整体式交流发电机(发电机和电压调节器制成一个整体的发电机)　如帕萨特、捷达、奥迪、别克、本田轿车配用的发电机都是整体式交流发电机。图 4.43(b)所示的是捷达 JFZ1813 型交流发电机。

③ 带泵的交流发电机　这是发电机和汽车制动系统用真空助力泵安装在一起的发电机，如 JFB1712 型交流发电机(见图 4.43(c))。

④ 无刷交流发电机(不需要电刷的发电机)，如 JFW1913 型交流发电机。

⑤ 永磁交流发电机(转子磁极为永磁铁制成的发电机)。

(a)　　(b)　　(c)

图 4.43　交流发电机结构外形

(a) JF1522A 型交流发电机　(b) 捷达 JFZ1813 型交流发电机　(c) JFB1712 型交流发电机

(2) 按整流器结构分类。

按照组成整流器的二极管数目，交流发电机可分为以下几类。

① 6 管交流发电机　如 JF1522A 型发电机为 6 管普通型交流发电机。

② 8 管交流发电机　如天津夏利汽车装用的 JFZ1542 为 8 管整体式交流发电机。

③ 9 管交流发电机　如日产蓝鸟牌轿车使用的 LR160-708 型 9 管整体式交流发电机。

④ 11 管交流发电机　如奥迪、桑塔纳汽车用的 JFZ1913Z 型发电机为 11 管整体式交流发电机。整流器形状及结构如图 4.44 和图 4.45 所示。

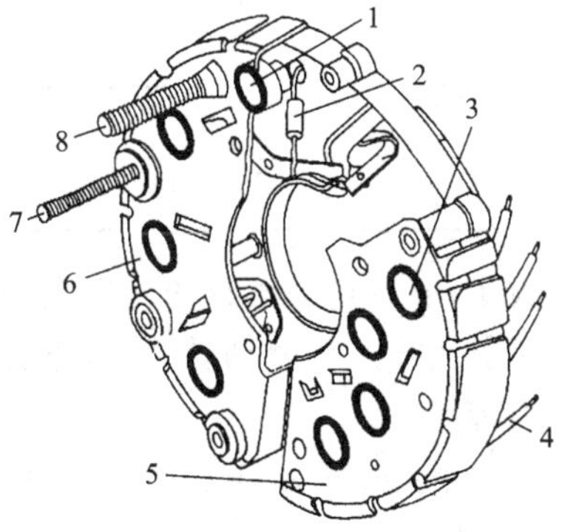

图 4.44　奥迪 JFZ1913Z 型 11 管整体式交流发电机的整流器形状

1—正二极管；2—励磁二极管；3—负二极管；4—定子绕组接线柱；5—负极板；6—正极板；7—励磁接柱；8—输出接柱

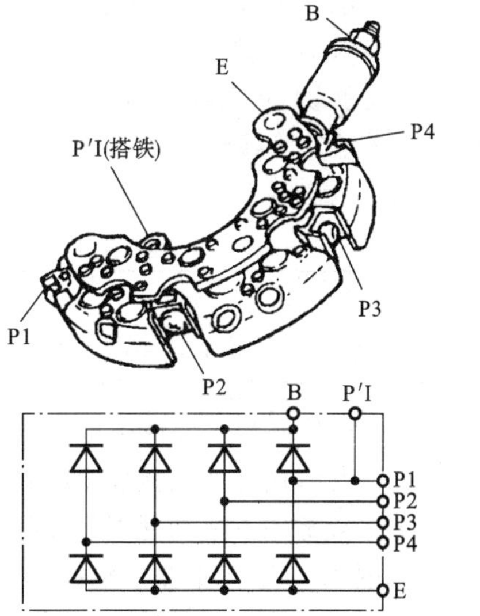

图 4.45　本田雅阁 8 管交流整流器结构

(3) 按励磁绕组搭铁形式分类。

① 内搭铁型交流发电机　如 JF132 型发电机为普通型 6 管内搭铁型交流发电机。

② 外搭铁型交流发电机　如奥迪、桑塔纳汽车用的 JFZ1913Z 型发电机为 11 管整体式外搭铁交流发电机。

值得注意的是，交流发电机搭铁形式不同，所配用的调节器及接线方法及充电系统故障检查方法也不同，使用时应予注意，否则发电机不发电，调节器不工作。

2) 汽车交流发电机型号

根据中华人民共和国汽车行业标准《汽车电气设备产品型号编制方法》(QC/T73—1993)的规定，汽车交流发电机型号由产品代号、电压等级代号、电流等级代号、设计序号、变型代号五部分组成，如图 4.46 所示。

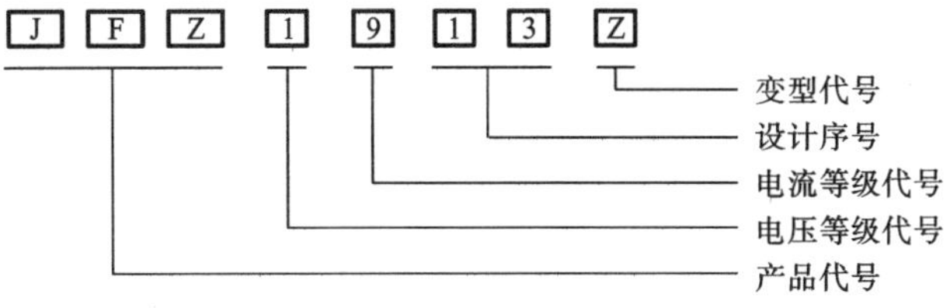

图 4.46　交流发电机型号

(1) 产品代号　产品代号用英文字母表示。

JF 表示普通交流发电机。

JFZ 表示整体式(调节器内置)交流发电机。

JFB 表示带泵的交流发电机。

JFW 表示无刷交流发电机。

(2) 电压等级代号　电压等级代号用1位阿拉伯数字表示。

1表示12 V系统。

2表示24 V系统。

6表示6 V系统。

(3) 电流等级代号　电流等级代号也用1位阿拉伯数字表示，如表4.2所示。

表4.2　电流等级代号

代号	1	2	3	4	5	6	7	8	9
电流等级/A	19以下	20～29	30～39	40～49	50～59	60～69	70～79	80～89	≥90

(4) 设计序号　设计序号用1～2位阿拉伯数字表示，表示产品设计的先后顺序。

(5) 变型代号　交流发电机以调整臂位置作为变型代号。从驱动端看，调整臂在左边用“Z”表示，调整臂在右边用“Y”表示，调整臂在中间不加标记。

如图4.46表示的是一辆桑塔纳轿车配备的汽车发电机，型号为JFZ1913Z。其含义是：整体式交流发电机，电压等级为12 V，额定电流90 A，设计序号为13，调整臂在左端。

注意：进口发电机不符合上述标准。

工作任务 3　交流发电机与电压调节器的检测

汽车上虽然有蓄电池作为电源，但由于蓄电池储存电能的能力有限，它只能在启动汽车或汽车发动机不工作时为汽车提供电能，而不能长时间为汽车供电。因此，蓄电池只能作为汽车的辅助电源。

1. 交流发电机的结构与工作原理

发电机是汽车的主要电源，其功用是在发动机正常运转时，向所有用电设备(启动机除外)供电，同时给蓄电池充电。

汽车用发电机可分为直流发电机和交流发电机，由于交流发电机的性能在很多方面优于直流发电机，直流发电机已被淘汰。现代汽车均采用三相交流发电机，内部带有二极管整流电路，将交流电整流为直流电，所以汽车交流发电机输出的是直流电。

此外，交流发电机必须配装电压调节器。电压调节器对发电机的输出电压进行控制，使其保持基本恒定，以满足汽车用电设备的要求。

1) 交流发电机的结构

普通交流发电机一般由转子、定子、整流器、前后端盖、风扇、带轮等组成。图 4.47 所示为 JF132 型 6 管普通交流发电机的组件图。

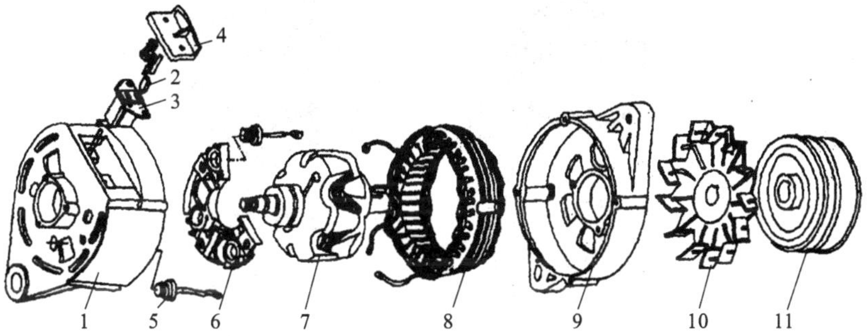

图 4.47　普通交流发电机组件图

1—后端盖；2—电刷架；3—电刷；4—电刷弹簧压盖；5—硅二极管；6—元件板；7—转子；8—定子；9—前端盖；10—风扇；11—带轮

(1) 转子　交流发电机转子的作用是产生旋转磁场。转子由爪极、磁轭、励磁绕组，滑环、转子轴等组成，如图 4.48 和图 4.49 所示。

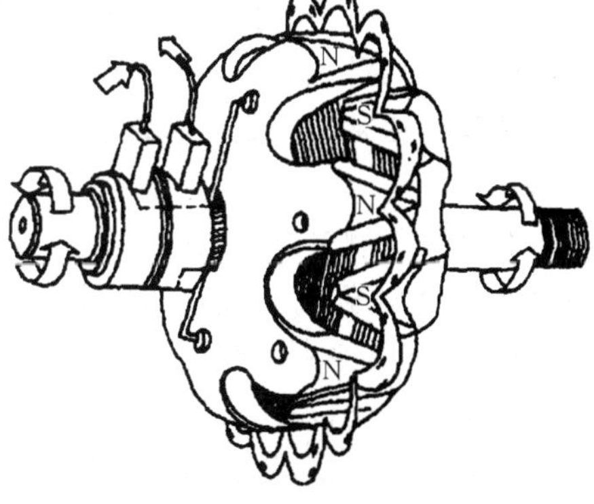

图 4.48　交流发电机的转子总成

转子轴上压装着两块爪极，爪极被加工成鸟嘴形状，爪极空腔内装有励磁绕组和磁轭。

滑环由两个彼此绝缘的铜环组成，压装在转子轴上并与轴绝缘，两个滑环分别与励磁绕组的两端相连。

当给两滑环通入直流电时(通过电刷)，励磁绕组中就有电流通过，并产生轴向磁通，使爪极一块

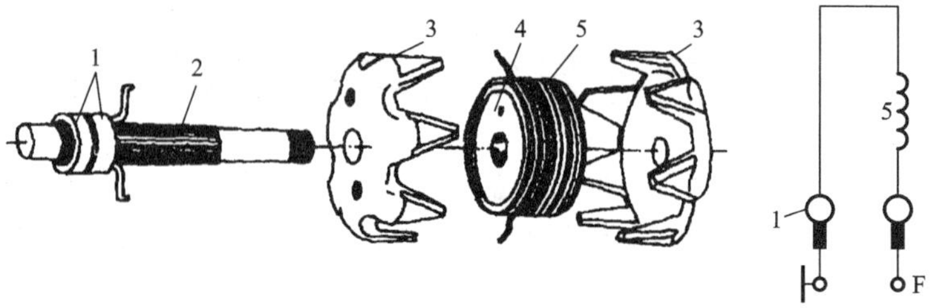

图 4.49　交流发电机转子组件

1—滑环；2—转子轴；3—爪极；4—磁轭；5—励磁绕组

被磁化为 N 极，另一块被磁化为 S 极，从而形成六对（或八对）相互交错的磁极，如图 4.48 所示。当转子转动时，就形成了旋转磁场。

（2）定子　定子的作用是产生三相交流电。定子安装在转子的外面，与发电机的前、后端盖固定在一起，当转子在其内部转动时，引起定子绕组中磁通的变化，定子绕组中就产生交变的感应电动势。

定子又称电枢，定子由定子铁芯和定子绕组（线圈）组成，如图 4.50 所示。定子铁芯由内圈带槽、互相绝缘的硅钢片叠成。

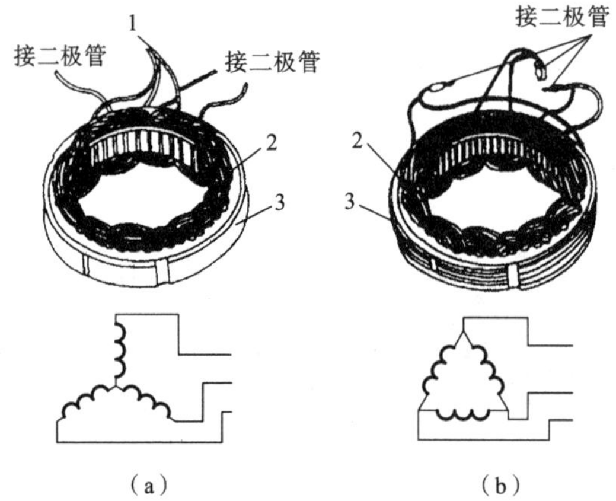

图 4.50　交流发电机定子及定子绕组连接方式

（a）定子绕组星形连接　（b）定子绕组三角形连接

1—定子中性接点；2—定子绕组；3—铁芯

定子绕组有三组，对称地嵌放在定子铁芯的槽中。三相绕组的连接有星形接法和三角形（大功率）接法两种，如图 4.50(a)和图 4.50(b)所示，都能产生三相交流电。

三相绕组必须按一定要求绕制，才能使之获得频率相同、幅值相等、相位互差 120°的三相电动势。

三相绕组绕制时应遵循的原则是：每相绕组的线圈个数、每个线圈的匝数和每个线圈的节距都必须完全相等；三相绕组的始端（或末端）在定子槽内的排列，必须相隔 120°电角度。

如国产 JF13 系列交流发电机中，一对磁极占 6 个槽的空间位置（每槽 60°电角度），一个磁极占 3 个槽的空间位置，所以每个线圈两条有效边的位置间隔是 3 个槽，每相绕组相邻线圈始边之间的距离 6 个槽，三相绕组的始边的相互间隔可以是 2 个槽、8 个槽、14 个槽等。

（3）整流器　整流器的作用是将定子绕组的三相交流电通过二极管整流变成直流电。整流器由整流板和整流二极管组成，6管交流发电机的整流器是由分别压装（或焊装）在相互绝缘的两块板上的6只硅整流二极管组成的，其中一块为正极板（带有输出端螺栓），另一块为负极板，负极板和发电机外壳直接相连（搭铁），也可以将发电机的后盖直接作为负极板。

6只整流二极管分为正极管和负极管两种。引出电极为正极的称为正极管，3只正极管装在同一块板上，称为正极板；引出电极为负极的称为负极管，3只负极管安装在负极板上，也可直接安装在后盖上，如图4.51和图4.52所示。

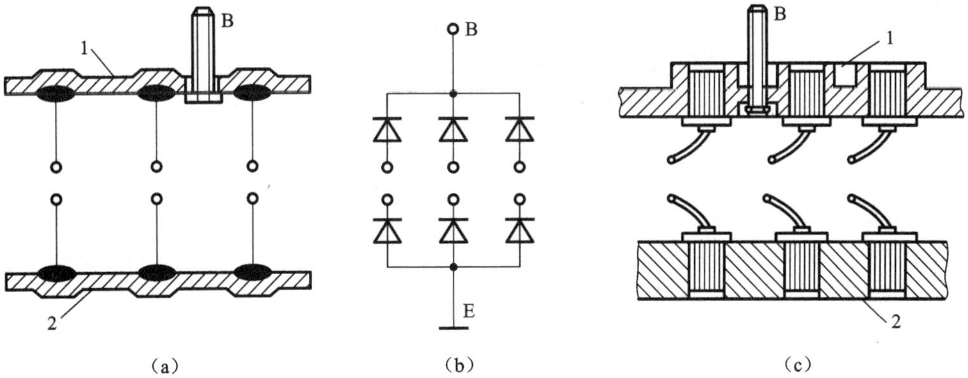

图4.51　交流发电机整流二极管安装示意图

(a) 焊接式　(b) 电路　(c) 压装式

1—正整流板；2—负整流板

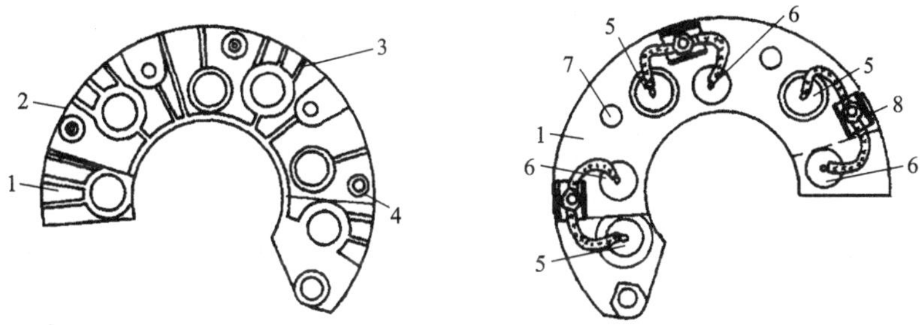

图4.52　JF132发电机整流器总成

1—负整流板；2—正整流板；3—散热片；4—螺栓孔；5—正极管；6—负极管；7—安装孔；8—绝缘垫

汽车电源系统用硅整流二极管是专用的，有如下特点。

① 允许的工作电流大　如ZQ50型二极管的正向平均电流为50 A，浪涌电流为600 A。

② 承受反向电压的能力高　可承受的反向重复峰值电压在270 V左右，反向不重复峰值电压在300 V左右。

③ 只有一根引线（引出电极）。

④ 根据引出电极的不同分为正二极管和负二极管。

整流器总成的形状各异，有马蹄形、半圆形和圆形等。

(4) 端盖及电刷组件　端盖一般分两部分（前端盖和后端盖），起支承转子、定子、整流器和电刷组件的作用。端盖一般用铝合金铸造，一是可有效地防止漏磁，二是铝合金散热性能好，端盖形状如图4.47中的1和9所示。后端盖上装有电刷组件。

电刷的作用是将电源通过滑环引入励磁绕组，如图 4.49 所示。两个电刷分别装在电刷架的孔内，借助弹簧压力与滑环保持接触。电刷组件由电刷、电刷架和电刷弹簧组成，如图 4.53 所示。

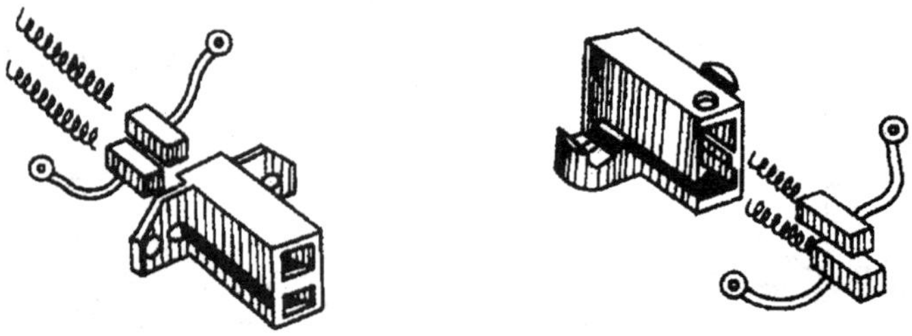

图 4.53　电刷组件

电刷和滑环的接触应良好，否则会因为磁场电流过小，导致发电机发电不足。励磁绕组通过两只电刷（F 和 E）和外电路相连，根据电刷和外电路的连接形式不同，发电机分为内搭铁型和外搭铁型两种，如图 4.54 所示。

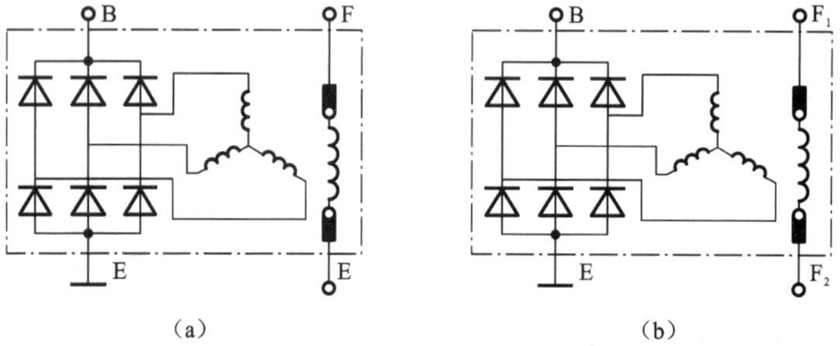

图 4.54　交流发电机的搭铁形式

(a) 内搭铁交流发电机　(b) 外搭铁交流发电机

① 内搭铁型交流发电机　励磁绕组的一端经负电刷（E）引出后和后端盖直接相连（直接搭铁）的发电机称为内搭铁型交流发电机，如图 4.54 (a)所示。

② 外搭铁型交流发电机　励磁绕组的两端（F 和 E）均和端盖绝缘的发电机称为外搭铁型交流发电机，如图 4.54 (b)所示。

(5) 带轮及压风扇　交流发电机的前端装有带轮和风扇，由发动机通过传动带驱动发电机的转子轴和风扇一起旋转。

发电机工作时，定子绕组和励磁绕组中都会有热量产生，温度过高会烧坏导线的绝缘，从而导致发电机不能正常工作。为了提高发电机散热能力，发电机的两端装有风扇（前后各一个），如丰田轿车的发电机。

2) 交流发电机工作原理

(1) 工作原理　如图 4.55 所示，发电机定子的三相绕组按一定规律分布在发电机的定子槽中，内部有一个转子，转子上安装着爪极和励磁绕组。

当外电路通过电刷使励磁绕组通电时，便产生磁场，使爪极被磁化为 N 极和 S 极。当转子旋转时，磁通交替地在定子绕组中变化，根据电磁感应原理可知，定子的三相绕组中便可产生交变的感应电动势。这就是交流发电机的发电原理。

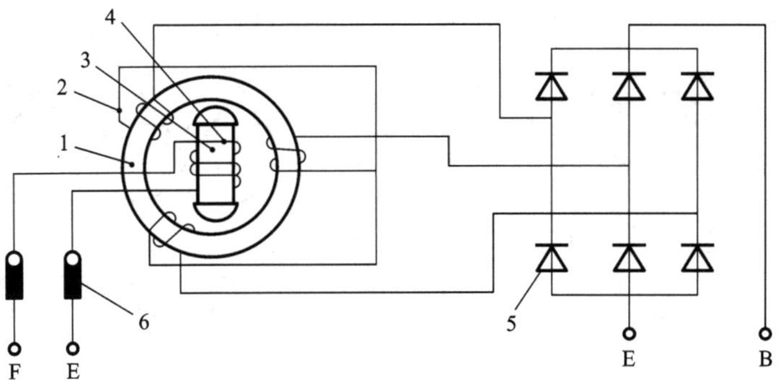

图 4.55　交流发电机工作原理示意图

1—定子铁芯；2—定子绕组；3—转子；4—励磁绕组；5—整流二极管；6—电刷

① 交流电动势的频率与发电机的转速、磁极对数成正比，即

$$f=\frac{Pn}{60}\ (\mathrm{Hz}) \tag{4-1}$$

式中：P——磁极对数；

n——发电机转速(r/min)。

在交流发电机中，由于转子磁极呈鸟嘴形，其磁场的分布近似正弦规律，所以交流电动势的波形也近似于正弦波。如果发电机定子的三相绕组是对称绕制的，则产生的三相电动势也是对称的，如图 4.56(b)所示。

② 三相交流发电机的感应电动势瞬时值表达式为

$$\begin{cases} e_U=E_m\sin\omega t=\sqrt{2}E_\phi\sin\omega t \\ e_V=E_m\sin\left(\omega t-\frac{2}{3}\pi\right)=\sqrt{2}E_\phi\sin\left(\omega t-\frac{2}{3}\pi\right) \\ e_W=E_m\sin\left(\omega t-\frac{4}{3}\pi\right)=\sqrt{2}E_\phi\sin\left(\omega t-\frac{4}{3}\pi\right) \end{cases} \tag{4-2}$$

式中：E_m——每相电动势的最大值；

E_ϕ——每相电动势的有效值；

ω——电角速度($\omega=2\pi f$)。

③ 定子每相电动势的有效值 E_ϕ(V)为

$$E_\phi=4.44KfN\Phi \tag{4-3}$$

式中：K——绕组系数(和发电机定子绕组的绕线方式有关的系数)；

N——每相绕组的匝数(单位：匝)；

f——频率(单位：Hz)；

Φ——每极磁通(单位：Wb)；

C_e——电机结构常数；

E_ϕ——相电动势的有效值。

由此可见，当交流发电机结构一定时(结构常数 C_e 不变)，相电动势 E_ϕ 与发电机转速 n、磁通 Φ 成正比。

(2) 整流原理　交流发电机定子的三相绕组中，感应产生的是交流电，是通过 6 只二极管组成的三相桥式整流电路整流为直流电的，整流电路如图 4.56(a)所示。

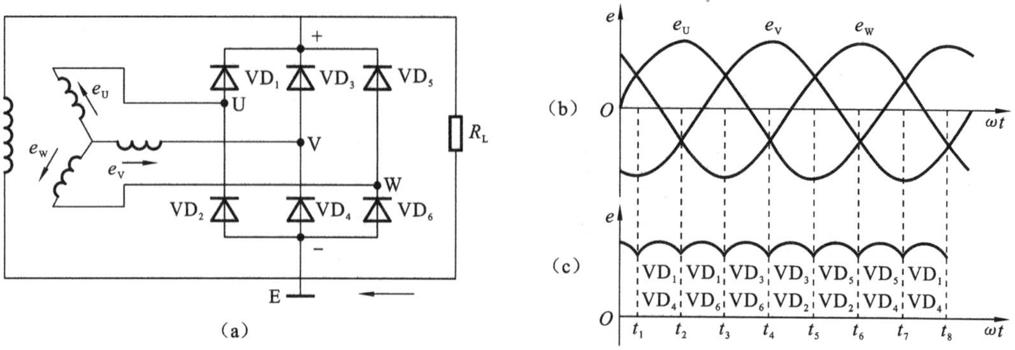

图 4.56 交流发电机整流原理

(a) 整流电路 (b) 三相绕组电压波形 (c) 整流后发电机的输出波形

二极管具有单向导通性，当给二极管加上正向电压时二极管导通，当给二极管加上反向电压时二极管截止。将定子的三相绕组和 6 只整流二极管按如图 4.56(a)所示的电路连接，发电机的输出端 B、E 上就输出脉动直流电压，如图 4.56(c)所示。这就是交流电的整流原理。

二极管的导通原则如下。

① 当 3 只正二极管负极端连接在一起时，正极端电位最高者导通，如图 4.57(a)所示。

② 当 3 只负二极管正极端连接在一起时，负极端电位最低者导通，如图 4.57(b)所示。

整流过程的分析如下。

同时导通的二极管管子总是两个，正、负管子各一个。

如图 4.56(b)、图 4.56(c)所示，在 $t_1 \sim t_2$ 时间内，只有 VD_1 和 VD_4 导通，其余二极管都截止，因为 $e_U > e_W > e_V$，使得三个正二极管 VD_1、VD_3、VD_5 中 VD_1 的正极电压最高，所以 VD_1 导通，三个负二极管 VD_2、VD_4、VD_6 中 VD_4 的负极电压最低，所以 VD_4 导通，其余二极管截止。

同理，在 $t_2 \sim t_3$ 时间内，正二极管 VD_1 和负二极管 VD_6 导通，其余二极管截止；在 $t_3 \sim t_4$ 时间内，正二极管 VD_3 和负二极管 VD_6 导通，其余二极管截止。

三相桥式整流电路中二极管的依次循环导通，使得负载 R_L 两端得到一个比较平稳的脉动直流电压，如图 4.56 (c)所示。

(3) 中性点电压　在定子绕组为星形连接时，三相绕组的公共节点称为中性点。

① 中性点接线柱　有的发电机具有中性点接线柱，如图 4.58 所示。

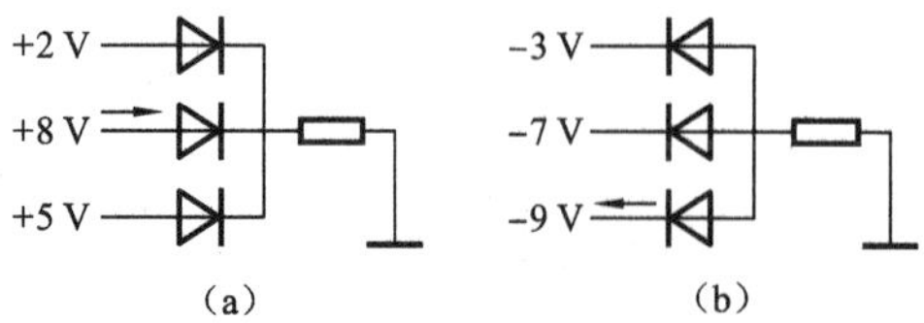

图 4.57 整流二极管导通分析

(a) 正二极管 (b) 负二极管

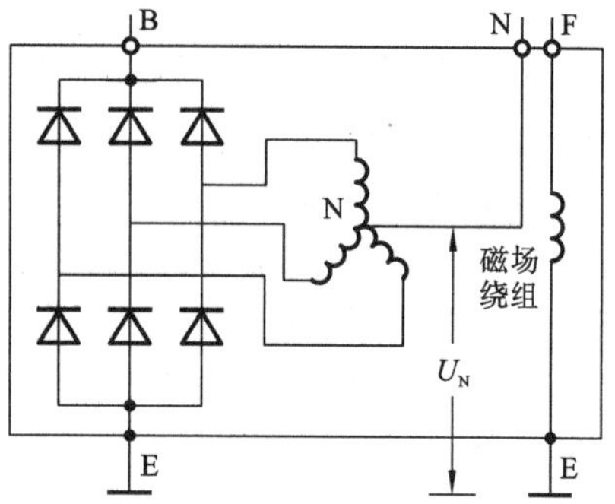

图 4.58 带中性点接线柱的交流发电机

从三相绕组的中性点引一根导线到发电机外，标记为“N”，“N”点电压称为中性点电压。

中性点电压的瞬时值是一个三次谐波电压，如图4.59所示，平均值为发电机输出电压（平均值）的一半，即

$$U_N = \frac{U_{BE}}{2} \tag{4-4}$$

带有中性点接线柱的发电机构成的汽车电气系统，可用中性点电压来控制各种用途的继电器工作。

② 利用中性点电压提高发电机功率　有的发电机（如夏利车型中的发电机）的整流器有8只整流管，其中两只整流管接在中性点处（一只正二极管和一只负二极管），如图4.60所示，把中性点电压和三相绕组并联输出。实践证明，这样可提高发电机功率10%～15%。

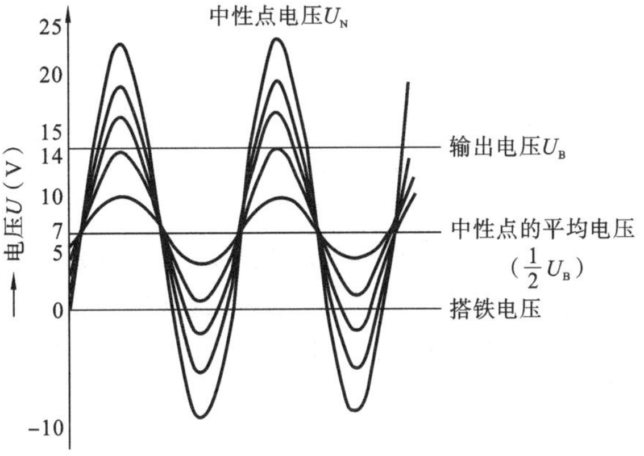

图4.59　交流发电机中性点电压波形图

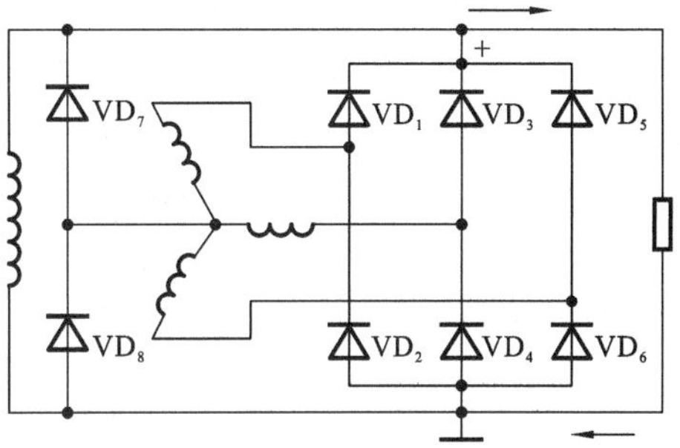

图4.60　具有中性点二极管的整流电路

由于中性点电压的瞬时值是一个三次谐波，其波峰在有些时候可能大于三相绕组的最高值，此时，中性点正二极管VD_7导通，其他三个正二极管截止，由VD_7供给外电路高电压；同理，波谷也能小于三相绕组的最低值，此时，中性点负二极管VD_8导通，参与对外输出。这样就提高了发电机的对外输出能力，提高了发电机的输出功率。

(4) 交流发电机的励磁　永磁式交流发电机不需励磁，其他形式的交流发电机都需要加励磁用来产生电磁场，否则发电机将不能发电。

将电流引入到励磁绕组使之产生磁场的过程称为励磁。交流发电机励磁方式有自励和他励两种。

① 他励　在发电机转速较低时（发动机未达到怠速转速），自身不能发电，需要蓄电池供给发电机励磁绕组电流，使励磁绕组产生电磁场来发电。这种由蓄电池供给磁场电流发电的方式称为他励发电。

② 自励　随着转速的提高（一般在发动机达到怠速时），发电机定子绕组的电动势逐渐升高并能使整流器二极管导通，当发电机的输出电压U_B大于蓄电池电压时，发电机就能对外供电了。当发电机能对外供电时，就可以把自身发的电供给励磁绕组。这种自身供给磁场电流发电的方式称为自励发电。

交流发电机励磁过程是先他励后自励。当发动机达到正常怠速转速时，发电机的输出电压一般高出蓄电池电压1～2 V，以便对蓄电池充电，此时由发电机自励发电。

汽车不同励磁电路可能也不相同，但它们的共同特点是：励磁电路都必须由点火开关控

制。交流发电机的励磁电路如图 4.61 所示。

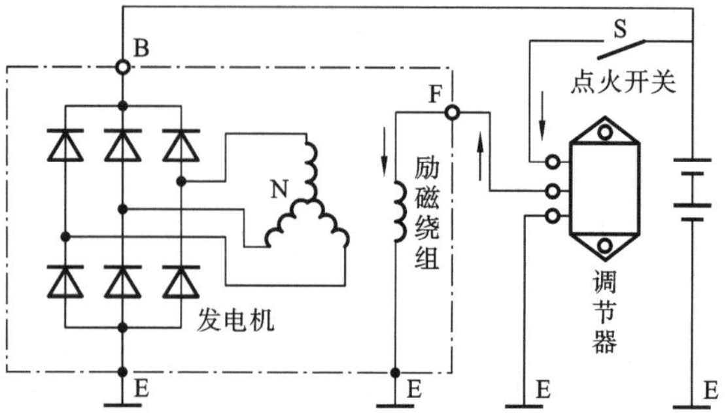

图 4.61　6 管内搭铁型交流发电机的励磁

3）几种常见汽车发电机结构简介

(1) 9 管交流发电机。

① 9 管交流发电机结构特点　9 管交流发电机的基本结构和 6 管交流发电机相同，所不同的是整流器。9 管交流发电机的整流器是由 6 只大功率硅整流二极管和 3 只小功率励磁二极管组成的。

图 4.62 所示为日立公司生产的 LR160-708 型(整体式外搭铁型)9 管交流发电机电路，所谓整体式是指它的调节器装在发电机内部，和发电机组成一个整体；外搭铁是指励磁绕组的正极和发电机(及蓄电池)正极连接，励磁绕组的负极接入调节器，通过调节器后再搭铁的电路连接形式。

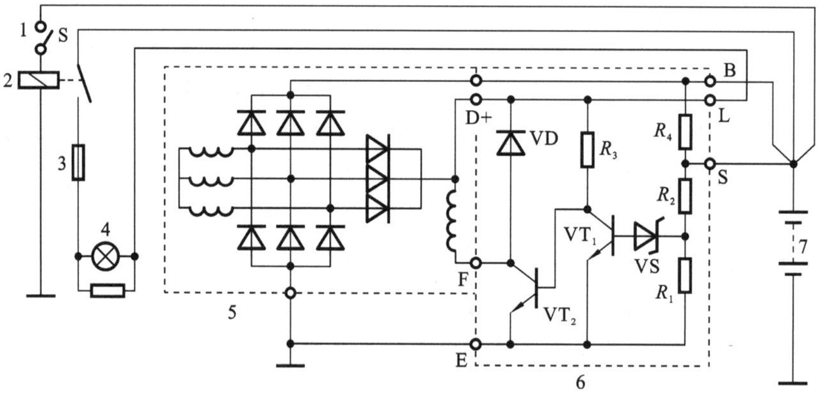

图 4.62　LR160-708 型 9 管交流发电机电路

1—点火开关；2—主继电器；3—熔丝；4—充电指示灯；5—发电机；6—调节器；7—蓄电池

它的整流器有 9 只二极管，其中 6 只大功率硅整流二极管组成三相全波桥式整流电路，对汽车用电设备供电；3 只小功率二极管与 3 只大功率负二极管也组成三相全波桥式整流电路，对发电机磁场供电，所以称 3 只小功率管为励磁二极管。

② 充电指示灯电路　LR160-708 型 9 管交流发电机的励磁电路还有一个功能，就是控制充电指示灯电路，在图 4.62 所示电路中，有一充电指示灯 4。目前，汽车上都设有充电指示灯电路，用来监测发电机的工作情况。

(2) 11 管交流发电机　11 管交流发电机的基本结构和前述普通 6 管交流发电机结构相似，但有以下两点不同。

① 整流器不同　11管交流发电机的整流器由8只大功率硅整流二极管和3只小功率磁场二极管组成，8只整流管(其中6只接三相绕组，2只接中性点)组成全波桥式整流电路对外负载输出供电，3只小功率磁场二极管与3只大功率负极管也组成三相全波桥式整流电路，为发电机磁场供电和控制充电指示灯电路。图4.63所示为桑塔纳轿车用发电机电路。

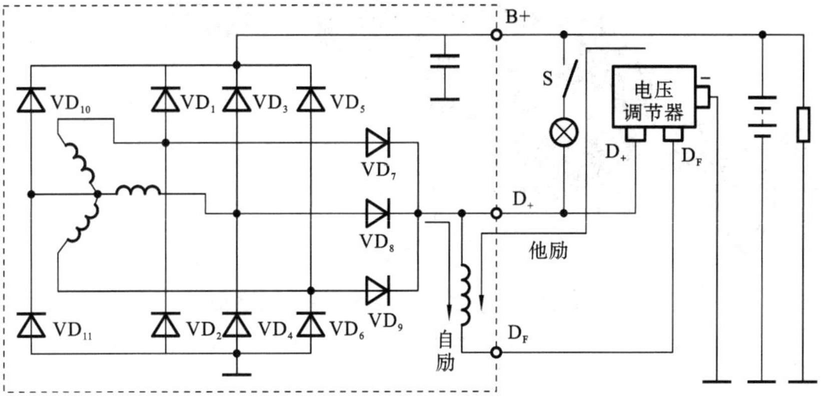

图4.63　11管外搭铁型交流发电机的励磁

② 电压调节器装在发电机内部　桑塔纳发电机为整体式外搭铁型交流发电机，采用集成电路电压调节器，电压调节器和电刷架制成一个整体安装在发电机内部，称为整体式发电机。外搭铁型是指发电机磁场的负电刷通过调节器后再搭铁，如图4.63所示。

桑塔纳发电机的外部有两个接线柱，分别为火线接线柱 B_+ 和磁场接线柱 D_+，火线接线柱 B_+ 向全车供电，磁场接线柱 D_+ 的作用是由蓄电池向励磁绕组提供励磁电流，使发电机发电，并且控制充电指示灯电路。

11管交流发电机在目前汽车上应用较多，因为它具有中性点二极管，可提高发电机功率，又有励磁二极管，可控制充电指示灯电路。

去掉11管交流发电机中的3只励磁二极管，就变成了8管交流发电机，如本田雅阁轿车、夏利轿车配备的发电机为8管交流发电机。8管交流发电机的充电指示灯电路由调节器直接控制。

(3) 无刷交流发电机　由于没有电刷和滑环，所以不会因为电刷及滑环的磨损和接触不良造成励磁不稳定或发电机不发电等故障；同时工作时无火花，也减小了无线电干扰。

无刷交流发电机分为爪极式、激磁机式和永磁式三种。

① 爪极式无刷交流发电机的结构及工作原理　如图4.64所示，爪极式无刷交流发电机励磁绕组是静止的，它通过一个磁轭托架固定在后端盖上，所以不再需要电刷。

两个爪极中，只有一个爪极直接固定在发电机转子轴上，另一爪极则用非导磁焊接在前一爪极上。当转子旋转时，一个爪极就带动另一爪极一起在定子内转动，当励磁绕组中有直流电通过时，爪极被磁化，就形成了旋转磁场，磁路如图4.65箭头所示。

② 爪极式无刷交流发电机的优缺点　爪极式无刷交流发电机的优点是结构简单、维护方便、工作可靠，不存在电刷与滑环接触不良导致的发电不稳或不发电故障；缺点是爪极间连接工艺困难，由于磁路中间隙加大，发电机相同输出功率下需加大励磁电流。

4) 交流发电机的性能指标

(1) 额定电压　交流发电机的输出电压受电压调节器控制，一般比较稳定，只是在发动机

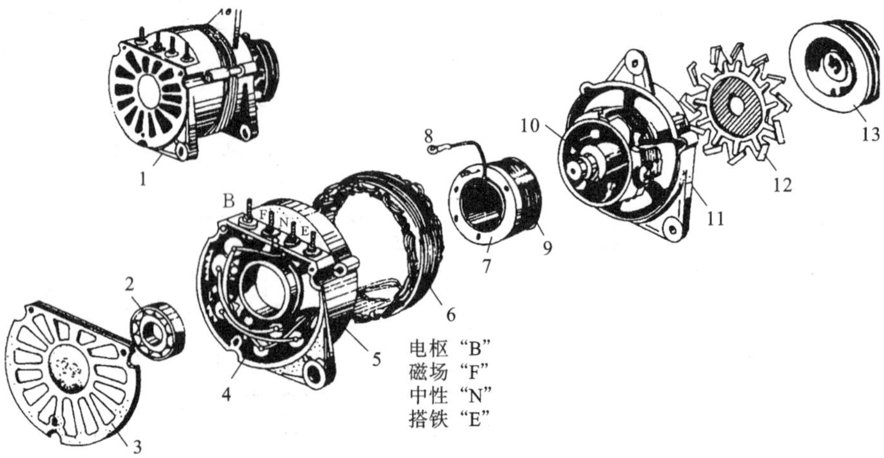

图 4.64　爪极式无刷交流发电机的结构

1—外型；2—后轴承；3—防护罩；4—整流器；5—壳体；6—定子；7—磁轭；8—励磁绕组接头；9—励磁绕组；10—爪极；11—前端盖；12—风扇；13—带轮

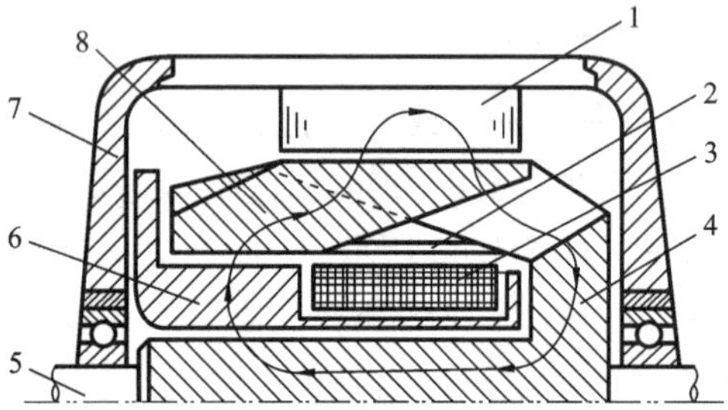

图 4.65　爪极式无刷交流发电机的结构原理与磁路

1—定子铁芯；2—非导磁连接环；3—励磁绕组；4—转子磁轭；5—转子轴；6—磁轭托架；7—端盖；8—爪极

启动阶段略有变化。在正常情况下，发动机达到怠速转速时，发电机的输出电压应能达到一个稳定值，这个电压值称为发电机的额定电压（12 V系统的发电机额定电压为 14 V，24 V 系统的发电机额定电压为 28 V）。

（2）空载转速　交流发电机不带负载，能够达到额定电压时的初始转速值定为空载转速。空载转速在发电机出厂时通过试验确定，列入产品说明书。空载转速是汽车设计时选择发动机和发电机速比的主要依据，也是发电机使用过程中性能是否下降的评价指标之一。

（3）额定电流和额定转速　交流发电机受结构、转速等条件的限制，对外输出电流的能力是有限的。为了评价发电机的对外输出电流能力，把发电机输出最大电流的 2/3 定为发电机的额定电流，达到额定电流时的转速定为额定转速。发电机出厂时，通过试验确定额定转速和额定电流，并列入产品说明书。发电机的额定转速和额定电流是评价发电机性能的重要指标。几种国产交流发电机的主要性能指标如表 4.3 所示。

表 4.3　几种国产交流发电机的主要性能指标

交流发电机型号	额定电压 /V	空载转速 /(r/min)	额定电流 /A	额定转速 /(r/min)	使用车型
JFZ1913Z	14	1050	90	6000	桑塔纳、奥迪
JFZ1512Z	14	1050	55	6000	广州标致
JFZ2518	28	1150	27	5000	切诺基
JFZ1714	14	1000	45	6000	依维柯
JF13A	14	1000	25	3500	NJ1060

2. 电压调节器的结构与工作原理

汽车行驶过程中发动机转速变化较大，加上交流发电机的转子是由发动机通过皮带传动而旋转的，两者的速比为1.7∶3，因此交流发电机转子的转速变化范围非常大，这样将引起发电机的输出电压发生较大的变化，无法满足汽车用电设备的工作要求。为了满足汽车用电设备恒定电压的要求，交流发电机必须配用电压调节器才能正常工作。

1）电压调节器的作用

电压调节器是将发电机输出电压控制在规定范围内的一种装置，其作用是在发电机转速变化时，能自动调节发电机的输出电压，使之保持在特定的范围内，保证发电机在转速高时不因其输出电压过高而烧坏汽车用电设备并导致蓄电池过充电，也不会因发电机转速低引起输出电压过低导致汽车用电设备工作失常。

2）交流发电机电压调节器的分类

交流发电机电压调节器通常按工作原理和交流发电机搭铁类型分类。按工作原理可分为触点式电压调节器和电子电压调节器两种，按交流发电机搭铁类型可分为内搭铁型电压调节器和外搭铁类型电压调节器两种。

（1）按工作原理分类。

① 触点式电压调节器　触点式电压调节器应用较早，我国在20世纪90年代以前生产的交流发电机大多配用这种调节器，它靠一对或两对触点的开、闭来工作，电压调节精度低，触点易产生火花，电磁干扰大，可靠性差，寿命短，现已被淘汰，这里不作介绍。

② 电子电压调节器　随着电子技术的发展，目前交流发电机几乎全部采用电子电压调节器。其优点是：电压调节精度高，且不产生火花，且质量小、体积小、寿命长、可靠性高、电磁干扰小等优点。

电子电压调节器有晶体管电压调节器和集成电路电压调节器两种，如图4.66所示。

（a）　　　　　　（b）

图4.66　晶体管和集成电路电压调节器

（a）晶体管电压调节器　（b）集成电路电压调节器

a. 晶体管电压调节器　晶体管调节器由电子元件组成，利用晶体管的开关特性来控制发电机的电压，一般与普通发电机配套安装，采用环氧树脂封装，是不可拆卸的，所以不能维修，有故障时只能整体更换。晶体管电压调节器有多种型号，外形如图4.66(a)所示。

b. 集成电路电压调节器　集成电路调节器也称IC电压调节器，它根据使用要求，将电子电路中的若干元件集成在同一基片上，制成一个由电子芯片组成的电压调节器。

集成电路电压调节器除具有晶体管调节器的优点外，还具有超小型特点，可安装于发电机的内部(又称内装式电压调节器)，组成整体式发电机，使发电机减少了外接线，调节器冷却效果得到了改善，因此，故障率大大降低，工作更加可靠。现广泛应用于帕萨特、奥迪和标致等多种轿车的交流发电机上。

集成电路电压调节器一般和电刷架制成一个整体，也有的和电刷架、整流器制成一整体，有故障时整体更换。

集成电路电压调节器的形状随发电机型号的不同而异，如图 4.66(b)所示。

对于晶体管电压调节器，在使用过程中，最好使用汽车说明书中指定的电压调节器，如果采用其他型号替代，除标称电压、功率等规定参数与原电压调节器相同外，代用电压调节器必须与原电压调节器的搭铁形式相同，否则发电机可能由于励磁电路不通而不能正常工作。由于集成电路电压调节器、数字电路电压调节器是安装在发电机内部的，必须是专用的，不能替代。

(2) 按交流发电机搭铁类型分类。

① 内搭铁型电压调节器　适用于内搭铁型交流发电机的电子电压调节器称为内搭铁型电子电压调节器。

② 外搭铁型电压调节器　适用于外搭铁型交流发电机的电子电压调节器称为外搭铁型电子电压调节器。

3) 电压调节器的调压原理

由交流发电机的工作原理我们知道，交流发电机的三相绕组产生的相电动势有效值为

$$E_{\phi}=C_{e}\Phi n \tag{4-5}$$

式中：C_e——发电机的结构常数；

n——转子转速；

Φ——转子的磁极磁通。

也就是说交流发电机所产生的感应电动势与转子转速和磁极磁通成正比。

当转速 n 升高时，E_{ϕ} 增大，发电机输出端电压 U_B 升高。当转速升高到一定值时(空载转速以上)，输出端电压达到限定值。要想使发电机的输出电压 U_B 不再随转速的升高而上升，只能通过减小磁通 Φ 实现。又因磁极磁通 Φ 与励磁电流 I_f 成正比，所以减小磁通 Φ 就是减小励磁电流 I_f。

交流发电机电压调节器的调压原理：当发电机转速升高时，调节器通过减小发电机励磁电流 I_f 来减小磁通 Φ，使发电机的输出电压 U_B 保持不变；当发电机的转速 n 降低时，调节器通过增大发电机的励磁电流 I_f 来增加磁通 Φ，使发电机的输出电压 U_B 保持不变。

4) 电子电压调节器的工作原理

(1) 外搭铁型电子电压调节器的工作原理。

① 外搭铁型电子电压调节器电路　电子电压调节器形式较多，其内部电路各不相同，电路组成也比较复杂，但其工作原理可用基本电路的工作原理去理解。

图 4.67 所示为一外搭铁型电子电压调节器的基本电路。其电路由三只电阻 R_1、R_2、R_3，两只三极管 VT_1、VT_2，一只稳压二极管 VS 和一只二极管 VD 组成。

电阻 R_1 和 R_2 串联组成一个分压器，接在发电机输出端 B_+ 与搭铁端 E 之间，直接监测发电机的输出电压 U_B，分压电阻 R_1 两端的电压 U_{R_1} 为

$$U_{R_1}=\frac{R_1}{R_1+R_2}U_B \tag{4-6}$$

由式(4-6)可见，当发电机电压 U_B 升高时，分压电阻 R_1 上的电压 U_{R_1} 也升高；U_B 下降，U_{R_1} 也下降。也就是说，电阻 R_1 两端的电压 U_{R_1} 可完全反映发电机输出电压 U_B 的变化。

电阻 R_3 既是 VT_1 的分压电阻，又是 VT_2 的偏流电阻。NPN 型大功率三极管 VT_2 与发电

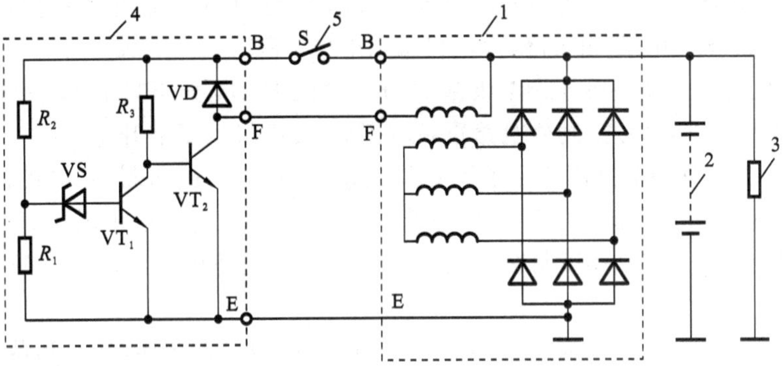

图 4.67　外搭铁型电子调节器电路

1—交流发电机；2—蓄电池；3—负载；4—电子调节器；5—开关

机的励磁绕组串联，工作在开关状态，用来接通与关断发电机的励磁电路。NPN 型小功率三极管 VT_1 用来放大控制信号。

稳压管 VS 是测量组件，串联在 VT_1 的基极电路中，并通过 VT_1 的发射结并联于分压电阻 R_1 的两端，以测量发电机输出电压 U_B 的变化。

a. 三极管 VT_1 的导通条件　当发电机输出电压 U_B 升高到调节电压上限 U_{B2} 时，分压电阻 R_1 两端的电压 U_{R_1} 加在稳压管 VS 和 VT_1 的基极上，恰好能使稳压管 VS 反向击穿，为 VT_1 提供基极电流，使 VT_1 导通，即

$$U_{R_1}=\frac{R_1}{R_1+R_2}U_B=U_{VS}+U_{be1} \tag{4-7}$$

式(4-7)为稳压管 VS、三极管 VT_1 的导通条件。

b. 三极管 VT_1 的截止条件　当发电机输出电压 U_B 下降到调节电压下限 U_{B1} 时，U_{R_1} 较低不能使稳压管 VS 反向击穿，而使 VT_1 无基极电流而截止，即

$$U_{R_1}<U_{VD}+U_{be1} \tag{4-8}$$

式(4-8)为稳压管 VS、三极管 VT_1 的截止条件。

VD 是续流二极管，励磁绕组由接通变为断开状态时，产生的自感电动势（F 端高电位，B 端低电位）经二极管 VD 构成放电回路，防止三极管 VT_2 被击穿损坏。

② 外搭铁型电子电压调节器工作原理。

a. 点火开关 S 刚接通时，发动机不转，发电机不发电，蓄电池电压加在分压器 R_1、R_2 上，此时因 U_{R_1} 较低不能使稳压管 VS 反向击穿，VT_1 截止，使得 VT_2 导通，发电机励磁电路接通，此时由蓄电池供给励磁电流，路径为：蓄电池正极→发电机励磁绕组→调节器 F 接柱→三极管 VT_2→调节器 E 接柱→搭铁→蓄电池负极。

随着发动机的启动，发电机转速升高，发电机他励发电，电压上升。

b. 当发电机电压升高到大于蓄电池电压时（发电机转速大约在 900 r/min 时），发电机自励发电并开始对外蓄电池充电，如果此时发电机输出电压 U_B 小于调节器调节上限 U_{B2}，VT_1 继续截止，VT_2 继续导通，但此时的磁场电流由发电机供给，路径为：发电机正极→励磁绕组→调节器 F 接柱→三极管 VT_2→调节器 E→搭铁→发电机负极。

由于励磁电路一直导通，发电机电压随转速升高迅速升高。

c. 当发电机电压升高到等于调节上限 U_{B2} 时，调节器对发电机输出电压的调节开始。此

时电阻 R_1、R_2 上的分压 $U_{R_1}=U_{VS}+U_{be1}$，VS 导通，VT_1 导通，VT_2 截止，发电机励磁电路被切断。由于励磁电路被断开，磁通下降，发电机输出电压下降。

d. 当发电机电压下降到等于调节下限 U_{B1} 时，电阻 R_1、R_2 分压减小，$U_{R_1}<U_{VD}+U_{be1}$，VS 截止，VT_1 截止，VT_2 重新导通，励磁电路重新被接通，发电机电压上升。

发电机电压上升到调节上限 U_{B2} 时，VT_2 就截止，励磁电路被切断，发电机输出电压 U_B 下降；发电机电压降到等于调节下限 U_{B1} 时，励磁电路被接通，发电机输出电压 U_B 上升。如此周而复始，发电机输出电压 U_B 被控制在一定范围内。这就是外搭铁型电子电压调节器的工作原理。

实际上，对于电子电压调节器来说，由于三极管 VT_2 的状态转换（导通和截止）频率很高，U_{B1} 和 U_{B2} 两者之间的差距非常小，所以发电机的输出电压 U_B 波动非常小，再加上电容的滤波作用，所以发电机的输出电压实际上是稳定的。

(2) 内搭铁型电子调节器的工作原理　内搭铁型电子电压调节器的基本电路如图 4.68 所示。

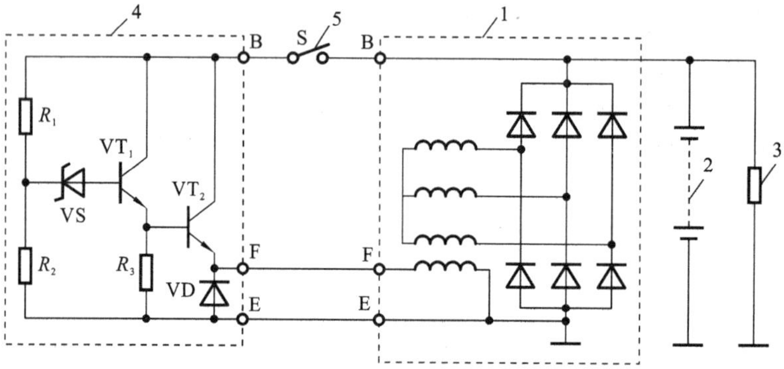

图 4.68　内搭铁型电子调节器的基本电路

1—交流发电机；2—蓄电池；3—负载；4—电子调节器；5—开关

该电路的特点是晶体管 VT_1、VT_2 采用 PNP 型，发电机的励磁绕组连接在 VT_2 的集电极和搭铁端之间，与外搭铁型电路显著不同，电路工作原理和结构与前述外搭铁型电子电压调节器类似，故不再赘述。

5) 电子电压调节器的工作特性

由电子电压调节器的工作原理可知，电压调节器通过三极管 VT_2 的通、断控制励磁电流 I_f，图 4.69 所示的是 JF106 型晶体管调节器大功率三极管 VT_2 不同转速时的开关规律。从图

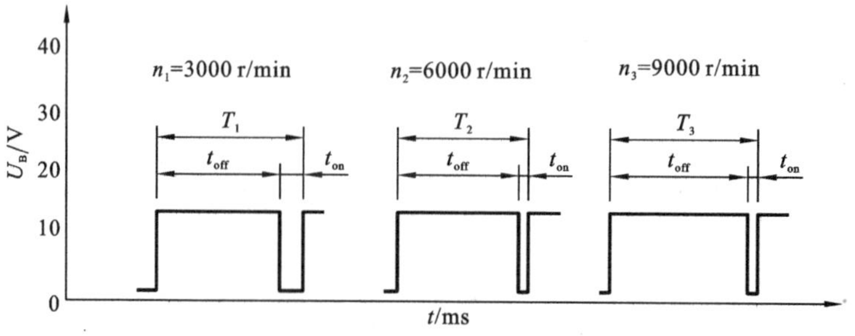

图 4.69　电子调节器的大功率三极管开关规律

中可以看出，随着转速的提高，大功率三极管 VT_2 的导通时间减小，截止时间增加，这样可使得磁场电流平均值减小，磁通减小，保持发电机输出电压 U_B 不变。计算出不同转速下的平均磁场电流，绘制成曲线，如图4.69所示。

发电机的输出电压 U_B、磁场电流 I_f（平均值）随转速 n 的变化关系称为电子电压调节器的工作特性，JF106型晶体管电压调节器的工作特性曲线如图4.70所示。

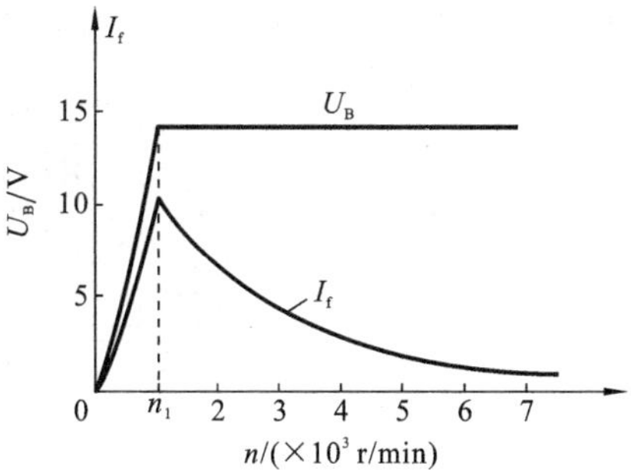

图4.70　电子电压调节器的工作特性曲线

从电子电压调节器的工作特性曲线可以看出，n_1 为调节器开始工作转速，称为工作下限，随着发电机转速的升高，励磁电流 I_f 减小。当发电机转速很高时，由于大功率三极管可保持一直截止状态，励磁电流被切断，发电机仅靠剩磁发电，所以，电子电压调节器的工作转速上限很高，调节范围很大。

6）电子电压调节器的应用举例

集成电路电压调节器（IC调节器）装于发电机内部，直接和发电机连接。IC调节器的电路差别很大，其工作原理也各不相同。

（1）日产蓝鸟轿车交流发电机的集成电路电压调节器　发电机为整体式外搭铁型交流发电机，电压调节器为内装式，和电刷架安装在一起。该发电机外部有3个接线端子，分别是发电机输出端 B_+，蓄电池接线端子S，充电指示灯接线端子L。图4.62所示为日产蓝鸟轿车交流发电机的集成电路电压调节器电路。

① 磁场电流的控制　图4.62中，R_1、R_2 组成分压器，直接从蓄电池上检测发电机电压信号，控制调节器的大功率三极管 VT_2 的通、断，从而控制磁场电路通、断，使发电机电压得到控制。当接线端子S到蓄电池之间的连线断线时，或发电机的输出端 B_+ 到蓄电池的电缆断线时，发电机电压信号可以经电阻 R_4 加在分压器 R_1、R_2 上，使发电机电压仍能得到控制。

② 充电指示灯电路。

a. 点火开关接通时，继电器2通电其触点闭合，若发电机未发电，则发电机电压低于蓄电池电压，由蓄电池供给磁场电流。

励磁电流路径为：蓄电池→继电器2触点一充电指示灯一接线端子L→发电机内部D+→励磁绕组→大功率三极管 VT_2（调节器）→搭铁→蓄电池负极。此时充电指示灯亮，表示蓄电池放电，发电机他励。

b. 当发动机启动后，转速升高到怠速及其以上时，发电机发电。此时，发电机电压高于蓄电池电压，充电指示灯两端电压相等，充电指示灯熄灭，表示发电机已经发电，磁场电流由发电机供给，发电机自励发电。若没有熄灭，说明发电机不发电或充电指示灯电路有故障。

c. 发动机熄火后，由于发电机不再发电，如果没有关断点火开关，蓄电池会通过磁场电路向励磁绕组放电，充电指示灯会再次发亮，可提醒驾驶员关断点火开关，避免蓄电池放电时间过长而烧坏励磁绕组和引起蓄电池亏电。

（2）夏利车型发电机的集成电路电压调节器　图4.71（a）所示为该电压调节器外形，夏利车型发电机为整体式交流发电机，电压调节器为内装式外搭铁型。该调节器有6个接线端子，F、P、E三个端子用螺钉直接和发电机连接，B端用螺母固定在发电机的输出端子B上，IG、L两个端子用金属线引到调节器的外部接线插座上。图 4.71 (b)所示为夏利车型 IC 调节器电路。

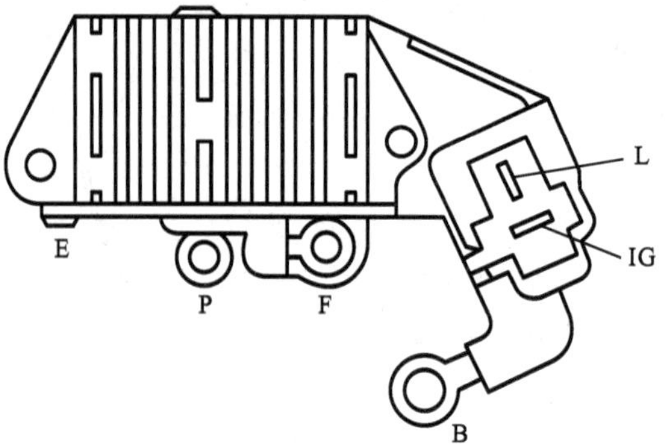

(a)

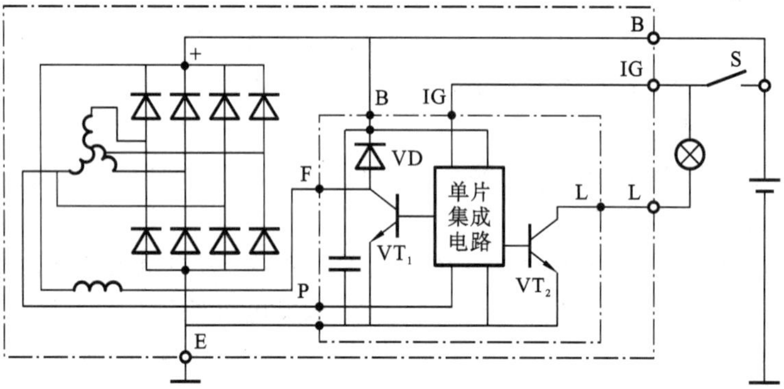

(b)

图 4.71 夏利轿车 IC 调节器电路

(a) 外形图 (b) 电路

① 磁场电流的控制 VT_1是和磁场串联的大功率三极管,由集成片 IC 控制 VT_1的导通和截止,从而控制磁场电路通、断,使发电机电压得到控制。

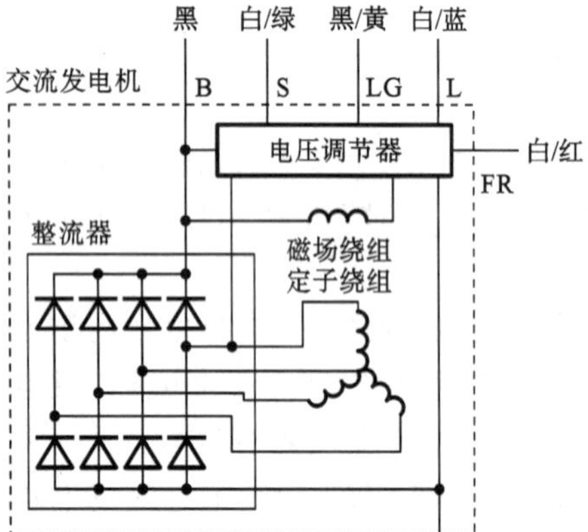

图 4.72 广州本田轿车发电机及电压调节器电路

B—发电机输出接柱;S、FR—接 ECU;L—接充电指示灯;LG—接点火开关

② 充电指示灯电路 充电指示灯串接在 VT_2集电极上,在 IC 中有控制 VT_2导通和截止的电路,由 P 点向 IC 提供发电机交流电压信号。当发电机输出电压低于蓄电池电压时,P 点电压低,IC 中的控制电路使 VT_2导通,充电指示灯亮,指示发电机没有正常发电;当发电机输出电压高于蓄电池电压时,P 点电压高,IC 中的控制电路使 VT_2截止,充电指示灯熄灭。指示发电机正常发电;若电压调节器损坏(如大功率三极管 VT_1短路),发电机电压升高到超出正常值极限,P 点电压也会升高,IC 中的控制电路将导通三极管 VT_2,使充电指示灯亮,提醒驾驶员充电系电路有故障,及时停车维修。

(3) 广州本田轿车发电机的集成电路电压调节器

图 4.72 所示为广州本田轿车发电机及电压调节器电

路，发电机整流器为8管。电压调节器为内装式外搭铁型，由发电机ECU控制。

在汽车电路中有一个负载检测仪，检测电路中总电流的大小，送信号到ECU，电压调节器送发电机电压信号到ECU，ECU根据这两个信号，发送信号到电压调节器，驱动电压调节器的控制电路工作，适时接通和断开励磁绕组电流，从而控制发电机电压。

3. 交流发电机与电压调节器的拆装与检测

交流发电机与电压调节器是汽车电源系统中重要的电源和组成部件。掌握交流发电机与电压调节器的拆装与检测技术是每一位汽车维修电工必须具备的技能。下面一起来学习交流发电机与电压调节器的拆装与检测技术及技能。

1）交流发电机拆装与检测

汽车交流发电机型号和类型很多，外形也各不相同，图4.73所示为不同型号的汽车发电机的外形图。在拆装过程中应注意不同型号的发电机的拆卸步骤不同，应根据维修需要拆卸相关部件和使用专用工具。

图4.73　汽车交流发电机的外形

（1）交流发电机的拆装步骤。

① 交流发电机外部结构认识　交流发电机的外部结构如图4.73所示。要辨别型号和接线柱。接线柱有发电机输出接线柱B_+，磁场接线柱D_+（或D_-），或正、负电刷接线柱等。

② 外部清洗　用布或棉纱蘸适量清洗剂将发电机表面擦洗干净。注意布或棉纱不能有液体浸出，汽油清洗剂不能接触绝缘件。

③ 发电机的分解。

a. 拧下固定电刷组件和电压调节器总成的两个固定螺钉，取下电刷和电压调节器。

b. 分解前后端盖　分解前做好装配标记；拧下前后端盖的连接螺栓，轻敲前后端盖，使前后端盖分离；从后端盖上拆下定子绕组端头，使定子总成与后端盖分离。若前后端盖不能轻易分开时，可用橡皮锤轻轻敲打，或用拉码器分解，严禁重击。

c. 分解定子和后端盖。

d. 分解定子和整流器总成　拧下整流器总成固定螺钉，从后端盖上取下整流器总成与定子。若定子和整流器焊接在一起的结构则一般不分解（除非有故障，必须维修）；注意，定子绕组导线较硬，分解时不要折断。

e. 分解皮带轮和转子　拧下皮带轮固定螺母，从转子上取下皮带轮、半圆键、风扇和前端盖。

f. 小心清洗和擦拭每一部件，绝缘部分严禁汽油浸泡。

④ 内部结构认识　内部各结构的认识可参考图4.47所示的普通交流发电机的组件图。

认识时注意轻拿轻放,不要折断导线或损坏部件,转子轴严防磕碰。

⑤ 发电机装配　发电机的装配顺序按照拆卸顺序的反向进行,但应注意以下几点。

a. 各零、部件应保持清洁,配合部位应涂机油。

b. 各部位所配装的垫片(包括调整垫、绝缘垫等)应按要求装回,不能漏装。

c. 对于整体式、电刷架内置式发电机,将转子轴装入后轴承时,应注意将电刷压入孔中,以防折断。

d. 装配后应检查各转动部位是否灵活转动。

(2) 交流发电机的检测　当发现发电机不发电或发电量不足等故障时,应首先判断故障发生在外电路还是发电机内部,若初步确定故障在发电机内部,就应将交流发电机从车上拆下来,对其进行检测、修理。

首先,应对交流发电机进行整机测试,目的是为了判定交流发电机有无故障和故障发生在哪个部位,以便进行有的放矢地修理。

① 整机测试　整机测试内容:测量各接线柱之间的电阻值,在万能试验台上进行空载电压和负载电流的试验,用示波器观察发电机输出波形等。

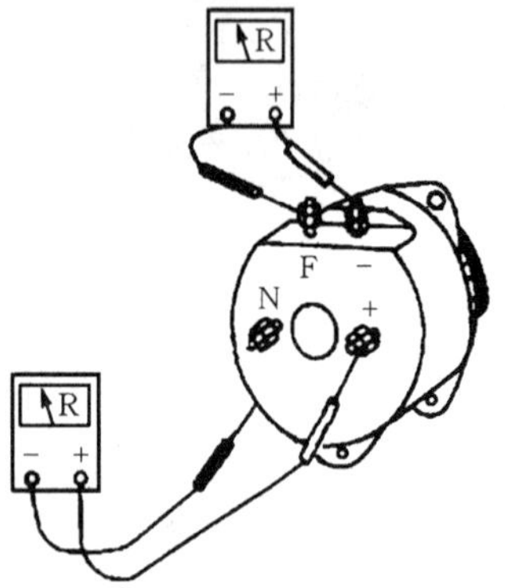

图 4.74　各接线柱之间电阻值的测量

a. 测量各接线柱之间的电阻值　测量发电机的输出端子 B_+ 和搭铁端 E 之间的阻值(壳体或搭铁接线柱)。如图 4.74 所示,使用指针式万用表的"R×1"挡,测量 B_+ 与搭铁端之间的正向电阻值,测量数据应符合标准(参看维修手册),使用"R×10K"挡测量 B_+ 与 E 之间的反向电阻值,应为"∞"。通过测量可以判断交流发电机整流器是否有故障,如有故障应将发电机解体后进一步检测。

b. 测量发电机正电刷 F 接线柱和负电刷 E 之间的电阻值　用指针式万用表的"R×1"挡测量正电刷 F 接线柱和负电刷 E 之间的电阻值,应符合标准。如果电阻值过大,表明电刷与滑环接触不良;若电阻值为"∞",则是电刷折断或励磁绕组断开;若电阻值太小,则说明励磁绕组有匝间短路。需拆检发电机电刷部分,查出故障,进行更换或修复。

通过测量各接线柱之间的电阻值不能确定交流发电机是否有无故障时,应进行试验台试验。

② 试验台试验。

a. 空载试验　空载试验是指在交流发电机不带任何负载(不对外输出电流)情况下的一种试验。空载试验的目的是初步测定发电机是否有故障。

空载试验在万能实验台上进行,方法如下。

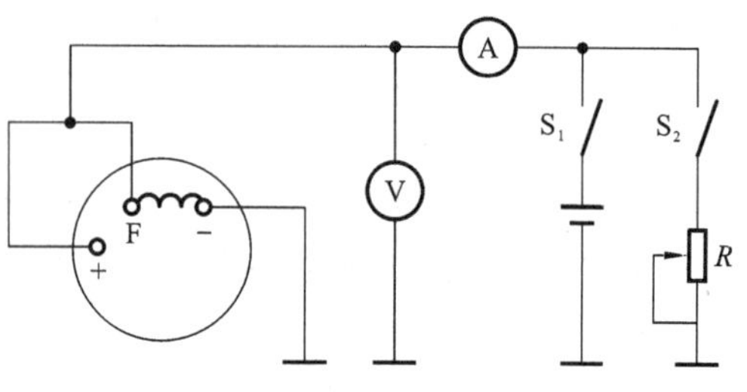

图 4.75　交流发电机空载试验和负载试验电路

按照如图 4.75 所示的试验电路接好线,检查无误后方可启动试验台上的调速电动机,闭合开关 S_1,由蓄电池(或试验台上的电源)给发电机提供励磁电流,之后逐步提高电动机的转速。当转速上升到 500～800 r/min 时,发电机开始自励发电。继续提高转速,同时观察电压表的读数。

当电压达到额定值时，若转速高于空载转速(参考发电机说明书)，则说明发电机有故障，应将发电机分解检测。

通过空载试验仍不能确定发电机是否有无故障时，应在试验台上进行负载试验。

b. 负载试验　负载试验是指在交流发电机带有负载(对外输出电流)情况下的一种试验。负载试验的目的是进一步测定发电机是否有故障。

交流发电机的某些故障在没有电流输出的情况下是表现不出来的，所以如果交流发电机空载试验正常情况下，应再做负载试验。负载试验可以接着空载转速试验进行，试验电路如图4.75所示。

当交流发电机达到空载转速时，接通开关 S_2，提高发电机转速；改变电阻 R，不断增大负载电流，且保持发电机输出电压在额定电压下。当达到额定转速时，若输出电流能达到额定电流，则说明发电机正常，否则表明交流发电机有故障，应将发电机分解检测。

③ 用示波器观察输出电压波形　当交流发电机有故障时，其输出电压的波形将出现异常，因此，在有条件的情况下，可用示波器观察发电机的输出电压波形。根据输出电压波形可以判断交流发电机内部故障是整流器故障还是定子绕组故障。各种故障时的输出电压波形如图6.76所示。

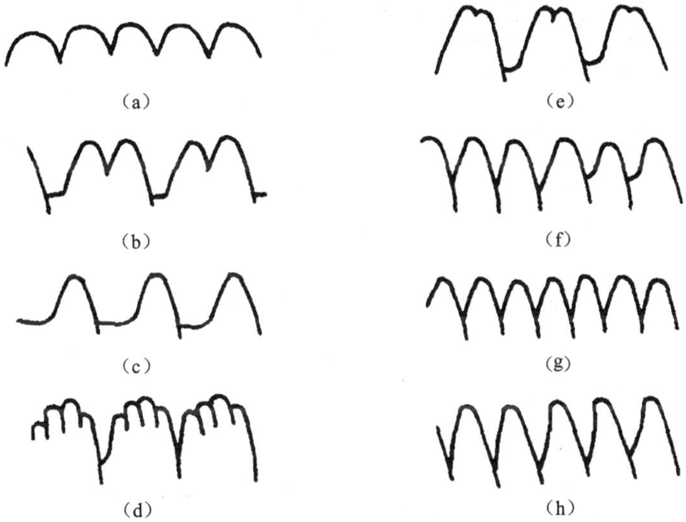

图4.76　交流发电机各种故障时的输出电压波形

(a) 正常波形　(b) 一个二极管短路　(c) 两个二极管短路(同极)　(d) 一个二极管断路
(e) 两个二极管断路(同极)　(f) 一相定子绕组短路　(g) 一相定子绕组断路　(h) 两相定子绕组短路

(3) 交流发电机零部件的检修。

① 转子的检修。

a. 励磁绕组的检修　用指针式万用表"R×1"挡检测励磁绕组是否有短路、断路故障，如图4.77所示。用万用表测量励磁绕组的电阻值，应符合标准；低于标准值，则说明励磁绕组短路了；如果电阻值为"∞"，则说明励磁绕组断路。

用指针式万用表检测励磁绕组是否有搭铁故障，如图4.78所示。每个滑环与转子轴之间的电阻值都应该是无穷大。如果阻值很低，说明励磁绕组搭铁。无论励磁绕组是短路、断路还是搭铁，一般都需更换转子。但是，在实际情况下，更换转子的费用与更换发电机总成的费用差不多，所以一般情况下，当励磁绕组需要更换时，也可以直接更换发电机总成。

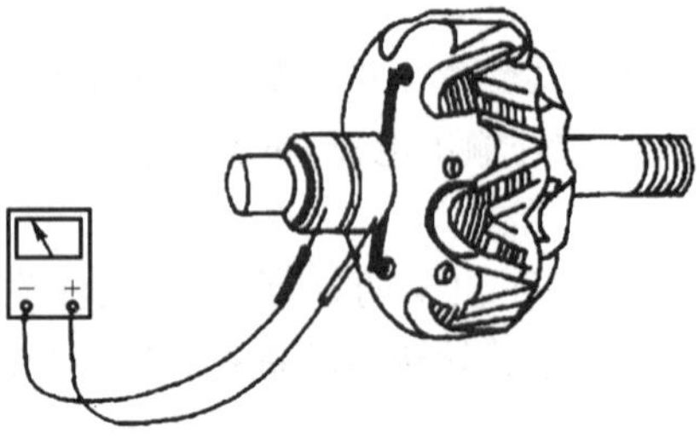

图 4.77 励磁绕组短路、断路的检测

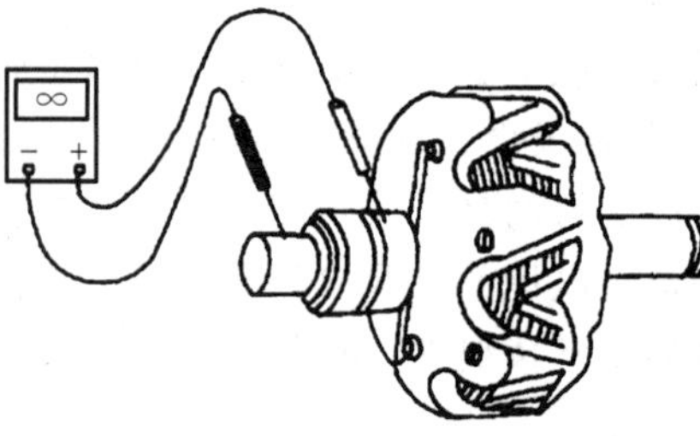

图 4.78 励磁绕组搭铁的检测

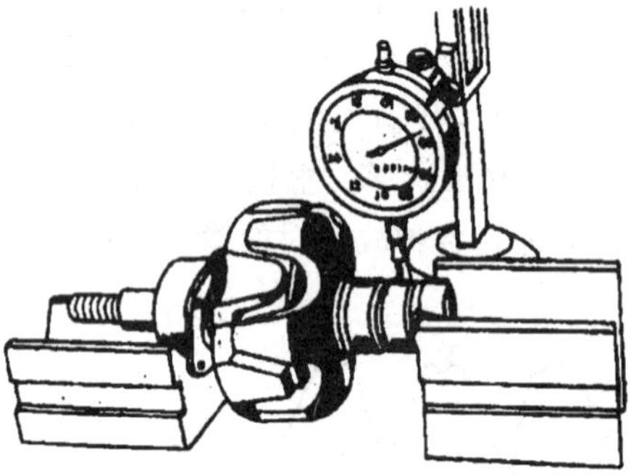

图 4.79 转子轴径向摆差的检测

b. 转子轴和滑环的检修　转子轴的弯曲会造成转子与定子之间间隙过小而摩擦或碰撞，如发现发电机运转时阻力过大或有异响，应检查转子轴是否有弯曲。

转子轴的弯曲用径向摆差的方法检测。如图 4.79 所示，百分表读数应小于 0.10 mm，否则应校正或更换转子。

滑环应表面光滑，无烧蚀，厚度不大于 1.50 mm 轻度烧蚀可用 00 号砂纸打磨，严重烧蚀应在车床上精车加工。

c. 轴承的检修　若发现发电机运转时有异响，应仔细检查是否因轴承的损坏而造成。方法很简单，只要将轴承转动一下就能判断出好坏。

② 定子的检修。

a. 定子绕组的断路和搭铁故障检测　用指针式万用表“R×1”挡检测定子绕组的断路故障，如图 4.80 所示。检测时，每次任取两个首端，共测量三次，每次测量的电阻值都应小于 0.5 Ω。如果阻值为“∞”，说明绕组断路，需更换定子总成。

用指针式万用表“R×10K”挡检测定子绕组是否搭铁。如图 4.81 所示，分别测量三次，阻值均应为无穷大。如果有不是无穷大的情况，说明定子绕组搭铁，需更换定子总成。

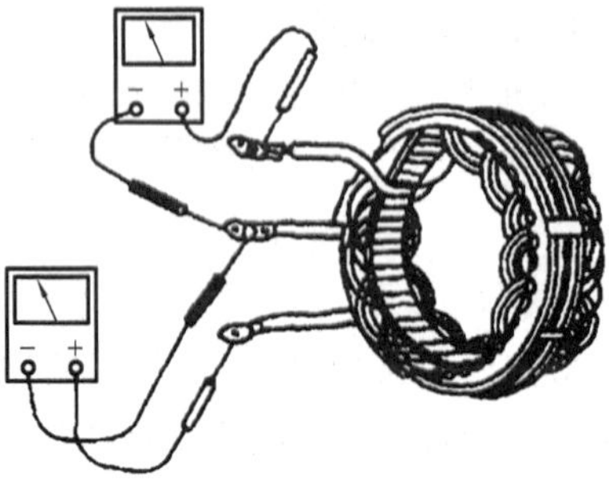

图 4.80 定子断路故障的检测

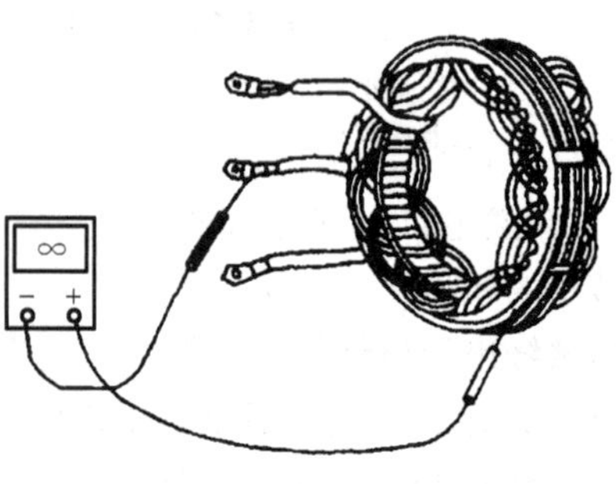

图 4.81 定子搭铁故障的检测

b. 定子绕组的短路故障检测　定子绕组短路很难用万用表检测，因为定子绕组的电阻值非常低。如果所有其他部件的检测均属正常，但发电机输出电压却很低，其原因可能是定子绕组匝间短路。有条件可在汽车上或试验台上用示波器检测发电机的输出波形，根据波形判断定子绕组是否有短路故障。

注意：无论定子绕组是断路、短路，还是搭铁，均需更换定子总成。

③ 整流器的检修。

a. 普通整流器的检测　如图 4.82 所示，将二极管的引线与其他连接分离，用指针式万用表的两个表笔分别接到二极管的引线与壳体上，测二极管的正向与反向电阻值。二极管的正向电阻标准值(见表 4.4)，反向电阻值应在 10k12 以上。若正、反向电阻值均为零，说明二极管短路；若正、反向电阻值均为"∞"，说明二极管断路。

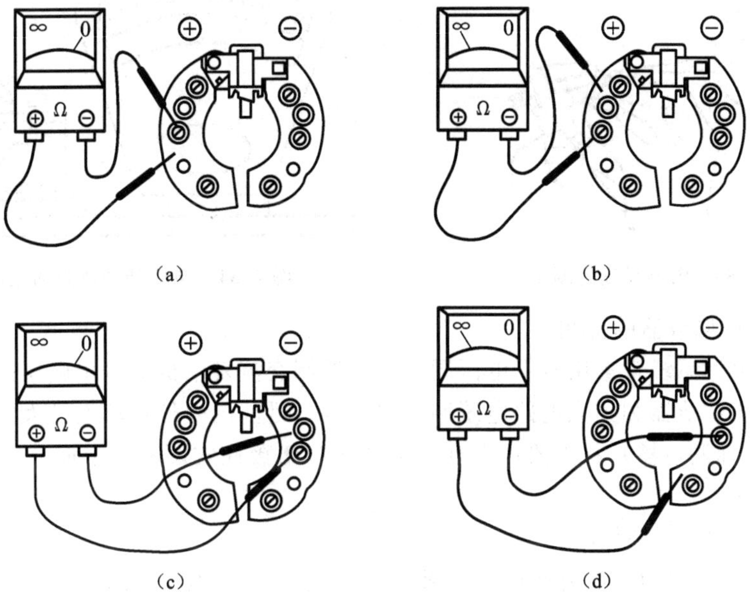

图 4.82　整流二极管的检测

(a) 检测正二极管的正向电阻值　(b) 检测正二极管的反向电阻值

(c) 检测负二极管的正向电阻值　(d) 检测负二极管的反向电阻值

表 4.4　二极管正向电阻值

万用表型号	MF500	MF47	MF18	MF30	MF14	MF12
二极管正向阻值/Ω	8～10	8～8.5	9	19～20	40～50	115～120

更换二极管需要在压床上进行，或在虎钳上使用专用工具，避免使用手锤敲击，以免损坏组件。

b. 整体结构的整流器检测　整体结构整流器的整流板和正、负硅二极管全部焊装在一起，不可分解，图 4.45 所示为本田汽车交流发电机的整流器。

检测正二极管时，应将指针式万用表的红表笔接 B，黑表笔依次接 P_1、P_2、P_3、P_4，均应导通；交换两表笔后再测，均应为"∞"，否则有正二极管损坏，需更换整流器总成。

检测负二极管时，应将指针式万用表的黑表笔接 E，红表笔依次接 P_1、P_2、P_3、P_4，均应导通；交换两表笔后再测，均应为"∞"，否则有负二极管损坏，需更换整流器总成。

值得注意的是，9 管和 11 管的整流器上还有 3 只励磁二极管，也需要检测，检测方法是将指针式万用表的红表笔接 B，黑表笔依次接励磁二极管的正极均应导通；交换两表笔后再测，均应为“∞”，否则有励磁二极管损坏，需更换整流器总成。

c. 电刷组件的检测　电刷和电刷架应无破损或裂纹，电刷在电刷架中应活动自如，不得出现卡滞现象。电刷露出电刷架部分的长度称电刷长度，电刷长度不应超出磨损极限(原长的 1/2)，否则应更换。电刷长度的测量如图 4.83 所示。

电刷弹簧压力应符合标准，一般为 2～3 N。将电刷压入电刷架使之露出部分约 2 mm，有经验者可凭感觉，无经验者用仪器检测，检测方法如图 4.84 所示，弹簧压力过小应更换。

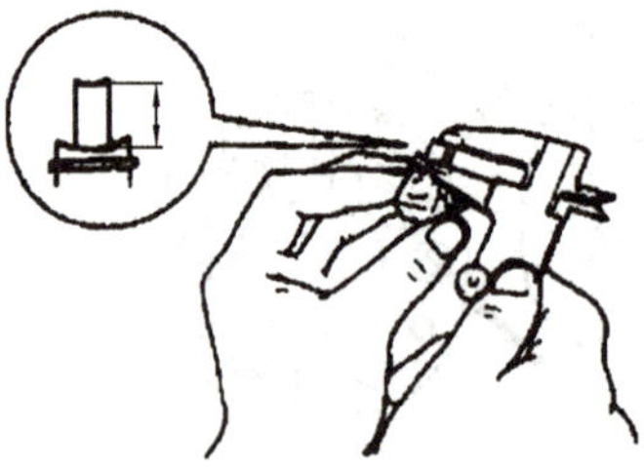

图 4.83　电刷长度的测量

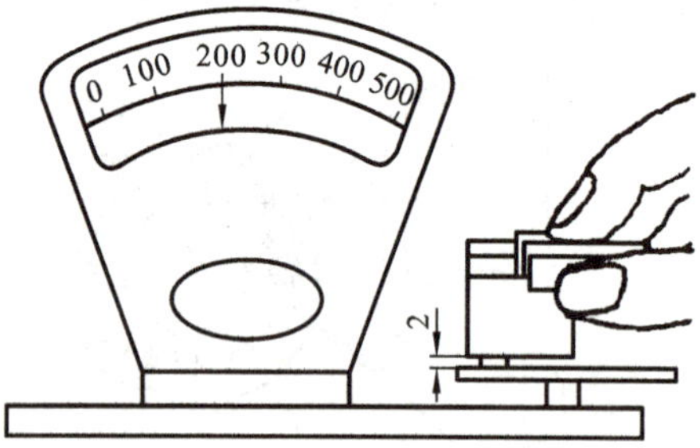

图 4.84　电刷弹簧压力的检测

2) 电子电压调节器的检测

现代汽车电源系统常采用电子电压调节器来控制交流发电机的输出电压。电子电压调节器分晶体管电压调节器和集成电路电压调节器两种。目前国内外轿车上已大量采用集成电路电压调节器(也称调节器)，其主要代表有三接柱式和四接柱式两种。下面介绍这两种类型调节器的检测方法。

(1) 晶体管调节器的检测。

① 晶体管调节器的搭铁类型检测　图 4.85(a)所示为晶体管调节器搭铁类型检测电路。检测时将可调直流电源正极接 B_+，负极接 E_-，将小灯泡一端接 F，另一端暂时悬空，电压调到 12 V(28 V 调节器调到 24 V)。

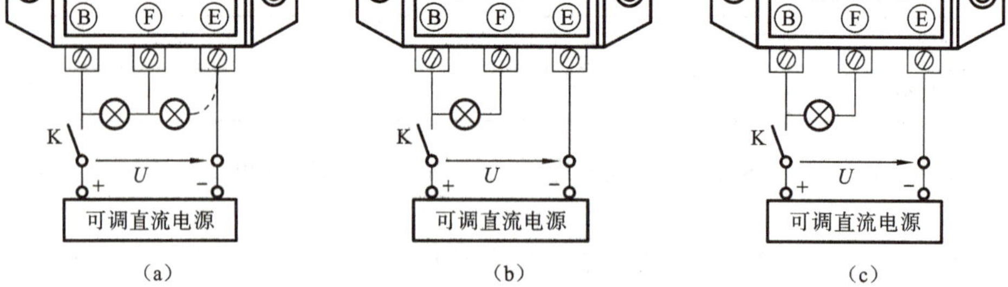

图 4.85　晶体管调节器检测

(a) 晶体管调节器搭铁类型检测　(b) 外搭铁型晶体管调节器检测　(c) 内搭铁型晶体管调节器检测

a. 将小灯泡悬空的一端搭在电源 B_+ 上，接通可调直流电源开关 K，若灯亮，调节器为外搭铁型。若灯不亮，断开可调直流电源开关 K。

b. 再将小灯泡悬空的一端搭在搭铁端 E_- 上，接通可调直流电源开关 K，若灯亮，调节器为内搭铁型。若两种情况下灯都不亮，表明接线有问题或调节器损坏。

② 晶体管调节器的好、坏检测。

a. 外搭铁型调节器好、坏检测　按图 4.85(b)所示接线，将可调直流电源正极接 B_+，负极接 E_-，将小灯泡一端接 F，另一端接 B_+，接通可调直流电源开关 K，然后逐渐调高电压，此时灯泡亮度也逐步增强，当电压升高到调节电压(14 V 调节器为 13.5～14.5 V，28 V 调节器为 27～29 V)若灯泡熄灭，调节器是好的，若灯泡始终发亮，调节器是坏的。

b. 内搭铁型调节器好、坏检测　按图 4.85(c)所示接线，将可调直流电源正极接 B_+，负极接 E_-，将小灯泡一端接 F，另一端接 E_-，接通可调直流电源开关 K，然后逐渐调高电压，此时灯泡亮度也逐步增强，当电压升高到调节电压(14 V 调节器为 13.5～14.5 V，28 V 调节器为 27～29 V)若灯泡熄灭，调节器是好的，若灯泡始终发亮，调节器是坏的。

(2) 集成电路(IC)电压调节器的检测　集成电路电压调节器的检测首先要搞清楚调节器电源接柱、搭铁接柱和检测信号输入接柱位置后，才能正确检测。图 4.86 为某车型集成电路电压调节器检测电路，其检测方法如下。

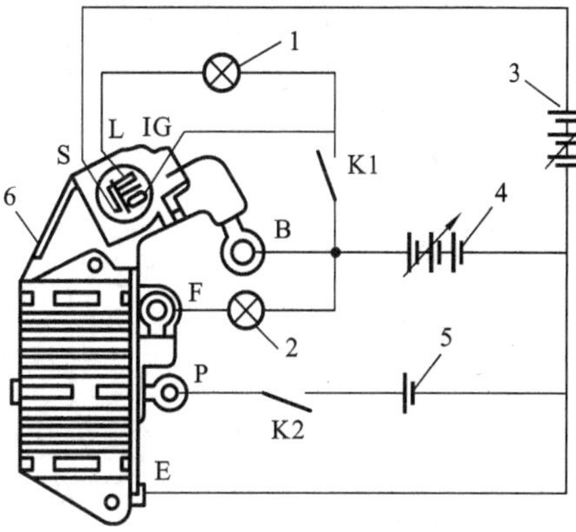

图 4.86　某车型集成电路电压调节器检测电路

1—试灯 1；2—试灯 2；3—可调直流电源 2；4—可调直流电源 1；5—6 V 蓄电池；6—电压调节器

a. 在调节器 B、S 与 E 端间各接 1 只(0～16 V)的可调直流电源 1 和可调直流电源 2；B 与 F 端间接 1 只 12 V/4 W 的直流灯泡 2(替代交流发电机励磁绕组)；在 L 与 IG 端间接 1 只 12 V/4 W 的仪表灯泡 1(替代充电指示灯)，并在 IG 与 B 端间接 1 只开关 K1。当开关 K1 闭合时，试灯 1、2 应点亮。

b. 在 P 与 E 端间接 1 只 6 V 蓄电池(模拟交流发电机发电时的相电压)和 1 只开关 K2，当开关 K2 闭合时试灯 2 应熄灭，当开关 K2 断开时试灯 2 应点亮。

c. 调节可调直流电源 1，当电压升高到 15.0～15.5 V 时试灯 2 应熄灭，当电压下降到 13.5 V 以下时试灯 2 应又点亮。若结果不符合上述要求(如试灯 2 始终亮或始终不亮)，表明调节器已损坏。

d. 调节可调直流电源 2，当电压下降到 13.5 V 以下时试灯 1 应又点亮。

分析图 4.71 (b)所示的夏利轿车 IC 调节器电路，应如何对其进行检测，画出接线图。

4. 充电系统电路及故障诊断

1) 上海帕萨特 B5 充电系统

(1) 电路图　图 4.87 所示为上海帕萨特 B5 充电系统的电路图。

(2) 工作原理　当启动发动机时(点火开关在点火位置或启动位置)，蓄电池电压通过中央接线盒→点火开关→组合仪表(通过充电指示灯)→发电机 D_+ 接线柱→励磁绕组→搭铁，充电指示灯亮，表示蓄电池对发电机励磁。

发动机启动后(怠速及以上转速运转时)，交流发电机应能正常发电，蓄电池电压仍通过上述电路加在充电系统指示灯上。同时，交流发电机通过端子 D_+ 也供给指示灯电压，故充电指示灯两侧电压相等，指示灯熄灭。

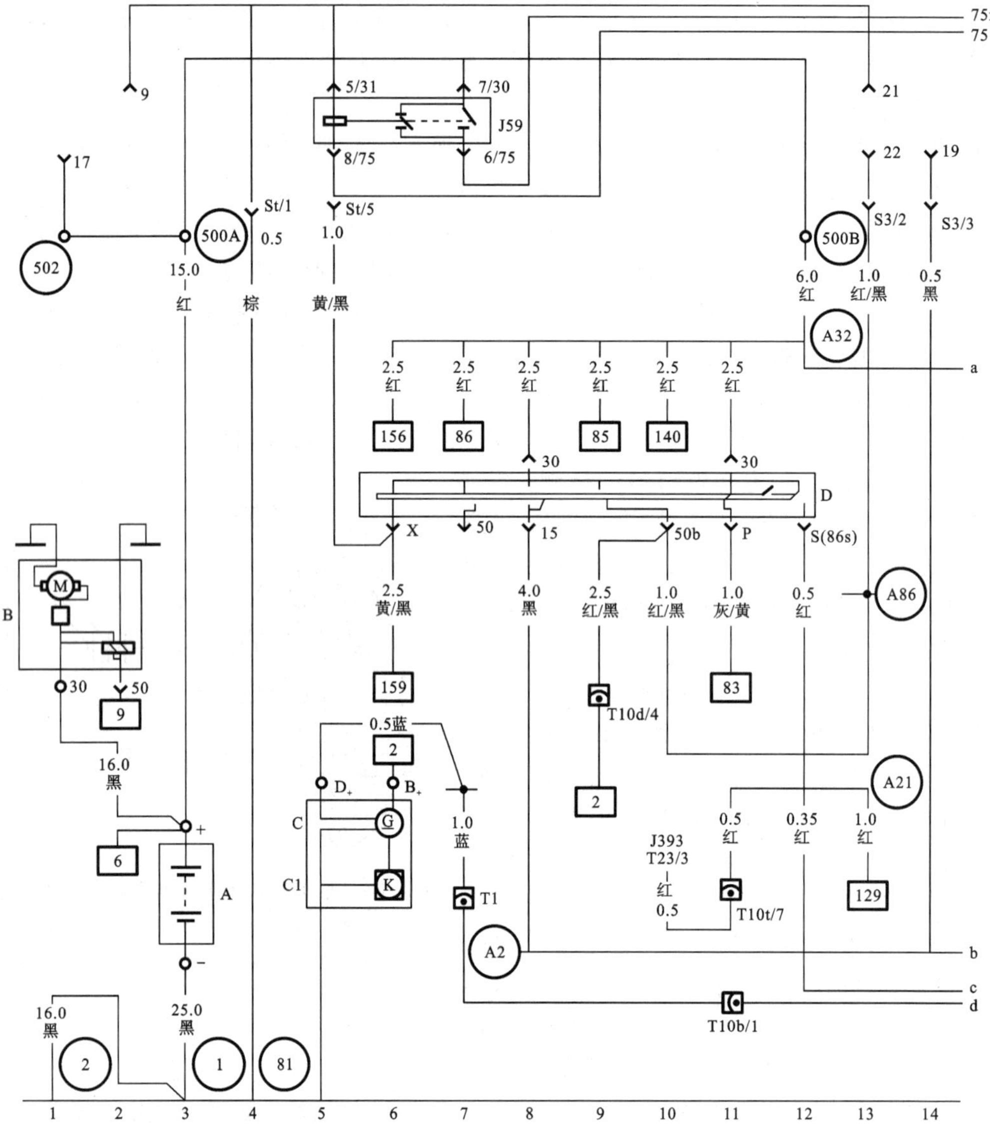

A2 —正极连接点（15，在仪表板线束内）

A21 —连接线（86S，在仪表板线束内）

A32 —正级连接线（30，在仪表板线束内）

A86 —连接线（50b，在仪表板线束内）

500A —螺栓连接点1（30c火线，在继电器板上）

500B —螺栓连接点1（30c火线，在继电器板上）

1 —搭铁点（蓄电池与车身）

2 —搭铁点（变速器与车身）

81 —搭铁连接点（在仪表板线束内）

502 —螺栓连接点3（30a火线，在继电器上）

图 4.87　上海帕萨特 B5 充电系统电路图

A—蓄电池；B—启动机；C—发电机；C1—调节器；J59—X 触点继电器；J393—舒适系统控制单元；
T1—1 针插头(蓝色，在发动机缸体的右侧)；T10d—10 针插头(棕色，在发动机室中控制单元防护罩内的左侧)；
T10f—10 针插头(蓝色，在左 A 柱处，6 号位)；T23—23 针插头(舒适系统控制单元的连接插头)

若发动机怠速及以上转速运转，充电系统指示灯仍亮，表示交流发电机充电不正常，需及时维修。

(3) 上海帕萨特 B5 充电系统故障检测与维修。

① 接通点火开关，充电指示灯不亮。

a. 可将发电机 D_+ 的蓝色导线的插接件拔下并搭铁，充电指示灯仍不亮，故障为：充电指示灯线路有断路，或充电指示灯本身坏。检查线路，排除故障。

b. 若将发电机 D_+ 的蓝色导线的插接件拔下并搭铁，充电指示灯仍不亮，可能的故障有：

蓝色导线与发电机 D_+ 接线柱接触不良，需重新接好；

发电机电刷损坏或磨损过短，需拆下发电机检测，更换发电机电刷组件；

发电机转子励磁绕组断路，需拆下发电机检测，更换发电机转子。

② 接通点火开关，发动机在怠速或更高转速时，充电指示灯不灭。

a. 停止发动机运转，可将发电机 D_+ 的蓝色导线的插接件拔下并悬空，接通点火开关，充电指示灯仍亮，故障为：充电指示灯线路有短路。检查线路，排除故障。

b. 若将发电机 D_+ 的蓝色导线的插接件拔下并悬空，接通点火开关，充电指示灯熄灭，可能的故障有：

电压调节器损坏；

发电机定子绕组损坏导致发电机不发电；

电刷磨损或电刷弹簧损坏导致发电机不发电。

c. 维修方法：逐项检查后，修理或更换有关损坏零部件。

③ 发电机发电量不足，故障现象是用电量大时输出电压降低。

a. 可能的原因有：

传动带打滑；

电刷和滑环接触不良；

整流器短路或断路；

输出导线与发电机的连接接触不良或导线内阻增大，造成压降过大。

b. 维修方法：检查与调整发电机传动带张紧度。发动机熄火后，在曲轴带轮与发电机带轮中间位置，以拇指向下压传动带，最大挠度应小于 5 mm。如超过此值，需旋松调整支架上的调整螺栓，张紧传动带后再旋紧螺栓，复查张紧度是否达到规定值，如符合，即以 35 N·m 的力矩拧紧调整螺栓。

修理或更换损坏的零部件，包括电缆；紧固各导线的连接部位，如接线柱。

④ 发电机异常声响，可能原因有：

传动带磨损或过松，更换或张紧；

发电机轴承或电刷损坏，更换；

转子与定子铁芯在运转时碰撞，分解发电机，查找原因。

2) 广州本田充电系统

(1) 电路图　广州本田雅阁轿车充电系统电路图如图 4.88 所示。

(2) 工作原理　在发动机启动前，首次将点火开关转至“RUN”位置时，蓄电池电压通过熔丝 NO. 4 加到充电系统指示灯上。该指示灯通过交流发电机的端子 L 搭铁，此时充电系统指示灯亮。

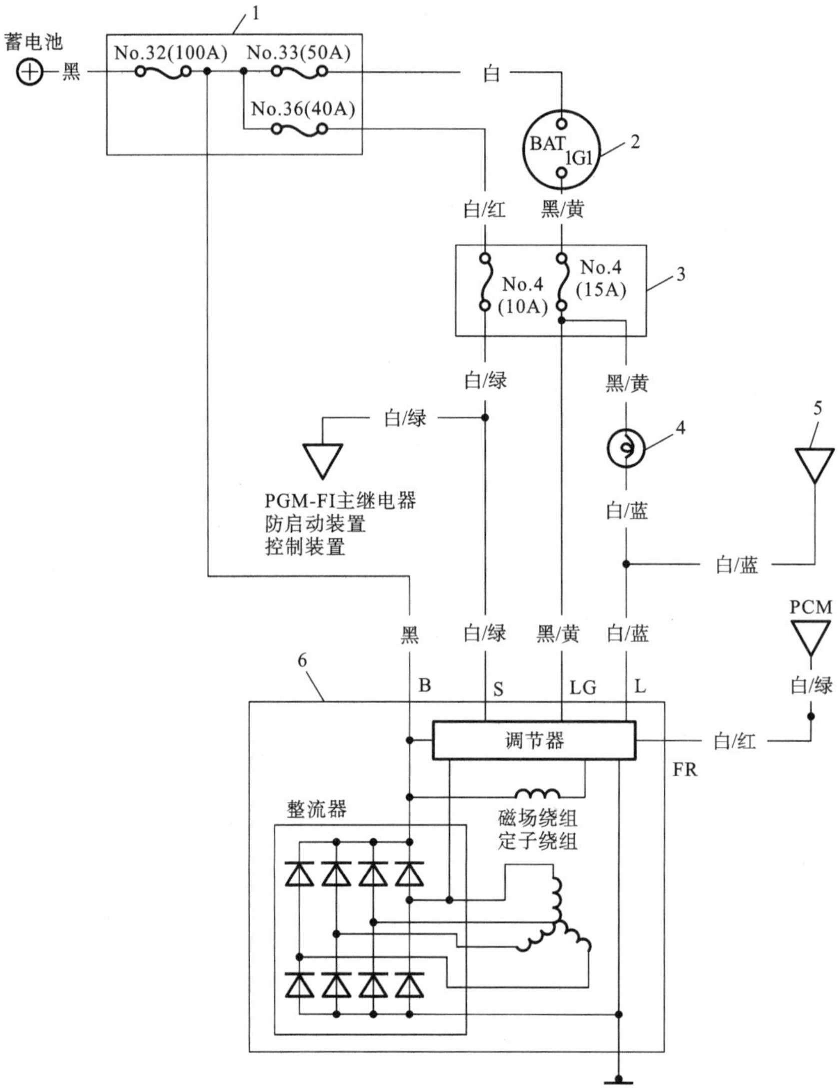

图 4.88　广州本田雅阁轿车充电系统电路图

1—发动机盖下熔丝/断电器盒；2—点火开关；3—驾驶席侧仪表板下熔丝/继电器盒；

4—充电系统指示灯(1.4 W)；5—ABS控制装置集成 TED 控制装置；6—交流发电机

当发动机以怠速及以上转速运转时，若交流发电机工作正常，蓄电池电压仍通过熔丝 NO.4 加在充电系统指示灯上，同时，交流发电机通过端子 L 也供给指示灯电压，故充电系统指示灯两侧电压相等，指示灯熄灭。

若发动机运转后，交流发电机未对蓄电池充电时，充电系统指示灯通过交流发电机(端子 L)接搭铁，此时，充电系统指示灯亮，警示驾驶员交流发电机充电不正常。

电负载检测仪测量充电系统总的电负载后，向发动机 ECU 发送信号，然后由发动机 ECU 控制电压调节器。当电负载较低时，交流发电机的励磁绕组断开，以减少发动机的机械负载，并提高燃油经济性。

(3) 充电系统故障检测。

充电指示灯电路故障检测流程如图 4.89 所示。

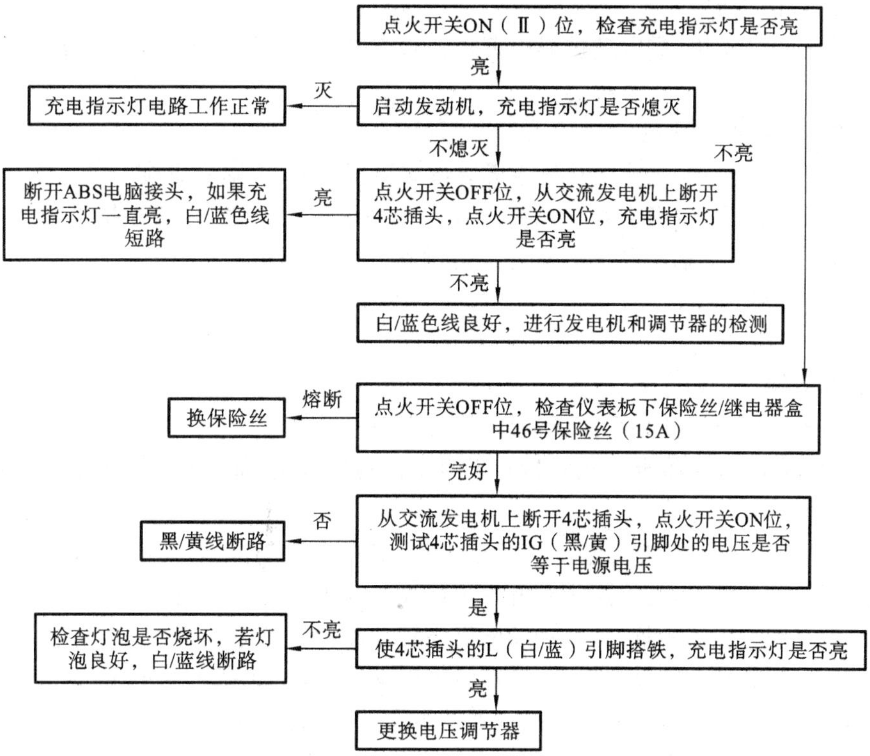

图 4.89　充电指示灯电路故障检测流程

3）充电系统使用注意事项

交流发电机与调节器的结构简单，维护方便，若正确使用，不仅故障少而且寿命长。若使用不当，则会很快损坏。因此在使用和维护中应注意以下几点。

（1）蓄电池的极性必须是负极搭铁，不能接反，否则会烧坏发电机或调节器的电子元件。

（2）发电机与蓄电池之间的连接要牢靠，如突然断开，会产生过电压损坏发电机或调节器的电子元件。

（3）发电机运转时，不能用试火的方法检查发电机是否发电，否则会烧坏整流二极管。

（4）一旦发现交流发电机或调节器有故障，应立即检修，及时排除故障，否则会引起更大故障或蓄电池亏电，致使汽车不能行驶。

（5）为交流发电机配用调节器时，交流发电机的电压等级必须与调节器电压等级相同，交流发电机的搭铁类型必须与调节器搭铁类型相同，调节器的功率不得小于发电机的功率，否则系统不能正常工作。

（6）线路连接必须正确，目前各种车型调节器的安装位置及接线方式各不相同，故接线时要特别注意。

（7）调节器必须受点火开关控制，发电机停止转动时应将点火开关断开，否则会使发电机的磁场电路一直处于接通状态，不但会烧坏励磁绕组，而且会引起蓄电池亏电。

（8）当发现发电机或调节器有故障需要从车上拆下来检修时，首先关断点火开关及一切用电设备，拆下蓄电池负极电缆线，再拆卸发电机上的导线接头。

4）充电系统的维护

交流发电机在使用中，应定期进行以下检查和维护，才能保证充电系统正常工作，减少故障，延长各部件的使用寿命。

(1) 检查发电机驱动皮带。

检查驱动皮带的外观：用肉眼观看应无裂纹或磨损现象，否则应更换。

检查驱动皮带的挠度：用 100 N 的力压在带的两个传动轮之间，新带挠度为 5～10 mm，旧带挠度为 7～14 mm。若不符合要求应及时调整。

(2) 检查导线的连接。

接线是否正确。

接线是否牢靠。

发电机输出端接线螺丝必须加弹簧垫，防止松动。

(3) 检查运转时有无噪声　经常检查发电机的运转情况，如有噪声，应及时查明原因，排除故障。

(4) 检查发电机是否正常发电　观察充电指示灯的熄灭情况：若充电指示灯一直亮着，说明发电机或调节器有故障，也可能是充电指示灯线路有故障，应及时维修。

用万用表直流电压挡测量电压：在发电机未转动时测量蓄电池端电压，并记录下来；启动发动机并将转速提高到怠速以上转速，测量蓄电池端电压，若能高于原记录，说明发电机能发电，若测量电压一直不上升，说明发电机或调节器有故障，应及时维修。

(5) 检查蓄电池是否有过充电现象　提高发电机转速到 2000 r/min，用万用表直流电压挡测量蓄电池的端电压，应在规定值范围内，若高于规定值，会引起蓄电池过充电，说明发电机的调节器有故障，应及时维修和更换。

学习情境5 启动机不工作

学习目标

1. 知识目标

- 掌握启动机的组成及各部件的作用。
- 了解启动机的型号。
- 掌握启动机的构造及工作原理。
- 掌握启动系统的使用及维护事项。
- 掌握不同启动机的控制电路。

2. 能力目标

- 能够对启动机进行拆装检查。
- 能够对启动机的性能进行检测。
- 能够对启动机常见故障进行诊断与排除。

职业情境描述

客户王先生反映:启动发动机时,拧动车钥匙,启动声音不明显,有时启动声音断断续续,有时甚至听不到启动声音,感觉启动机动力下降。

经维修技师检查判断为启动系统故障。你作为未来的维修人员,现需对相关部件检查,根据维修手册相关要求,在规定时间(参照维修资料)内完成启动系统的检查与零部件的更换,完成后,交付维修车间的主管验收。

工作任务1 启动机的组成与认识

1. 启动系统的组成及作用

启动系统由蓄电池、启动机和启动控制电路等组成,如图5.1所示。启动控制电路包括启动按钮或开关、启动继电器等。

启动机的作用是启动发动机,发动机启动之后,启动机便停止工作。发动机常用的启动方式有人力启动、辅助汽油机启动和电力启动机启动。电力启动机启动方式是由直流电动机通过传动机构将发动机启动,具有操作简单、体积小、重量轻、安全可靠、启动迅速并可重复启动等优点,基于上述原因,汽车上采用了直流(DC)电动机。一般将这种电力启动机简称为启动机。启动机均安装在汽车发动机飞轮壳前端的座孔上,用螺栓紧固。

用于启动发动机的第一个步骤是转动发动机曲轴,使发动机进入初始燃烧周期。所以启

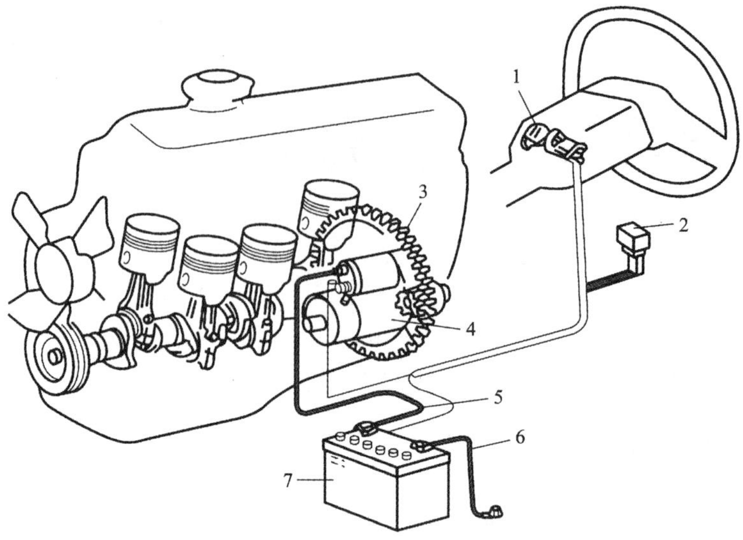

图 5.1　启动系统的组成

1—点火开关；2—启动继电器；3—飞轮；4—启动机；5—启动机电缆；6—搭铁电缆；7—蓄电池

动机必须能将发动机转动至初始燃烧所需的最低转速。启动发动机所需的曲轴最低回转速度，根据发动机的结构和运作状况的不同而各异。但汽油发动机一般要求曲轴最低转速达到 40～60 r/min，柴油发动机一般要求达到 80～100 r/min。

如曲轴最低转速已达到规定值，发动机仍不能启动，则故障有可能发生在进气、供油或点火等系统，例如：温度太低。在汽油发动机中，气缸温度太低，也会阻碍燃油气化：在柴油发动机中，气缸内所压缩空气的温度不达到规定值，燃油就不能点火。此外，启动机转速越低，对蓄电池电流的需求量越大。由于启动机的这一特点，在曲轴初始转动阶段，蓄电池由于其两端电压大幅度下降，便有可能不能将足够的电流输至点火装置（汽油发动机）。如果发生这种情况，由于点火线圈的初级绕组不能产生足够的电压，输至火花塞的次级电压也不足，从而造成点火性能不良。

2. 启动机的种类及型号

1）启动机的种类

启动机有多种结构形式，现以不同的分类方式予以概括。

（1）按电动机磁场产生的方式分类。

① 励磁式启动机　励磁式启动机所用的直流电动机的磁极有励磁绕组，通过向直流电动机的磁极绕组通入电流产生磁场。目前汽车上所使用的启动机大都属于此种类型。

② 永磁式启动机　永磁式启动机所用的直流电动机的磁极用永久磁铁制成，磁极无励磁绕组，也无需通入电流。永磁式启动机目前在汽车上应用较少。

（2）按启动时启动机的操纵方式分类。

① 直接操纵式启动机　启动时，由驾驶员脚踏启动踏板或手拉启动拉杆直接操纵拨叉，拨动启动机驱动齿轮轴向移动而与飞轮齿圈啮合，并通过操纵杆上的顶压螺钉推动开关接触盘与触点接触以接通启动机电路。直接操纵式启动机使发动机的布置受到局限，并且启动操作比较麻烦，现已淘汰。

② 电磁操纵式启动机　启动时，由驾驶员通过启动开关使电磁开关通电，电磁开关通电

后产生的电磁力控制驱动齿轮啮入飞轮齿圈和接通启动机电路。电磁操纵式启动机可使发动机的布置不受局限，且工作可靠、操纵简单，现已普遍采用。

(3) 按驱动齿轮啮入方式分类。

① 惯性啮合式　启动时，依靠驱动齿轮自身旋转的惯性力啮入飞轮齿圈。惯性啮合方式结构简单，但工作可靠性较差，现很少采用。

② 电枢移动式　启动时，依靠磁极产生的电磁力吸引电枢轴向移动，并带动固定在电枢轴上驱动齿轮啮入飞轮齿圈。电枢移动式启动机其结构比较复杂，主要用于欧洲国家生产的柴油车上。

③ 磁极移动式　启动时，依靠磁极产生的磁力使其中的活动铁芯移动，并带动驱动齿轮啮入飞轮齿圈。磁极移动式启动机其磁极的结构比较复杂，这种结构形式的启动机在汽车上使用较少。

④ 齿轮移动式　启动时，由电磁开关推动电枢轴孔内的啮合杆，使驱动齿轮啮入飞轮齿圈。齿轮移动式其结构也比较复杂，采用此种结构的一般为大功率的启动机。

⑤ 强制啮合式　启动时，依靠人力(现已被淘汰)或电磁开关所产生的电磁力推动拨叉，将驱动齿轮直接推入飞轮齿圈。强制啮合式启动机工作可靠，结构也不复杂，因而使用最为广泛。

(4) 按传动机构结构分类。

① 普通启动机　启动机的电动机与驱动齿轮之间直接通过单向离合器连接，其传动比为1。普通启动机的传动机构比较简单，是汽车启动机传统的结构形式。

② 减速启动机　在启动电动机与驱动齿轮之间除有单向离合器外，还增设了一组减速齿轮。减速启动机也是靠电磁吸力推动单向离合器使小齿轮齿入飞轮齿环的。减速启动机的结构特点是在电枢和驱动齿轮之间装有一级减速齿轮(一般速比为 3～4)，它的优点是：可采用小型高速低转矩的电动机，使启动机的体积减小，重量减少约 35%，并便于安装；提高了启动机的启动转矩，有利于发动机的启动；电枢轴较短，不易弯曲；减速齿轮的结构简单、效率高，保证了良好的机械性能，同时拆装修理方便。

2) 启动机型号

根据中华人民共和国行业标准《汽车电气设备产品型号编制方法》(QC/T 73—1993)规定，启动机的型号如下。

(1) 产品代号：启动机的产品代号 QD、QDJ、QDY 分别表示启动机、减速启动机及永磁启动机。

(2) 电压等级代号：1～12 V；2～24 V。

(3) 功率等级代号：其含义见表 5.1。

表 5.1　功率等级代号的含义

功率等级代号	1	2	3	4	5	6	7	8	9
功率/kW	～1	>1～2	>2～3	>3～4	>4～5	>5～6	>6～7	>7～8	>8～9

(4) 设计序号。

(5) 变形代号。

例如：QD132 表示额定电压为 12 V，功率为 2～3 kW，第 2 次设计的启动机。

例如：QDY125 表示额定电压为 12 V，功率为 1～2 kW，第 5 次设计的永磁启动机。

工作任务 2　启动机的拆装与检修

1. 启动机的结构与工作原理

启动机一般是由直流电动机、传动机构和控制装置(也称电磁开关)3 个部分组成。

(1) 直流电动机　其作用是将蓄电池输入的电能转换为驱动发动机转动的机械动力(电磁转矩)。直流电动机有几种类型,根据励磁绕组与电枢绕组间的连接方法各有不同,电动机分为串激电动机、并激电动机和复激电动机。

(2) 传动机构　用于将电动机所产生的电磁转矩传递给发动机飞轮,并在发动机启动后自动断开发动机向启动机的逆向动力传递。

(3) 控制装置(电磁开关)　用于控制启动机驱动齿轮与发动机飞轮的啮合与分离,同时控制电动机电路的通断;某些汽油发动机的启动机,其电磁开关还兼有在启动时短路点火线圈附加电阻的作用。

1) 常规启动机的结构与工作原理

常规启动机由磁性开关、串励直流电动机、传动杆、小齿轮、启动离合器等零件构成,如图 5.2 所示。小齿轮与电枢装在同一条轴上,与电枢同速运转。连在磁性开关铁芯上的传动杆推动小齿轮,使其与齿圈啮合。

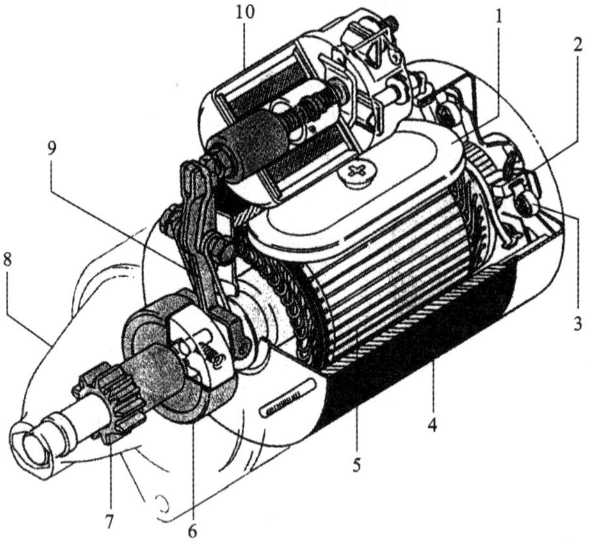

图 5.2　常规启动机的组成

1—励磁绕组;2—电刷;3—电刷弹簧;4—轭铁;5—电枢;6—启动机离合器;
7—小齿轮;8—驱动机构外壳;9—传动杆;10—磁性开关

(1) 串激直流电动机。

① 串激直流电动机的结构组成　电动机的作用是将蓄电池输入的电能转换为机械能,产生电磁转矩。串激是指磁场绕组与电枢绕组串联后激磁。直流电动机由磁极、电枢、换向器和端盖组成,如图 5.3 所示。

磁极的作用是产生电枢转动时所需要的磁场,它由固定在机壳上的磁极铁芯和磁场绕组

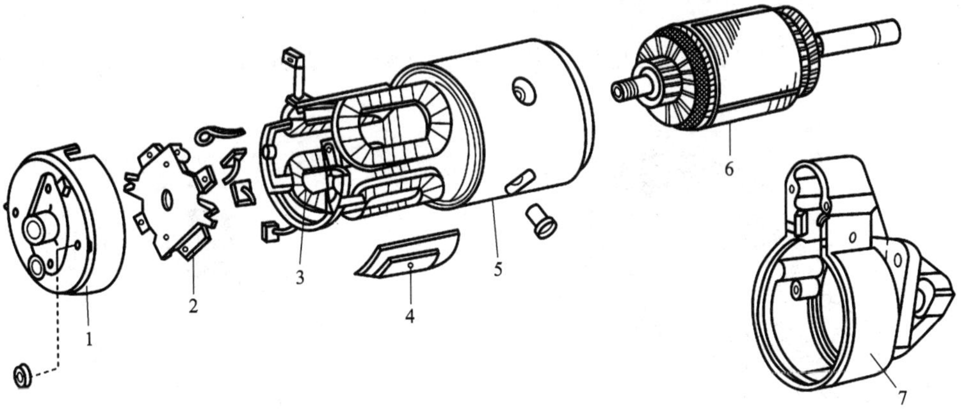

图 5.3　串激直流电动机

1—端盖；2—电刷和刷架；3—磁场绕组；4—磁极铁芯；5—机壳；6—电枢；7—后端盖

组成，见图 5.4。图 5.5 所示为励磁绕组的内部电路连接方法，励磁绕组一端接在外壳的绝缘接线柱上，另一端与两个非搭铁电刷相连。

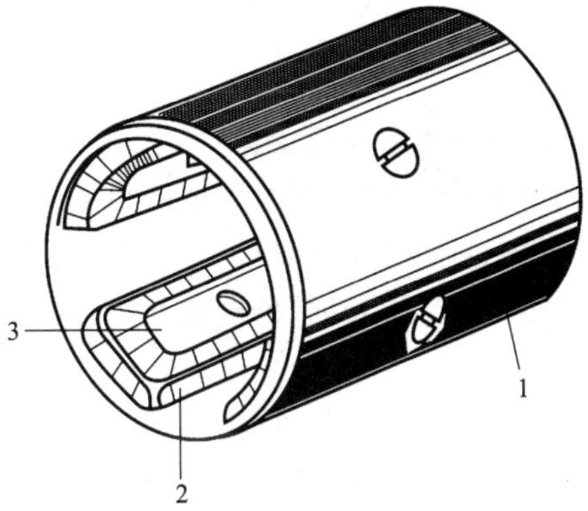

图 5.4　磁极

1—外壳；2—励磁绕组；3—磁极铁芯

图 5.6 为电枢总成，电枢是电动机中的旋转部件，由电枢铁芯、电枢绕组、换向器等零件构成，磁场绕组和电枢绕组一般采用矩形断面的裸铜线绕制，而换向器装在电枢轴上，它由许多换向片组成，换向片嵌装在轴套上，各换向器之间均用云母绝缘。当受到电枢绕组和励磁绕组所产生的磁场相互作用时，电枢便会转动。

电刷和换向器配合使用，它主要用来连接磁场绕组和电枢绕组的电路，并使电枢轴上的电磁力矩

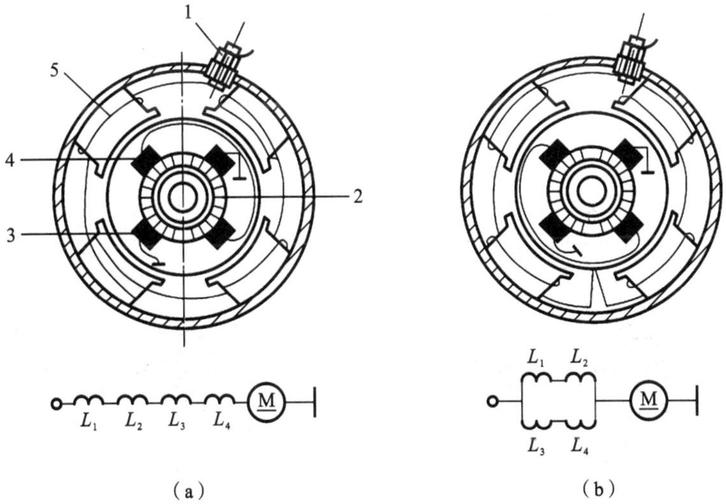

图 5.5　励磁绕组的接法

(a) 四个绕组相互串联　(b) 两个绕组串联后并联

1—接线柱；2—转向器；3—负电刷；4—正电刷；5—励磁绕组

保持固定方向。

电刷装在端盖上的电刷架中，电刷弹簧使电刷与换向片之间具有适当的压力，以保持配合，如图 5.7 所示。

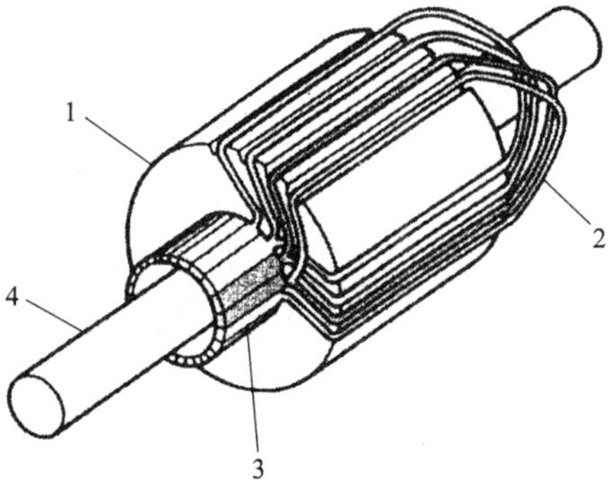

图 5.6　电枢总成

1—电枢铁芯；2—电枢绕组；3—换向器；4—电枢轴

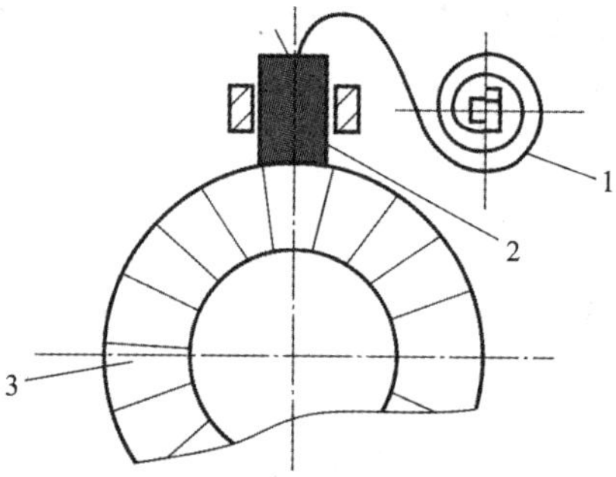

图 5.7　电刷及电刷架组合

1—盘形弹簧；2—电刷；3—换向器

以四磁极电动机为例，其中两个电刷与机壳绝缘，电流通过这两个电刷进入电枢绕组，另外两个为搭铁电刷，通过电枢绕组的电流通过这两个电刷搭铁。

机壳是电动机的磁极和电枢的安装机体，其中一端有 4 个检查窗口，便于进行电刷和换向器的维护，同时启动机的电磁开关也安装在机壳上，其上有一绝缘接线端，是电动机电流的引入线。

(2) 串激直流电动机工作原理。

① 电磁转矩的产生　串激直流电动机是根据带电导体在磁场中受到电磁力作用的原理制成的，其工作原理如图 5.8 所示。电动机工作时，电流通过电刷和换向片流入电枢绕组。如图 5.8(a)所示，换向片 A 与正电刷接触，绕组中的电流从 $a \to d$，根据左手定则判定，绕组匝边 ab、cd 均受到电磁力 F 的作用，由此产生逆时针方向的电磁转矩 M 使电枢转动；当电枢转动置换向片 A 与负电刷接触，换向片 B 与正电刷接触时，电流改为从 $d \to a$(见图 5.8(b))，但电磁转矩的方向仍保持不变，使电枢按逆时针方向继续转动。

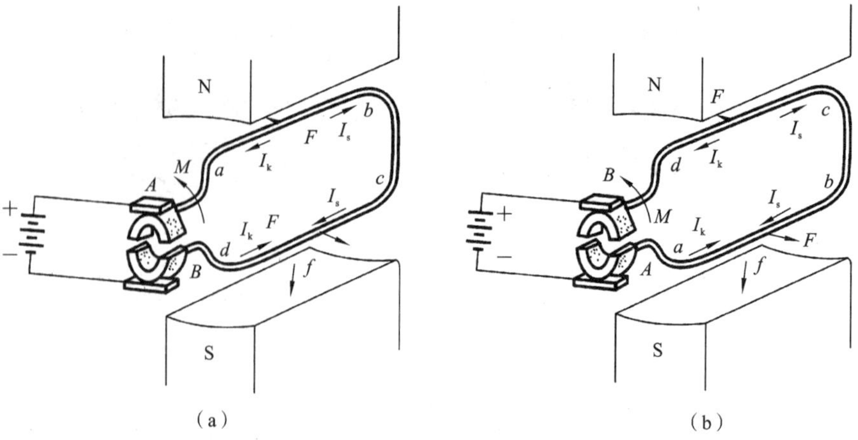

图 5.8　串激直流电动机的工作原理

由此可见，直流电动机的换向器将电源提供的直流电转换成电枢绕组所需的交流电，以保证电枢所产生的电磁力矩的方向保持不变，使其产生定向转动。实际的直流电动机为了产生足够大且转速稳定的电磁力矩，其电枢上绕有很多组绕组，换向器的铜片也随其相应增加。

② 直流电动机的工作特性　电动机中电流越大，电动机产生的扭矩越大。电动机的转速越高，电枢绕组中产生的反电动势就越大，电流也随之下降。启动机在初始启动期间和启动期间各项指标的比较见表5.2。

表5.2　启动机不同阶段各项指标比较

阶段 项目	初始启动期间	正常启动期间
电动机速度	较低	较高
电动机电流	较大	较小
电动机产生的扭矩	较大	较小
电枢中的反向电动势	较小	较大

直流串激电动机的力矩 M、转速 n 和功率 P 随电枢电流变化的规律，称为直流串激电动机的特性。启动机特性曲线如图5.9所示，其中 M、n 和 P 分别代表力矩特性、转速特性和功率特性。

结合表5.2和图5.9可知，在启动机的启动瞬间，电枢转速为零，电枢电流达到最大值，力矩也相应达到最大值。使发动机的启动变得很容易。这就是汽车启动机采用串激式电动机的主要原因。

串激式电动机在输出力矩大时，电枢电流也大，电动机转速随电流的增加而急剧下降；反之，在输出力矩较小时，电动机转速又随电枢电流的减小而很快上升。串激式电动机具有轻载转速高，重载转速低的特性，对保证启动安全可靠是非常有利的，是汽车上采用串激式电动机的一个重要原因。串激式电动机的功率 P 可表示为

$$P=\frac{Mn}{9550}$$

式中：M——电枢轴上的力矩(N·m)；

n——电枢转速(r/min)。

电动机完全制动时，转速和输出功率为零，力矩达到最大值。空载时电流最小，转速最高，输出功率也为零。当电枢电流接近制动电流一半时，电动机输出功率最大。在实际使用中，影响启动机功率的因素较多，必须对启动机进行正确保养。影响因素主要有以下几个。

a. 接触电阻和导线电阻的影响　电刷与换向器接触不良、电刷弹簧张力减弱，以及导线与蓄电池接线柱连接不牢，都会使电阻值增加；导线过长及导线截面积过小也会造成较大的电压降：启动机工作时电流特别大；这些都会使启动机功率减小。因此，必须保证电刷与换向器接触良好，导线接头牢固，并尽可能缩短蓄电池至启动机的导线，以及蓄电池搭铁线的长度，选用截面积足够大的导线，以保证启动机的正常工作。

b. 蓄电池容量的影响　蓄电池容量越小，其内阻值越大，内阻上的电压降也越大，因而供给启动机的电压降低，也会使启动机功率减小。

c. 温度的影响　当温度降低时，由于蓄电池电解液黏度增大，内阻值增加，会使蓄电池容量和端电压急剧下降，启动机功率将会显著降低。因此，冬季应对蓄电池采取有效的保温措

施，例如不要将汽车停在户外过夜等。

(3) 传动机构。

传动机构一般由驱动齿轮、单向离合器、拨叉、啮合弹簧等组成，其作用是把直流电动机产生转矩传递给飞轮齿圈，再通过飞轮齿圈把转矩传递给发动机的曲轴，使发动机启动；但是发动机一旦启动，便会迫使启动机以远远超出其设计能力的高速运转，这便会损坏启动电动机。所以发动机启动后，依靠单向离合器使飞轮齿圈与驱动齿轮自动脱离。

单向离合器有滚柱式、摩擦片式、弹簧式等几种类型。其中，滚柱式单向离合器是最常用的，下面就以滚柱式单向离合器为例，介绍其结构和工作原理。

① 滚柱式单向离合器的结构　如图 5.9 所示，滚柱式单向离合器的驱动齿轮与外壳制成一体，外壳内装有“十”字块和 4 套滚柱、压帽和弹簧。“十”字块与花键套筒固定连接，壳底与外壳相互扣合密封。

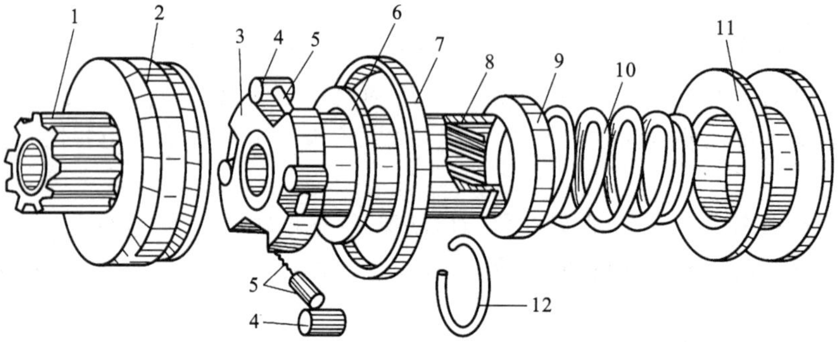

图 5.9　滚柱式单向离合器的结构

1—驱动齿轮；2—外壳；3—“十”字块；4—滚柱；5—弹簧；6—垫圈；
7—护盖；8—花键套筒；9—弹簧座；10—啮合弹簧；11—拨环；12—卡簧

花键套筒的外面装有啮合弹簧及衬圈，末端安装拨环和卡圈。整个离合器总成套装在电动机轴的花键部位上，可做轴向移动和随轴转动。在外壳与“十”字块之间，形成 4 个宽窄不等的楔形槽，每个槽内装有 1 套滚柱、压帽及弹簧。滚柱的直径略大于楔形槽窄端，略小于楔形槽的宽端。

② 工作原理　滚柱式单向离合器受力分析如图 5.10 所示，当启动机电枢旋转时，转矩经套筒带动“十”字块旋转，滚柱滚入楔形槽窄端，将“十”字块与外壳卡紧，使“十”字块与外壳之间能传递力矩，见图 5.10(a)；发动机启动以后，飞轮齿圈会带动驱动齿轮旋转。当转速超过电枢转速时，滚柱滚入宽端打滑，这样发动机的力矩就不会传递至启动机，起到保护启动机的作用，见图 5.10(b)。

③ 控制装置(电磁开关)　控制装置在启动机上称为电磁开关，它的作用是控制驱动齿轮与飞轮齿圈的啮合与分离，并控制电动机电路的接通与切断。在现代汽车上，启动机均采用电磁式控制电路，电磁式控制装置是利用电磁开关的电磁力操纵拨叉，使驱动齿轮与飞轮啮合或分离。

a. 电磁开关的组成　图 5.11 所示为电磁开关的结构。电磁开关主要由吸引绕组、保持绕组、复位弹簧、活动铁芯，接触片等组成。其中，端子 C 接点火开关，通过点火开关再接电源；端子 30 直接接电源。

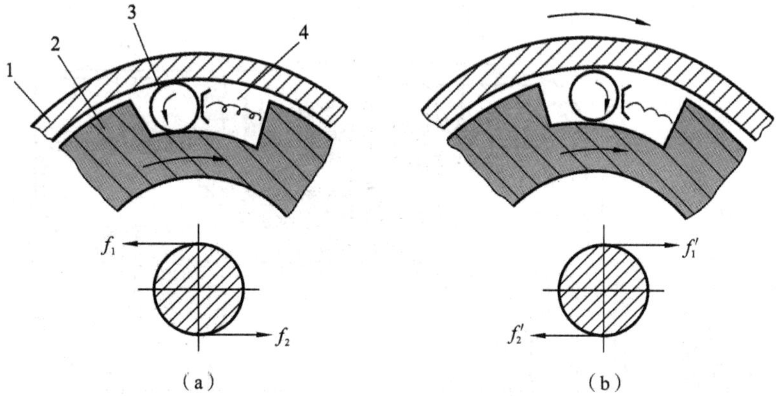

图 5.10　滚柱的受力及作用

(a) 启动时　(b) 启动后

1—外壳;2—“十”字块;3—滚柱;4—压帽及弹簧

b. 基本工作过程　电磁开关的工作过程要结合电路进行分析,此处不对其进行单独的分析。下面以丰田 AE 系列轿车启动机为例,讲述其工作过程。

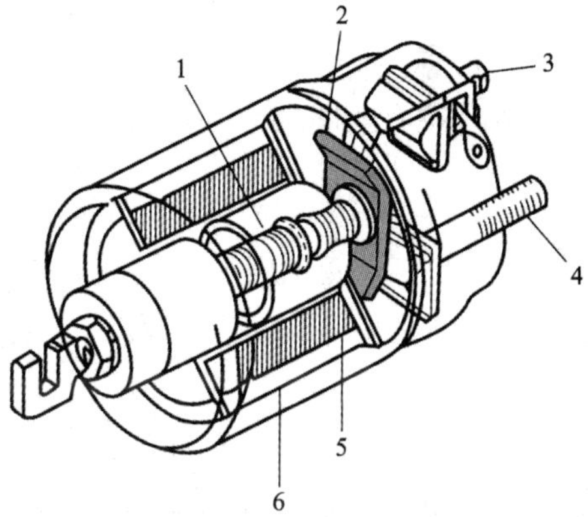

图 5.11　电磁开关的结构

1—复位弹簧;2—接触片;3—端子 30;4—端子 C;5—吸引绕组;6—保持绕组

当点火开关位于启动挡位置时,电流的流向为:蓄电池“＋”→点火开关启动开关→端子 50→保持绕组→搭铁。同时吸引绕组中也通过电流,方向为:蓄电池性“＋”→点火开关→端子 50→吸引绕组→端子 C→励磁绕组→电枢→搭铁。此时,由于吸引绕组和励磁绕组中的电流非常小,电动机低速运转。同时,吸引绕组和保持绕组中产生的磁场吸引活动铁芯向右运动,克服复位弹簧的作用力,拉动拨叉向左运动,拨叉使离合器的小齿轮向左与飞轮的齿圈啮合。这个过程电动机的转速低,可以保证齿轮之间平顺啮合,如图 5.12 所示。

当小齿轮和飞轮齿圈完全啮合以后(见图 5.13),与活动铁芯连在一起的接触片向右运动,与端子 30 及端子 C 接触,从而接通了主开关,通过启动机的电流增大,启动机的转速升高。而电枢轴上的螺纹使小齿轮和飞轮齿圈更加牢固的啮合,此时,吸引绕组两端的电压相等,所以无电流通过。保持绕组产生的磁场力使活动铁芯保持在原位不动,此时的电流方向分别为:蓄电池“＋”→点火开关启动开关→端子 50→保持绕组→搭铁;蓄电池“＋”→端子 30 接触片→端子 C→励磁绕组→电枢绕组→搭铁。

发动机启动以后,点火开关会从“ START”挡回到“ON”挡,这就切断了端子 50 上的电压。这时接触片和端子 30 及端子 G 仍保持接触。如图 5.14 所示,电路中的电流为:蓄电池“＋”→端子 30→接触片→端子 C_{-+}吸引绕组→保持绕组→搭铁;同时,电流还经过端子 C→励磁绕组→电枢→搭铁。由于此时吸引绕组和保持绕组的电流方向相反,产生的磁场力相互抵消,在复位弹簧的作用下,活动铁芯向左运动,使得小齿轮与飞轮齿圈脱离,同时,接触片和两个端子断开,切断启动机中的电流,整个启动过程结束。

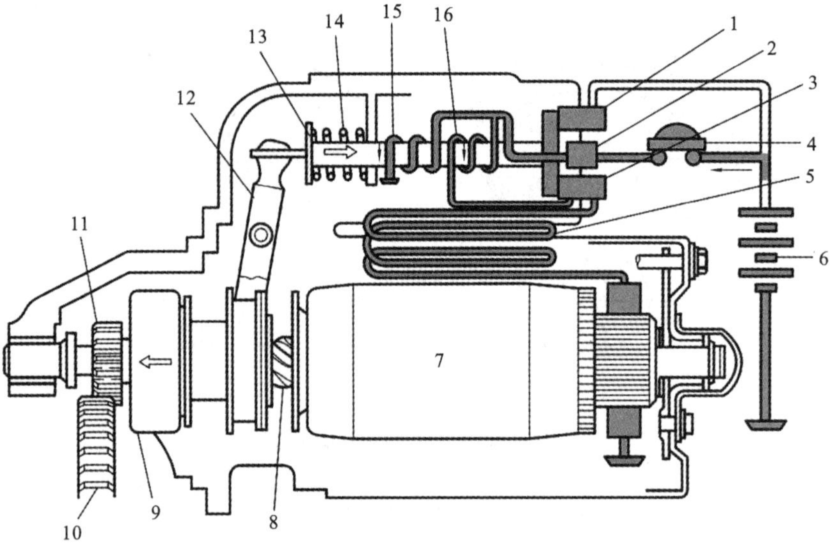

图 5.12　点火开关的启动位置

1—端子 30;2—端子 50;3—端子 C;4—点火开关;5—励磁绕组;6—蓄电池;7—电枢;8—螺纹花键;
9—离合器;10—飞轮齿圈;11—驱动齿轮;12—拔叉;13—活动铁芯;14—复位弹簧;15—保持绕组;16—吸引绕组

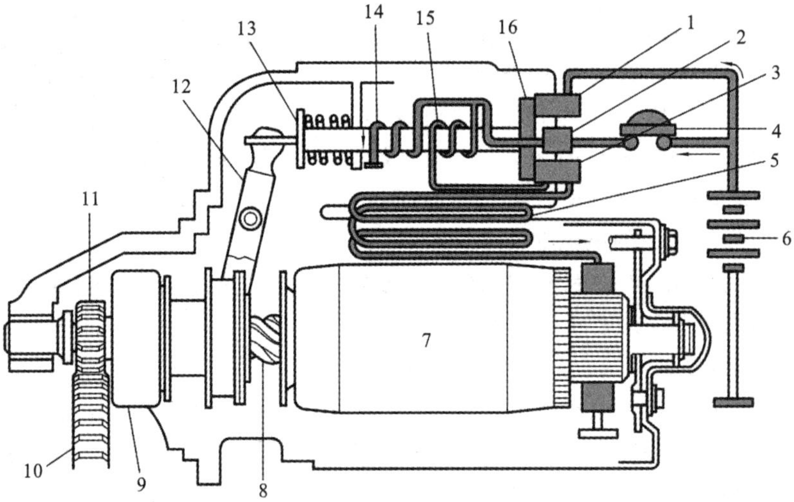

图 5.13　小齿轮和飞轮齿圈啮合

1—端子 30;2—端子 50;3—端子 C;4—点火开关;5—励磁绕组;6—蓄电池;7—电枢;8—螺纹花键;
9—离合器;10—飞轮齿圈;11—驱动齿轮;12—拔叉;13—活动铁芯;14—保持绕组;15—吸引绕组;16—接触片

2) 平行轴式减速启动机的结构与工作原理

平行轴式减速启动机的结构如图 5.15 所示，主要包括电动机、平行轴减速装置、传动机构和操纵控制装置。与常规的启动机主要区别在传动机构和电枢之间安装了一套齿轮减速装置，通过减速装置把力矩传递给单向离合器，可以减低电动机的速度，增大输出力矩，减小启动机的体积和重量。

① 电动机　电动机的四个磁场绕组相互并联后再与电枢绕组串联，如图 5.16 所示，仍为串激直流电动机，基本部件与常规启动机相似，此处不再重复其工作原理。

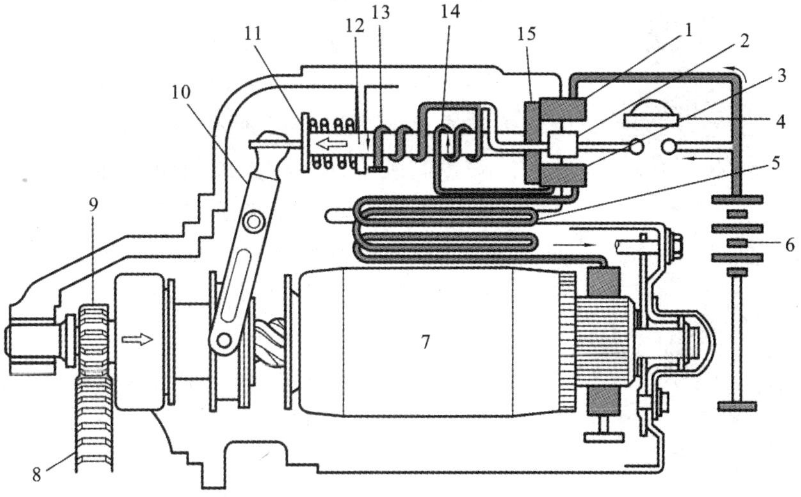

图 5.14　启动完成

1—端子 30；2—端子 50；3—端子 C；4—点火开关；5—励磁绕组；6—蓄电池；7—电枢；8—飞轮齿圈；9—驱动齿轮；10—拔叉；11—复位弹簧；12—活动铁芯；13—保持绕组；14—吸引绕组；15—接触片

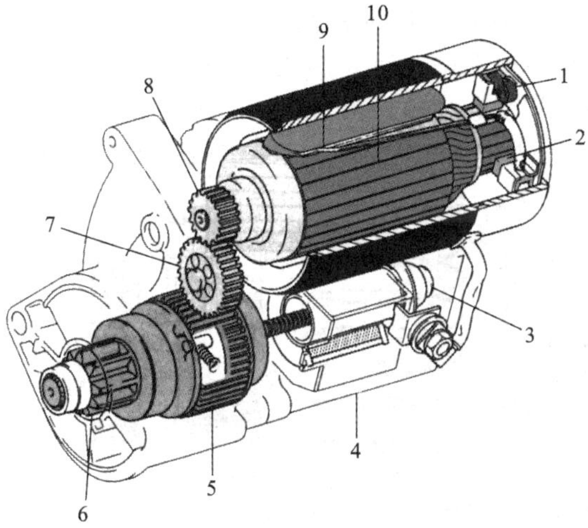

图 5.15　平行轴式减速启动机的结构

1—电刷弹簧；2—电刷；3—活动铁芯；4—电磁开关；5—滚柱式单向离合器；6—驱动齿轮；7—惰轮；8—电枢轴齿轮；9—励磁绕组；10—电枢

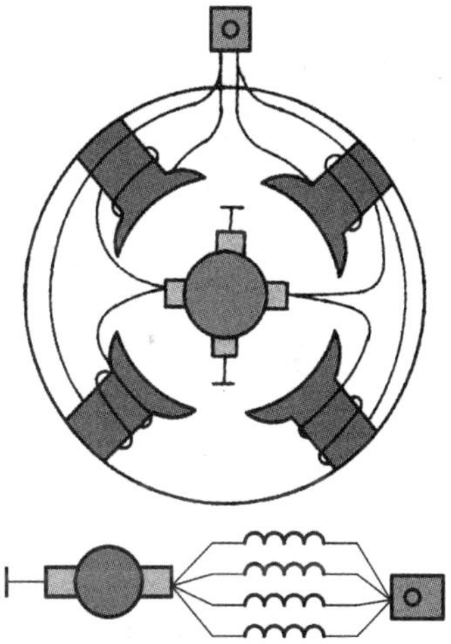

图 5.16　磁场绕组

② 传动机构及减速装置　传动机构和减速装置的位置关系如图 5.15 所示。图 5.17 所示为减速装置中齿轮的啮合关系和传动机构中单向离合器示意图。

滚柱式单向离合器设置在减速齿轮内毂，其内毂制成楔形空腔，传动导管装入时，将空腔分割成 5 个楔形腔室，腔室内放置滚柱和弹簧。平时在弹簧张力作用下，滚柱滚向楔形腔室窄端；传递动力时，由滚柱将传动导管和减速齿轮卡紧成一体。离合器的工作原理和常规启动机中的滚柱式单向离合器工作原理相同，此处不再进行分析。

减速齿轮装置采用平行轴外啮合减速齿轮装置，该装置中设有 3 个齿轮，即电枢轴齿轮、惰轮（中间齿轮）及减速齿轮。从图 5.17 中可以看出，与常规启动机相比该减速装置传动比较

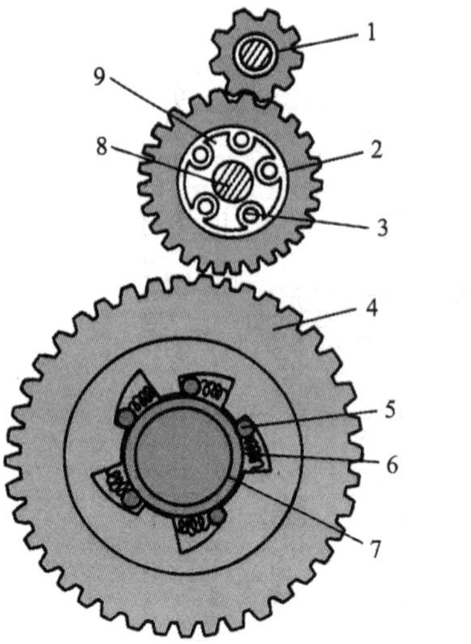

图 5.17　减速齿轮啮合关系和单向离合器

1—电枢轴齿轮；2—中间齿轮；3—圆柱滚子轴承；4—减速齿轮；5—滚柱；6—弹簧；7—传动导管；8—中间轴；9—尼龙骨架

大，输出力矩也较大。

③ 控制装置及工作过程　以丰田花冠轿车中平行轴式减速启动机为例，结合其电路分析控制装置的工作原理。如图 5.18 所示，控制装置的结构同传统式电磁控制装置的结构大致相同，不同之处在于活动铁芯的左端固装的挺杆，经钢球推动驱动齿轮轴，引铁右端绝缘地固装着接触片。启动机不工作时，触盘与触点分开，驱动齿轮与飞轮分离。

其工作过程如下。

接通启动开关，吸引绕组和保持绕组通电，此时的电流流向为：蓄电池→点火开关→端子 50→保持绕组→搭铁，蓄电池→点火开关→端子 50→吸引绕组→端子 C 励磁绕组→电枢绕组→搭铁。此时电动机低速运转，如图 5.19 所示。

如图 5.20 所示，吸引绕组和保持绕组的电磁力吸引活动铁芯左移，推动驱动齿轮轴，迫使驱动齿轮与飞轮啮合，这种动作过程称为直动齿轮式。驱动齿轮与飞轮齿圈进入啮合后，接触片和触点接触，此时电流的方向为：蓄电池→点火开关→端子 50→保持绕组→搭铁。这样保持绕组产生的磁场使活动铁芯保持在原位。同时电流还流经磁场绕组，电流的方向为：蓄电池"＋"→端子 30→接触片→端子 C→励磁绕组→电枢绕组→搭铁。

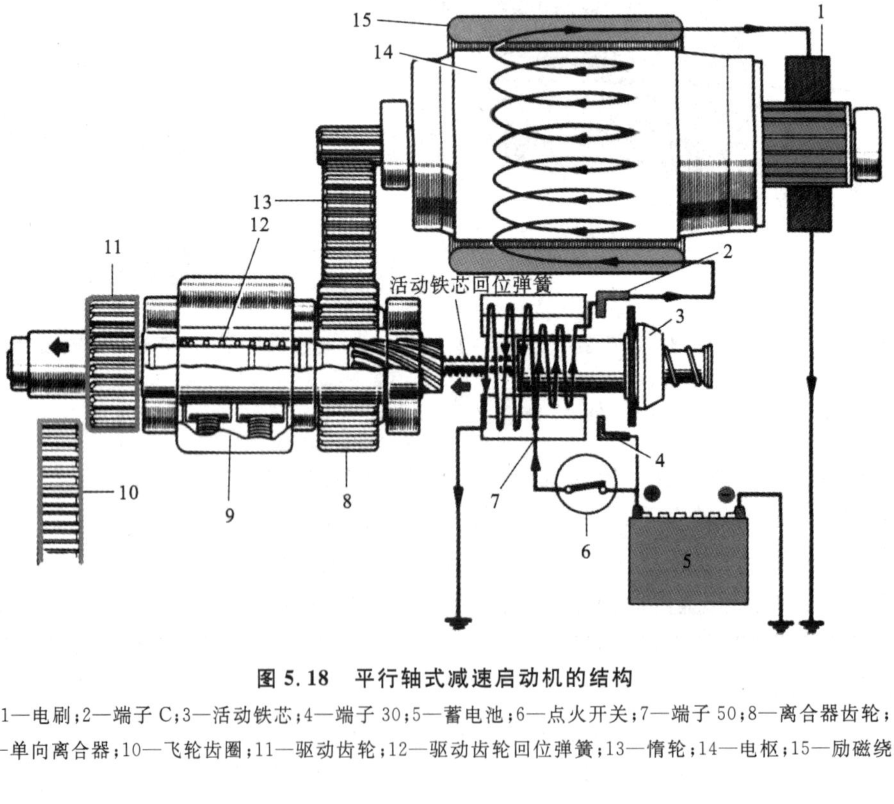

图 5.18　平行轴式减速启动机的结构

1—电刷；2—端子 C；3—活动铁芯；4—端子 30；5—蓄电池；6—点火开关；7—端子 50；8—离合器齿轮；9—单向离合器；10—飞轮齿圈；11—驱动齿轮；12—驱动齿轮回位弹簧；13—惰轮；14—电枢；15—励磁绕组

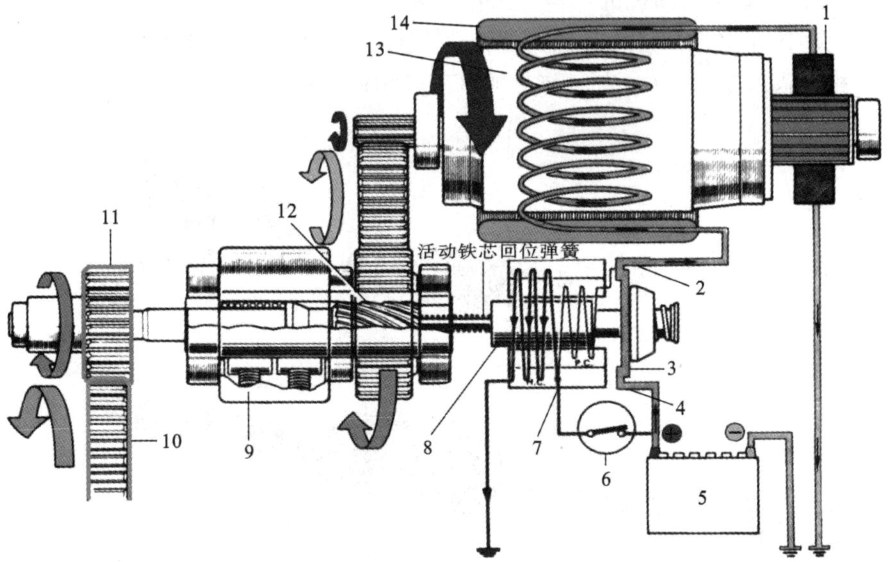

图 5.19 驱动齿轮和齿圈啮合过程

1—电刷；2—端子 C；3—接触片；4—端子 30；5—蓄电池；6—点火开关；7—端子 50；8—活动铁芯；9—单向离合器；10—飞轮齿圈；11—驱动齿轮；12—螺纹花键；13—电枢绕组；14—励磁绕组

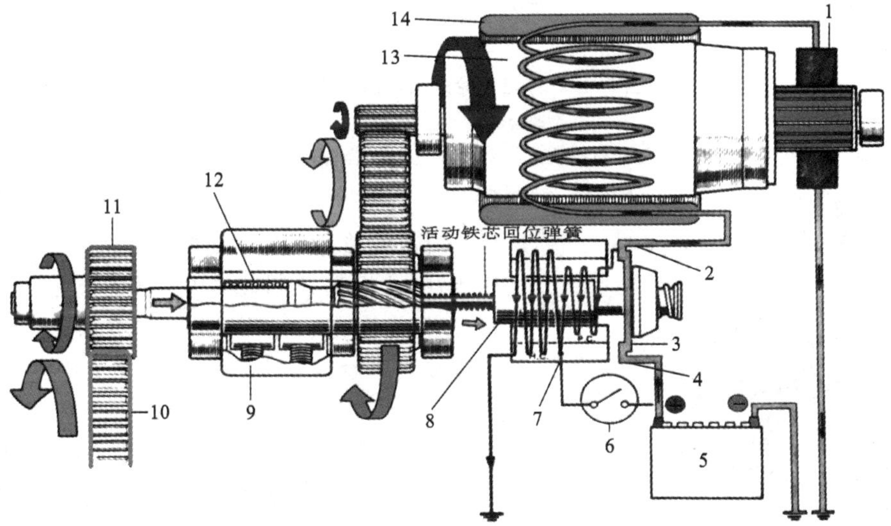

图 5.20 驱动齿轮与齿圈脱离

1—电刷；2—端子 C；3—接触片；4—端子 30；5—蓄电池；6—点火开关；7—端子 50；8—活动铁芯；9—单向离合器；10—飞轮齿圈；11—驱动齿轮；12—驱动齿轮回位弹簧；13—电枢绕组；14—励磁绕组

这样电枢电路接通并开始旋转。电枢轴产生的力矩经电枢轴齿轮→惰轮→减速齿轮→滚柱式单向离合器→驱动齿轮轴→驱动齿轮→飞轮齿圈，带动曲轴旋转，使发动机启动。

发动机启动后，松开启动开关，点火开关回到“点火”挡。吸引绕组和保持绕组断电，活动铁芯在回位弹簧张力作用下回位，接触片与触点分离，电枢停止转动。同时，驱动齿轮轴在回位弹簧作用下回位，拖动驱动齿轮与飞轮分离，恢复到初始状态。

3）行星齿轮式减速启动机的结构与工作原理

行星式启动机使用行星齿轮降低电枢转速，这一点与平行轴式减速启动机相似；而其小齿轮通过传动杆与齿圈啮合，这一点又与常规启动机相同。行星齿轮式减速启动机的结构如图5.21所示。

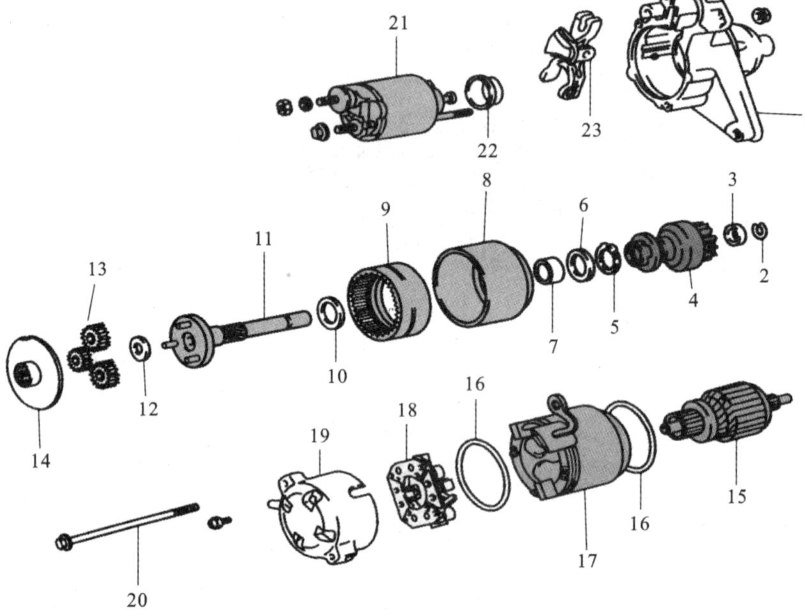

图 5.21　行星齿轮式减速启动机的结构

1—启动机壳；2、5—弹簧卡环；3—止动套圈；4—启动机离合器；6、10、12—板垫圈；7—中间轴承；8—减振器；9—内齿轮；11—行星齿轮架轴；13—行星齿轮；14—压板；15—电枢；16—O形环；17—磁励绕组；18—电刷座；19—换向器端框架；20—贯穿螺栓；21—电磁启动开关；22—活动铁芯罩；23—驱动杆

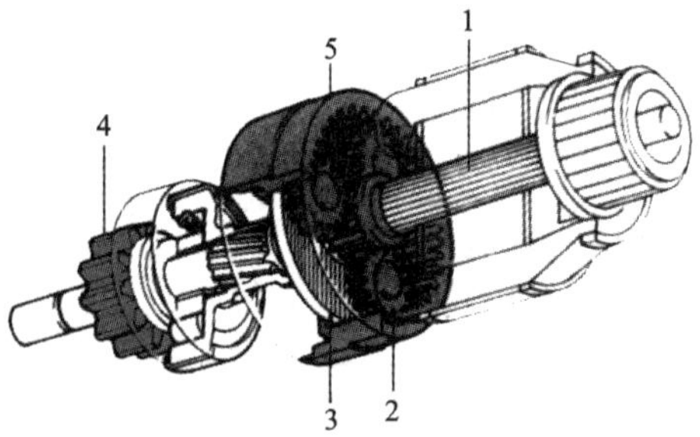

图 5.22　行星齿轮减速装置结构

1—电枢轴；2—行星齿轮；3—行星齿轮支架；4—小齿轮；5—内齿轮

行星齿轮式减速启动机与前两种形式的启动机相比，电动机和控制装置基本相似，此处不再作分析，区别主要在于传动机构及减速装置。行星齿轮减速装置中设有3个行星轮，1个太阳轮（电枢轴齿轮）及1个固定的内齿圈，其结构如图5.22所示。

内齿圈固定不动，行星齿轮支架是一个具有一定厚度的圆盘，圆盘和驱动齿轮轴制成一体。3个行星齿轮连同齿轮轴一起压装在圆盘上，行星齿轮在轴上可以边自转边公转。驱动齿轮轴一端制有螺旋键齿，与离合器传动导管内的螺旋键槽配合。当电枢轴转动时，行星齿轮反向转动，并试图带动内齿轮转动。但由于内齿轮是固定的，所以行星齿轮本身被迫在内齿轮内转动。电枢轴齿轮与行星齿轮和内齿轮的传动比为11∶15∶43，由此产生的减速比约为5，可将小齿轮的转速减至其原转速的1/5左右。

在正常情况下，内齿轮是固定不动的，但如果对启动机加太大的扭矩，也会造成内齿轮转动。为抵消过大的扭矩，防止损坏电枢和其他零件，内齿轮与一块离合器片接合在一起。离合器片由一个弹簧垫圈推紧，当过大的扭矩施加在内齿轮上时，离合器片便会克服弹簧垫圈的推力而转动，并带动内齿轮旋转。这样便将过大的扭矩吸收。减速装置中内齿圈的结构如图5.23所示。

2. 启动机的拆装与检修

1）启动机的拆卸

（1）从车上拆下启动机总成。

① 断开蓄电池的负极电缆，如图 5.24 所示　断开蓄电池的负极电缆之前，对存储在ECU 等器件内的信息做笔录。

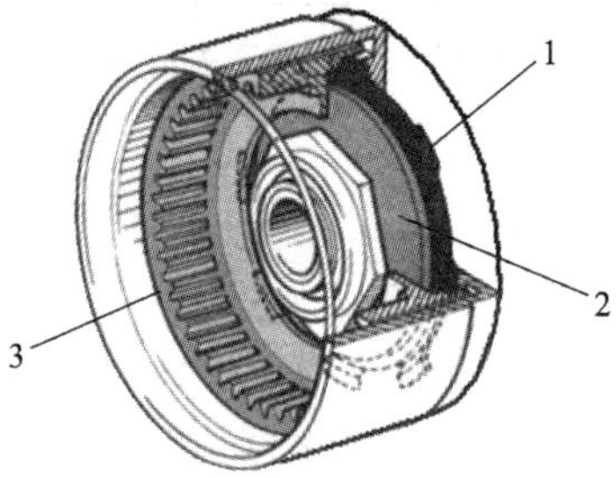

图 5.23　减速装置中内齿圈的结构

1—离合器片；2—弹簧垫圈；3—内齿轮

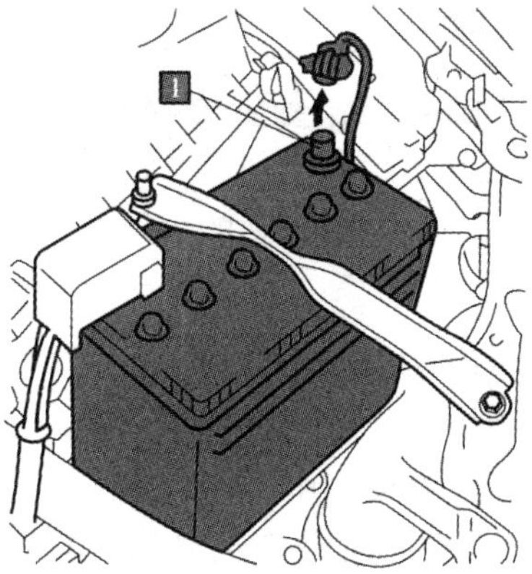

图 5.24　蓄电池电缆的拆卸

② 拆下启动机电缆　拆下防短路盖、启动机电缆定位螺母，断开启动机端子 30 的启动机电缆，如图 5.25 所示。由于启动机电缆直接与蓄电池相连，因此带有一个防短路盖。

③ 断开启动机连接器　按压连接器的卡销，然后握住连接器机身，断开连接器，如图 5.26 所示。

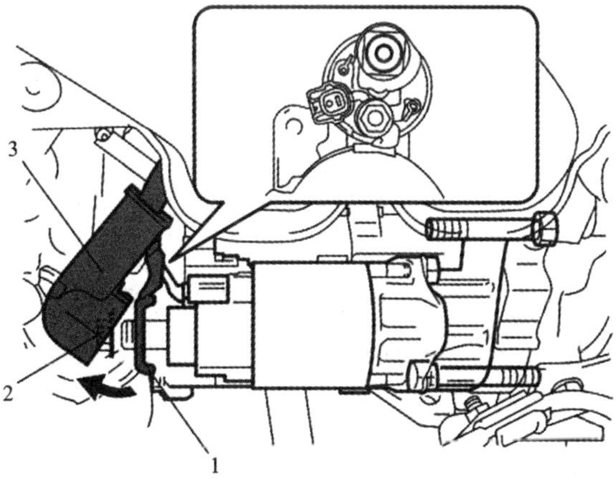

图 5.25　启动机电缆的拆卸

1—启动机电缆；2—定位螺母；3—防断路盖

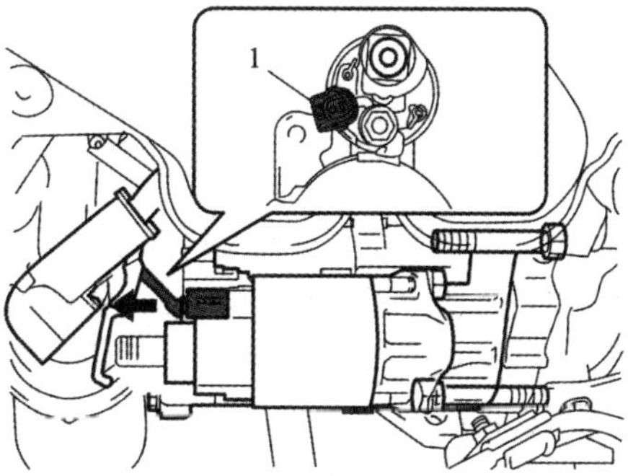

图 5.26　断开启动机连接器

1—连接器

④ 拆卸启动机　拆下启动机安装螺栓，然后晃动启动机将其拆下，如图 5.27 所示。

（2）启动机的分解。

① 拆卸电磁开关总成　如图 5.28 所示，断开引线拆下定位螺母并断开引线，拆下两颗螺母，并将电磁启动机开关拉到后侧；向上拉电磁启动机开关的顶端，从驱动杆中取出柱塞钩；拆下电磁开关。

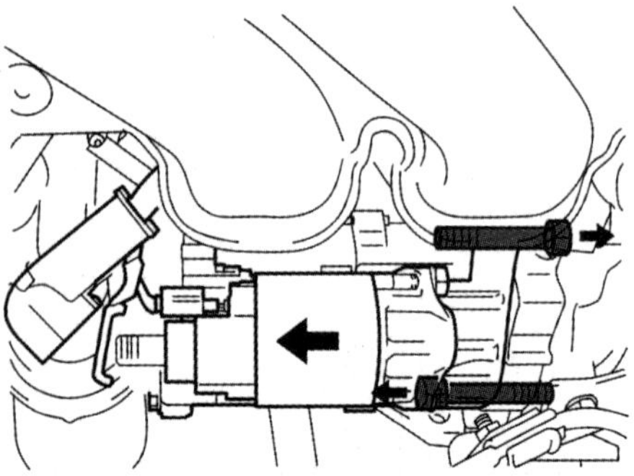

图 5.27　拆卸启动机

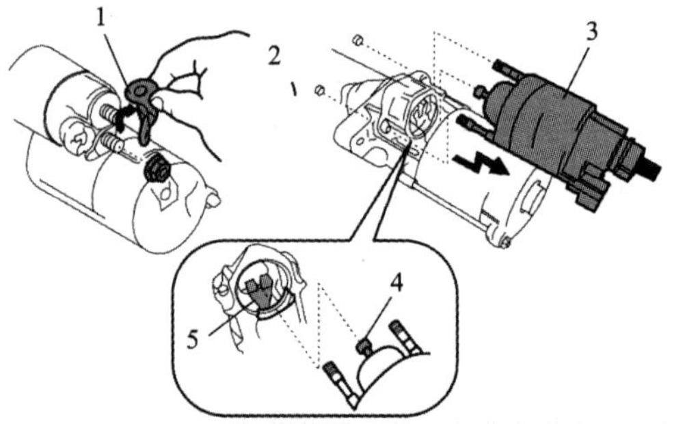

图 5.28　电磁开关的拆卸

1—引线；2—启动机外壳；3—电磁开关；4—驱动杆；5—挂钩

② 拆下启动机磁轭总成　如图 5.29 所示，拆下两个螺栓，拆下换向器端盖，分开启动机外壳，从启动机磁轭。拆下驱动杆。

③ 拆下启动机电刷弹簧。

a. 拆下启动机电刷弹簧，用台钳将电枢轴固定在两块铝板或布之间，如图 5.30 所示。

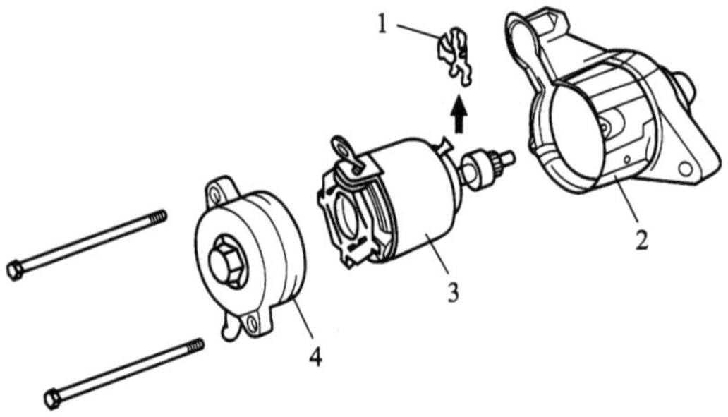

图 5.29　拆卸启动机磁轭

1—驱动杆；2—启动机外壳；3—磁轭；4—端盖

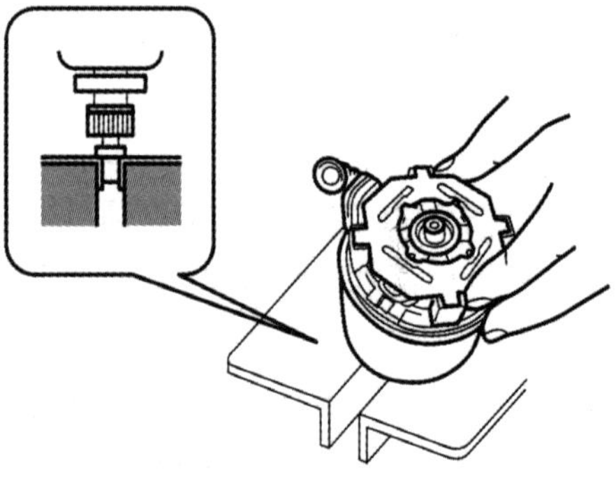

图 5.30　将启动机电枢轴夹在台钳上

b. 释放卡销并取下板　用手指向上扳卡销，然后拆下板。注意：请慢慢拆下板，否则电刷弹簧可能会弹出。如图 5.31 所示。

c. 用平头螺丝刀（或其他工具）压住弹簧，然后拆下电刷。注意：执行此操作时请用胶带缠住螺丝刀。为防止弹簧弹出，执行此操作时请用一块布盖在电刷座上，如图 5.32 所示。

d. 从电刷座绝缘体拆下电刷弹簧，如图 5.33 所示。

e. 拆下电刷座绝缘体，如图 5.34 所示。

④ 启动机离合器的拆卸。

a. 拆下启动机离合器，从启动机磁轭拆下启动机电枢总成，然后用台钳将带电枢固定在两块铝板或布之间，如图 5.35 所示。

b. 用平头螺丝刀轻敲止动环，使其向下滑动，如图 5.36 所示。

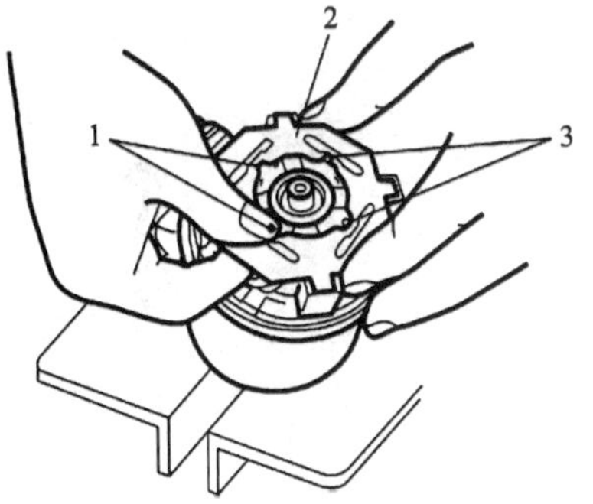

图 5.31　释放卡销

1—卡销;2—底板;3—卡销

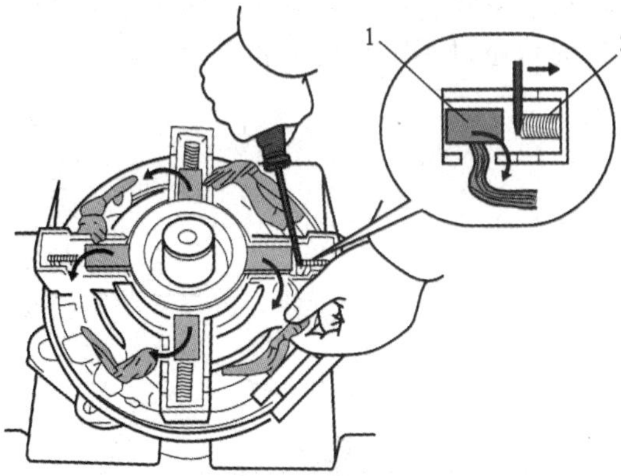

图 5.32　电刷弹簧的拆卸

1—电刷;2—电刷弹簧

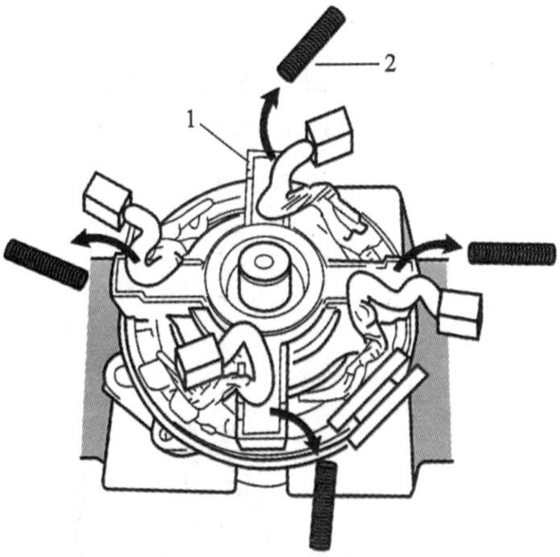

图 5.33　电刷弹簧的拆卸

1—电刷座绝缘体;2—电刷弹簧

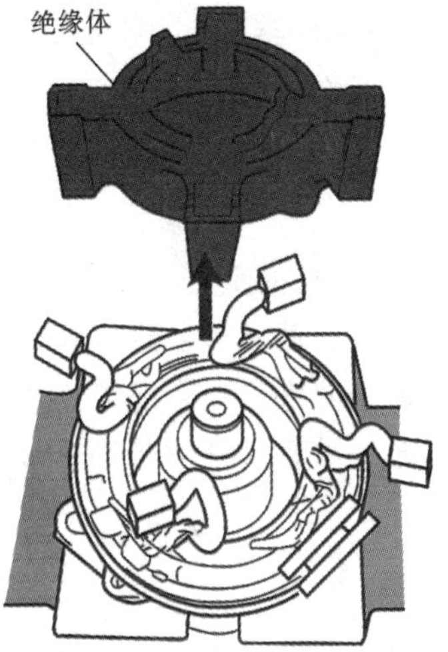

图 5.34　绝缘体的拆卸

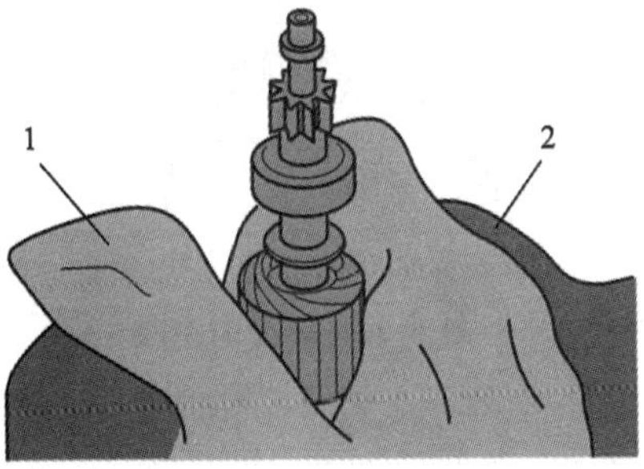

图 5.35　将离合器夹在台钳上

1—布;2—台钳

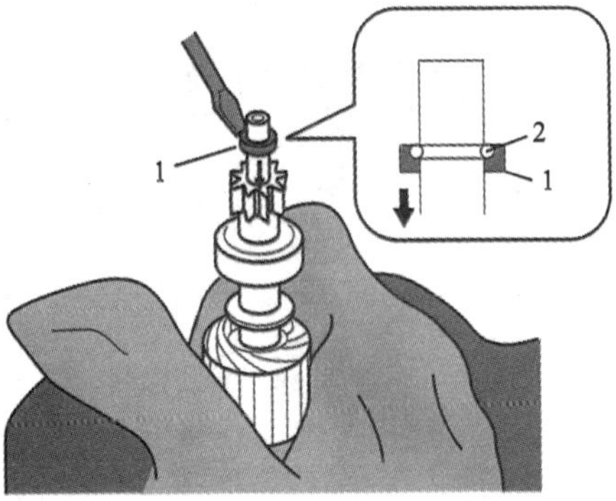

图 5.36　拆止动环

1—止动环;2—卡环

c. 拆下卡环　用平头螺丝刀打开卡环的开口，拆下卡环，如图 5.37 所示。

d. 从电枢轴拆下止动环和启动机离合器，如图 5.38 所示。

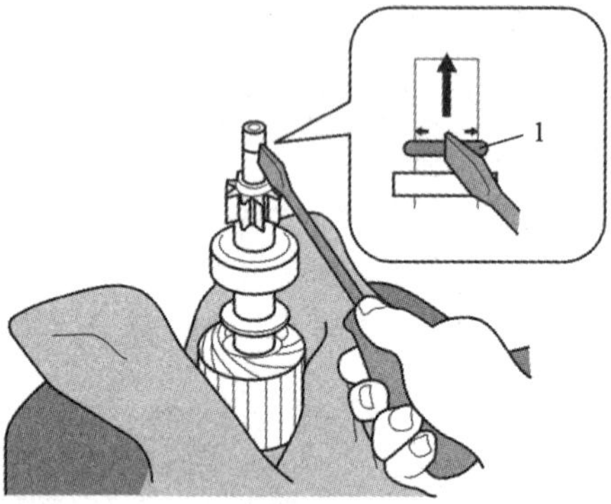

图 5.37　拆下卡环

1—卡环

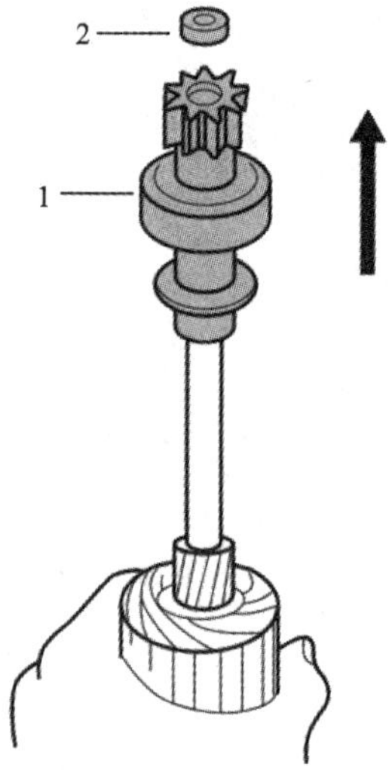

图 5.38　拆离合器

1—离合器；2—止动环

(3) 启动机的组装。

① 安装启动机离合器分总成。

a. 在启动机离合器花键上涂一些润滑脂，如图 5.39 所示。

b. 将启动机离合器安装到电枢轴上，如图 5.40 所示。

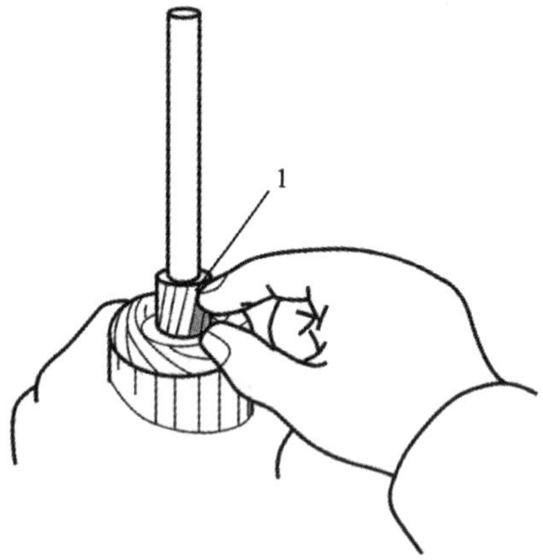

图 5.39　涂润滑脂

1—润滑脂

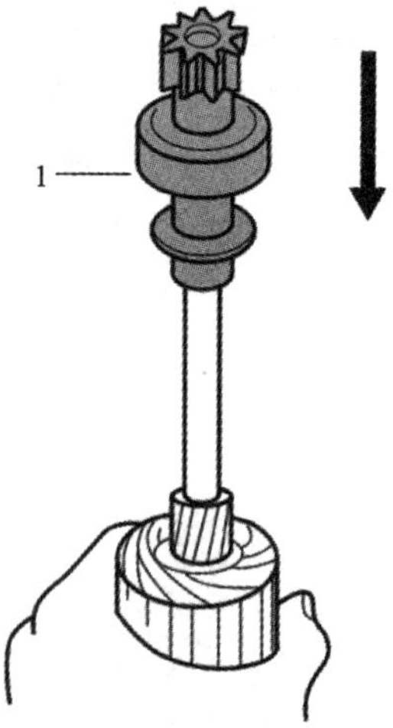

图 5.40　安装离合器

1—离合器

c. 将止动环安装到轴上，较小的内径应指向下方，如图 5.41 所示。

d. 将卡环对齐轴上的凹槽，用台钳拧紧，将其固定在轴上，如图 5.42 所示。注意：如果用台钳拧得过紧，可能会损坏卡环或轴。

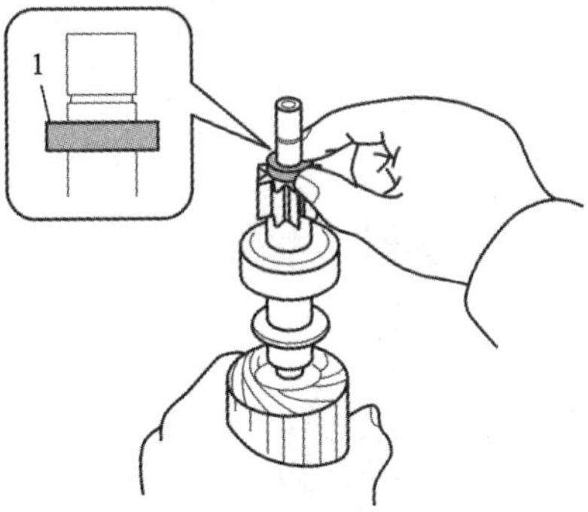

图5.41　安装止动环

1—止动环

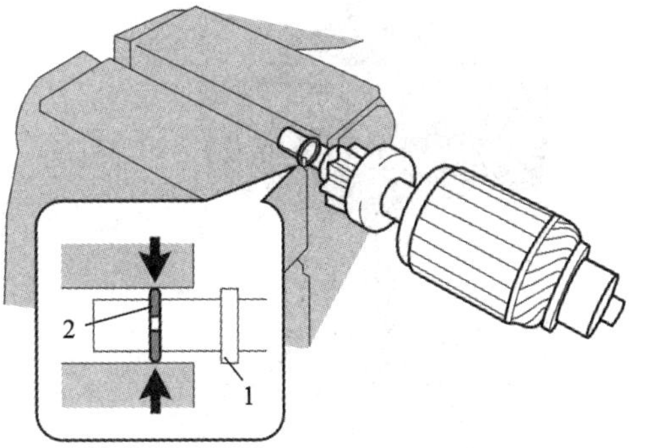

图5.42　安装卡环

1—止动环；2—卡环

e. 抬起离合器，将其保持在该位置，然后用塑料锤敲打轴，将卡环装入止动环中，如图5.43所示。

② 安装电刷弹簧。

a. 将启动机电枢总成安装在启动机磁轭上，用台钳固定住夹在两块铝板或布之间的电枢轴，如图5.44所示。

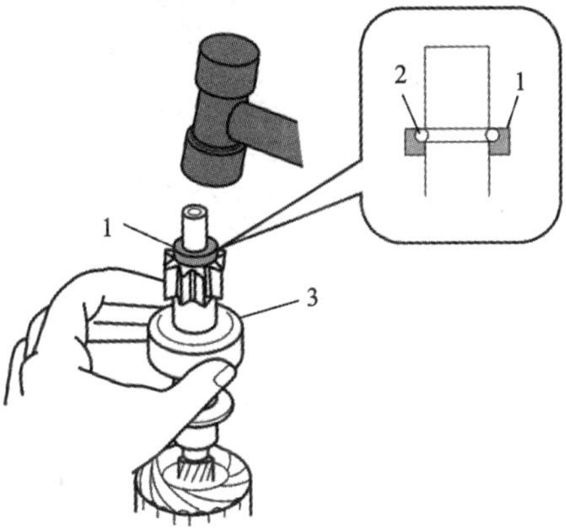

图5.43　安装止动环

1—止动环；2—卡环；3—离合器

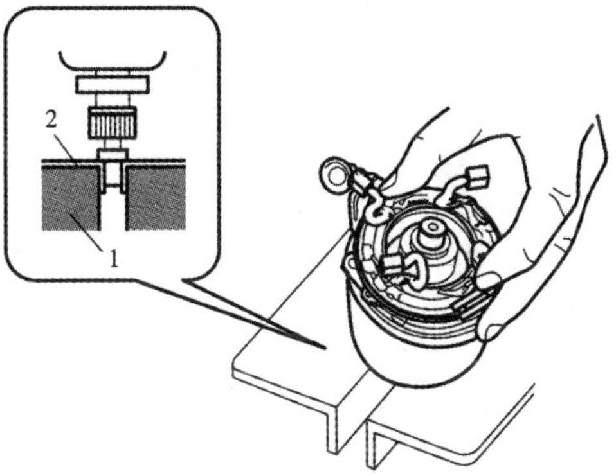

图5.44　将电枢轴夹在台钳上

1—台钳；2—铝板

b. 安装电刷座绝缘体，如图5.45所示。

c. 将弹簧安装在电刷座绝缘体上，如图5.46所示。

d. 压住弹簧，同时将电刷装到电刷座绝缘体上，如图5.47所示。注意：由于电刷受弹簧的推动，操作时请务必小心，不要让弹簧弹出来。用螺丝刀可以比较方便地压住弹簧。用胶带缠绕螺丝刀的顶端。

e. 安装板。用手指按住卡销安装，如图5.48所示。

③ 安装启动机磁轭总成。

在驱动杆和启动机离合器互相接触的部位涂一些润滑脂，将驱动轴放到轴上，拧紧两个螺栓，将换向器端盖和磁轭安装到启动机外壳上，如图5.49所示。

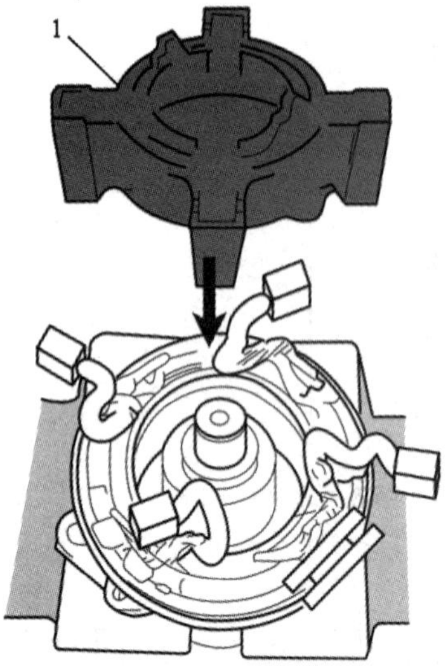

图 5.45　安装电刷绝缘体

1—电刷座绝缘体

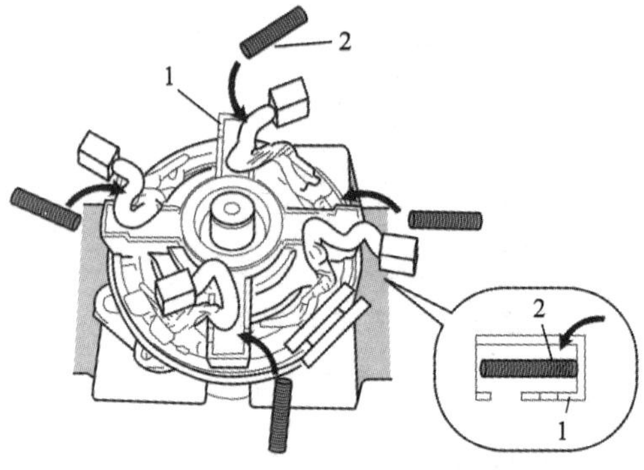

图 5.46　将弹簧安装电刷座上

1—电刷座绝缘体；2—电刷弹簧

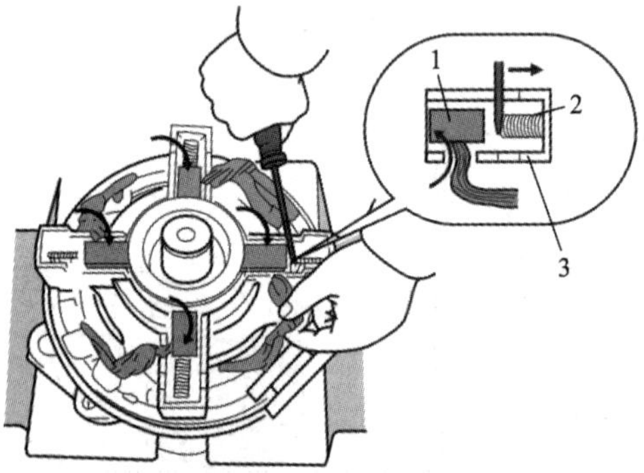

图 5.47　安装电刷

1—电刷；2—电刷弹簧；3—电刷座绝缘体

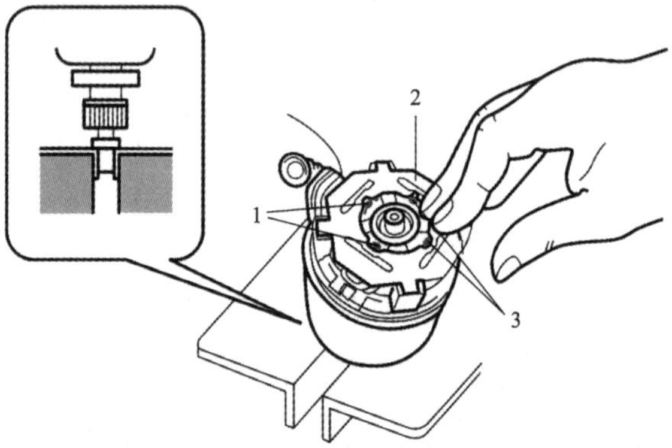

图 5.48　安装板

1、3—卡销；2—板

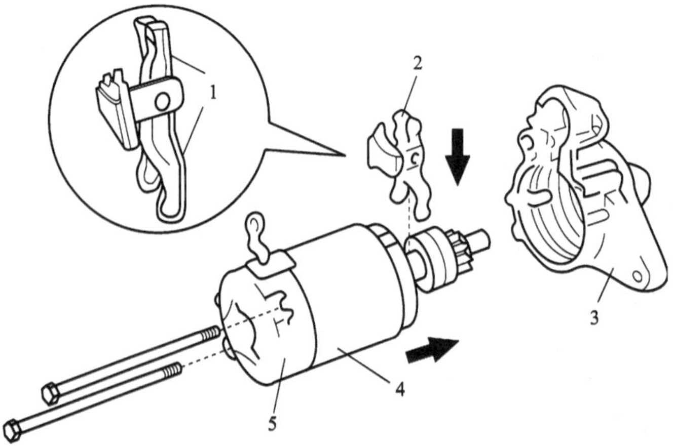

图 5.49　磁轭的安装

1—润滑脂；2—驱动杆；3—外壳；4—磁轭；5—端盖

④ 安装启动机电磁开关。将柱塞钩到驱动杆上，然后用两个螺栓将启动机电磁开关安装到启动机外壳上，连接引线和螺母，如图 5.50 所示。

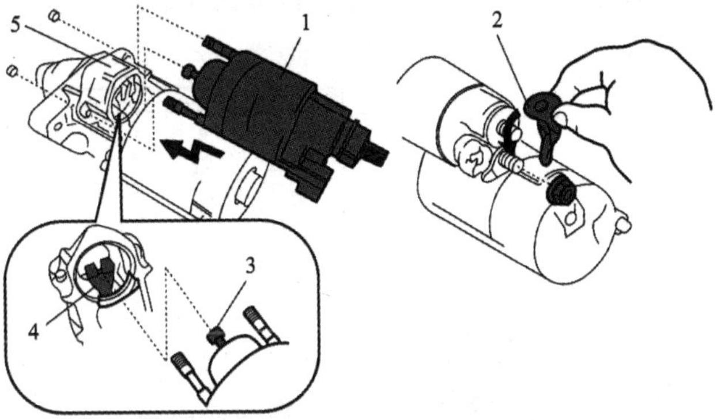

图 5.50　电磁开关的安装

1—电磁开关；2—引线；3—挂塞钩；4—驱动杆；5—外壳

2）启动机的检修

(1) 启动机非拆解测试。

① 牵引测试　检查启动机电磁开关是否正常，连接如图 5.51 所示。

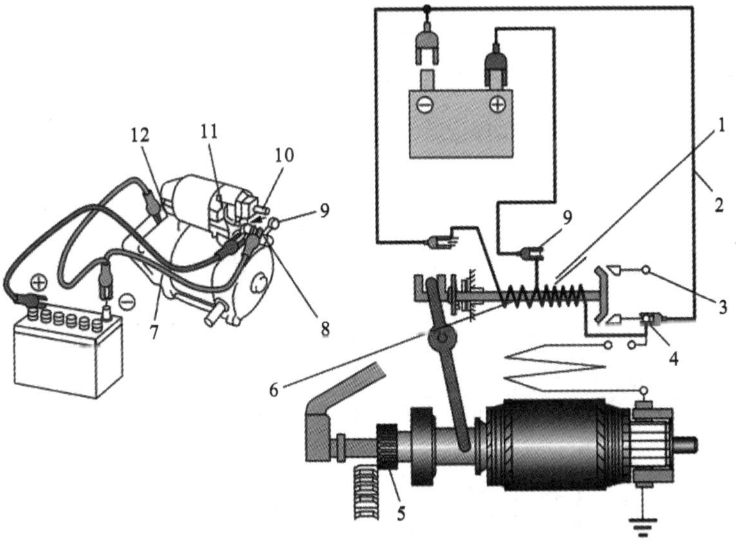

图 5.51　牵引测试

1—吸引绕组；2、7—测试引线 A；3、10—端子 30；4、8—端子 C；5—小齿轮；6—保持绕组；9—绕组引线；11—端子 50；12—启动机

a. 为防止启动机转动，从端子 C 断开励磁绕组引线。

b. 将蓄电池正极(+)端子连接到端子 50 上。

c. 将蓄电池负极(−)端子连接到启动机体和端子 C(测试引线 A)上，检查小齿轮是否露出。如果小齿轮没有伸出，则更换启动机电磁开关总成。

② 保持测试　检查保持绕组是否正常。

牵引测试之后，当小齿轮伸出时，从端子C断开测试引线A，检查小齿轮是否保持伸出状态。

断开测试引线A(该引线连接蓄电池负极端子和端子C)，从端子C断开流入牵引绕组的电流，让电流仅流入保持绕组。如果小齿轮无法保持伸出状态，请更换启动机电磁开关总成，如图5.52所示。

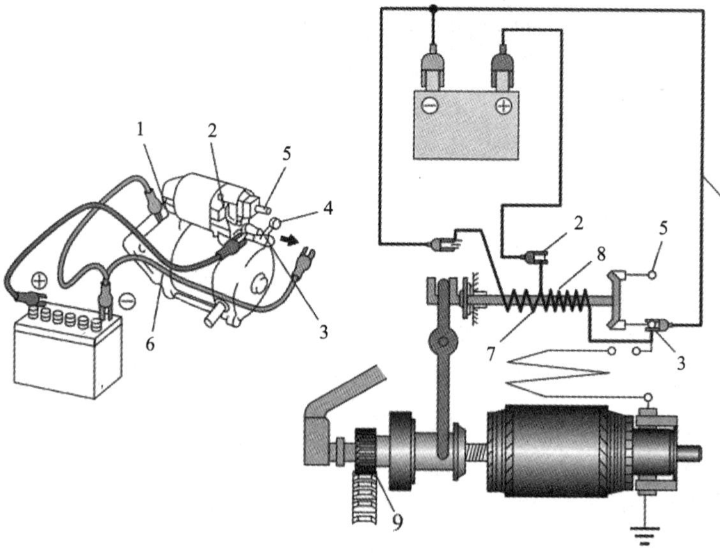

图5.52　保持测试

1—启动机；2—端子50；3—端子C；4—绕组引线；5—端子30；6—测试引线；7—吸引绕组；8—保持绕组；9—小齿轮

③ 小齿轮回位测试　从开关壳体上断开负极导线，检查小齿轮，小齿轮应缩回，如图5.53所示。

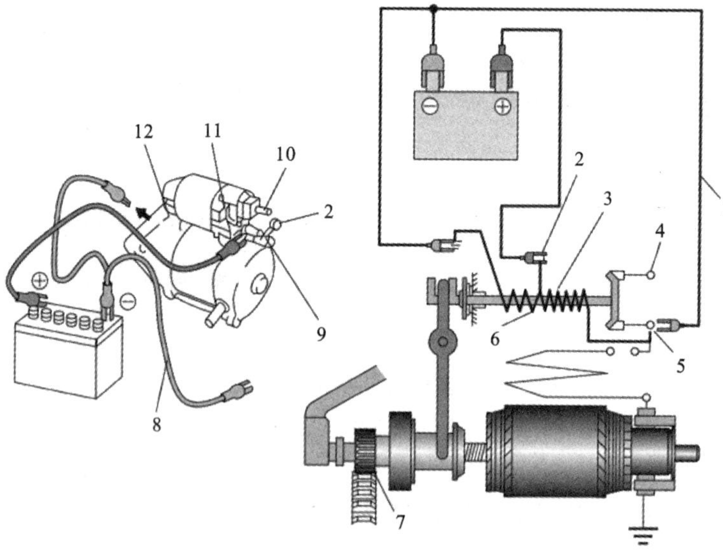

图5.53　小齿轮回位测试

1—测试导线A；2—绕组引线；3—吸引绕组；4、10—端子30；5、9—端子C；6—保持绕组；7—小齿轮；8—测试引线A；11—端子50；12—启动机

如小齿轮不能立即缩回，则检查回位弹簧是否疲弱，可动铁芯是否卡住，或有无其他故障。

④ 检查小齿轮间隙（减速式启动机除外）　如图5.54所示，检查小齿轮间隙在保持状态下，测量小齿轮和止动环之间的间隙。标准间隙为0.1～0.4 mm。如果间隙超出规定值范围，请更换启动机电磁开关总成。

⑤ 空载测试　检查启动机电磁开关的接触点及换向器和电刷之间的接触。

a. 用台钳等工具固定好启动机。

b. 将励磁绕组引线连接至端子C，确保引线不接地。

c. 将蓄电池和安培表连接至启动机，如图5.55所示。

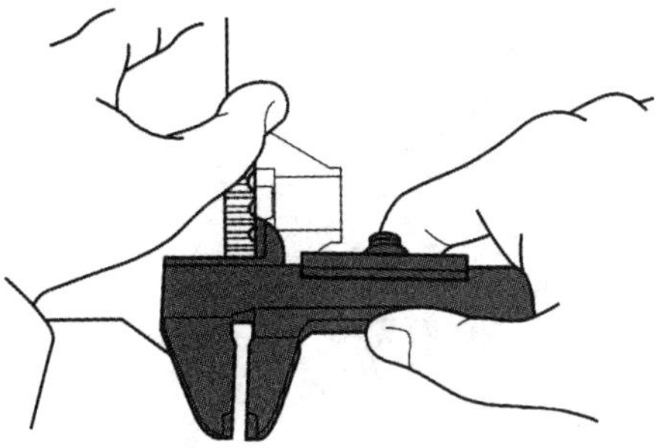

图5.54　小齿轮间隙检查

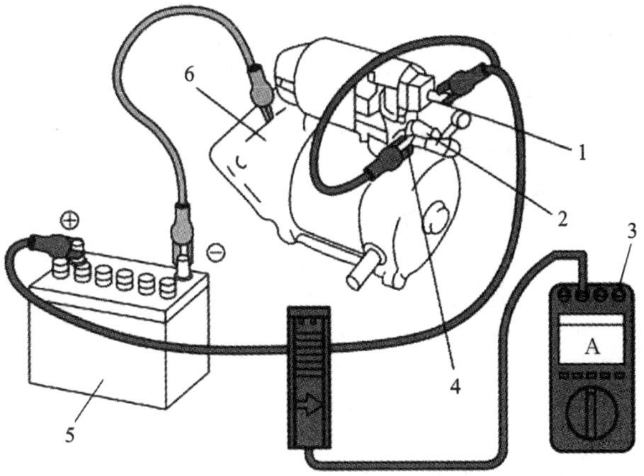

图5.55　空载测试

1—端子30；2—端子C；3—安培表；4—端子50；5—蓄电池；6—启动机

d. 检查启动机，应平稳转动，小齿轮应移出。

e. 检查安培表读数，应符合规定电流值。规定电流值：电压为11 V时，电流应小于50 A。

注意：在空载测试中，流经电路中的电流强度因启动机型号而异，某些启动机可达200～300 A。事前应参阅车辆维修手册，查明电流强度指标。使用容量适当的安培表及电缆。

f. 检查电缆从端子50断开时，小齿轮应缩回，电动机立即停止运转。（仅限于常规式启动机）。如电动机不能立即停止运转，则说明电枢制动装置有故障。

⑥ 全制动实验　全制动试验是在空载试验后，通过测量启动机制动（使其不转动）时的电流和转矩来检验启动机的性能良好与否，试验方法如图5.56所示。启动机接通电源后，应迅速记下电流表、弹簧秤和电压表的示值，其全制动电流和制动转矩应符合规定的值。

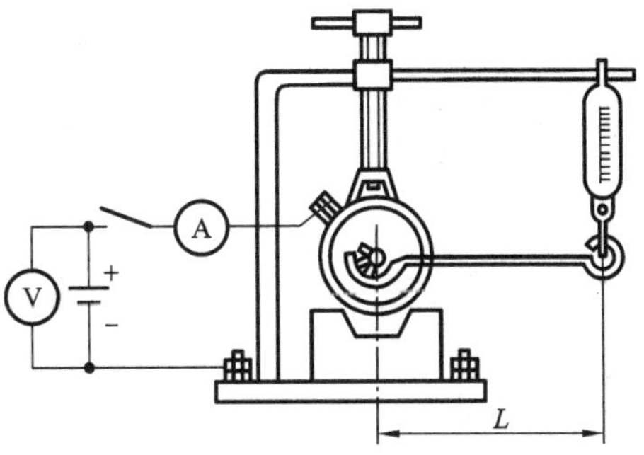

图5.56　全制动测试

如果电流大而转矩小，则表明励磁绕组或电枢绕组有短路或搭铁不良故障；如果转矩和电流都小，则表明启动机内接触电阻过大；如果试验过程中电枢轴转动，则说明单向离合器打滑。

注意：全制动试验要动作迅速，一次试验时间不要超过5 s，以免烧坏电动机和对蓄电池使用寿命造成不利影响。

⑦ 启动机的半电压试验　一些汽车修理厂用施加半电压的方法来检验启动机是否良好，方法是:将被测启动机在试验台上固定后，接上测试电源(启动机额定电压的一半)，看启动机运转是否平稳有力。

如果启动机运转无力或不运转、转动不平稳、换向器有较强的火花等，均说明该启动机性能不良，需对其进行检修。

(2) 启动机拆解后重要部件的检测。

① 电枢绝缘和导通检查　如图 5.57 所示，用万用表进行下列检查:换向器和电枢铁芯之间的绝缘情况。电枢铁芯和电枢绕组之间的状态为绝缘，换向器与电枢绕组相连。如果正常，换向器和电枢铁芯之间的状态为绝缘。

换向器片之间的导通情况如图 5.58 所示。每个换向器片通过电枢绕组连接。如果正常，换向器片之间的状态为导通。

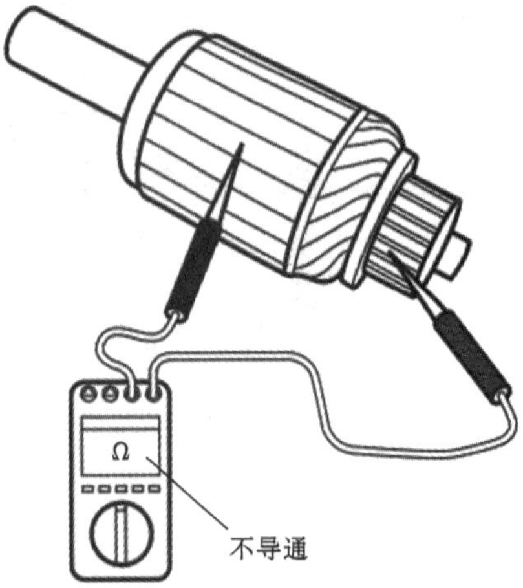

图 5.57　电枢的检测

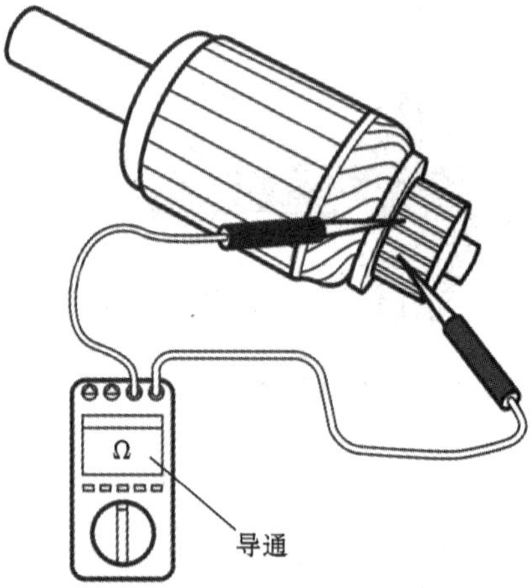

图 5.58　换向器的检测

② 换向器圆跳动检查　如图 5.59 所示，用百分表检查换向器的跳动水平。由于换向器的跳动量变大，换向器与电刷的接触不好，因此可能会出现故障，例如启动机无法运转。

③ 换向器的外径　用游标卡尺测量换向器的外径，如图 5.60 所示。由于换向器在转动

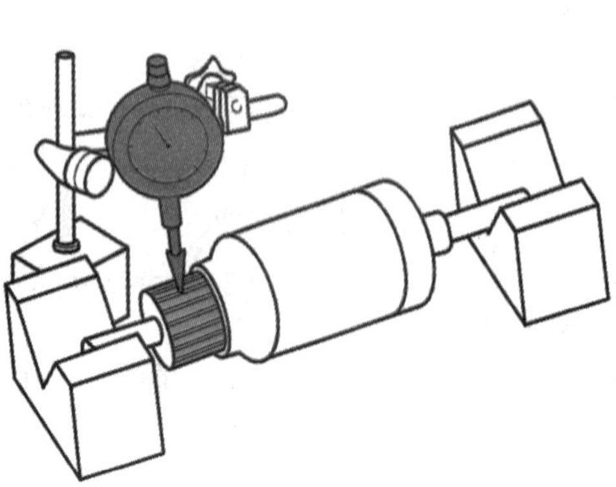

图 5.59　换向器圆跳动检查

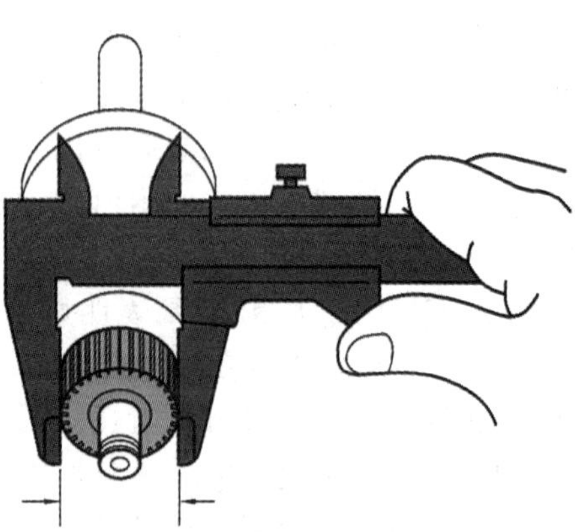

图 5.60　测量换向器外径

时要与电刷接触，因此会受到磨损。如果测量值超出规定的磨损范围，与电刷的接触将变弱，这可能会导致电循环不良，因此可能会出现启动机无法转动和其他故障。

④ 检查凹槽深度　用游标卡尺的深度杆测量换向器片之间的深度，如图 5.61 所示。

⑤ 检查励磁绕组。

a. 用万用表检查电刷引线（A 组）和引线之间的导通情况，如图 5.62 所示。检查引线和所有电刷引线之间的导通情况。A 组的两根电刷引线导通，B 组的两根电刷引线不导通。检查电刷引线和引线之间的导通情况有助于确定励磁绕组中是否发生开路。检查电刷引线和启动机磁轭之间的绝缘情况有助于确定励磁绕组中是否发生短路。

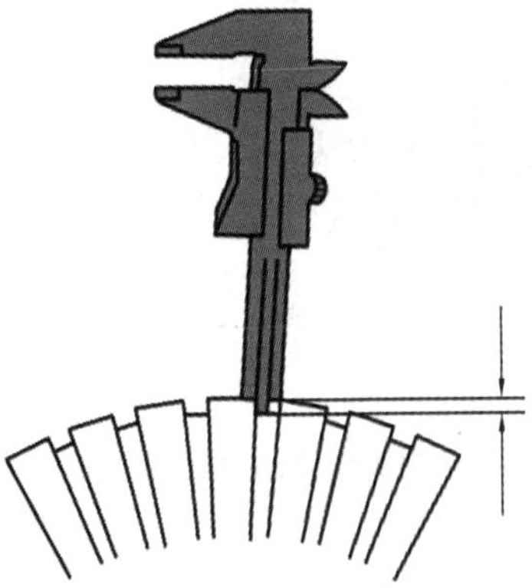

图 5.61　换向器凹槽深度的检查

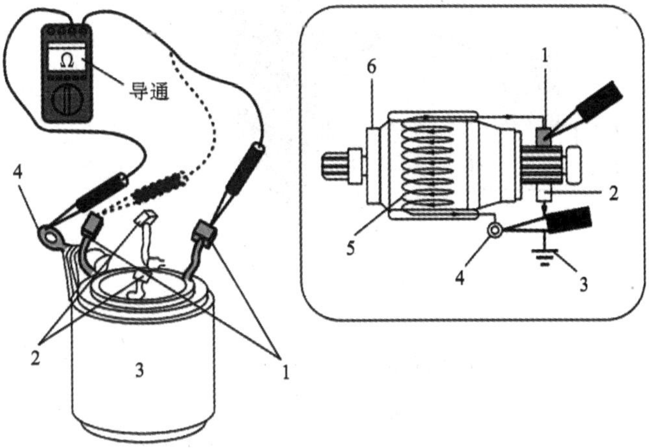

图 5.62　电刷引线的导通检查

1—电刷引线 A；2—电刷引线 B；3—磁轭；4—引线；5—励磁绕组；6—电枢

b. 用万用表检查电刷引线（A 组）和启动机磁轭之间的绝缘情况，如图 5.63 所示。检查引线和所有电刷引线之间的导通情况，A 组的两根电刷引线导通，B 组的两根电刷引线不导通。检查电刷引线和引线之间的导通情况有助于确定励磁绕组中是否发生开路。检查电刷引线和启动机磁轭之间的绝缘情况有助于确定励磁绕组中是否发生短路。

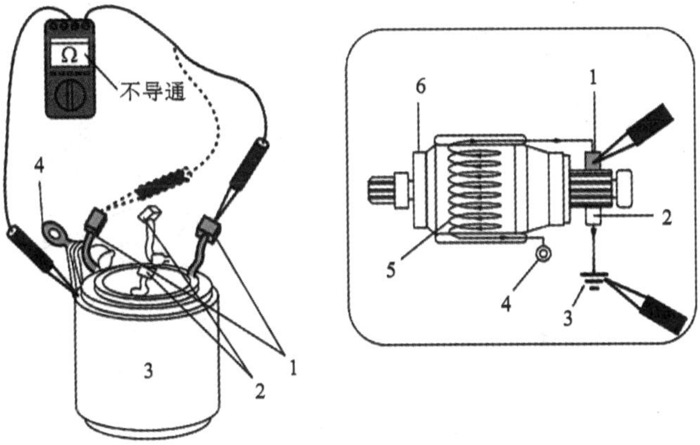

图 5.63　检查电刷引线和磁轭的绝缘

1—电刷引线 A；2—电刷引线 B；3—磁轭；4—引线；5—励磁绕组；6—电枢

⑥ 检查电刷　电刷被弹簧压在换向器上，如果电刷磨损程度超过规定限度，弹簧的夹持力将降低，与换向器的接触将变弱。这会使电流的导通不畅，启动机可能因此而无法转动。清洁电刷并用游标卡尺测量电刷长度，如图 5.64 所示。

⑦ 单向离合器的检查　用手转动启动机离合器，检查单向离合器是否处于闭锁状态，如图 5.65 所示。单向离合器仅在一个旋转方向传送扭矩，在另一个方向，离合器只是空转，不会传送扭矩。

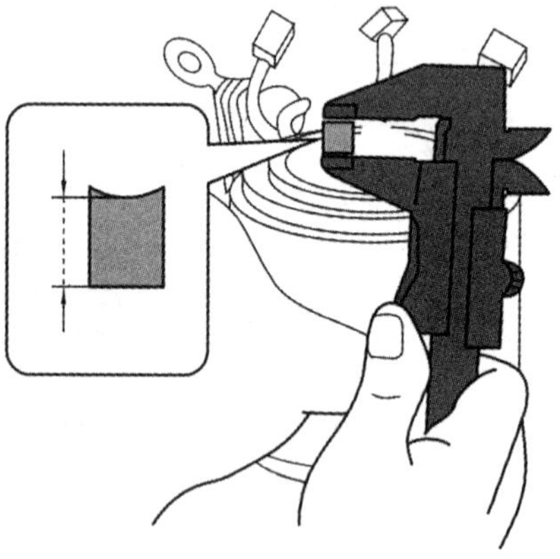

图 5.64　测量电刷的长度

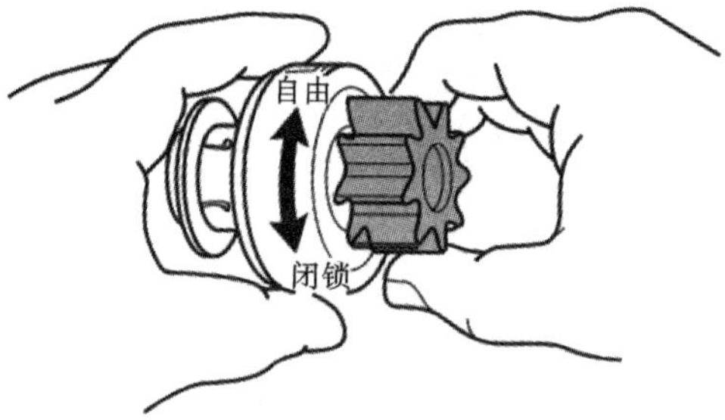

图 5.65　单向离合器的检查

⑧ 电磁开关的检查。

a. 检查电磁开关，用手指按住柱塞。松开手指之后，检查柱塞是否很顺畅地返回其原来位置，如图 5.66 所示。

b. 检查电磁开关的导通情况　用万用表检查端子 50 和端子 C 之间的导通情况，如图 5.67所示。如果牵引绕组正常，则两个端子之间为导通；如果牵引绕组断开，则柱塞无法被牵引。

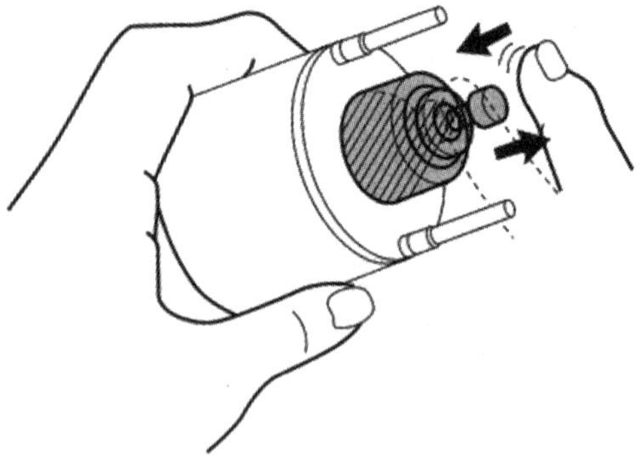

图 5.66　电磁开关检查

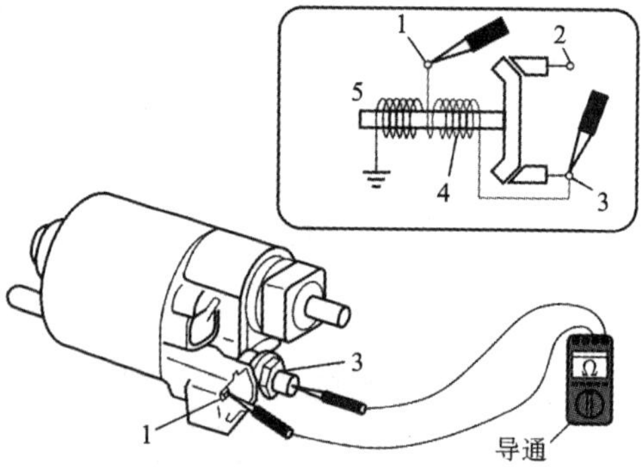

图 5.67　吸引绕组导通检查

1—端子 50；2—端子 30；3—端子 C；4—吸引绕组；5—保持绕组

c. 检查端子 50 和壳体之间的导通情况，如图 5.68 所示。如果保持绕组正常，则端子 50 和开关体之间为导通；如果保持绕组断开，可牵引柱塞，但是无法保持，因此小齿轮反复伸出和返回。

⑨ 行星齿轮架轴和中间轴承检查(只对行星齿轮式减速启动机)。

a. 用测微计测量与行星齿轮架轴的中间轴承接触面的外径，标准轴径：14.035～15.000 mm。如图 5.69 所示。

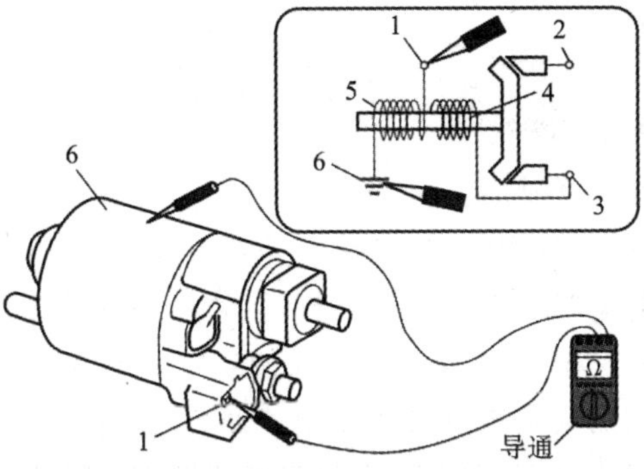

图 5.68　保持绕组的导通检查

1—端子 50；2—端子 30；3—端子 C；
4—吸引绕组；5—保持绕组；6—壳体

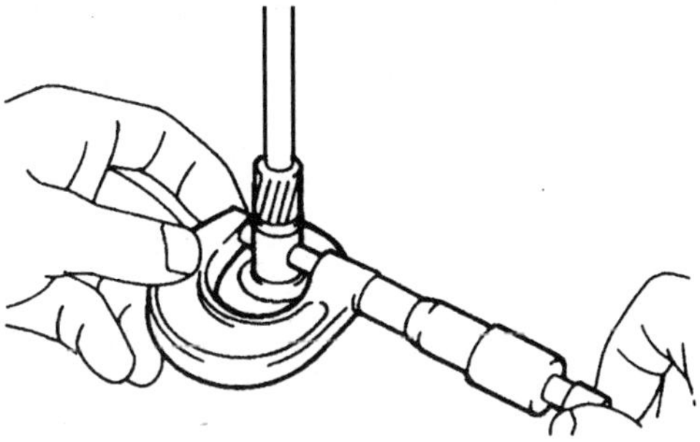

图 5.69　测量中间轴承外径

b. 用卡尺测量中间轴承内径，如图 5.70 所示，中间轴承内径标准值：15.000～15.039 mm。

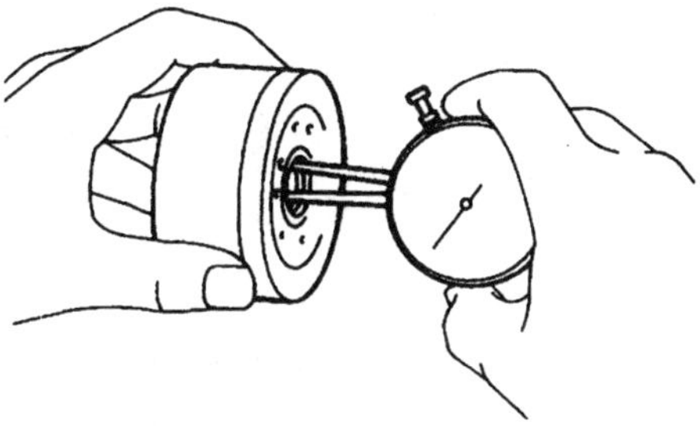

图 5.70　测量中间轴承内径

c. 从轴承内径的测量结果中，减去行星齿轮架轴的直径。中间轴承标准油膜间隙为 0.03 mm，中间轴承最大油膜间隙为 0.1 mm。若间隙大于最大值，则更换行星齿轮架轴和中间轴承。

工作任务 3　启动机的控制电路

1. 开关直接控制启动系统

用启动开关直接控制启动机的控制电路，如图 5.71 所示。

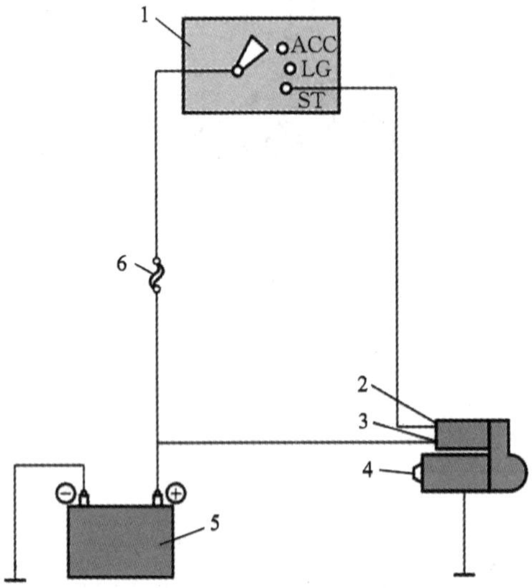

图 5.71　启动开关直接控制启动机的电路

1—点火开关；2—端子 50；3—端子 30；4—启动机；5—蓄电池；6—熔丝

1）电路特点

图 5.71 所示的启动电路由启动开关直接控制启动机电磁开关绕组的通断，因此通过启动开关的电流就是电磁开关的电流。这种控制方式的启动机电磁开关内的电磁绕组的电阻值不能太小，对启动开关触点的要求较高。

启动机电磁开关中吸引绕组与电动机串联相接，使得电动机在接通启动开关时就有一较小的电流，这样就可使驱动齿轮在慢慢转动中与飞轮齿圈啮合，避免了啮合过程中的顶齿现象。

2）电路原理

如图 5.72 所示，启动时接通启动开关，电磁开关两绕组通电，其电流通路为

蓄电池正极→电源接柱16→启动开关→电磁开关接柱→吸引绕组→电动机接柱13→电动机→搭铁

→保持绕组——————————————————┘

此时，吸引绕组与保持绕组产生的磁力吸动铁芯右移，带动拨叉转动，将驱动齿轮推向发动机飞轮；与此同时，接触盘被右移的铁芯顶向触点，并在驱动齿轮与飞轮啮合时将触点接通。

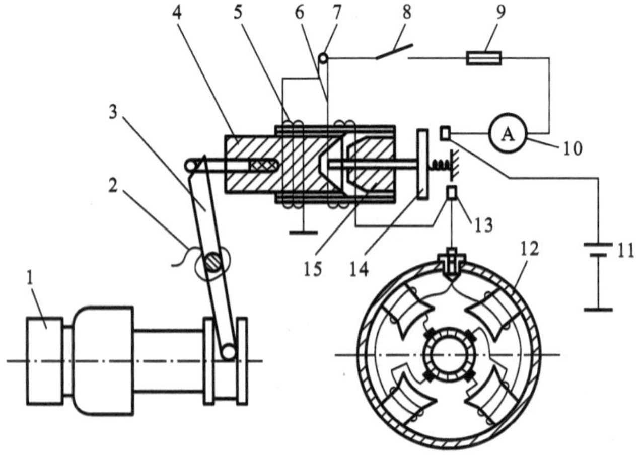

图 5.72　用开关直接控制启动机的原理

1—驱动齿轮；2—回位弹簧；3—拨叉；4—活动铁芯；5—保持绕组；6—吸引绕组；7—电磁开关接柱；8—启动开关；9—熔断器；10—电流表；11—蓄电池；12—电动机；13、16—触点及接柱；14—接触盘；15—磁轭

电动机通电后便产生正常的电磁转矩，通过传动机构带动发动机转动。触点接通时，吸引绕组被接触盘短路，由保持绕组所产生的磁力保持铁芯在移动后的位置。

在发动机启动后，在断开启动开关的瞬间，接触盘还未退回，这时电磁开关绕组仍通电，其电流通路为

蓄电池正极→电源接线柱16→接触盘→电动机接线柱13→吸引绕组→保持绕组→搭铁

吸引绕组产生了与保持绕组相反的磁力，两绕组的磁力相消，活动铁芯便在回位弹簧力的作用下回位，驱动齿轮和接触盘退回，电动机断电，启动机停止工作。

2. 启动继电器控制启动系统

采用启动继电器的目的是为了减小通过点火开关的电流，防止点火开关烧蚀。启动继电器有四个接线柱，分别标有启动机、蓄电池、搭铁和点火开关，点火开关与搭铁接线柱之间是启动继电器的电磁绕组，启动机和蓄电池接线柱之间是启动继电器的触点。接线时，点火开关接线柱接点火开关的启动挡，蓄电池接线柱接电源，搭铁接线柱直接搭铁，启动机接线柱接启动机电磁开关上启动机接线柱，如图5.73所示。

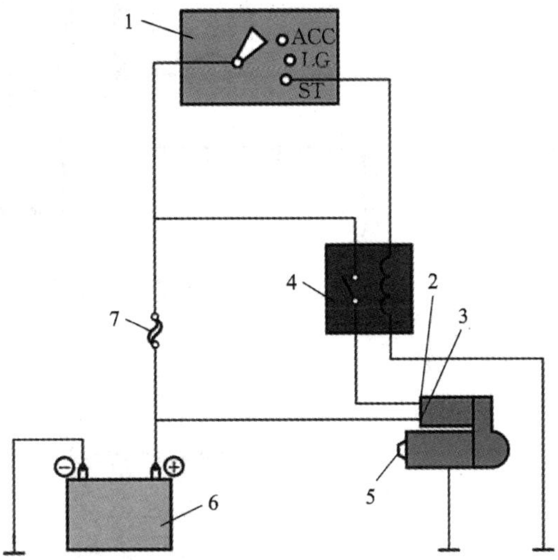

图5.73　采用启动继电器的控制电路

1—点火开关；2—端子50；3—端子30；4—启动机继电器；5—启动机；6—蓄电池；7—熔丝

1）电路特点

启动机控制电路中增设了启动继电器，启动继电器触点常开，串联在启动机电磁开关电源电路中，触点闭合时接通启动机电磁开关电路；启动继电器线圈电路由点火开关（启动挡）控制其通断，启动继电器线圈通电时，启动继电器触点闭合。

该启动控制电路使较大的电磁开关电流（达35～45 A）由启动继电器触点控制，点火开关启动挡只是控制较小的继电器线圈电流，因此，点火开关不容易烧蚀，延长了点火开关的使用寿命。

2）电路原理

如图5.74所示，启动时将点火开关转动至启动挡，启动继电器线圈通电，其电流通路为

蓄电池正极→蓄电池接柱→电流表→点火开关（启动触点）→启动继电器SW接线柱→启动继电器线圈→搭铁→蓄电池负极

启动继电器线圈产生的电磁力将触点吸合，接通启动机电磁开关电路，启动机开始工作。

3. 启动复合继电器控制启动系统

为了防止发动机启动以后启动电路再次接通，一些启动电路中还安装了带有保护功能的复合式继电器，如图5.75所示。

复合式继电器中的启动继电器、保护继电器都由铁芯、线圈、磁轭、动铁和弹簧触点组成，其中启动继电器触点 K_1 为常开式，保护继电器触点 K_2 为常闭式。由于启动继电器线圈与保护继电器触点 K_2 串联，因此，当 K_2 打开时，K_1 不可能闭合。组合继电器共有6个接线柱，分

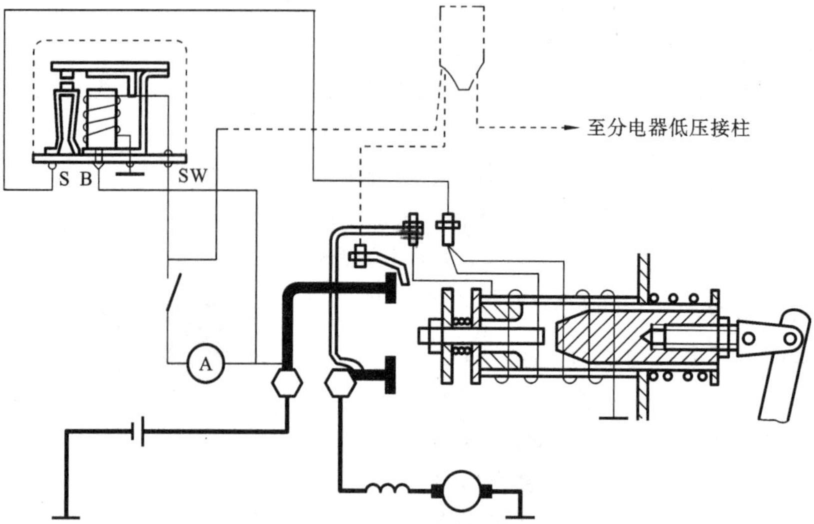

图 5.74　采用启动继电器的启动系统结构

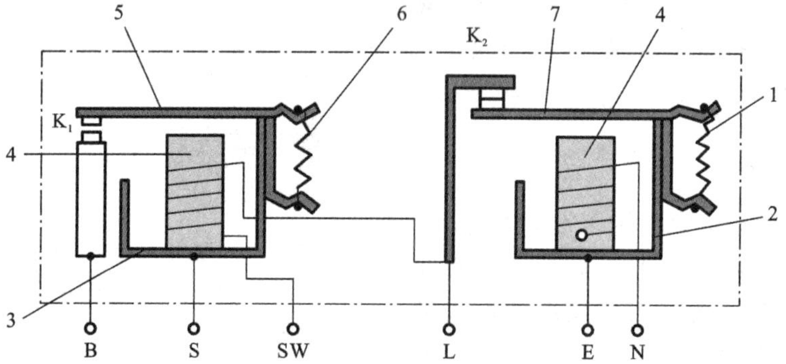

图 5.75　JD171 型复合式继电器

1、6—弹簧；2、5、7—动铁；3—磁轭；4—铁芯

别为 B、S、SW、L、E、N，分别接电源、启动机电磁开关、点火开关启动挡、充电指示灯、搭铁和发电机中性点。

电路原理如图 5.76 所示，启动时点火开关拨至Ⅱ挡(启动挡)，点火开关的 1 号与 4 号接线柱接通，使复合继电器中的启动继电器线圈 L_1 通电，其电流通路为

蓄电池正极→启动机电源接线柱→30A 熔丝→电流表→点火开关→组合继电器 SW 接线柱→L_1→K_2→组合继电器 E 接线柱(搭铁)→蓄电池负极

启动继电器线圈 L_1 通电后产生磁力吸合触点 K_1，接通了启动机电磁开关电路，使启动机通电工作。

发动机启动后发电机正常发电，发电机的中点电压加在充电指示灯继电器线圈 L_2 上，使 L_2 通电产生磁力将 K_2 吸开，K_2 断开后使启动继电器线圈 L_1 断电(即使点火开关仍在启动挡)，触点 K_1 随即断开，使启动机电磁开关断电，启动机停止工作。

在发动机工作时，由于有发电机的中点电压作用，在充电指示灯继电器线圈 L_2 上，通电所产生的电磁力使其触点 K_2 保持断开状态，因此，若点火开关误拨至启动挡，启动继电器线圈

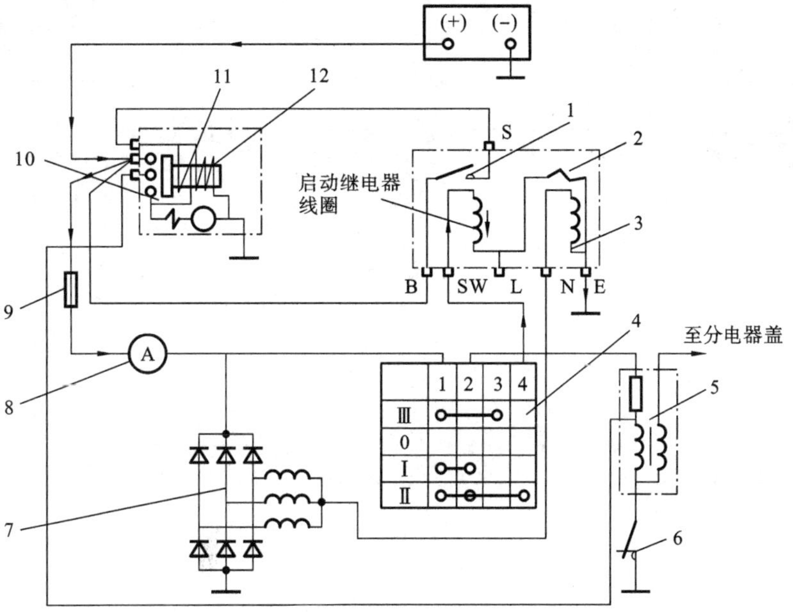

图 5.76　解放 CA1091 型汽车启动系统电路图

1—启动继电器触点；2—保护继电器触点；3—保护继电器线圈；4—点火开关；5—点火线圈；6—断电器；7—发电机；8—电流表；9—熔断器；10—启动机；11—吸引绕组；12—保持绕组

L_1 也不会通电，因此启动机不会通电工作。

4. 一键控制启动系统

一键启动系统又称无钥匙启动系统，即启动车辆时不用将钥匙插入钥匙孔去拧动点火开关，只需把钥匙放在包内或口袋里，按下车内按键或拧动导板即可使发动机点火。

当车主进入车内时，车内的检测系统会马上识别智能钥匙，经过确认后车内的 ECU 才会进入工作状态，这时只需轻轻按动车内的启动按钮(或者是旋钮)，就可以正常启动车辆了。也就是说无论在车内还是车外，都可以保证系统在任何情况下都能正确识别车主。

1) 结构组成

下面以一汽大众新迈腾 B7L 轿车为例进行介绍。

一汽大众新迈腾 B7L 轿车装配了接线端控制单元，它一方面充当车载网控制单元与电子点火锁操作元件之间的连接件，用于进行接线端控制；另一方面，它还用于模拟新增的点火启动按键的接线端。接线端控制单元仅与 KESSY(无钥匙功能)配套安装实现一键启动功能。该系统的相关组成部件有：接线端控制单元 J942，车载网控制单元 J519，舒适控制单元 J393(与防盗控制单元 J362 集成于一体)，发动机控制单元 J623，进入及启动许可天线，点火钥匙，点火开关 E415，点火启动按键 E378，网关 J533 等部件组成，电路如图 5.77 所示。

2) 工作原理

一键启动系统的工作原理如图 5.78 所示，启动时，已授权的智能钥匙必须位于车内，这样当按下进入及启动授权按钮时，就可以通过车内天线开始感应式查询了。智能钥匙发出一个加密的反馈信息给进入及启动授权系统控制单元，如果智能钥匙被识别为已授权，按下进入及启动授权按钮时，电动机械式转向柱连锁装置将被打开，点火开关将被接通。详细步骤如下。

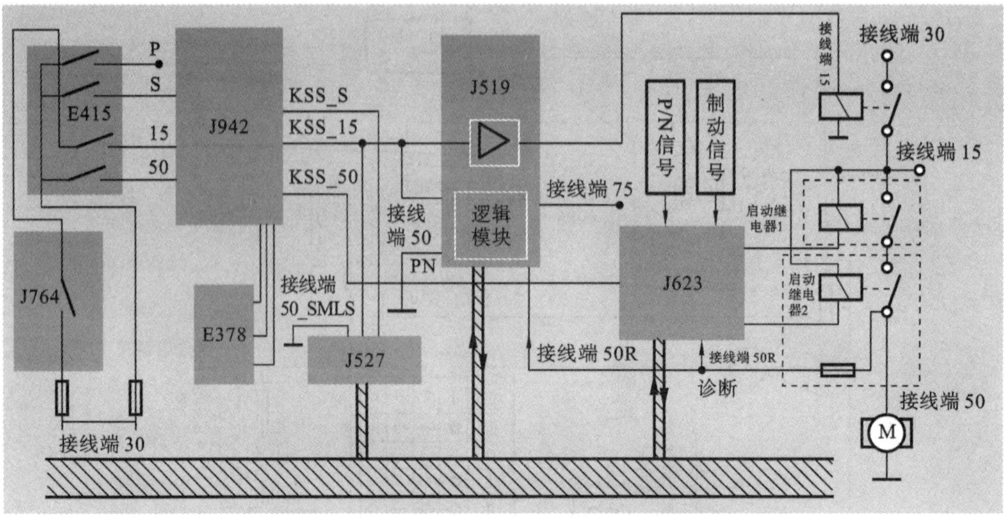

图 5.77　新迈腾 B7L 一键启动系统电路

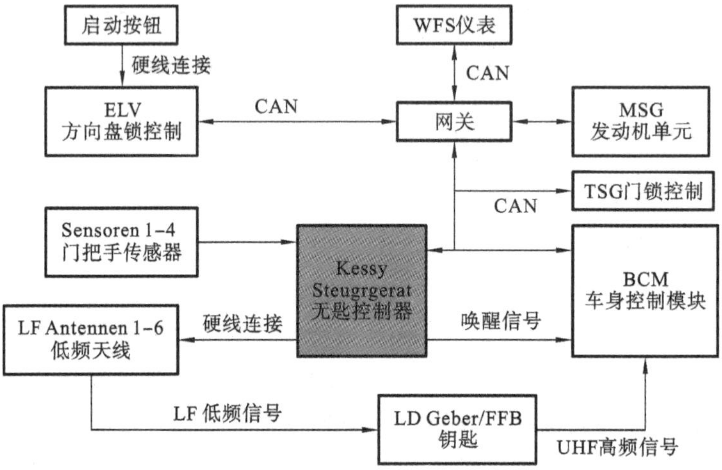

图 5.78　一键启动系统的工作原理图

(1) 驾驶员踩住刹车，按下启动按钮，方向盘锁控制 ELV 将需要启动的请求通过 CAN 线发送给仪表(内含防盗控制单元)。

(2) 仪表控制单元 WFS 发出验证请求给 Kessy 控制器。

(3) Kessy 控制器通过其所控制的低频天线发送低频信号给钥匙，同时唤醒车身控制单元 BCM。

(4) 钥匙被低频信号激活后，发送高频信号给车身控制单元 BCM。

(5) BCM 将钥匙的防盗信息发送给仪表控制单元。

(6) 仪表控制单元 WFS 和方向盘锁控制 ELV 验证防盗信息，通过后 ELV 解锁。仪表 WFS 和发动机单元验证防盗信息，通过后允许发动机启动。着车后，为了安全，Kessy 停止工作，即如果着车后拿着钥匙离开，车不会熄火，门锁不会自动上锁。

3) 智能钥匙的使用注意事项

(1) 不要将智能钥匙和电子装置放在一起　由于智能钥匙使用低强度无线电波，因此在有磁场干扰的情况下可能无法正常工作。经常将智能车钥匙和手机放在一起会受到手机频率的干扰，会出现失灵现象。如果智能钥匙接收高强度无线电波，可能过度消耗电量。因此，不要将智能钥匙放在电视或计算机等附近。

（2）不要乱抛乱扔　对于智能钥匙来说，最害怕的就是由高空摔落在地，因为钥匙内部线路抗冲击力较弱，遇到剧烈碰撞时容易损坏。

（3）智能车钥匙进水后会损坏内部的线路，也会造成失灵。一旦遇到智能钥匙进水，可将外壳打开平放，并用吹风机吹干，然后再送到维修店检查。千万不要拿着钥匙使劲地甩，这样最容易使水流到其他重要线路上，也不要立刻用遥控开锁，因为这样可能导致里面的电路板烧坏。

（4）不能将智能钥匙暴露在高温和阳光直射环境中　例如，仪表板或发动机罩上。

（5）不要将备用钥匙放车内　如果汽车钥匙保管不善丢失，就会带来许多麻烦，尤其是智能钥匙，一旦丢失不仅需要重新打造，而且还要和计算机重新匹配。

（6）不要用错电池　智能钥匙的电池寿命在 1 年左右。由于车钥匙使用的频率不同，电池的消耗量也就不同；不同距离使用车钥匙，耗费的电量会有所不同。给智能车钥匙换电池要慎重，一旦出现差错，钥匙中的电路板就会烧坏。

工作任务4　启动机的使用、维护及常见故障诊断

1. 启动机的使用及维护注意事项

1）启动机的使用注意事项

启动机是按短时间工作的要求设计的，工作时短时电流很大，一般为几十到几百安培，有些柴油机则高达1000 A，因此每次接通启动机的时间不应超过5 s，重复启动时应停歇2 min，连续三次启动时，应在检查排除故障的基础上停歇15 min后再使用，否则会严重影响蓄电池和启动机的使用寿命。

(1) 冬季和低温地区冷车启动时，应先预热发动机，然后再使用启动机。

(2) 启动发动机，应踩下离合器踏板或将变速杆置于空挡，严禁挂挡启动来移动车辆。

(3) 发动机启动后，应立即松开点火开关（或启动按钮），使启动机停止工作，以减小单向离合器不必要的磨损。

(4) 发动机工作时，严禁拧点火开关，使启动机工作。

(5) 当发动机连续几次不能启动时，应对启动电路及发动机有关系统进行检查，排除故障后再启动。

(6) 发动机启动后，如启动机不能停转，应立即关闭电源总开关，或拆除蓄电池搭铁线，查找故障。

2）启动机的维护要点

(1) 经常检查启动电路各导线连接是否牢固，绝缘是否良好。

(2) 经常保持启动机机体和各部件的清洁干燥，汽车每行驶300 km后应检查并清洁换向器。

(3) 汽车每行驶5000～6000 km后，应检查电刷的磨损及电刷弹簧压力。

(4) 经常检查传动机构和控制装置的活动部件，并按规定加以润滑。

(5) 启动机一般每年应进行一次维护性检修，可视实际情况适当地缩短或延长。

2. 启动机常见故障的诊断

1）故障排除分析程序

源于启动系统的故障，有以下大约六种症状。

(1) 将点火开关扭至“START”位置，不能使启动机启动（小齿轮不向外移动，启动电动机不转动）。在这种情况下，故障可能源于与端子50相关的电路部分，或源于启动机。诊断流程图如图5.79所示。

① 测量蓄电池接线柱电压。

当点火开关位于“START”位置时，接线柱电压应不低于9.6 V。

如测量结果低于上述值，则应将蓄电池重新充电，或更换蓄电池。同时检查蓄电池接线柱有无锈蚀现象。

② 测量启动机端子50与地线之间的电压。当点火开关位于“START”位置时，电压应不低于8 V。

如测量结果低于上述值，则应逐个检查端子50与蓄电池之间线路中的零件，并对有故障

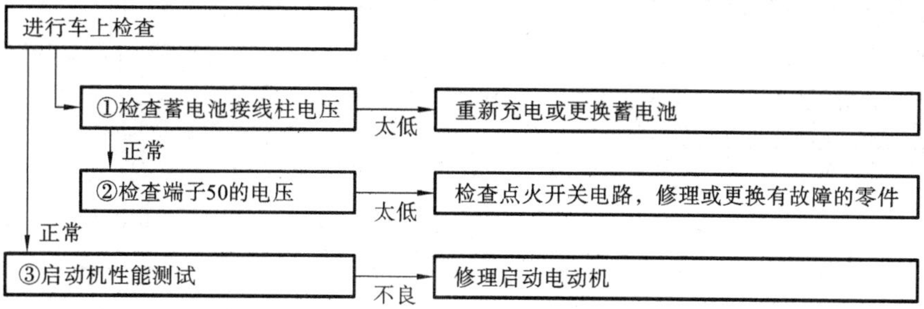

图 5.79　启动机不启动诊断流程图

的零件进行修理或更换。

③ 在分解启动机之前，应大致确定出故障的原因所在，以便更顺利地开展工作（在这种情况下，故障可能由于牵引绕组、励磁绕组、端子 C 至启动机零件之间的配线损坏等原因造成的）。

(2) 将点火开关扭矩至“START”位置时，小齿轮伴随“咔嗒”声向外移出，但启动电动机保持非启动状态或转速不能上升。在这种情况下，故障可能源于启动机、发动机本身，或端子 30 之前的电气系统。诊断流程如图 5.80 所示。

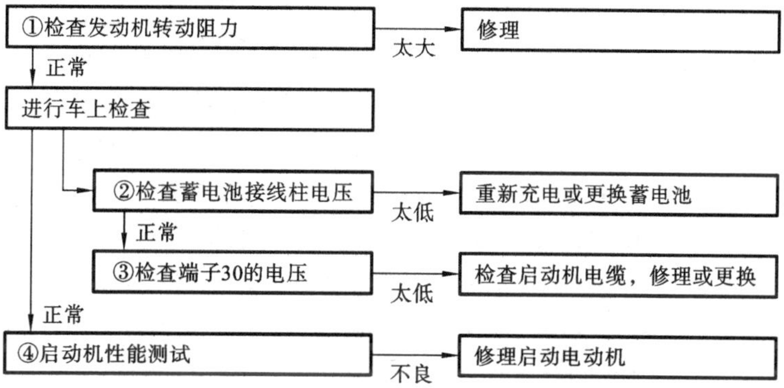

图 5.80　启动机启动无力诊断流程图

① 检查发动机转动阻力。

用套筒扳手等工具转动曲轴，进行检查，务使转动发动机曲轴时，不需要过大扭矩。

② 测量蓄电池接线柱电压。

点火开关位于“START”位置时，接线柱电压应不低于 9.6 V。

如测量结果低于上述值，则应对蓄电池重新充电，或更换蓄电池。同时检查蓄电池接线柱有无锈蚀现象。

③ 测量启动机端子 30 与地线之间的电压。

点火开关位于“START”位置时，电压应不低于 8 V。

如测量结果低于上述值，则应检查蓄电池与端子 30 之间的电缆，并根据需要进行修理或更换。

④ 拆开启动电动机之前，应大致确定出故障的原因所在，以便更顺利地开展工作（在这种情况下，故障可能源于主开关接触不良、电刷与换向器之间电阻值过大、启动机离合器打滑等）。

(3) 将点火开关扭至“START”位置时，小齿轮反复移出移入。

在这种情况下，故障可能由于端子 50 处的电压不够高，或启动机本身的原因所致。诊断流程如图 5.81 所示。

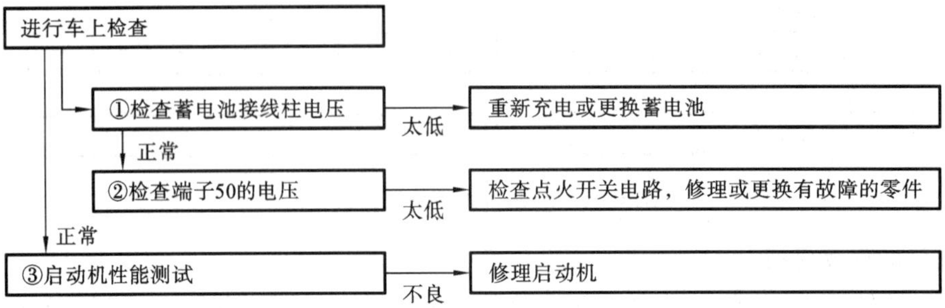

图 5.81　小齿轮反复移动诊断流程图

① 测量蓄电池接线柱电压。

点火开关位于“START”位置时，接线柱电压应不低于 9.6 V。

如测量结果低于上述值，则应将蓄电池重新充电，或更换蓄电池。同时检查蓄电池接线柱有无锈蚀现象。

② 测量启动机端子 50 与地线之间的电压。

点火开关位于“START”位置时，电压应不低于 8 V。如测量结果低于上述电压值，则应逐个检查端子 50 与蓄电池之间线路中的零件，并对有故障的零件进行修理或更换。

③ 拆开启动机之前，应大致确定出故障的原因所在。以便更顺利地开展工作(在这种情况下，故障可能是由于保持绕组损坏、保持绕组接地不正确等原因造成的)。

(4) 点火开关从“START”位置回至“ON”位置之后，启动机仍继续运转。在这种情况下，故障可能源于点火开关、启动机继电器或启动机本身。诊断流程如图 5.82 所示。

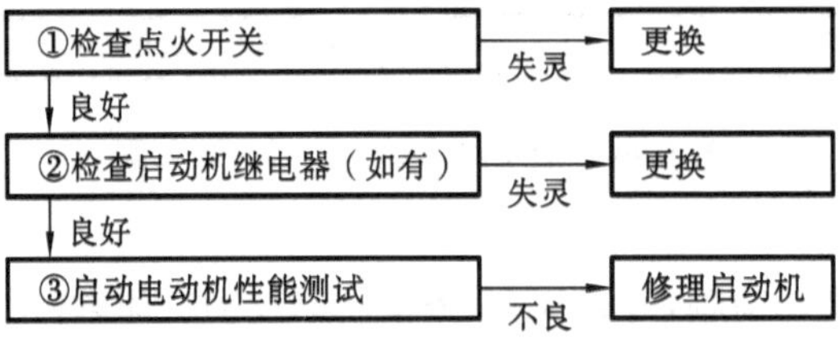

图 5.82　启动机无法停转诊断流程图

① 检查点火开关。

点火开关回至“ON”位置时，点火开关与启动机之间的连接应断开。

② 如启动机中装有启动机继电器，则应检查。进行检查时，继电器应处于正常工作状态。

③ 拆开启动机之前，应大致确定出故障的原因所在，以便更顺利地开展工作(在这种情况下，故障可能是由于回位弹簧损坏或疲弱、可动铁芯卡住等原因造成的)。

(5) 点火开关扭至“START”位置时，小齿轮向外移动。小齿轮转动时，发出刺耳的异常噪声，却不能使发动机启动。

在这种情况下，故障可能是由于小齿轮或齿圈损坏所造成的。如发现损坏，则应予以更换。

(6) 发动机不能启动后，立即将点火开关扭回“START”位置，但仍然无法启动发动机，而且小齿轮发出刺耳的异常噪声(只适用于常规式启动机)。

在这种情况下，故障可能源于电枢制动装置。这时应进行启动机空载测试，并察看小齿轮能否在切断电源后立即停止转动。如小齿轮不能立即停止转动，则应修理制动装置。

2) 常见故障及诊断方法

(1) 启动机不运转。

① 故障原因。

a. 启动电源有故障　蓄电池严重亏电，蓄电池极板硫化或短路，蓄电池极桩与线夹接触不良，启动电路导线连接处松动而接触不良等。

b. 启动机有故障　换向器与电刷接触不良，磁极绕组或电枢绕组有断路或短路，绝缘电刷搭铁，电磁开关故障(绕组断路、短路、搭铁或其触点烧蚀而接触不良)等。

c. 启动继电器不良　启动继电器线圈断路、短路、搭铁或其触点接触点不良。

d. 点火开关有故障　点火开关接线松动或内部接触不良。

e. 启动机控制电路的故障　线路有断路、导线接触不良或松脱、熔丝烧断等。

② 诊断方法。

a. 按喇叭或开前照灯，如果喇叭声音小嘶哑或不响，灯光比平时暗淡，说明电源有问题，应先检查蓄电池接线柱与线夹、启动电路导线接头处是否有松动，触摸导线连接处是否发热。若某连接处松动或发热，则说明该处接触不良；若线路连接无问题，则应对蓄电池进行检查。

b. 如果判断电源无问题，用螺丝刀将电磁开关接线柱与启动机电源接线柱相连，看启动机是否转动。如果启动机仍不转动，则说明启动机有故障，应拆检启动机；如果启动机运转正常，则说明故障在启动继电器或有关的线路，可进行下一步故障诊断。

c. 用螺丝刀或导线将启动继电器连接蓄电池的B接线柱与连接启动机的S接线柱直接相连，看启动机是否转动。如果启动机不转，则应检查连接这两个接线柱的导线；如果启动机能正常运转，则再做下一步诊断。

d. 将启动继电器上连接蓄电池的B接线柱与连接点火开关的SW接线柱直接相连，看启动机是否转动。如果启动机不转，则说明是启动继电器不良，应拆修或更换启动继电器；如果启动机能正常运转，则故障在启动继电器至点火开关的导线或点火开关，应对其进行检修。

(2) 启动机运转无力。

① 故障原因。

a. 启动电源有故障　蓄电池亏电或极板硫化短路，启动电源导线连接处接触不良等。

b. 启动机有故障　换向器与电刷接触不良，电磁开关接触盘和触点接触不良，电动机磁极绕组或电枢绕组有局部短路等。

② 诊断方法。

启动机运转无力时，首先通过按喇叭、开前照灯等方法检查启动机电源是否正常，如果启动电源无问题，则应拆检启动机。

(3) 启动机空转。

① 故障原因。

启动时，启动机驱动齿轮能移动且高速空转，但发动机不转。启动机空转可能的故障原因如下。

a. 单向离合器打滑。

b. 飞轮齿圈的某一部分严重缺损。

② 诊断方法。

出现启动机空转时,可将发动机飞轮转一个角度后再启动,如果故障能随之消失(但以后还会再现),则为飞轮齿圈有缺损,应焊修或更换飞轮齿圈;如果转动飞轮后启动机仍然空转,则需检修单向离合器。

(4) 启动齿轮打齿。

① 故障原因。

启动时,可听到驱动齿轮与飞轮齿圈发生撞击的声响,驱动齿轮不能啮入,发动机不转动,可能的故障原因如下。

a. 电磁开关触点接通的时间过早,使驱动齿轮在与飞轮齿圈啮合以前就已高速旋转起来。

b. 飞轮齿圈磨损严重或驱动齿轮磨损严重。

② 诊断方法。

启动时出现驱动齿轮打齿现象时,首先通过适当延迟电磁开关触点的接通时间,看打齿现象是否能消失。如果能,将电磁开关触点接通时间调整适当,故障即被排除;如果打齿现象不能消失,则应拆检启动机驱动齿轮和飞轮齿圈。

(5) 电磁开关吸合不牢。

① 故障原因。

启动时发动机不转,但有驱动齿轮轴向来回窜动的"咔嗒、咔嗒"声响,可能的故障原因如下。

a. 蓄电池亏电或启动机电源线路有接触不良之处。

b. 启动继电器的断开电压过高。

c. 电磁开关保持绕组断路、短路或搭铁。

② 诊断方法。

启动时出现驱动齿轮轴向来回窜动时,若检查启动电源线路连接无问题,可将启动继电器连接蓄电池的 B 接线柱和连接启动机的 S 接线柱直接短接,看启动机是否能带动发动机正常转动。如果能正常启动,则为启动继电器断开电压过高,应予以调整;如果故障仍然出现,则应对蓄电池进行补充充电。如果蓄电池充足电后故障仍不能消除,则为启动机电磁开关有故障,应予以检修或更换。

学习情境 6　前照灯近光灯不亮

学习目标

1. 知识目标

- 掌握汽车灯光系统的组成及作用。
- 掌握常见光源的种类。
- 掌握前照灯的结构与组成。
- 了解前照灯的防眩目措施。
- 掌握前照灯系统的电路控制原理。

2. 能力目标

- 能对前照灯进行检测与调整。
- 能按照电路图分析前照灯故障。
- 能根据前照灯故障现象进行检修。

职业情境描述

车主王先生到 4S 店做保养，维修技师（同学你）在为王先生做灯光系统检查时，发现左侧近光灯不亮了。与车主王先生沟通后，客户要求对出现的故障进行详细的检查并进行相应的维修。

工作任务 1　汽车灯光系统的组成与认识

1. 汽车灯光系统的组成

为保证车辆的安全行驶，减少交通事故及机械事故的发生，汽车上装载了多种照明设备和灯光信号设备，统称为汽车灯光系统，如图 6.1 所示。

汽车照明设备是为了保证汽车在光线不好的条件下提高车辆行驶的安全性和运行速度而设置的。一般来说，汽车照明设备除了主要用于照明外，还用于汽车装饰。随着汽车电子技术应用程度的不断提高，照明设备正在向智能化方向发展。汽车照明设备分为车内照明和车外照明两部分。

灯光信号设备是用于汽车使用中指示其他车辆或行人的灯光信号（或标志），通常由转向信号装置、制动信号装置、电喇叭等组成，以保证汽车行驶的安全性。

1）车外照明设备

（1）前照灯　俗称前大灯或头灯，安装在汽车头部的两侧，用于夜间或光线昏暗的路面上

图 6.1　汽车前部灯光系统组成

1、8—侧面辅助转向信号灯；2、9—前位置灯；3、10—前转向信号灯；4、11—前照类-近光；
5、12—前照类-远光；6、13—前部泊车辅助雷达探头；7、14—前雾灯

行驶时的照明。

前照灯有两灯制和四灯制两种配置。前者左右各装一个大灯，其灯泡一般采用双丝灯泡，每只外侧采用双丝灯泡，每只灯具有远、近光光束；后者左右各装两个大灯，一般外侧为近光，内侧为远光，有的外侧采用双丝灯，即既有远光，又有近光。

(2) 雾灯　安装在车头和车尾，装于车头的雾灯称为前雾灯，装于车尾的雾灯称为后雾灯。为避免迎面车辆驾驶员的眩目，前雾灯光束在地面的投射距离相对近光光束来说要近，一般前雾灯的安装位置位于比前照灯较低的前保险杠下方位置。雾灯主要是用于改善在大雾、大雨、大雪或尘埃弥漫情况下道路照明的灯具，不但有助于驾驶员看清楚道路，也有助于本车被其他人看到，因此雾灯的光源需要有较强的穿透性。

(3) 牌照灯　装于汽车尾部牌照上方或左右，用来照亮后牌照，功率一般为 5 W，确保行人在后方 20 m 能够清楚地看见牌照上的文字、数字。牌照灯的入射角一般要求在 8°以上，入射角太小，照明有困难；入射角太大 ，又有难度。

(4) 倒车灯　安装于车辆尾部，给驾驶员提供额外的照明，使其能在夜间倒车时看清车辆后方的情况，同时倒车灯也属于灯光信号装置，警告后面车辆或行人，该车驾驶员将要倒车或正在倒车。倒车灯颜色是白色，驾驶员挂上倒挡，就自动接通倒车灯，灯的亮度应照亮 7.5 m 的距离，灯泡的功率一般为 28 W。

2) 车内照明设备

(1) 顶灯、阅读灯　顶灯安装在驾驶室顶部，主要用于车辆的内部照明，如图 6.2 所示。阅读灯一般装于乘客座位旁边，供乘客阅读使用，提供给乘坐人员足够亮度，同时又不会影响驾驶员的正常驾驶和其他乘员的休息。目前很多汽车的顶灯可以实现亮度控制及延时熄灭控制。

(2) 车门灯　一般用于轿车或旅行车。当车门打开时，车门灯电路即接通，车门灯被点亮；当车门关上时，车门灯便熄灭。为了便于驾驶员上、下车或打开其他设备及插入点火钥匙等操作，有的车门灯电路还设有自动延时器。

(3) 仪表及开关照明灯　主要用于夜间行车时仪表及开关的照明，使驾驶员及时查看仪表以及操作开关提供便利条件，如图 6.2 所示。示廓灯打开时，仪表及开关照明灯同时亮起，

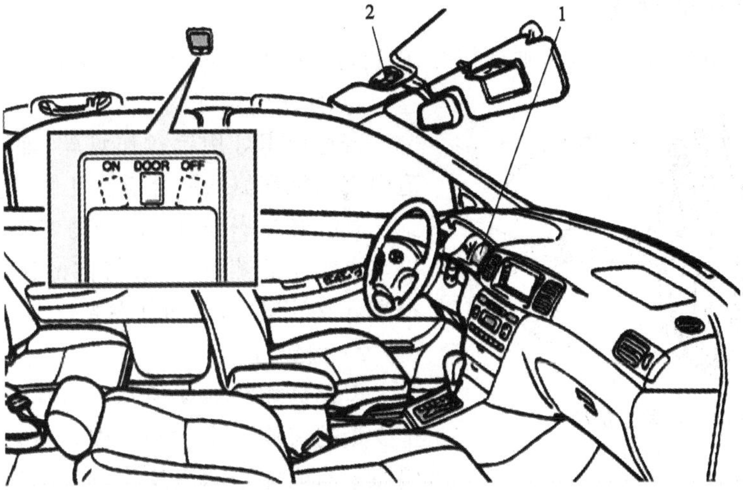

图 6.2　车内照明设备

1—仪表及开关灯；2—阅读灯

一些车辆还配装了灯光控制器，使驾驶员能主动调整仪表灯的亮度或通过传感器来自动控制亮度。

3）灯光信号设备

灯光信号设备可分为车外信号设备和车内信号设备。

车外信号设备主要包括以下部分。

（1）制动灯　安装在车辆尾部，用于通知后面车辆该车正在制动，以免后面车辆与其后部碰撞。

（2）日间行车灯　使车辆在白天行驶时更容易被识别的灯具，装在车身前部。这个灯不是为了使驾驶员能看清路面，而是为了让别人知道有一辆车开过来了。当汽车发动机一启动，日间行车灯则自动开启，并不断增加亮度以引起路上其他机动车、非机动车及行人的注意。当夜晚降临，驾驶者手动打开近光灯后，日间行车灯则自动熄灭。日间行车灯现在多是 LED 灯。

（3）转向信号灯　安装在车辆两端及前翼子板上，向前后左右车辆表明车辆正在转弯或改换车道。转向信号灯一般每分钟闪烁 60～120 次。

（4）示廓灯与尾灯　这两种都是低强度灯，用于夜间给其他车辆指示车辆位置和宽度。位于前方的称为示廓灯，位于后方的称为尾灯。

（5）危险警告灯　车辆紧急停车或驻车时，危险警告灯给前后左右车辆表明车辆故障并显示车辆位置。危险警告灯是左右转向信号灯一起闪烁，俗称“双闪灯”。

车内信号设备泛指仪表内的指示灯，用来指示某系统工作状态或警告、报警灯信息，主要有转向、大灯远/近光、机油压力、充电、制动、水温、油量、发动机故障、安全气囊、ABS 系统、关门提示等仪表内部的各种指示灯。

汽车的信号系统除了信号灯外，还包含发出声音信号的装置，如电喇叭、蜂鸣器等。电喇叭用来对外部行人或车辆发出声音信号，蜂鸣器可以提醒或警告驾驶员注意车辆的某些状况或信息。

2. 常见光源的种类

目前汽车所用光源类型有普通白炽灯、卤钨灯、HID灯和LED灯四种。

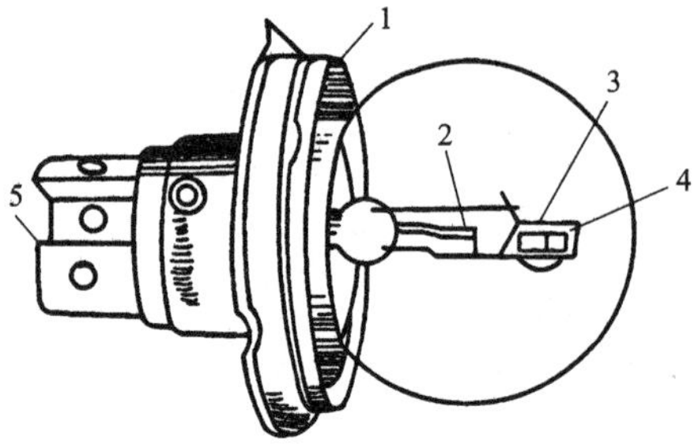

图 6.3 普通白炽灯

1—对焦盘；2—远光灯丝；3—近光灯丝；4—配光屏；5—引脚

1）普通白炽灯

普通白炽灯用钨丝作灯丝，如图 6.3 所示，灯泡内充以氩和氮的混合惰性气体，这些惰性气体在工作时会受热膨胀而使泡壳内产生较高的压力，用以减小钨丝的蒸发，延长灯泡的使用寿命，同时可提高灯丝的温度，增加其发光效率。

2）卤钨灯

卤钨灯如图 6.4 所示。卤钨灯是在灯泡内掺杂少量的卤族元素（如碘、溴），从灯丝蒸发出来的钨原子与碘原子相遇反应，生成碘化钨化合物，而碘化钨一接触炽热的灯丝（温度超过 1450 ℃），又会还原为钨和碘，钨会重新回到灯丝中去，碘则重新进入气体中，如此循环不已，灯丝几乎不会烧断，灯泡也不会发黑，所以卤钨灯要比传统的白炽前照灯寿命更长，亮度更高，目前得到广泛的应用。

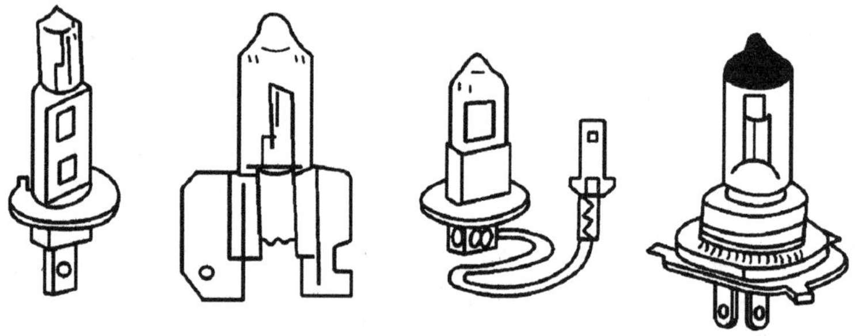

(a)　(b)　(c)　(d)

图 6.4 卤钨灯

(a) H_1 型　(b) H_2 型　(c) H_3 型　(d) H_4 型

3）HID灯

HID(high intensity discharge)灯也称高压气体放电灯，如图 6.5 所示，可称为重金属灯或氙气灯。HID发光原理是在UV-ant抗紫外线水晶石英玻璃管内，以多种化学气体填充，其中大部分为氙气（Xenon）与碘化物等惰性气体，再通过增压器将车上 12 V 的直流电压瞬间增压至 23000 V 的电压，激发石英管内的氙气电离，在两电极之间产生光源，这就是所谓的气体放电。有氙气所产生的白色超强电弧光可提高光线色温值，接近白昼的太阳光芒。HID工作时所需的电流值仅为 3.5 A，亮度是传统卤钨灯泡的 3 倍，使用寿命比传统卤钨灯泡长 10 倍。氙气灯极大增加了驾驶的安全性与舒适性，还有助于缓解驾驶员夜间行驶的紧张与疲劳。从应用前景看，随着成本降低，氙气灯将会成为市场的主流。

4）LED灯

LED是指发光二极管，如图 6.6 所示，LED灯是由多个发光二极管集成在一个灯光电路板上。LED灯对汽车前照灯的形状和排列有着较大的灵活性。利用LED体积小这一优势，可以大幅缩小前照灯整组灯具的体积，让出一些宝贵的空间给其他相关装置。现有的卤钨灯或 HID 灯灯具总长约 300 mm，而许多概念车上的 LED 灯具只有 125 mm，而且可以在造型上突破传统灯具的圆形设计。由于 LED 灯采用模块化设计，从造型上看，前照灯设计给人们以全新的视觉冲击。使用 LED 灯作为前照灯，不仅颜色识别性比卤钨灯等老式灯高，而且由于老式灯只有一个光源，难以扩大照明区域，而 LED 灯具有多个光源，由此可使照明区域广度扩大。

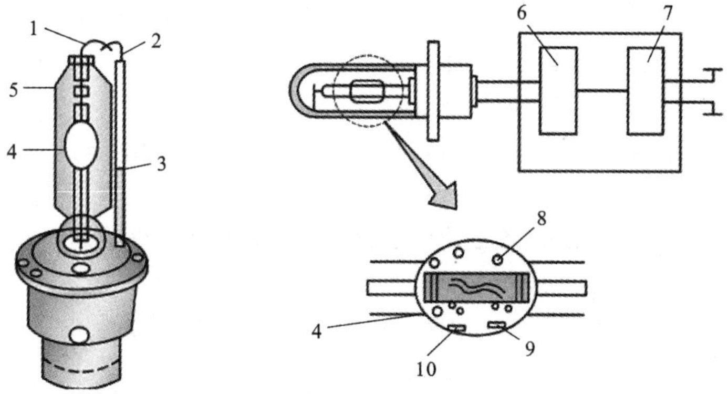

图 6.5　高压气体放电灯

1—外引线；2—引线；3—陶瓷管；4—电极(钨)；5—外部灯泡；6—点火器；7—控制器；8—点火器气体；9—金属卤化物；10—汞

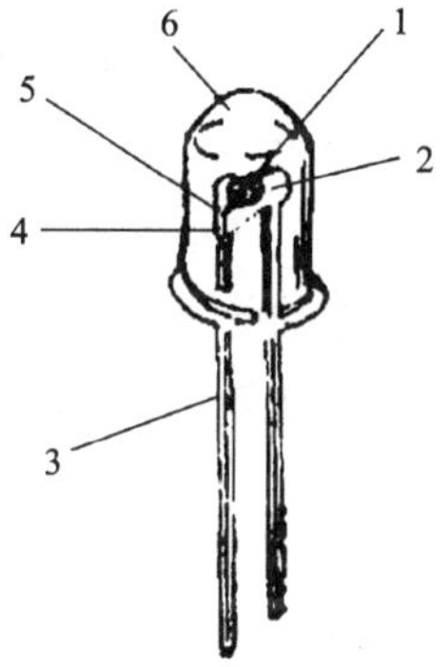

图 6.6　发光二极管的构造

1—LED 芯片；2—有发射碗的阴极杆；3—引线架；4—阳极杆；5—楔形支架；6—透明环氧树脂封装

工作任务 2　前照灯检测与维修

1. 前照灯的基本要求

世界各国交通管理部门一般都以法律形式规定了汽车前照灯的照明标准，以确保夜间行车的安全。前照灯的基本要求如下。

(1) 前照灯应保证车前有明亮而均匀的照明，使驾驶员能看清车前 100 m 以内路面上的任何障碍物。随着高速公路的建成，汽车行驶速度的提高，要求汽车前照灯的照明距离也相应地增加，现代有些汽车的前照灯照明距离已达到 200～250 m。

(2) 应具有防止眩目的装置，确保夜间两车迎面相遇时，不使对方驾驶员因产生眩目而造成事故。

为了满足第(1)项要求，根据光路的可逆性原理，在前照灯的设计和制造上，装置了反射镜、配光镜和灯泡组成的光学系统。

为了满足第(2)项要求，对前照灯的使用作了必要的规章制约，同时还对灯泡结构进行了合理的设计。

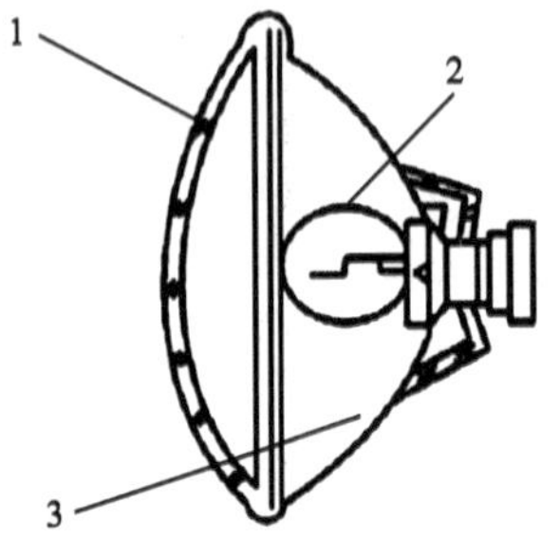

图 6.7　前照灯的基本组成

1—配光镜；2—灯泡；3—反射镜

2. 前照灯的结构与组成

汽车前照灯一般由光源(灯泡)、反射镜、配光镜(散光玻璃)三部分组成，如图 6.7 所示。

1) 光源(灯泡)

在“常见灯源的种类”一节中已经介绍过灯泡的不同结构与相应工作原理，在此不在复述。

汽车前照灯用灯泡的额定电压有 6 V、12 V 和 24 V 三种。灯泡的灯丝由功率大的远光灯丝和功率较小的近光灯丝组成，由钨丝制作成螺旋状，以缩小灯丝的尺寸，有利于光束的聚合。

为了保证安装时使远光灯丝位于反射镜的焦点上，使近光灯丝位于焦点的上方，故将灯泡的插头制成插片式。插头的凸缘上有半圆形开口，与灯头上的半圆形凸起配合定位。三个插片插入灯头距离不等的三个插孔中，保证其可靠连接。

插片式灯泡的优点具有结构简单，拆装方便，接触性能可靠，并能与全封闭式前照灯通用，因此国内生产的前照灯灯泡多采用插片式结构。

2) 反射镜

由于前照灯灯泡灯丝发出的光度有限，功率仅 45～60 W，如无反射镜，那只能照清汽车灯前 6 m 左右的路面。有了反射镜之后，使前照灯照距可达到 150 m 或更远。因此，反射镜的作用就是将灯泡的光线聚合并导向前方。灯丝位于焦点 F 上，灯丝的绝大部分光线向后射在立体角范围内，经反射镜反射后将平行于主光轴的光束射向远方，使光度增强几百倍，甚至上千倍，从而使车前 150 m，甚至 400 m 内的路面照得足够清楚，如图 6.8 所示。

反射镜的表面形状呈旋转抛物面，一般由 0.6～0.8 mm 的薄钢板冲压而成，或由玻璃或塑料制成，其内表面镀银、铝或洛，然后抛光处理。由于镀铝的反射系数可以达到 94%以上，力学性能也较好，所以现在一般采用真空镀铝，如图 6.9 所示。

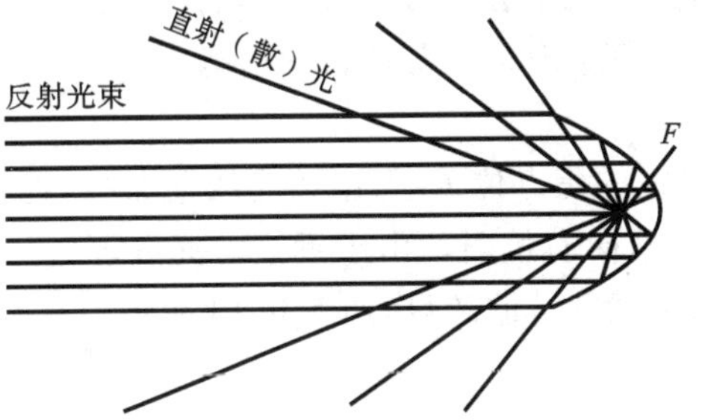

图 6.8　反射镜作用

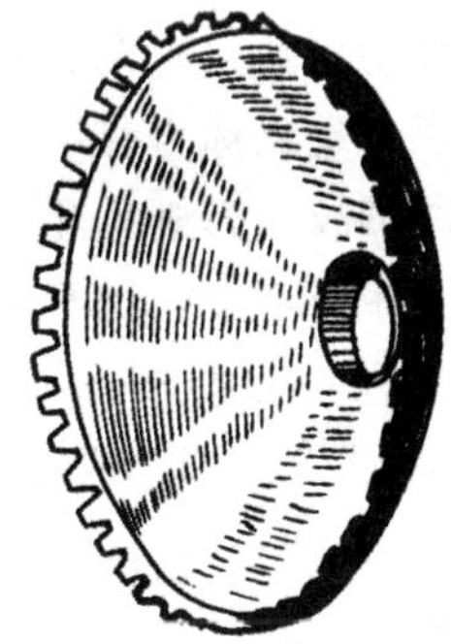

图 6.9　反射镜

3）配光镜

配光镜又称散光玻璃，由透光玻璃压制而成，是多块特殊棱镜和透镜的组合。配光镜的外形一般为圆形或矩形，如图 6.10 所示。配光镜的作用是将反射镜反射出的平行光束进行折射，使车前的路面有良好而均匀的照明，如图 6.11 所示。现代轿车的组合前照灯往往将反射镜和配光镜作为一体，也就是说反射镜形状经过计算机辅助设计，既起到反光作用，同时也进行了光的合理分配，如图 6.12 所示。

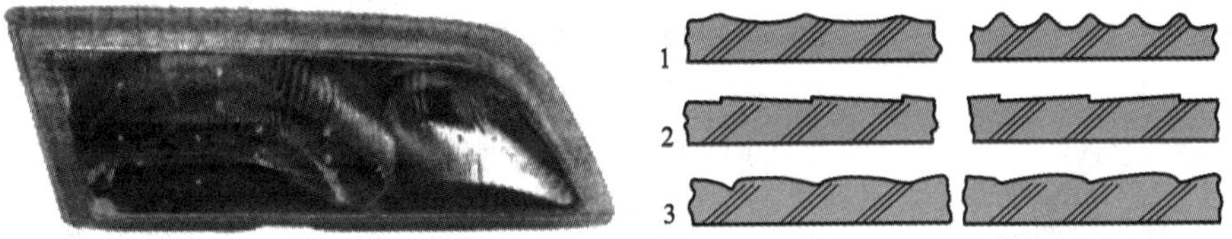

图 6.10　配光镜及其剖面棱镜形状

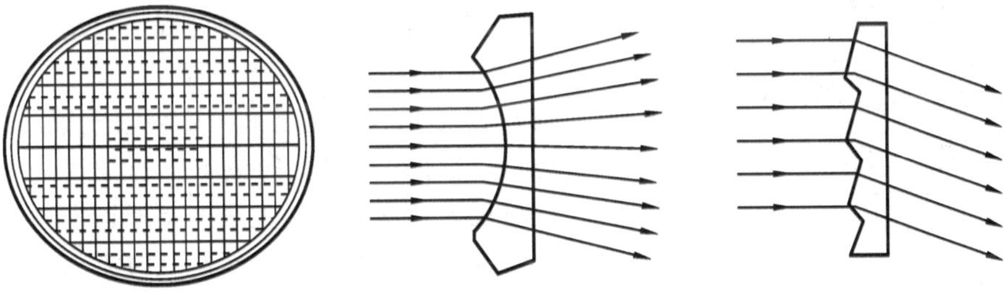

图 6.11　配光镜的结构和作用

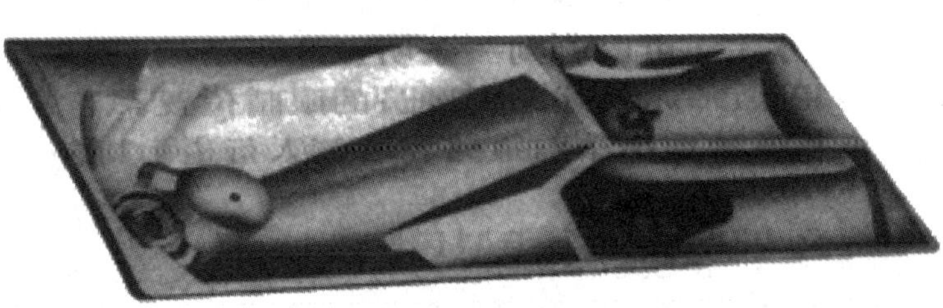

图 6.12　组合前照灯的反射镜/配光镜

3. 前照灯防眩目措施

当前照灯射出的强光束突然映入人的眼睛时，就会对视网膜产生刺激，瞳孔来不及收缩，因此造成的视盲现象称为眩目。夜间行车时，强烈光束会使对面行驶车辆的驾驶员眩目，从而容易引发交通事故。为避免此类现象发生，前照灯采取以下防眩目的措施。

1）采用对称形配光（SAE 方式）

远光灯丝功率较大（45～60 W），位于反射镜的焦点位置，射出的光线远而亮；近光灯灯丝功率小（22～55 W），位于反射镜焦点的上方并稍向右偏斜。由于近光灯光线弱，且经反射镜反射后大部分向下倾斜，从而减少了对迎面来车驾驶员的眩目，如图 6.13 所示。一般美国、日本采用这一配光方式。

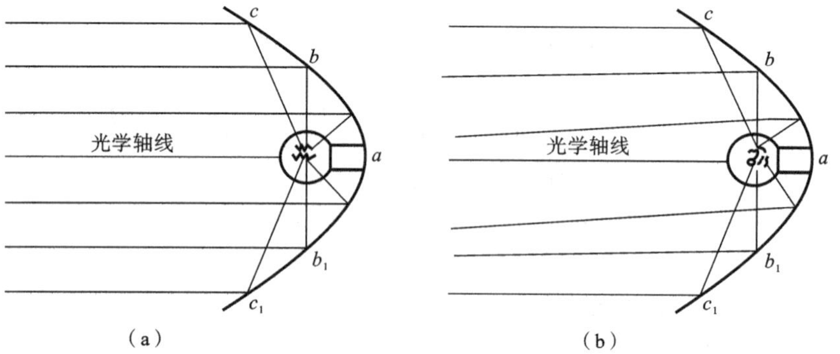

图 6.13　对称形配光的工作情况

(a) 远光灯光束　(b) 近光灯光束

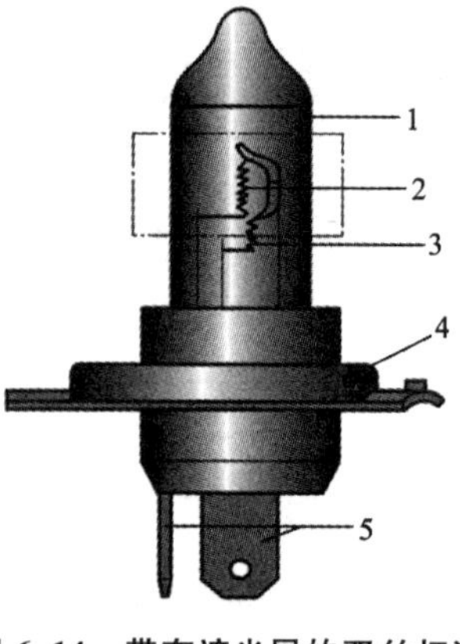

图 6.14　带有遮光屏的双丝灯泡

1—玻璃泡；2—近光灯丝；3—远光灯丝；4—灯座；5—插脚

2）采用带有遮光屏的双丝灯泡

图 6.14 所示为带有遮光屏的双丝灯泡。这种采用带有遮光屏的双丝灯泡的大灯，其远光灯丝安装于反射镜焦点的上方或前上方。根据光学原理，远光灯丝发射的光束射向远方。根据光学原理，远光灯丝发射的光线经反射镜聚光，沿光学轴线以平行光束射向远方，以此照亮车前方 150 m 以上的路面；近光灯丝下方均设有遮光屏（又称遮光罩或光束偏转器），用以遮挡近光灯丝射向反射镜下部的光线，消除反射向上照射的光束；近光灯丝发射的光线经反射镜发射后，大部分光束倾斜向下射向车前的路面，从而避免对方驾驶员的眩目。其远光和近光反射的效果如图 6.15 所示。

3）采用非对称配光（ECE 方式）

为了满足既防止眩目，又不影响会车速度的要求，汽车的前照灯常采用非对称光型。图 6.16 所示为非对称配光方式，可以看到一条明显的明暗截止线，即上方Ⅲ区是一个明显的暗区。该区点 B50L 表示相距 50 m 处迎面驾驶员的眼睛位置。下方区域Ⅰ、Ⅱ、Ⅳ区及右上约 15 ℃内是一个亮区，可有效地照亮车前道路和右侧人行道。

将配光屏单边倾斜 15°，可使近光灯既有良好的防眩目效果，又有较远的照明距离。这种形式的配光屏可使近光灯发出的光线形成“L”形非对称近光光形（见图 6.17(b)）。这种配光符合联合国经济委员会制定的 ECE 标准，被称之为 ECE 形配光。这是一种较为理想的光形，

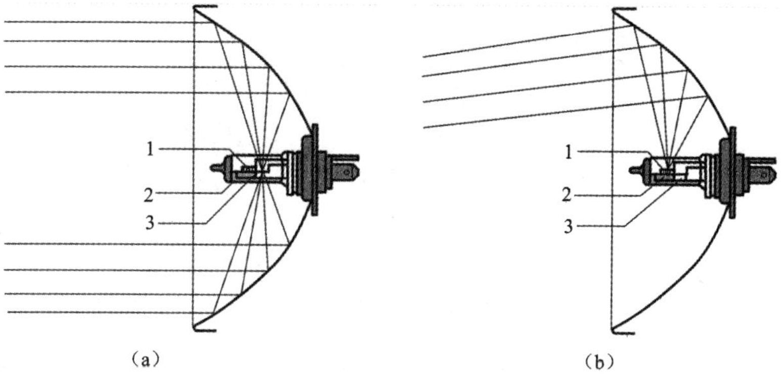

图 6.15　远光和近光反射效果

(a) 远光　(b) 近光

1—近光灯丝；2—遮光屏；3—远光灯丝

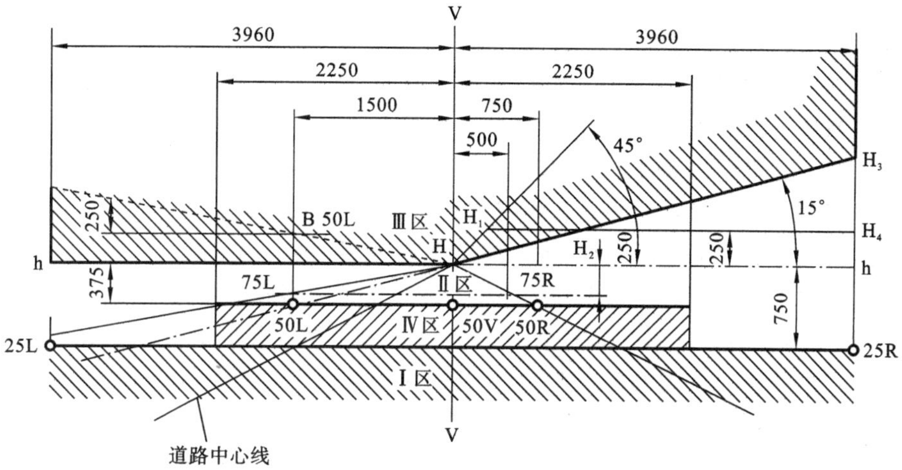

图 6.16　非对称配光方式

我国已采用这种配光形式。近年来，在国外出现了另一种被称之为"Z"形配光的非对称型配光(见图 6.17(c))，它不仅可以避免迎面汽车驾驶员眩目，还可以防止车辆右边的行人和非机动车辆使用人员眩目。

4）采用前照灯自动变光器

前照灯自动变光器是一种根据对方车辆灯光的亮度自动变远光为近光或变近光为远光的自动控制装置。它的优点首先是实现了自动控制，不需要驾驶员操纵，其次是体积小，性能稳定可靠，且灵敏度高。

在夜间两车相对行驶，当相距 150～200 m 时，对方的灯光照射到自动变光器上，就立即自动变远光为近光，从而有效地避免了远光给对方驾驶员带来的眩目。待两车相会时，自动变光器自动变近光为远光，汽车即可恢复原来的行驶速度。

4. 前照灯的分类、检测与调整

1）前照灯的分类

前照灯可分为可拆式前照灯、半封闭式前照灯和全封闭式前照灯。随着科技进步的不断

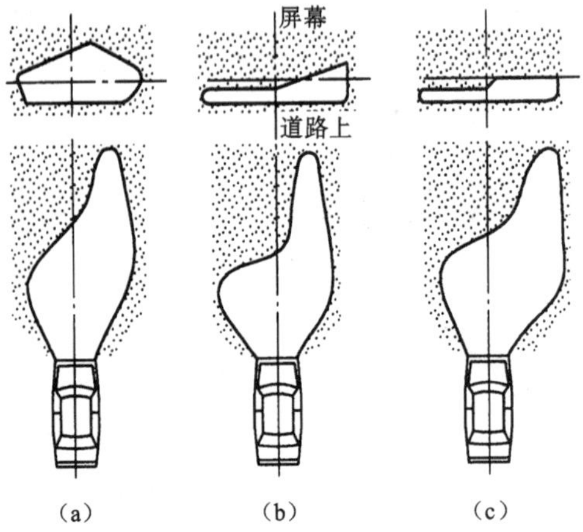

图 6.17　近光灯光形

(a) 对称光形　(b) "L"形非对称光形　(c) "Z"形非对称光形

发展，现在汽车上出现了许多新型的前照灯。

可拆式前照灯的组件均可解体，因此，其密封性差，反射镜容易受湿气、灰尘的污染而影响反射能力，在汽车上已被淘汰。

① 半封闭式前照灯　如图 6.18 所示，半封闭式前照灯的配光镜靠卷曲反射镜边缘上的扣件而紧固在反射镜上，两者之间垫有橡胶皮密封圈，灯泡从反射镜后端装入；当需要更换配光镜时，应撬开反射镜边缘上的扣件，装上配光镜后，再将扣件处复原。

② 全封闭式前照灯　全封闭式前照灯配光镜与反光镜制成整体，灯丝直接焊在反射镜底座上。一种圆形全封闭式前照灯如图 6.19 所示。全封闭结构前照灯可避免反射镜受湿气和灰尘等污染，反射镜可保持高的反光效率，延长了前照灯的使用寿命。因此，全封闭式前照灯在汽车上的使用日益广泛。

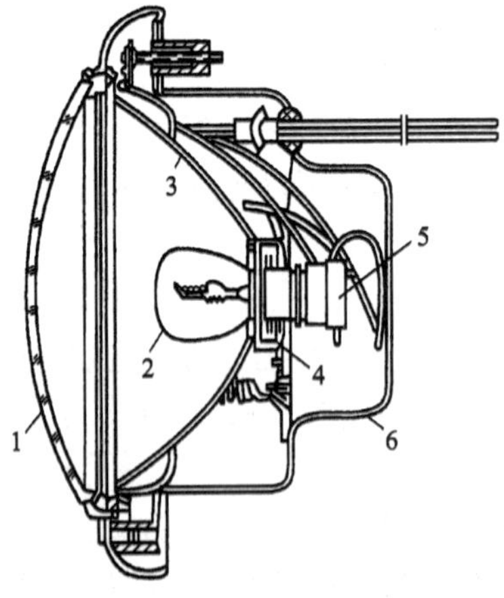

图 6.18　半封闭式前照灯

1—配光镜；2—灯泡；3—反射镜；4—插座；5—接线盒；6—灯壳

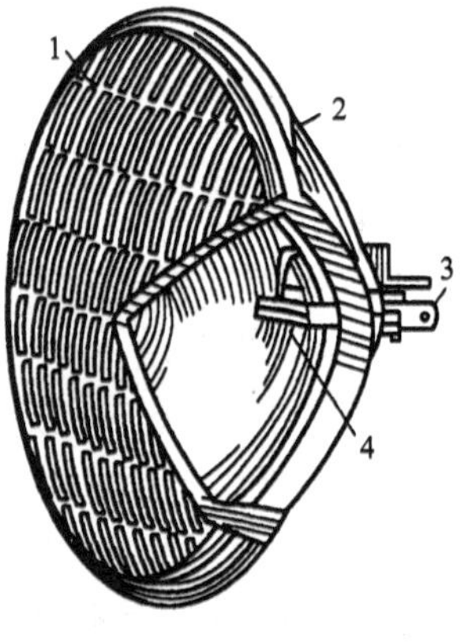

图 6.19　全封闭式前照灯

1—配光镜；2—反射镜；3—插片；4—灯丝

③ 投射式前照灯　投射式前照灯的结构如图 6.20 所示。投射式前照灯采用了凸形配光镜，反射镜为椭圆形，所以其外径很小。

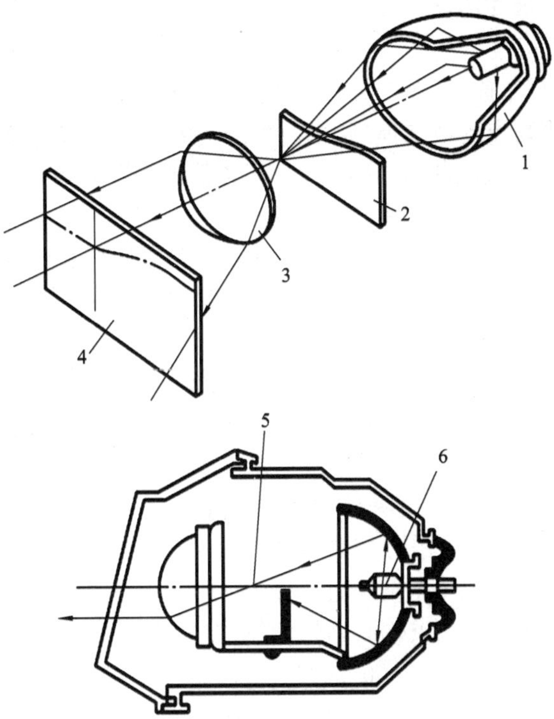

图 6.20　投射式前照灯

1—椭圆反射镜；2—遮光镜；3—凸形散光镜；4—屏幕；5—第一焦点(F_2)；6—第一焦点(F_1)

由于其反射镜呈椭圆形，所以有两个焦点：第一个焦点处放置灯泡，光束经反射会聚至第二个焦点。凸形配光镜的焦点与第二个焦点相交重合，灯泡发出的光被反射镜聚成第二个焦点，并通过配光镜将聚集的光投射到远方。投射式前照灯使用的光源为卤素灯泡。在第二个焦点附近设有遮光板，可遮挡向上的光线，形成明暗分明的配光。投射式前照灯可用光束较多，经济实用，这种配光特性适用于前照灯近、远光灯，也可用于雾灯。

④ 多曲面前照灯　多曲面前照灯的配光镜上没有透镜，配光完全由反射面来完成，其反射面不再是单一抛物面，而是由一组复杂的自由曲面组成，完成由反射面来控制光场的分布，以达到相关标准的要求。由于多曲面前照灯配光镜结构复杂，采用金属材料冲压难以制造，所以多通过计算机辅助设计，用工程塑料注射成形。

多曲面前照灯大小一般约为 400 mm×200 mm×350 mm，由于外形、位置、体积等要求，前照灯、雾灯和转向灯需设计成一体式结构，且反射面必须为多曲面，因此采用计算机辅助设计，以 ABS 为原料注射成形，来满足强度、光学和制造方面的要求。

在多曲面前照灯中，灯丝发出的光线首先投射到某一自由曲面片上，然后被反射出去，在配光屏上形成一个具有一定照度值的照射区域。反射器上的所有自由曲面片都重复上述过程，将灯丝发出的光线反射到配光屏上，使汽车前照灯在配光屏上形成光形和照度分布。多曲面前照灯的设计过程是一个反复修改、调试的过程，其最终目的就是建立合适的自由曲面，使得灯丝发出的光线经过众多自由曲面反射后，能够在配光屏上形成要求的光形和特定的照度值。

传统的汽车前照灯设计通常是设计者在手工计算的基础上，对配光镜采用不同的透镜组合，通过反复试验来确定最终的设计方案。

2）前照灯的检测与调整

在调整或校准前照灯之前，应该先进行以下检查，以保证调整正确：如果汽车轮胎上有很厚的冰雪或泥浆，应该用高压水清洗掉；确保油箱是半满状态；检查弹簧和减震器，如果弹簧或减震器受损，会影响调整结果；将所有轮胎气压调整到规定值；检测前灯之前，应震动汽车，以稳定悬架状态，方法是站到保险杠上跳几下或用力下推前挡泥板。

(1) 前照灯检测标准　通常采用的汽车前照灯的配光性能和法规有两个：一是欧洲经济共同体 ECE 法规配光性能标准；一是美国 FVMSS(联邦汽车安全标准)108 号标准，它相当于 ECE 法规 76/756，也就是 SAE 法规配光性能标准。ECE 法规标准比美国 SAE 法规标准更为全面合理。我国采用了类似于 ECE 前照灯配光性能标准，国家标准《机动车运行安全技术条件》(GB/T 7258—1997)中，对前照灯的发光强度及光束照射位置的规定如下。

① 前照灯光束照射位置要求。

a. 机动车(运输用拖拉机除外)在检验前照灯的近光光束照射位置时，前照灯在距离屏幕 10 m 处，光束明暗截止线转角或中心的高度应为 $0.6H \sim 0.8H$(H 为前照灯基准中心的高度)；在水平方向上，向左向右偏均不能超过 100 mm。

b. 四灯制前照灯其远光单光束灯的调整，要求在屏幕上光束中心离地高度应为

$$0.85H \sim 0.90H$$

水平位置要求左灯向左偏不得大于 100 mm，向右偏不得大于 170 mm；右灯向右向左偏均不得大于 170 mm。

c. 机动车装用远光和近光双光束灯时以调整近光光束为主。对于只能调整远光单光束的灯，调整远光单光束。

② 前照灯发光强度要求　机动车每只前照灯的远光光束发光强度应达到表 6.1 的要求。测试时，其电源系统应处于充电状态。

表 6.1　前照灯远光光束发光强度要求　　单位：cd

	新注册车			在用车		
	一灯制	两灯制	四制灯	一灯制	两灯制	四制灯 *
汽车、无轨电车	—	15000	12000	—	12000	10000
四轮农用运输车	—	10000	8000	—	8000	6000
三轮农用运输车	8000	6000	—	6000	5000	—

* 采用四灯制的机动车其中两只对称的灯泡达到的两灯制的要求时视为合格。

(2) 屏幕调整法　前照灯光束检查可以采用屏幕检验法，下面介绍屏幕检验法。

① 将汽车停在水平地面上，并且按规定充足轮胎气压，从汽车上卸下所有负载(只允许一名驾驶员乘坐)。

距汽车前照灯 s(m)处竖一个屏幕(注意：不同的车型要求：的值也不同，具体参照维修手册。以桑塔纳车为例：$s=10$ m，$D=100$ mm)，在屏幕上划两条垂线(各线通过前照灯的中心)和一条水平线(与前照灯的离地高度等高)，如图 6.21 所示。再划一条比 H 低 D(mm)的水平线与两条前照灯的垂直中心线分别相交于 a、b 两点。

② 启动发动机，使之以 2000 r/min 的速度(约为发动机转速的 60%)旋转，即在蓄电池不

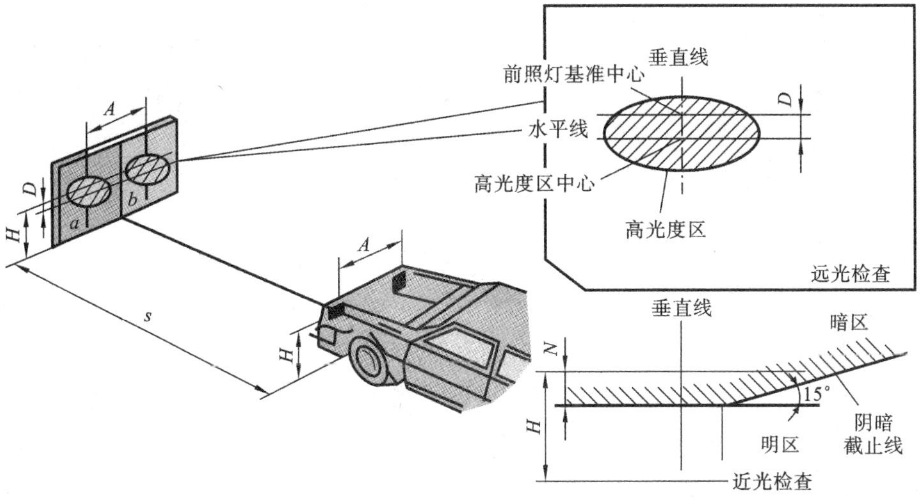

图 6.21　前照灯灯光检查

放电的情况下点亮前照灯远光(有些车按近光调整,参见具体的车型手册)。

③ 调整时,应该把一只灯遮住,然后检查另一只灯的光束是否对准 a 或 b 点(同一侧的光照中心)。若不符合要求,则拆下前照灯罩圈。旋出侧面的调整螺钉,可使光束做水平方向的调整,旋入或旋出上面的调整螺钉,也可做高低方向的调整(见图 6.22)。调整好一只灯后,按照同样的方法调整另一只,使其光束中心对准 b 或 a 点。

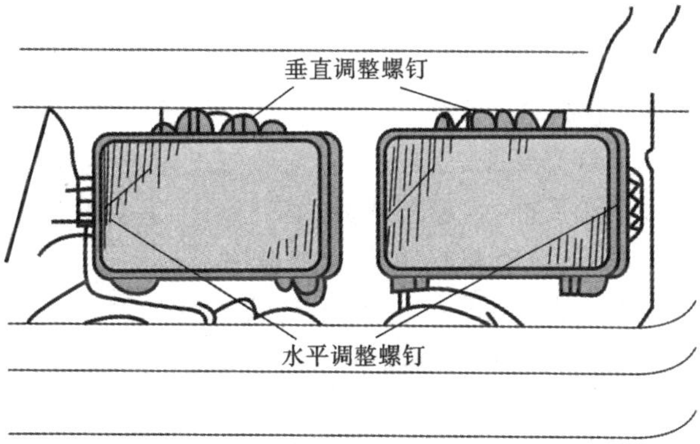

图 6.22　汽车前照灯光束调整

④ 当远光调好后,应该打开近光灯,检查屏幕上是否有明显的明暗截止线,其高度是否符合规定。一般规定是:前照灯上边缘距地面不大于 1350 mm 的车,在距灯 10 m 远的屏幕上明暗截止线水平部分应比前照灯基准中心低 D 左右,如图 6.21 所示。

对按近光调整的四灯式前照灯(例如解放 CA1091),当调整好外侧两只前照灯的近光后,还应打开远光束,分别调整内侧两只前照灯(仅有远光),使其光形的最亮点落在近光切断面的上方。

当前照灯光束调整好后,还应对其照度进行测量。可采用屏幕式测试器或聚焦式测试器进行测试。

(3) 利用集光式测试仪调整前照灯　集光式测试仪的结构如图 6.23 所示。其使用方法

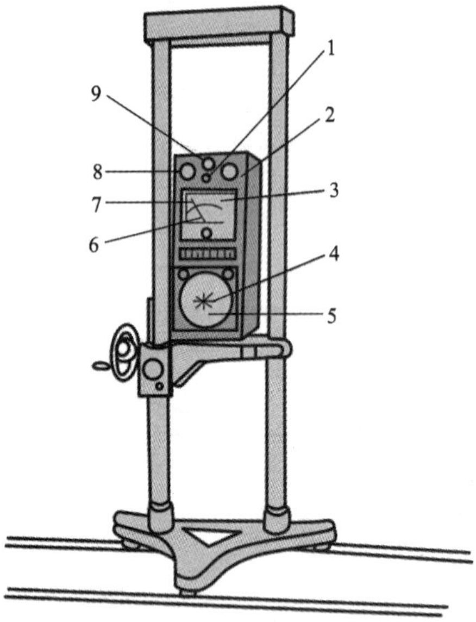

图 6.23　集光式前照灯测试仪

1—转换开关；2—高低(上下)调整旋钮；
3—高低偏移指示针；4—前照灯对正校准器；
5—聚光凸透镜；6—光度计；7—左右偏转指示针；
8—左右调整旋钮；9—车辆中心对准校正器

如下。

① 测试仪垂直放置，汽车和测试仪的相对位置应保证检验仪聚光凸透镜与前照灯配光镜之间的距离为 1 m。

② 调整测试仪，使对正校准器对准被测汽车的纵向中心线，即对中。

③ 利用前照灯对正校准器，通过上下、左右调整测试仪，使前照灯中心与测试仪聚光凸透镜中心对中，然后将测试仪固定在支柱上。

④ 接通前照灯，将光度-光轴转换开关转到光轴位置上。左右、上下偏移指示计。转动左右、上下调整旋钮，使左右、上下偏移指示计的指针指示中央位置。

⑤ 将光度-光轴转换开关转到光度位置上，光度计开始工作，读取此时光度计指示值和左右、上下调整旋钮转动时的刻度值，即测出了发光强度和光轴的左右、上下偏移量。

⑥ 调节前照灯的左右、上下调节螺钉，使测试仪调整旋钮的刻度恢复到零，即调好。

5. 前照灯控制电路

1）前照灯控制电路的组成

前照灯控制电路主要由灯光开关、变光开关、前照灯继电器组成。随着技术的发展，人们为了提高车辆行驶的安全性和便捷性，越来越多的车上采用了电子控制装置，对前照灯实行自动控制，如自动大灯、自动变光、自动调节、关闭自动延时等。

(1) 灯光开关　灯光开关的形式有拉钮式、旋转式和组合式等多种，现代汽车上用得较多的是将前照灯、尾灯、转向灯及变光开关等制成一体的组合开关，如图 6.24 所示。

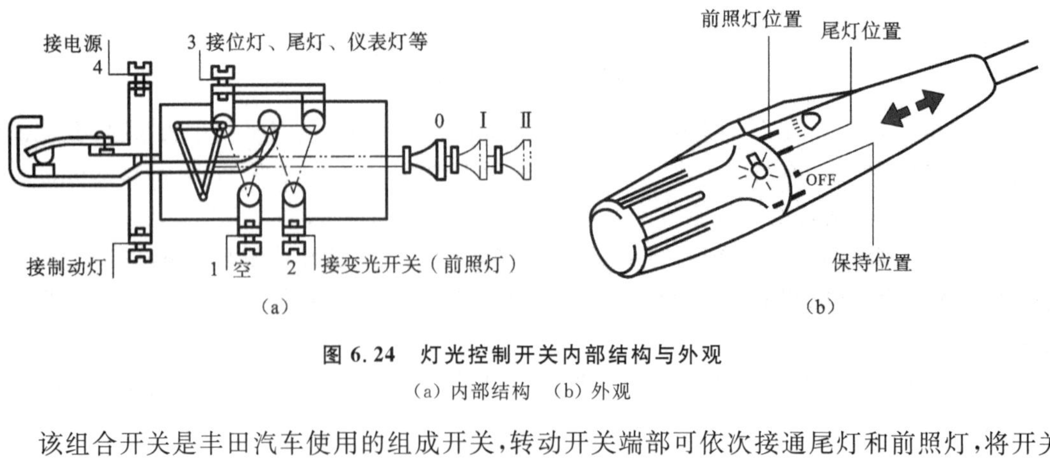

（a）　　（b）

图 6.24　灯光控制开关内部结构与外观

(a) 内部结构　(b) 外观

该组合开关是丰田汽车使用的组成开关，转动开关端部可依次接通尾灯和前照灯，将开关向下压，可由近光变成远光，将开光向上提动，亦可变为远光，但松手后开关自动回位到近光位置，此位置为用来提供夜间行车时的变光超车信号。上下扳动开关为控制左右转向灯。

大众汽车的灯光开关如图 6.25 所示，将示廓灯、近光灯、雾灯、仪表灯亮度调节等控制开关集成到一个控制开关上，而远光灯和转向灯的控制与丰田轿车灯光控制开关是一样的。

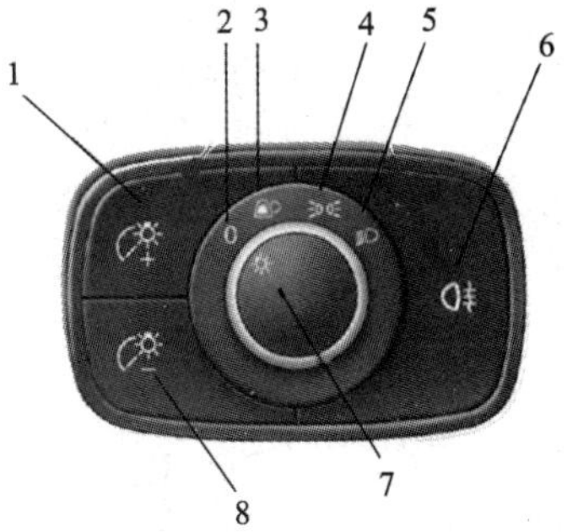

图 6.25　大众汽车灯光控制开关

1—仪表板/开关亮度调节-增加亮度；2—照明系统关闭位置；3 自动大灯开关；4—示廓灯开关；5—前照灯开关；6—后雾灯开关；7—照明旋钮开关；8—仪表板/开关亮度调节-降低亮度

(2) 前照灯继电器　前照灯的工作电流大，特别是四灯制的汽车，如果车灯开关直接控制前照灯，车灯开关易损坏，因此在灯光电路中设有前照灯继电器。

图 6.26 所示为触点常开式前照灯继电器的结构及引线端子，端子 SW 与前照灯开关相连，端子 E 搭铁，端子 B 与电源相连，端子 L 与灯光开关相连。当接通前照灯开关后，继电器线圈通电，触点闭合后向前照灯供电。

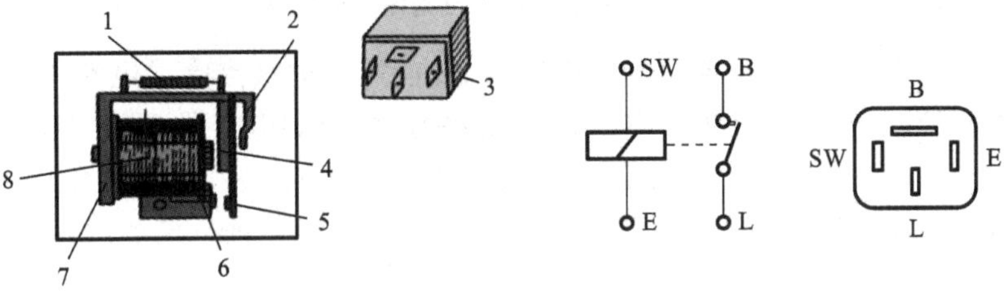

图 6.26　前照灯继电器的结构及引线端子

1—弹簧；2—限位卡；3—外形；4—衔铁；5—动触点；6—静触点；7—支架；8—线圈

(3) 前照灯昏暗自动发光器。

① 作用与结构　昏暗自动发光器的作用是在汽车行驶过程中(并非夜间行驶)，当汽车前方自然光的强度减低到一定程度，如汽车通过高架桥，或林荫小道，或树林，或隧道，或突然乌云密布等，发光器便自动将前照灯电路接通，以确保行车安全。

图 6.27 所示为前照灯昏暗自动发光器的电路。该装置一般都装在汽车仪表板上，主要由光电传感器和晶体管放大器两大部分组成。光电传感器由光敏元件、延时电路、控制开关等组成。在汽车上安装光电传感器时，应注意将其感光面朝上，用以接收从汽车挡风玻璃射进来的自然光。光通量的大小可由传感器前面的光阀进行调整，以适应各种情况(包括季节)的变化。晶体管放大器主要由晶体三极管 T_1 和 T_2、二极管 D_1 和 D_2，电阻 R_1～R_9、电容 C_1 和 C_2，以及灵敏继电器 J_1 和功率继电器 J_2 等组成。

② 工作原理。

a. 汽车行驶时，当自然光的强度降低至某一程度时，传感器中光敏电阻 R_Z 的阻值减小到一定数值，它便以需要发光的电压(信号)输出送往晶体管放大器。

b. 当晶体管放大器接受到光电传感器输出信号后，晶体三极管 T_1 的基极电位迅速下降，灵敏继电器 J_1 线圈接通。

c. 当继电器 J_1 接通后，它便产生电磁吸力使触点 K_1 闭合，功率继电器 J_2 的电路也被接

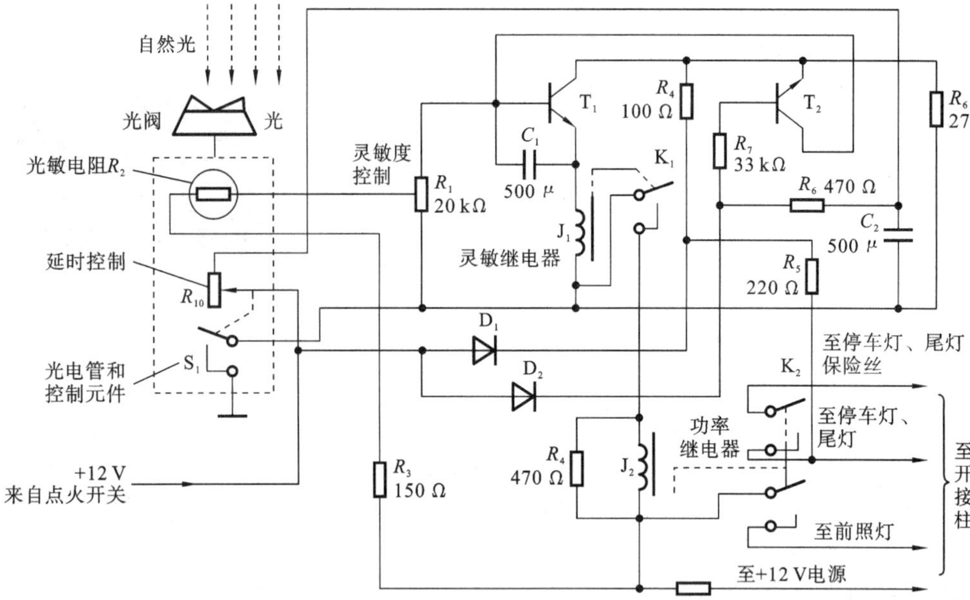

图 6.27　前照灯昏暗自动发光器电路

通，故开关也被 K_2 吸合，将接直前照灯的电路接通，前照灯即被点亮。电路中晶体三极管 T_2 的作用是延时，即当点火开关切断时，T_2 使 T_1 保持导通，直到电容器 C_2 上的电压减小到不足使 T_2 导通为止。T_2 截止后，T_1 亦截止，由继电器 J_1 和 J_2 的作用，故使触点 K_1 和开关 K_2 均打开，以使前照灯自动熄灭。其延时时间的长短可由电位器 R_{10} 进行调节。

（4）前照灯自动变光器。

① 作用与结构　汽车前照灯自动变光器是一种根据对方车辆灯光亮度自动变光为远光或近光的自动控制装置。在夜间两车相对行驶时，当相距 150～200 m 时，对方的灯光照到自动变光器上，就立即自动将远光变为近光，从而避免远光给对方驾驶员带来眩目，两车相会后，变光器又自动将近光变为远光。

图 6.28 所示为具有光敏电阻器的自动变光器的电路。主要由电子电路、光敏电阻器和继电器组成。为防止电子电路出故障后影响夜间行驶，还保留了脚踏变光开关（在一些新型的汽车上，变光开关多安装在转向柱上）。

② 工作过程　自动变光器的工作过程如下。

在对面没有车辆驶来时，继电器 J 的线圈内没有电流通过，触点 K 和远光灯的接线柱接触，远光灯亮。当对面驶来的车辆相距 150～200 m 时，灯光照射在光敏电阻 R 上，使光敏电阻的阻值突然减小，于是晶体三极管 T_1 获得较大的正偏压而导通，使 T_2 也获得正向偏压也导通，T_3 的基极电流被短路，T_3 截止，使 T_4 的基极电位升高，T_4 导通。接通了 T_5 的基极电流，T_5 导通使继电器 J 的线圈内有电流通过，产生较大的电磁力使触点和远光灯接线柱 1 断开，与近光灯接线柱 2 接通，灯光由远光变为近光。

两车相会之后，作用到光敏电阻上的强光消失，电阻 R 的阻值迅速增大，使三极管 T_1 的正向偏压迅速降低，T_1 截止，T_2 的基极电流被断路，T_2 也被截止。结果切断了 T_5 的基极电流，T_5 截止，继电器 J 线圈中的电流被切断，触点 K 和近光接线柱 2 断开，又和远光接线柱 1 接触，恢复远光灯的工作。

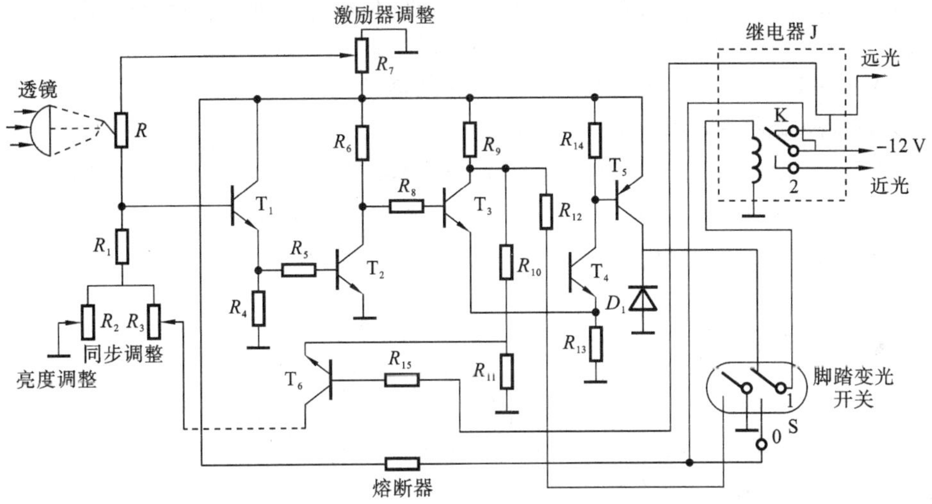

图 6.28　具有光敏电阻器的自动变光器电路

在近光状态时，T_6 的基极电位为零，所以 T_6 截止，并联电阻 R_3 被断路，因而使支路的电阻增大，灵敏度改变，使电路转换出现滞后现象，这样可以有效地防止杂散光的干扰。如果电子控制部分出现故障或损坏，可以使用脚踏变光器变光。当踩下脚踏变光开关 S 时，S 就由“1”位置变到“0”位置，使继电器 J 的线圈导通，触点 K 和接线柱 1 断开，与接线柱 2 接通，使前照灯由远光变为近光。松开脚踏变光时，S 由“0”位返回到“1”位。切断继电器线圈中的电流，触点 K 又和接线柱“1”接触，变近光为远光。

(5) 灯光自动调整装置　前照灯的照明范围随着汽车的负荷变化而变化，当汽车负荷较大时，前照灯距地面变近，使照明范围变小，反之，虽然照明范围变大，但会使对面来车的驾驶员眩目。在这些情况下都容易造成安全事故。

为了克服负荷对照明的影响，一些先进的汽车上设置了前照灯自动调整装置，该装置根据汽车负荷的不同，自动调整前照灯前倾的角度，使照明范围不变。图 6.29 所示为博世公司生产的前照灯自动调整装置。

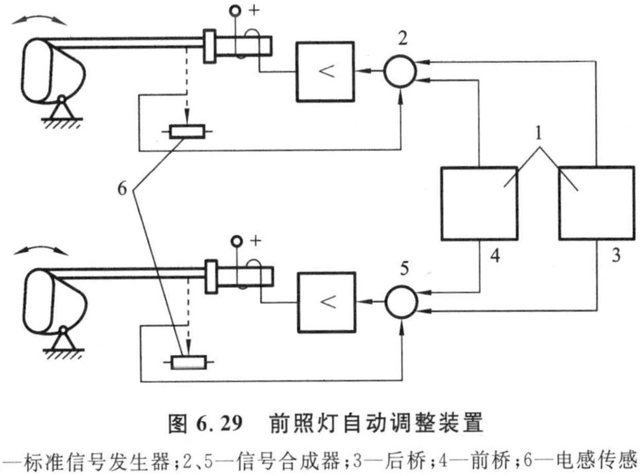

图 6.29　前照灯自动调整装置

1—标准信号发生器；2、5—信号合成器；3—后桥；4—前桥；6—电感传感器

电感传感器接收前后桥与车身的相对位移，并把该位移转换成表征车身实际高度的电信

号，然后输出到信号合成器，与标准信号发生器传送的标准信号进行比较，得到差值信号，经放大器放大后，输出给双金属片执行机构，双金属片随失调信号的变化，得到不同的热量，产生相应的变形，作用于转动杠杆，使前照灯围绕支点转动到适当位置。

（6）关闭自动延时控制器。

前照灯关闭自动延时控制装置的主要功能是：当汽车夜间停入车库后，为驾驶员下车离开车库提供一段时间的照明，以免驾驶员摸黑走出车库。图 6.30 所示为集成电路 CSG5551 和继电器 J 组成的前照灯关闭延时装置电路，其延时关闭时间为 50 s。

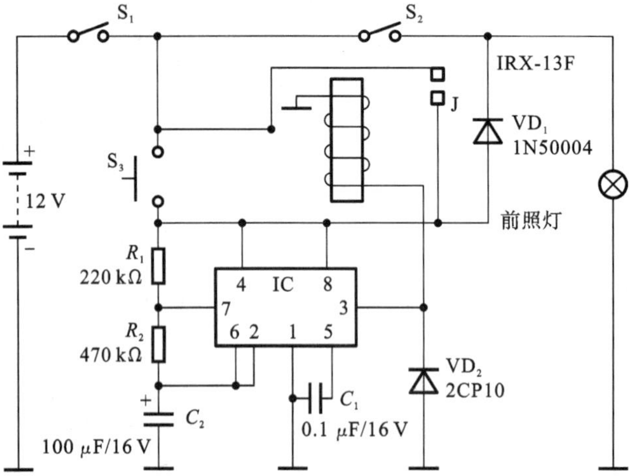

图 6.30　前照灯关闭自动延时控制器

S_1—电源开关；S_2—车灯开关；S_3—延时按钮

前照灯关闭自动延时装置的工作原理如下。

当汽车停下后，按下延时按钮 S_3，蓄电池通过 S_1、S_3、R_1、R_2 向电容器 C_2 充电，然后松开 S_3，关掉 S_2，C_2 上的电压便作用于 IC 的输入端 6 和 2 上，为高电平，输出端 3 输出高电平，使继电器线圈中有电流通过，产生吸力使触点闭合，蓄电池经触点和 VD_1 向前照灯供电，所以前照灯继续点亮，直到电容器 C_2 放完电，继电器线圈断电，触点断开，切断前照灯电路，前照灯才熄灭。

2）前照灯控制电路的分类

（1）灯光开关直接控制　图 6.31 所示为一汽大众宝来轿车的前照灯控制系统。一汽大众宝来轿车的前照灯控制系统由灯光开关直接控制。以近光灯工作电路为例，当点火开关置于 ON 位置时，将灯光开关置于 ON 位置，灯开关“1”号“4”号端子处于接通状态，电源经点火开关、灯开关加至前灯变光开关，如果此时灯光变光开关处于“近光”位置，则电源经近光触点分别经“21”号、“20”号两熔断器（保险丝）分别向两前照灯近光灯丝供电。最后形成搭铁回路，近光灯点亮。

（2）继电器控制　继电器控制系统如图 6.32 所示。该系统增加了前灯控制继电器、前灯变光继电器和综合继电器，灯光控制开关及变光器开关的控制均为信号线，降低了开关触点及控制回路的电流。以近光灯工作电路为例，当灯控制开关置于 HEAD 挡时，综合继电器接收到搭铁信号时，综合继电器控制前灯控制继电器“3”、“4”号端子闭合，则蓄电池电压经前灯变光继电器内部常闭触点，再经两个熔断器（保险丝）分别加至左右近光灯形成回路，近光灯

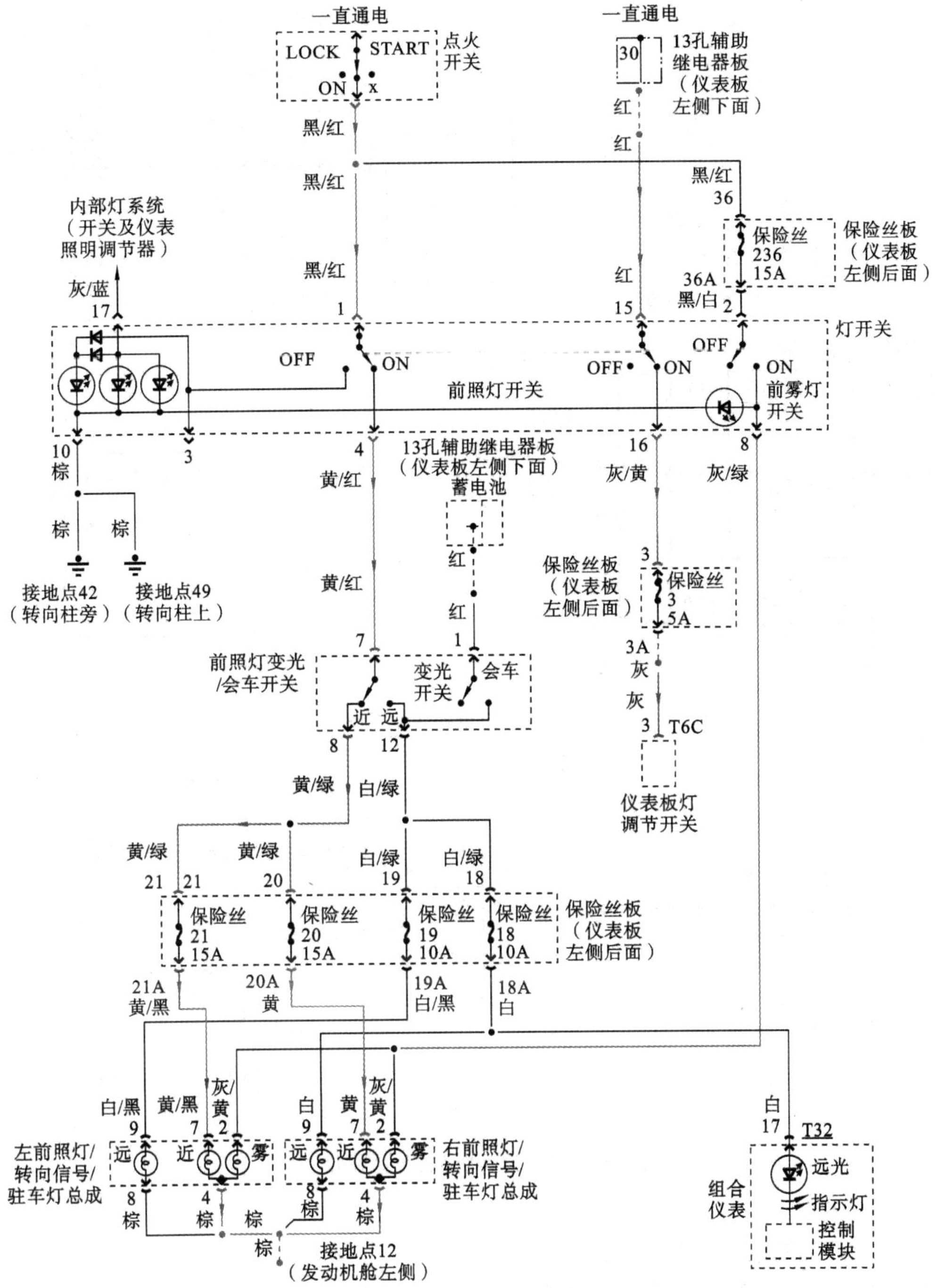

图 6.31　一汽大众宝来轿车前照灯控制系统

点亮。

(3) 带灯光故障传感器的控制　带灯光故障传感器的控制系统如图 6.33 所示。此系统增加了灯故障传感器，它可监测尾灯的工作状态，当任何一尾灯出现短路或断路，以及所用灯泡不符合标准时，灯光故障传感器都会监测到异常的工作电压并将故障指示灯点亮，提示驾驶

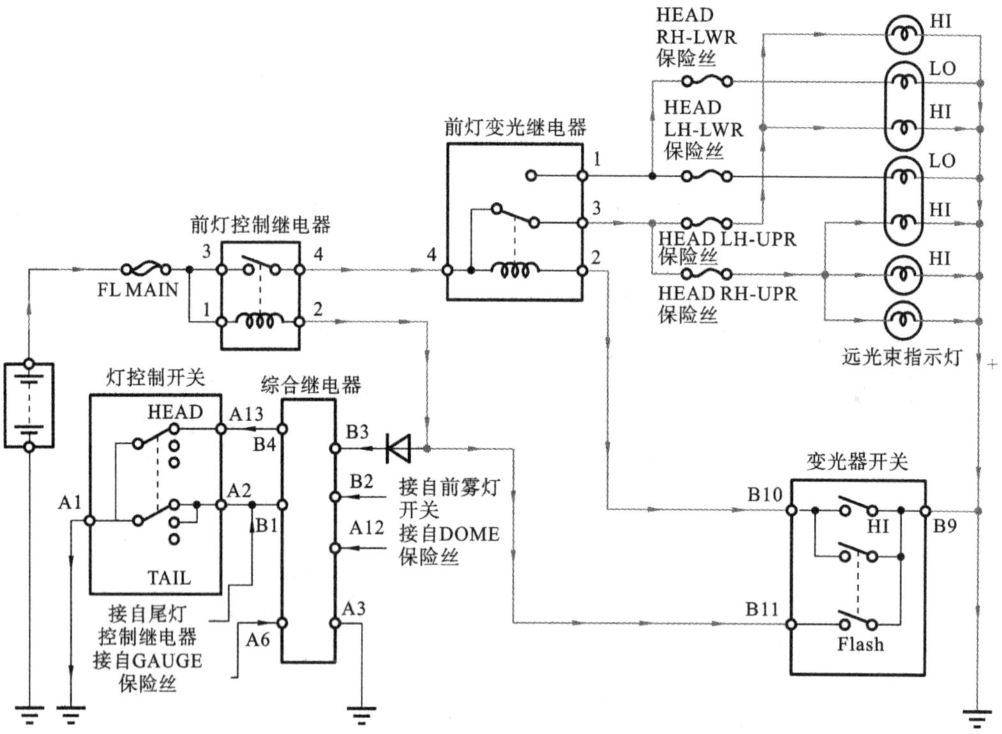

图 6.32　继电器控制系统

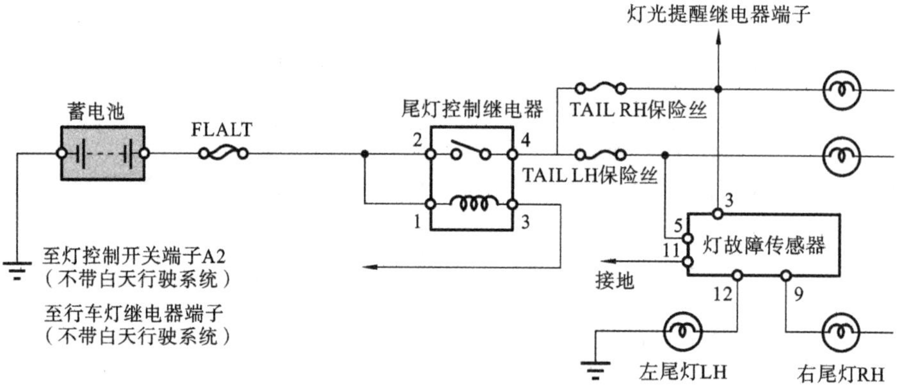

图 6.33　带灯光故障传感器的控制系统

员维修。

3）前照灯控制电路分析

以大众汽车电路为例，对手动控制前照灯控制电路进行分析。

（1）近光灯控制电路　左前近光灯控制电路如图 6.34、图 6.35、图 6.36 所示，点火开关打开，照明开关旋至第三挡，电源经点火开关、照明开关端子 T17/1、第三挡端子 T17/4、黄 2.5 线、黄 1.5 线(233)、保险丝 S221、黄/黑 1.5 线、T10s/5、T10by/5(151)、左前近光灯 M29、T10by/10、棕 1.5 线、接地点 30 处接地，近光灯点亮。

（2）远光灯控制电路　远光灯的操作方式为将方向盘左侧的变光操作杆向前推送。远光

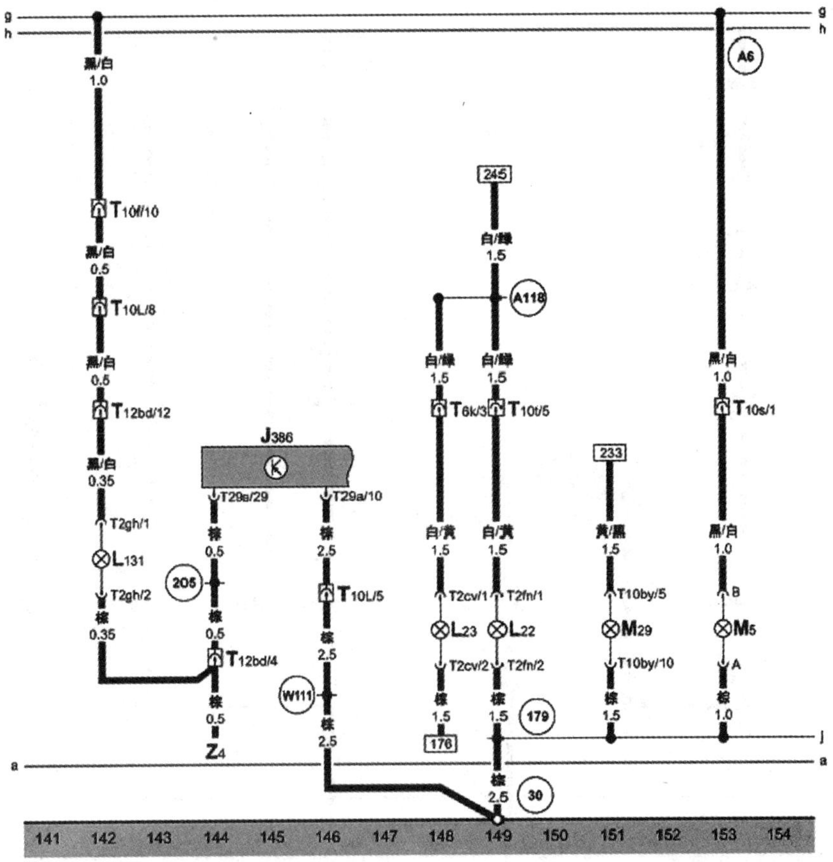

图6.34　左前转向信号灯、左侧近光灯、前雾灯、外后视镜转向信号灯、驾驶员侧车门控制单元

J386—驾驶员侧车门控制单元，在驾驶员车门内；L22—左侧前雾灯，在前保险杠左侧；L23—右侧前雾灯，在前保险杠右侧；L131—外后视镜转向信号灯，驾驶员侧，在驾驶员侧后视镜上；M5—左前转向信号灯，在左前大灯内；M29—左侧近光灯，在左前大灯内；Z4—驾驶员后视镜加热器，在驾驶员侧后视镜内

灯控制电路如图6.35、图6.37、图6.38所示。点火开关打开，照明开关旋至第三挡，电源经点火开关照明开关、照明开关端子T17/1(243)、第三挡端子T17/4、黄2.5线、黄2.5线(235)黄2.5线(134)、大灯变光开关的端子T12ba/7、端子T12ba/12、白1.5线，在A95处，分别流向右侧远光灯M32(180)和左侧远光灯M30(156)，又分别在接地点179和接地点176处搭铁，远光灯点亮。

(3) 变光控制电路　变光开关的操作方式是将位于方向盘左侧的变光开关操作杆向后回拨。在远光灯开关未打开、变光开关未操作时，远光灯的供电电源在变光开关E4处的流向T12ba/7端子、T12ba/8端子，电流不能形成回路，远光灯不亮。将变光开关操作杆向后回拨时，供电电源经红2.5线(133)、E4的T12ba/2端子、T12ba/12端子、白1.5线，在A95处，分别流向右侧远光灯M32(180)和左侧远光灯M30(156)，又分别在179和176处搭铁，远光灯点亮，照明方式由近光变回远光；松开变光开关操作杆，E4的T12ba/2端子和T12ba/12端子断开连接，远光灯熄灭，恢复近光灯照明。

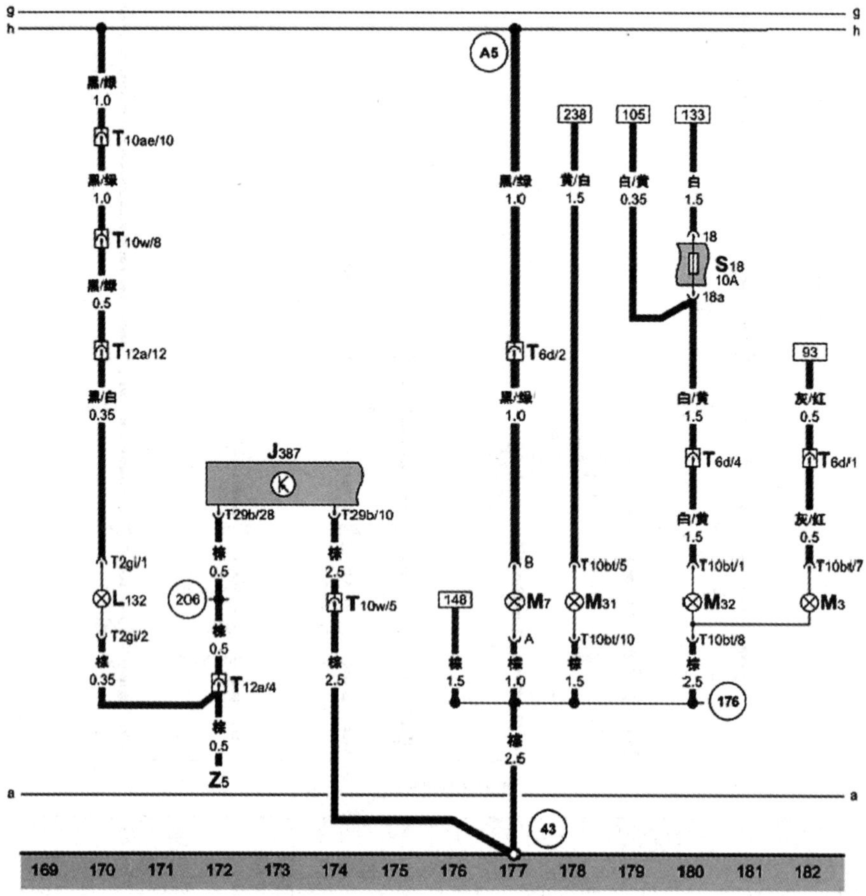

图 6.35　右前车门控制单元、外后视镜转向信号灯、右前停车灯、右前转向信号灯、右侧近光灯、右侧远光灯

J387—右前车门控制单元，在右前车门内；L 132—外后视镜转向信号灯。副驾驶员侧，在到驾驶员侧后视镜上；M3—右前停车灯，在右前大灯内；M7—右前转向信号灯，在右前大灯内；M31—右侧近光灯，在右前大灯内；M32—右侧远光灯，在右前大灯内；S18—保险丝 18、10 A，右侧远光灯、远光灯指示灯保险丝，在保险丝架上；Z5—右前后视镜加热器，在右前后视镜内

6. 前照灯常见故障与检修

1）两侧前照灯均不亮

接通前照灯开关后，两侧前照灯的远光灯和近光灯均不亮。

（1）故障原因。

① 前照灯灯泡均已烧坏。

② 灯光开关/变光开关故障。

③ 线路连接（插接器）及搭铁不良。

（2）故障检修。

① 检查灯光开关电源端电压，应为蓄电池电压。若无电压，应检修灯光开关到蓄电池之间的线路；若电压正常，则进行下一步检修。

② 接通前照灯开关（远光灯或近光灯），检查灯光开关远光灯或近光灯输出端电压。若电压无，说明灯光开关故障，拆检或更换灯光开关；若电压正常，则进行下一步检查。

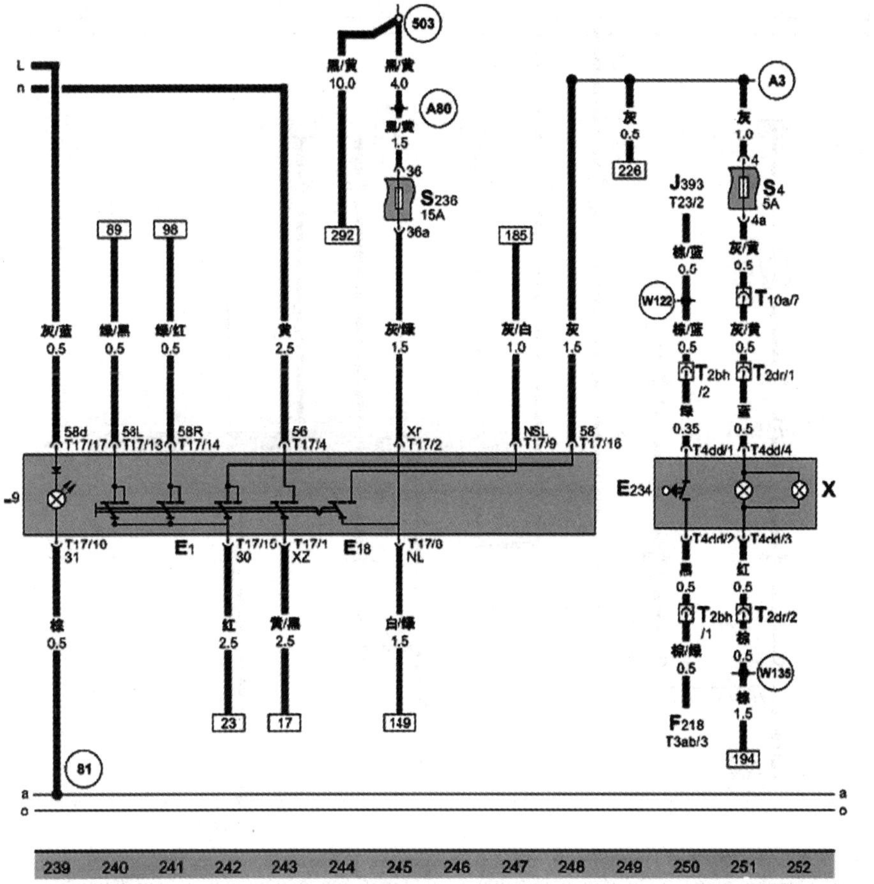

图 6.36　灯光开关、雾灯开关、灯光开关照明灯、开锁按钮、牌照灯

E1—灯光开关，在仪表板左侧中部；E18—雾灯开关，在仪表板左侧中部；E234—开锁按钮，后行李箱盖把手；
F128—行李箱盖中央闭锁开关，在后行李盖后部右侧；J393—舒适电子系统控制单元，在驾驶员侧地毯下方；
L9—灯光开关照明灯；S4—保险丝 4，5 A，牌照灯保硷丝，左保险丝架上；
S236—保险丝 36，15 A，后雾灯警告灯、左后雾灯、前雾灯保险丝，在保险丝架上；X—牌照灯，在后行李箱后部

③ 在接通前照灯开关时，检查前照灯线束插头对地电压。若电压均低或无，则需检修灯光开关到前照灯之间的线路；若电压正常，则应检查前照灯灯泡和前照灯的搭铁。

2）单侧前照灯不亮

接通前照灯开关后，前照灯的一侧远光灯和近光灯均不亮。

（1）故障原因。

① 单侧前照灯灯泡/灯丝烧坏。

② 单侧前照灯线路或搭铁不良。

（2）故障检修　接通前照灯开关时，检查不亮侧前照灯线束插头两端子对地电压。若电压均低或无，则需检修灯光开关到前照灯之间的线路；若电压正常，则需检查不亮侧前照灯的搭铁和灯泡。

3）前照灯的远光灯或近光灯不亮

接通前照灯开关后，在变换远近光时，两侧前照灯的远光灯或近光灯不亮。

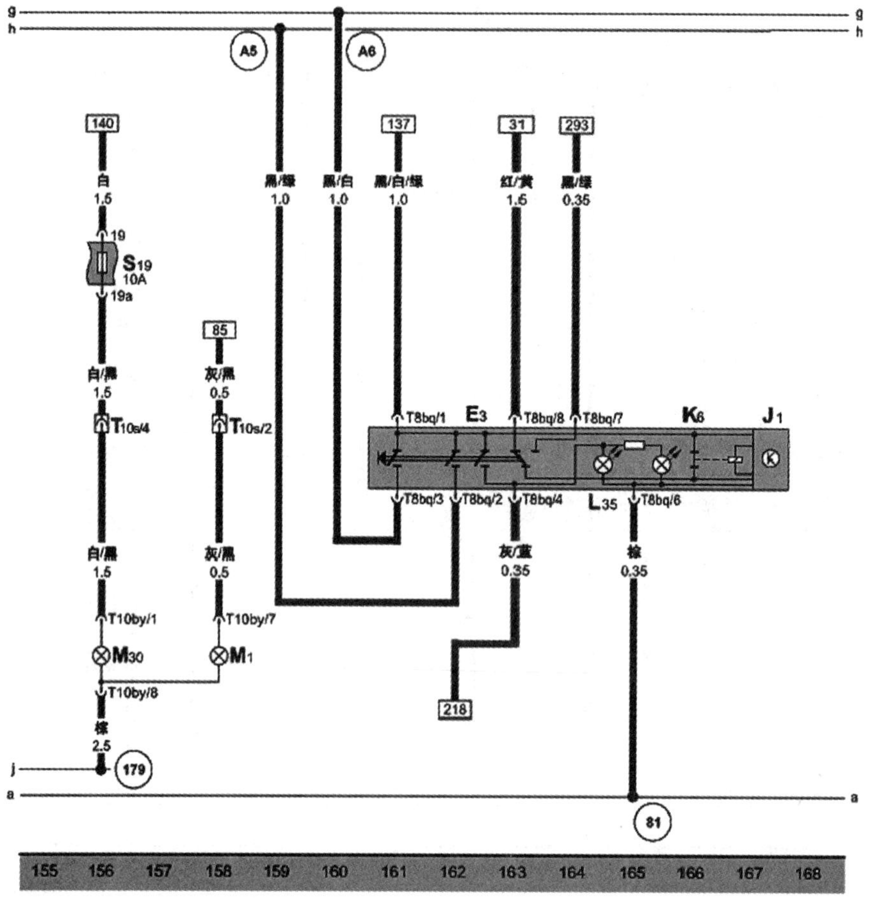

图 6.37　警告灯开关、转向继电器、左侧远光灯、警告灯开关的报警灯、警告灯开关的照明灯、左前停车灯

E3—警告灯开关,在仪表板中央出风口中间;J1—转向继电器;K6—警告灯开关的报警灯;

L35—警告灯开关的照明灯;M1—左前停车灯,在左前大灯内;M30—左侧远光灯,在左前大灯内;

S19—保险丝 19,10 A,左侧远光灯保险丝,在保险丝架上

(1) 故障原因。

① 灯光开关/变光开关不良。

② 前照灯远光灯丝(灯泡)或近光灯丝(灯泡)烧断。

③ 变光开关至前照灯的远光灯线路或近光灯线路不良。

(2) 故障检修。

① 接通前照灯开关,变换为远光或近光,检查灯光开关远光灯或近光灯输出端电压。若电压无,说明灯光开关/变光开关故障,拆检或更换左组合开关;若电压正常,则进行下一步检查。

② 接通前照灯远光或近光,测量前照灯插头的远光灯或近光灯输入端子,若电压低或无,检修变光开关至前照灯的线路;若电压正常,则需拆检前照灯。

4) 两侧前照灯亮度不一致

接通前照灯开关后,两侧前照灯的远光灯或近光灯一边亮、一边暗一些。

(1) 故障原因。

① 一侧前照灯灯泡不良或前照灯搭铁不良。

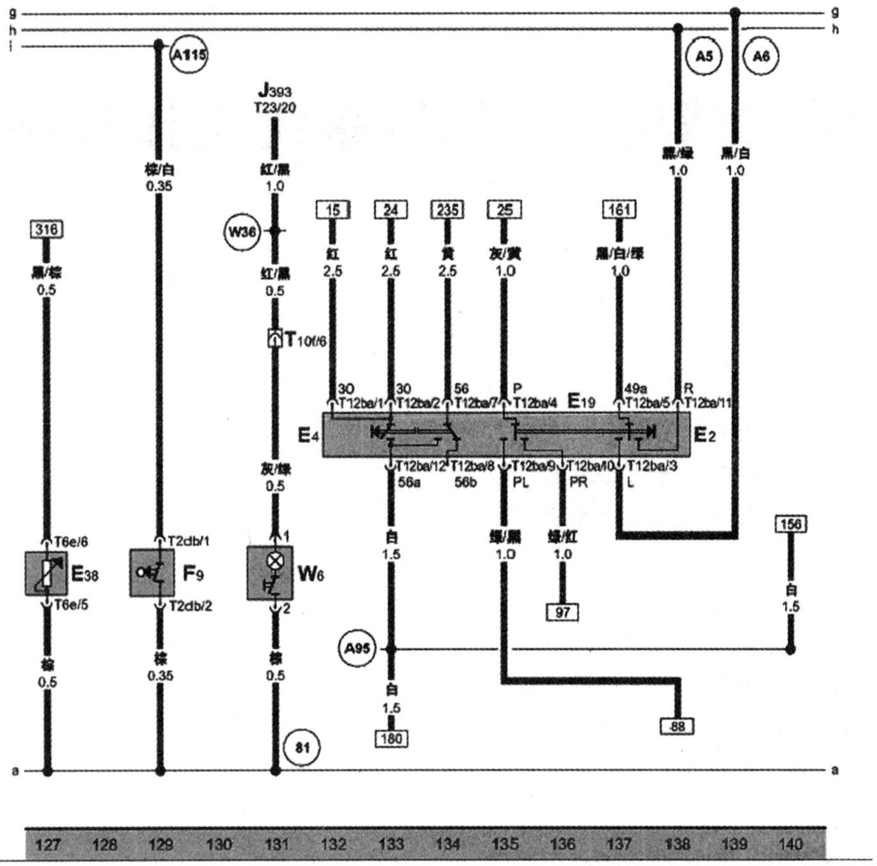

图 6.38　手制动报警开关、刮水器间隙控制开关、杂物箱灯、转向开关、大灯变化开关、停车灯开关

E2—转向开关，在转向柱上部；E4—大灯变光开关，在转向柱上部；E19—停车灯开关，在转向柱上部；F9—手制动报警开关，在手制动杆后部下方；E38—刮水器间隙控制开关(4 档)，在转向柱上部；J393—舒适电子系统的控制单元，在左侧搁脚空间；W6—杂物箱灯，在副驾驶员侧杂物箱内左侧

② 一侧前照灯线路连接有接触不良之处。

(2) 故障检修　检修前照灯的线路，如果线路无问题，则需拆检前照灯。

学习情境7　信号系统工作异常

学习目标

1. 知识目标

- 了解汽车信号系统的组成。
- 能掌握转向灯及危险报警装置。
- 能掌握制动信号装置工作原理。
- 能掌握倒车信号装置。
- 能掌握喇叭信号装置。
- 会分析汽车信号系统的电路。
- 能对汽车信号系统常见问题进行检修。
- 能正确选择、使用工具和检测设备。
- 注重工作安全和事故防护规定。

2. 能力目标

- 能自主识读汽车信号系统图。
- 具有扩展相应的信息收集能力。
- 能独立制订工作计划并实施。
- 具有工作结果检查评估能力。
- 注重环保规定。

职业情境描述

顾客陈述丰田威驰轿车转向灯不亮，请检修。

工作任务1　信　号　灯

1. 转向信号灯及闪光器

当汽车要转向时，需接通左侧或右侧转向信号灯；当遇有特别情况时，所有转向信号灯应同时闪烁，作为危险警告信号。转向信号装置主要包括开关、信号灯和闪光器，其中闪光器是主要器件，转向信号灯一般为4只或6只，装在前后及侧面，功率一般为20 W(但装于侧面的功率一般较小)。

(1) 开关转向灯开关和危险警告灯开关外形如图7.1所示。左右拨动转向灯开关，可接通转向灯电路；标有红色“△”的开关为危险警告灯开关，当按下时，左右转向灯将同时闪烁。当转向灯受组合开关控制时，因转向盘回正，使组合开关中的转向灯开关的回正销拨动，从而自动切断转向灯电路。危险警告灯操纵装置不受点火开关及灯光组合开关的控制。

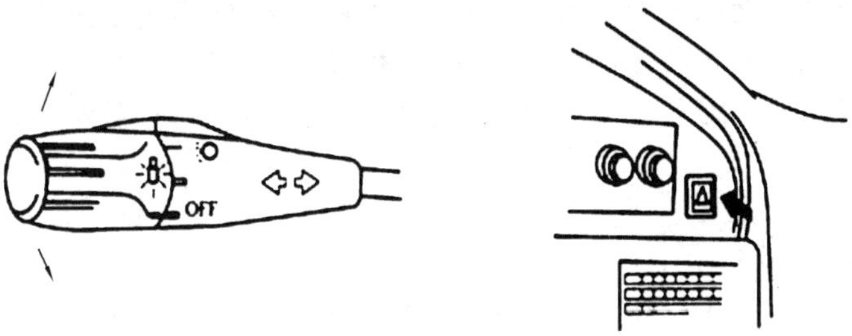

图 7.1　转向信号灯和危险警告灯开关

(2) 转向灯的闪烁是由闪光器来控制的，常见的闪光器有翼片式、电容式、晶体管式和集成电路式。其作用是串联在转向灯电路中，在汽车转弯(或变道)时，使转向灯发出明暗交替的闪烁光，以表示汽车的行驶趋向。

① 电容式闪光器　电容式闪光器外形和结构如图 7.2 所示。

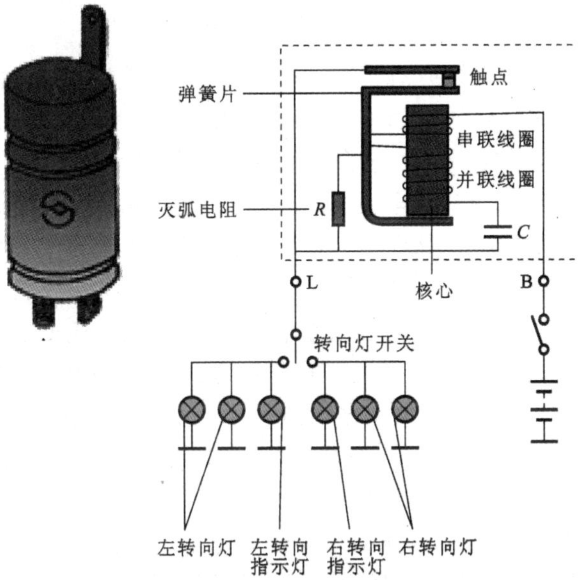

图 7.2　电容式闪光器外形和结构

工作原理：汽车转向时，接通转向灯开关，电流经蓄电池“＋”极→点火开关→接线柱 B→串联线圈→常闭触点→接线柱 L→转向灯开关→转向灯及转向指示灯(左或右)→搭铁→蓄电池“－”极，构成回路。

流经串联线圈的电流产生的吸力大于弹簧片的作用力，将触点迅速打开，由于流过转向灯灯丝电流时间很短，故灯泡处于暗的状态(未来得及亮)。触点打开后，蓄电池开始向电容器 C 充电，回路为：蓄电池“＋”极→点火开关→接线柱 B→串联线圈→并联线圈→电容 C→转向灯开关→转向灯及转向指示灯(左或右)→搭铁→蓄电池“－”极。由于线圈电阻值较大，充电电流较小，仍不足以使转向灯亮。同时，两线圈产生的电磁吸力方向相同，使触点维持打开，随着电容器 C 两端电压升高，充电电流逐渐减小，电磁吸力也减小，在弹簧片作用下，触点闭合。随后，电源通过串联线圈、触点、转向灯开关，向转向灯供电，电容器经并联线圈、触点放电。由于此时两线圈磁力方向相反，产生的合成磁力不足以使触点打开，此时转向灯亮。随着 C 两端电压下降，流经并联线圈的电流减少，产生的磁力减弱，串联线圈产生的电磁吸力又将触点打开，转向灯变暗。如此反复，使转向灯以一定的频率闪烁。

② 晶体管式闪光器　图 7.3 所示为继电器触点式晶体管闪光器外形和结构，其触点为常闭触点。

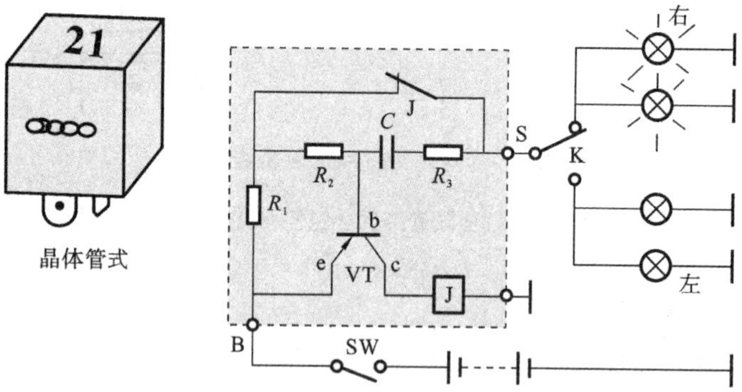

图 7.3　晶体管式闪光器外形和结构

工作原理：当车辆转弯时，接通电源开关 SW 和转向灯开关 K，电流经蓄电池“＋”极→电源开关 SW→接线柱 B→R1→继电器 J 的触点→接线柱 S→转向灯开关 K→转向灯及转向指示灯(左或右)→搭铁→蓄电池“－”极，转向灯亮。由于 R_1 上的分压给三极管 VT 提供了偏置电压而使其导通，集电极电流流经继电器 J 的线圈，其上产生的吸力使触点断开。三极管 VT 导通后其基极电流向电容器充电，其回路为：蓄电池“＋”极→电源开关 SW→接线柱 B→发射极、基极→电容器 C→R_3→转向灯开关→转向灯及转向指示灯(左或右)→搭铁→蓄电池“－”极。电容器 C 在充电过程中，随着电容器两端电压上升，基极电流变小，使集电极电流也相应变小。当流经继电器 J 的线圈的电流不足，造成吸力减小而释放常闭合触点时，继电器 J 的触点又重新闭合，使转向灯点亮，同时电容器 C 通过 R_2、触点、R_3 放电，由于此时 R_2 向 VT 提供了反向偏压，加速了 VT 的截止。随着电容器 C 放电电流的减小，R_1 上的电压降又为 VT 提供了正向的偏置电压。这样循环往复，使转向信号灯闪烁发光。

③ 图 7.4 所示为桑塔纳轿车所用的集成电路式闪光器的电路，它的核心器件 U243B 是一块低功耗、高精度汽车电子闪光器专用集成电路，其内电路由输入检测器、电压检测器、振荡器及功率输出级 4 个部分组成。其中，输入检测器用来检测转向灯开关 SW 的工作情况，振荡器由 1 个电压比较器和外接 R_4 及 C_1 构成，电压检测器用来识别取样电阻 R_L 上的压降(即负载电流大小)，从而改变振荡(闪光)频率。当整个电路正常工作时，转向灯和转向指示灯同时闪烁，闪烁频率为 80 /min。一旦转向灯损坏，则转向指示灯的闪光频率将加快 1 倍，以示报警。

转向灯及危险警告灯电路由转向灯、转向指示灯、转向灯开关、闪光器、报警开关等组成，转向灯的闪烁由闪光器控制。转向灯闪光器与危险警告灯闪光器可以共用(如天津夏利)，也可单独设置(如北京切诺基)。转向灯与危险警告灯的控制装置和控制电路因车型不同而不尽相同，但基本结构及原理相似。常见的转向灯、危险警告灯控制电路如图 7.5 所示。

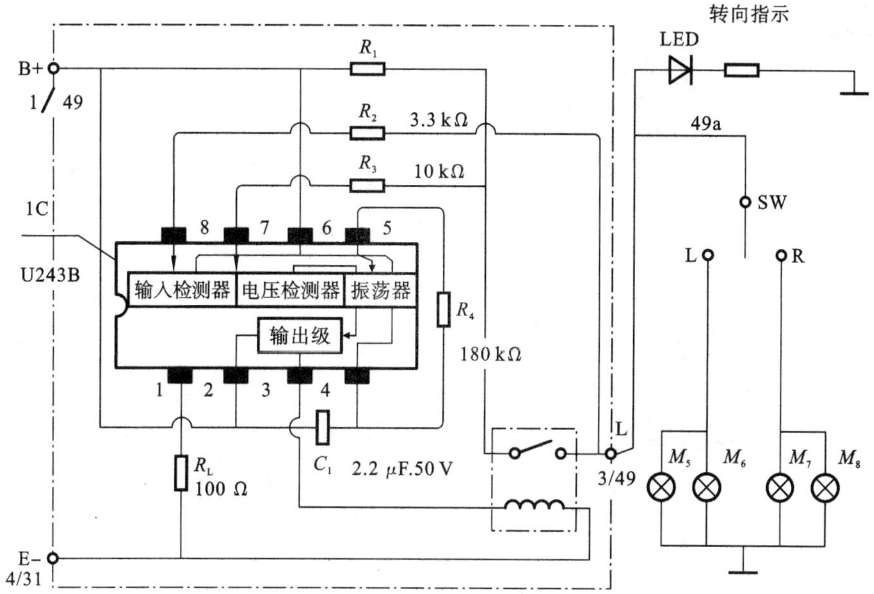

图 7.4　桑塔纳汽车闪光器电路

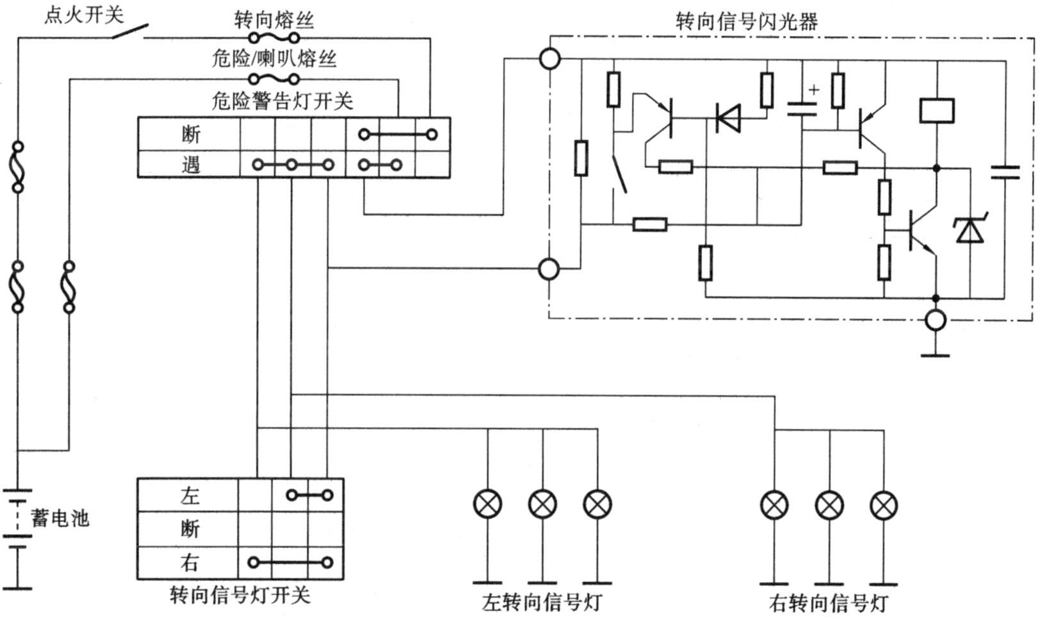

图 7.5　常见的转向灯、危险警告灯控制电路

威驰轿车转向灯电路如图 7.6 所示。对于转向灯不亮的故障，可按图 7.7 所示的流程进行故障诊断及检修。

迈腾轿车转向灯电路如图 7.8 所示。

2. 制动灯及制动灯控制电路

制动灯由制动灯开关控制，其电路如图 7.9 所示。制动开关分为气压式、液压式和机械式。

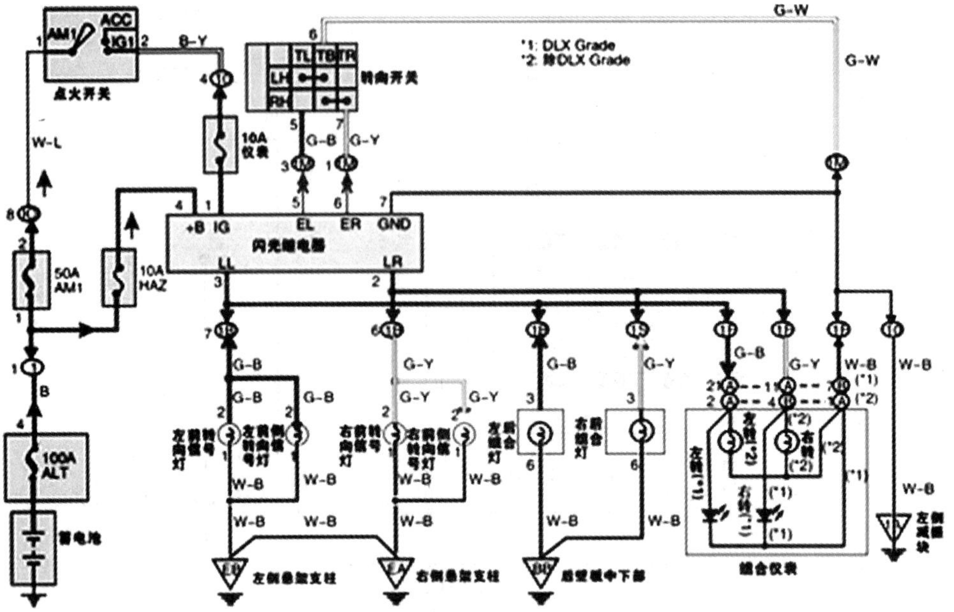

图 7.6　威驰轿车转向灯电路

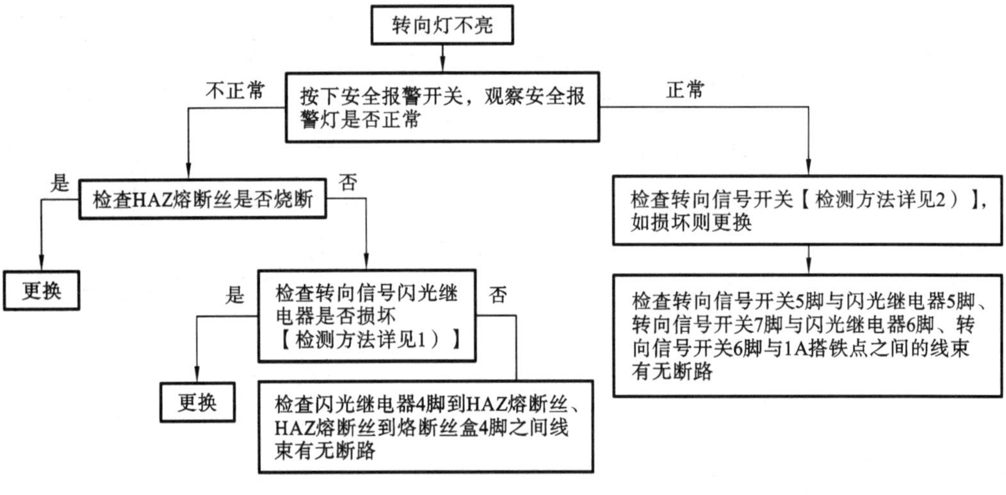

图 7.7　转向灯不亮的故障诊断及检修流程

气压式制动灯开关通常安装在制动系统管路中或制动阀上，固定触点接线柱与蓄电池正极相连，活动触点接线柱与指示灯相连，其结构如图 7.10 所示。制动时，气压推动橡皮膜向上拱曲，压缩弹簧，使触点接通制动灯电路，制动灯亮。当抬起制动踏板时，气压下降，橡皮膜复原，触点断开，切断电路，制动灯熄灭。

液压式制动灯开关通常安装在制动总泵的前端，结构如图 7.11 所示。

机械式制动灯开关一般装于制动踏板下方，如图 7.12 所示。当踩下制动踏板时，制动灯开关内的活动触点便将两接线柱接通，使制动灯点亮；当松开踏板后，制动灯熄灭。

迈腾轿车制动灯电路如图 7.13 所示。

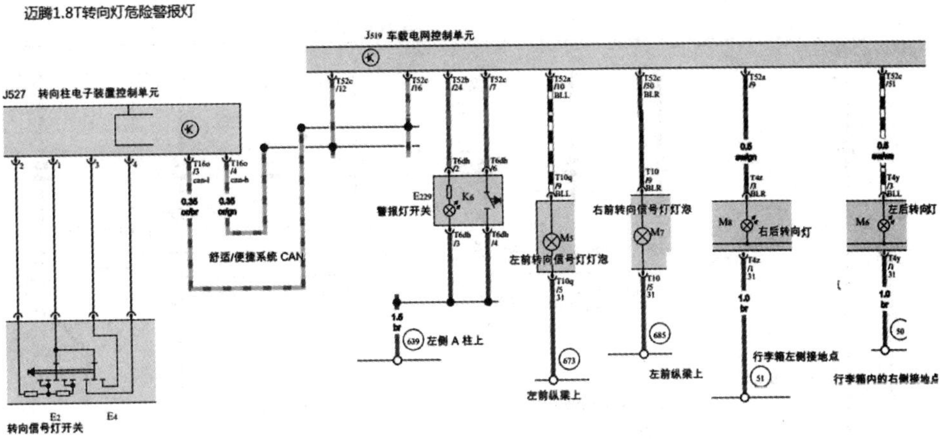

图 7.8　迈腾轿车转向信号灯电路

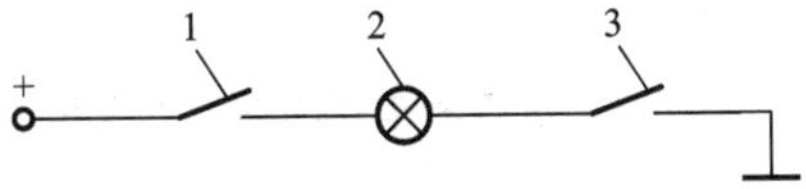

图 7.9　制动灯电路

1—电源总开关；2—制动灯；3—制动灯开关

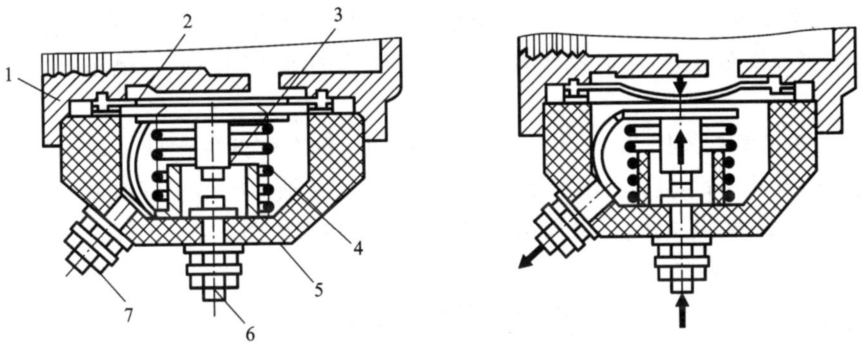

图 7.10　气压制动开关

1—制动阀壳；2—制动灯开关膜片；3—活动触点；4—活动触点弹簧；5—开关壳；6—固定触点接线柱；7—活动触点接线柱

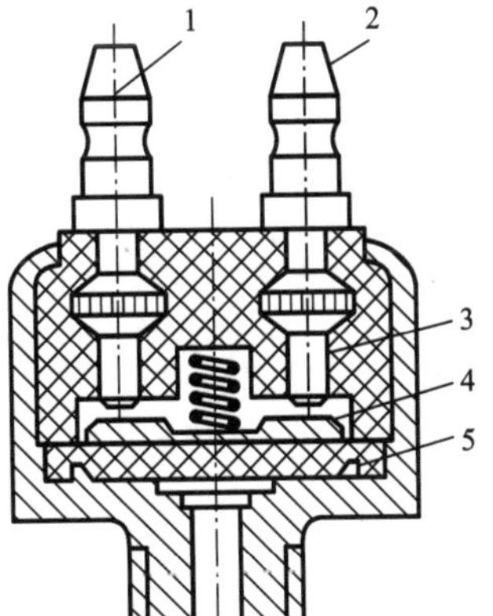

图 7.11　液压制动开关

1、2—接线柱；3—触头；4—触板；5—膜片

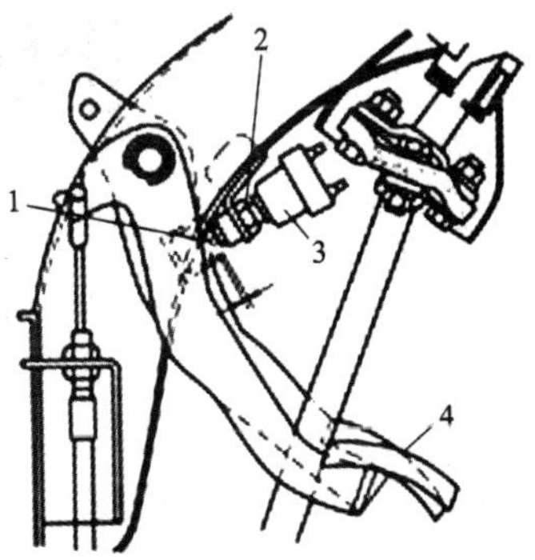

图 7.12　制动踏板下的制动开关

1—制动踏板限制块；2—调整螺母；3—制动开关；4—制动踏板

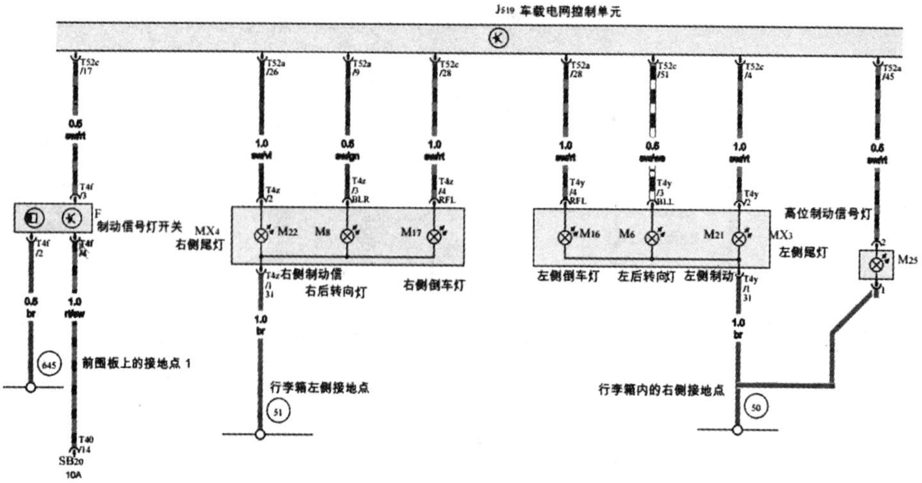

图 7.13　迈腾轿车制动信号灯电路

3. 倒车灯及控制电路

汽车倒车时，为了警告车后的行人及提醒车辆驾驶员，在汽车的后部常装有倒车灯、倒车蜂鸣器或语音倒车报警器，它们均由装在变速器盖上的倒车开关自动控制。当把变速杆拨到倒车挡时，车尾部倒车灯亮，同时倒车蜂鸣器发出断续的鸣叫声或语音倒车报警器发出语音报警。

倒车灯开关的结构如图 7.14 所示。未挂倒挡时，倒车灯开关钢球 1 被倒挡变速叉轴顶起，开关处于断开状态；当变速杆拨至倒挡时，倒挡变速叉轴的凹槽正好对着钢球，钢球下移，在弹簧 5 的作用下，触点 4 闭合，接通倒车灯和倒车蜂鸣器电路。

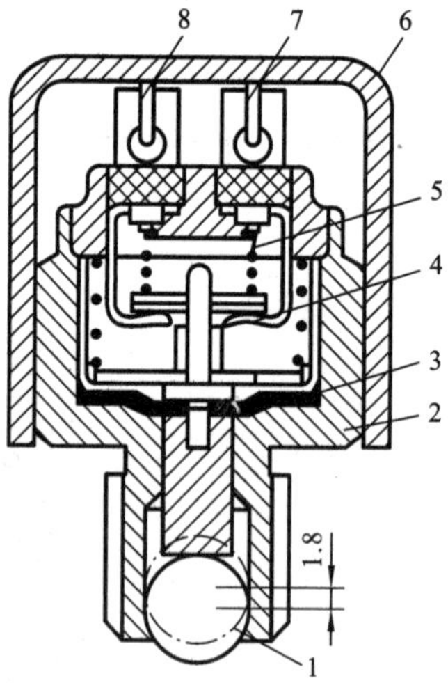

图 7.14　倒车开关

1—钢球；2—壳体；3—膜片；4—触点；5—弹簧；6—保护罩；

7、8—导线；5—静触点；6—膜片；7—壳体；8—铜球

倒车灯装于汽车尾部，左、右各一只，白色，用于照亮车后路面，并警告车后的其他车辆和

行人，表示该车正在倒车。

速腾轿车倒车灯电路如图 7.15 所示。

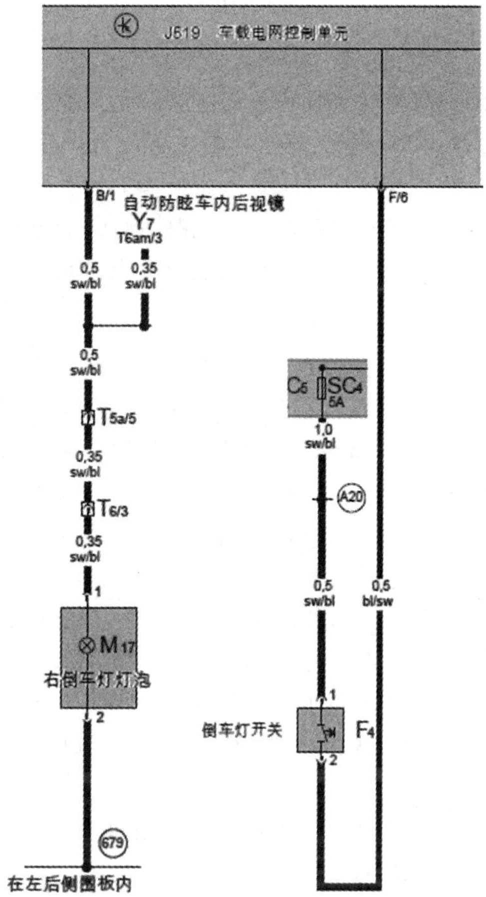

图 7.15　速腾轿车倒车灯电路

工作任务2 电 喇 叭

1. 电喇叭作用与分类

电喇叭是利用电磁力使金属膜片振动产生声响，其声音悦耳，广泛使用于各种类型的汽车上。电喇叭按外形有螺旋形、筒形、盆形之分。在中小型汽车上，普遍采用螺旋形和盆形电喇叭。

电喇叭按有无触点可分为普通电喇叭和电子电喇叭。普通电喇叭主要是通过触点的闭合和断开，控制电磁线圈激励膜片振动而产生声响；电子电喇叭是利用晶体管开关电路激励膜片振动产生声响。

2. 电喇叭的控制电路

(1) 筒形、螺旋形(蜗壳形)电喇叭构造与工作原理　筒形、螺旋形电喇叭的构造如图7.16所示。其主要构件由“ШШ”形铁芯5、线圈11、衔铁10、膜片3、共鸣板2、扬声筒1、触点16及电容器17等组成。膜片3和共鸣板2借中心杆15与衔铁10、调整螺母13、锁紧螺母14连成一体。当按下喇叭按钮时，电流由蓄电池正极→线圈11→触点16→按钮20→搭铁→蓄电池负极。当电流通过线圈11时，产生电磁吸力，吸下衔铁10，中心杆上的调整螺母13压下活动触点臂，使触点16分开而切断电路。此时线圈11电流中断，电磁吸力消失，在弹簧片9和膜片3的弹力作用下，衔铁又返回原位，触点闭合，电路又接通。上述过程反复进行，膜片不断振动，从而发出一定音调的音波，由扬声筒1加强后传出。共鸣板与膜片刚性连接，在振动时发出陪音，使声音更加悦耳。为了减小触点火花，保护触点，在触点16间并联了一个电容器(或消弧电阻)。

(2) 盆形电喇叭构造与工作原理　盆形电喇叭具有体积小、重量轻、指向好、噪声小等优点。盆形电喇叭工作原理与上述相同，其结构如图7.17所示。

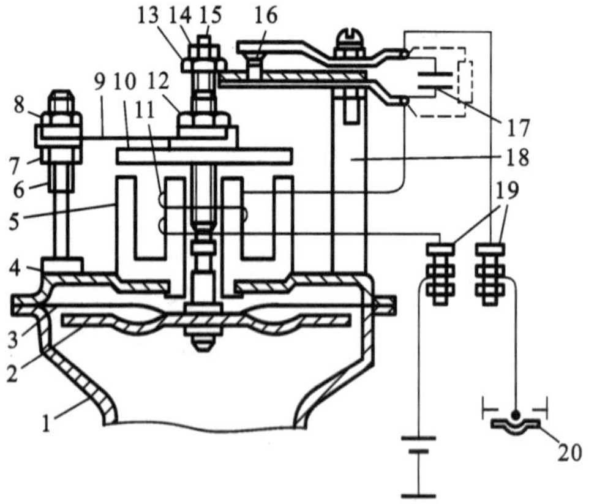

图7.16　筒形、螺旋形电喇叭结构

1—扬声筒；2—共鸣板；3—膜片；4—底板；5—“ШШ”形铁芯；6—螺柱；7—音调调整螺母；8、12、14—锁紧螺母；9—弹簧片；10—动盘；11—线圈；13—音量调整螺母；15—中心杆；16—触点；17—电容器；18—触点支架；19—接线柱；20—喇叭按钮

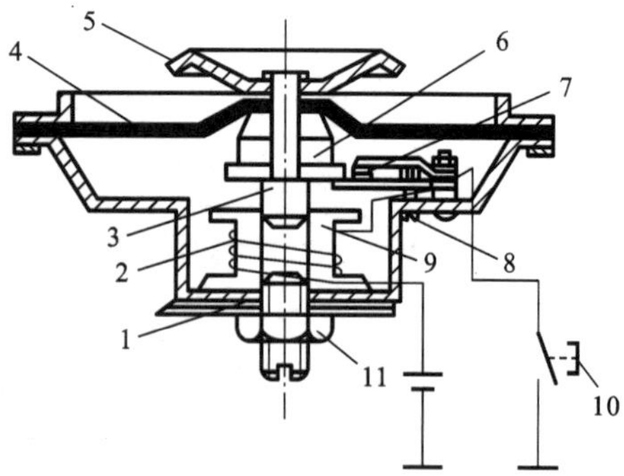

图7.17　盆形电喇叭结构

1—下铁芯；2—线圈；3—上铁芯；4—膜片；5—共鸣盘；6—衔铁；7—触点；8—调整螺钉；9—铁芯；10—按钮；11—锁紧螺母

电磁铁采用螺管式结构，铁芯9上绕有线圈2，上、下铁芯间的气隙在线圈2中间，所以能产生较大的吸力。它无扬声筒，而是将上铁芯3、膜片4和共鸣板5固装在中心轴上。当电路接通时，线圈2产生吸力，上铁芯3被吸下与下铁芯1碰撞，产生较低的基本频率，并激励与膜片一体的共鸣板5产生共鸣，从而发出比基本频率强得多，且分布又比较集中的谐音。

为了保护触点，在触点7之间。同样也并联了一只电容器(或消弧电阻)。

(3) 电子电喇叭的构造与工作原理　电子电喇叭的结构如图7.18所示，图7.19所示的是其电路图。

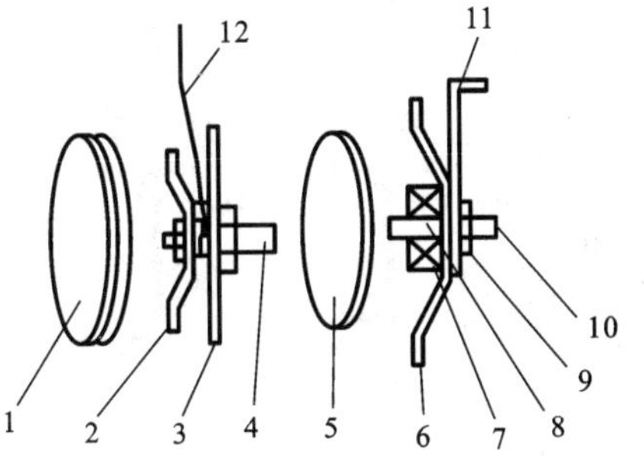

图7.18　电子电喇叭的结构

1—罩盖；2—共鸣盘；3—绝缘膜片；4—上衔铁；5—绝缘垫圈；6—喇叭体；7—线圈；8—下衔铁；9—锁紧螺母；10—调节螺钉；11—托架；12—导线

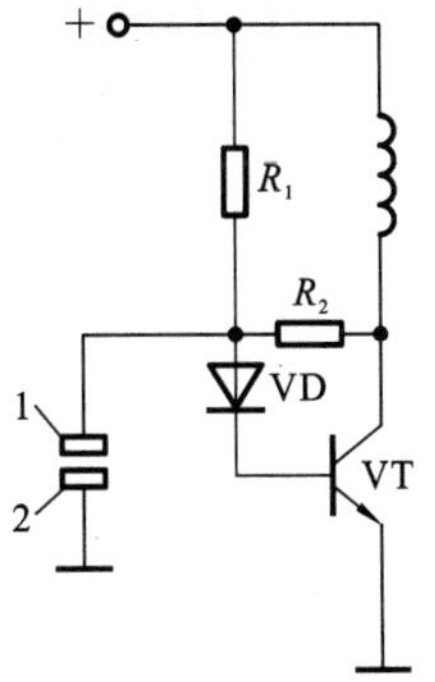

图7.19　电子电喇叭的电路

1—上衔铁；2—下衔铁

电流通过，产生电磁力，吸引上衔铁，连同绝缘膜片和共鸣板一启动作，当上衔铁与下衔铁接触而直接搭铁时，晶体管VT失去偏压而截止，切断线圈中的电流，电磁力消失，膜片与共鸣板在弹力作用下复位，上、下衔铁又恢复为断开状态，晶体管VT重又导通。如此周而复始地动作，膜片不断振动便发出响声。

速腾轿车电喇叭电路如图7.20所示。

3. 电喇叭的调整

喇叭的发声是否响亮悦耳，取决于喇叭的音调与音量。电喇叭在结构上能保证对音量与音调进行调整。

(1) 喇叭音调的调整　电喇叭的音调取决于衔铁与铁芯间的间隙。减小衔铁与铁芯间的间隙，音调提高，反之音调降低。衔铁与铁芯的间隙一般为0.5～1.5 mm，间隙太小会发生碰撞，太大则吸不动衔铁，间隙过大过小喇叭都不能正常发声。调整方法是：先旋松锁紧螺母8和12(见图7.16)，再旋松音调调整螺母7，并转动衔铁10，改变衔铁与铁芯之间的间隙。调整时铁芯要平整，铁芯与衔铁四周的间隙要均匀，否则会产生杂音。盆形电喇叭的调整方法是先松开锁紧螺母11(见图7.17)，再旋转下铁芯，改变其上、下铁芯间间隙即可调整音调的高低。

(2) 喇叭音量的调整　电喇叭音量取决于通过喇叭线圈中的电流大小，而通过喇叭的电流又取决于喇叭触点的压力。需增大音量时，可先松开锁紧螺母14(见图7.16)，再旋松音量调整螺母13，使触点的压力增大。由于触点的接触电阻值减小，触点闭合的时间增长，通过线圈的电流增大，所以音量也相应增大，反之喇叭音量就减小。图7.17所示盆形电喇叭音量的调整是通过旋转调整螺钉8来改变触点7的接触压力，即可改变音量。

额定电压为12 V时，通过触点的电流一般为7.5 A(双喇叭为15 A)。

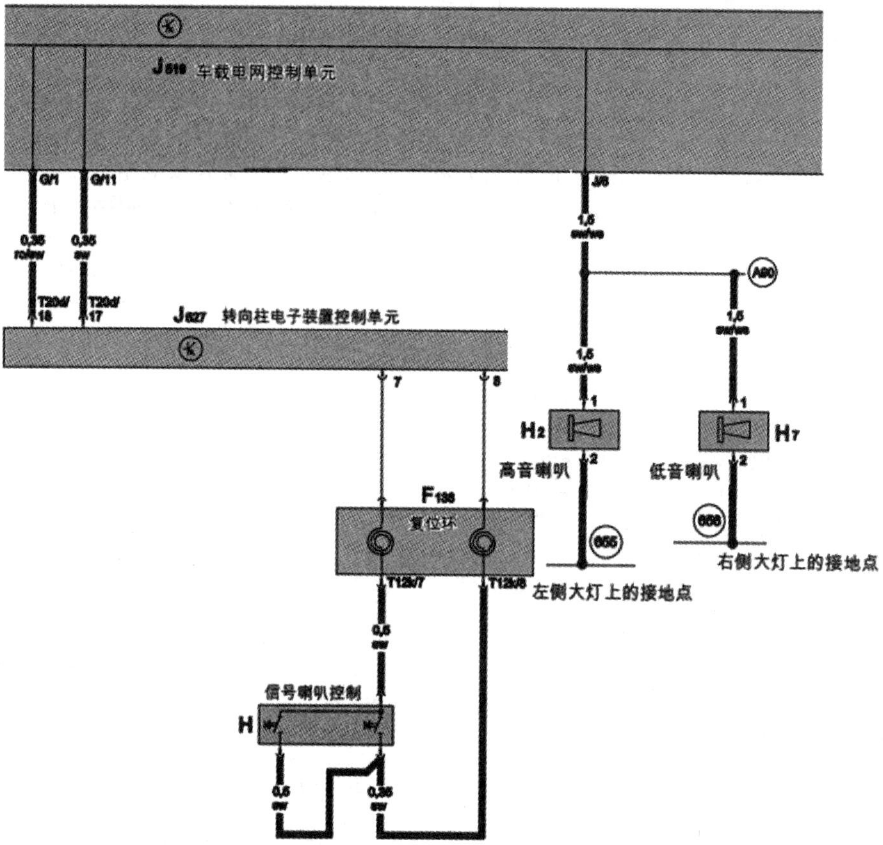

图 7.20　速腾轿车电喇叭电路

此外,电喇叭触点应保持清洁,其接触面积不应低于80%。如果有严重烧蚀应及时进行更换。

电喇叭的固定方法对其发声影响极大。为了使电喇叭的声音正常,并减小电喇叭发声时传到车身的振动,电喇叭与固定支架之间装有片状弹簧或橡皮垫。

学习情境 8　辅助电器工作异常

学习目标

1. 知识目标

- 掌握汽车辅助电器的作用与构造。
- 了解汽车辅助电器的工作原理和工作特性。
- 掌握汽车辅助电器的使用与维护。
- 汽车辅助电器的常见故障、诊断与排除。

2. 能力目标

- 掌握汽车辅助电器的故障分析、典型故障现象及故障诊断与排除方法。
- 掌握主要汽车辅助电器的拆装、检测。

职业情境描述

客户反映：按下电动车窗开关，某个玻璃升降器不动作，或者只能一个方向运动，需要检修。

根据客户描述的电动车窗的故障现象初步判断，可能是汽车辅助电器的故障。客户描述了某个玻璃升降器不动作，或者只能一个方向运动的故障现象，这表明故障可能发生在车窗开关或电动机中，经检查发现电动车窗线路存在故障。

工作任务 1　车窗玻璃刮水器及洗涤装置

1. 电动刮水器

1）刮水器的作用

驾驶员在行车时，遇到有雨天、雪天、雾天或扬沙天气时，会视线不良，给行车安全带来隐患。为了保证在上述不良天气时驾驶员仍具有良好的视线，汽车上都安装有车窗玻璃刮水器。车窗玻璃刮水器主要由驱动装置带着来回摆动，作用是用来清除风窗玻璃上的雨水、雪或尘土，以保证驾驶人良好、清晰的能见度。

2）刮水器的分类

（1）按风窗刮水器的位置分类：一般分为前风窗刮水器和后风窗刮水器两种。

（2）按风窗刮水器的驱动机构分为：真空式、气动式和电动式三种。

目前汽车上广泛采用电动刮水器。电动刮水器具有高速、低速及间歇 3 个工作挡位，而且除了变速之外，还有自动回位的功能。

3）电动刮水器的组成

电动刮水器主要由刮水片、刮水器臂、刮水器电动机和传动机构等组成，如图 8.1 所示。电动机轴端的蜗杆驱动蜗轮，蜗轮带动摇臂旋转，摇臂使拉杆往复运动，从而带动刮水片摆动。

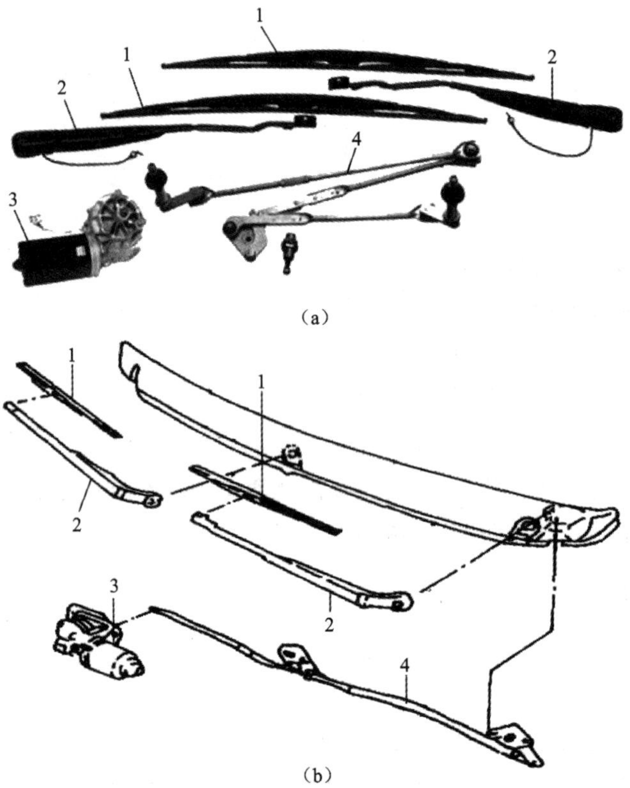

图 8.1　电动刮水器的组成

（a）部件　（b）结构

1—刮水片；2—刮水器臂；3—刮水器电动机；4—传动机构

电动刮水器传动机构由刮片架、摆杆、连杆、蜗轮、蜗杆、电动机、支架等组成，如图 8.2 所示。一般电动机和蜗杆箱结合成一体，组成刮水器电动机总成。永磁式电动机 11 通电后旋转，带动蜗杆 10、蜗轮 9、使与蜗轮相连的连杆 3、7、8 和摆杆 2、4、6 带着左右两刮片架 1、5 做往复摆动，刮水片便刮去风窗玻璃上的雨水、雪和灰尘。

4）刮水电动机的结构和工作原理

（1）刮水电动机的结构　刮水电动机一般有绕线式和电磁式两种。绕线式刮水电动机的磁极绕有励磁绕组，通电流时产生磁场，而永磁式刮水电动机的磁极用永久磁铁制成。

永磁式电动机体积小、质量小、结构简单，使用广泛。

永磁式电动机的结构如图 8.3 所示 ，主要由外壳、永久磁铁总成、电枢、电刷安装板及复位开关、蜗轮、蜗杆、输出臂等组成，通电时电枢转动，经蜗轮和输出齿轮及输出轴后，把动力给输出臂。

（2）永磁式刮水电动机的工作原理　永磁式刮水电动机是利用 3 个电刷来改变正负电刷

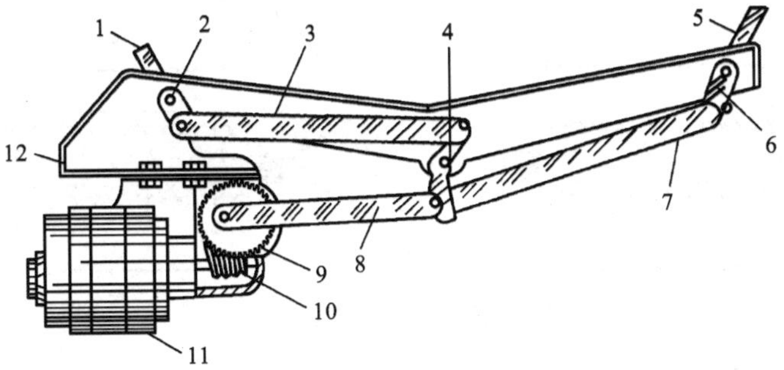

图 8.2　电动刮水器传动机构的组成

1、5—刮片架；2、4、6—摆杆；3、7、8—连杆；9—蜗轮；10—蜗杆；11—电动机；12—支架

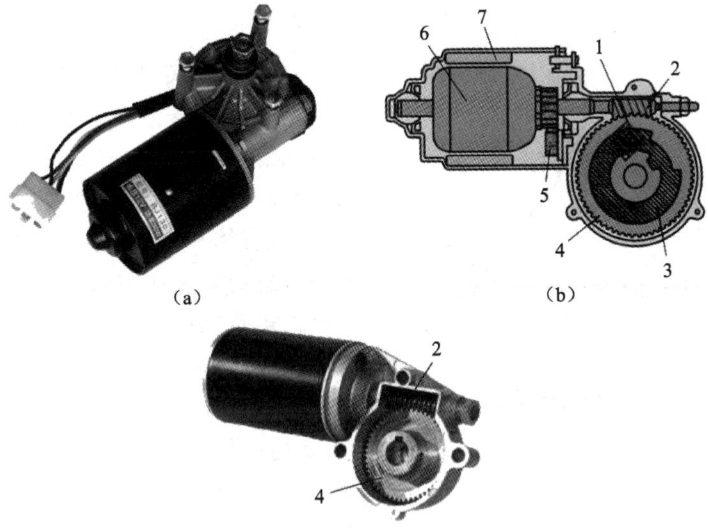

(a)　(b)　(c)

图 8.3　永磁式电动机的结构

(a) 电动机　(b) 内部结构　(c) 蜗轮、蜗杆

1—触点；2—蜗杆；3—铜环；4—蜗轮；5—电刷；6—电枢；7—永久磁铁

之间串联线圈的个数实现变速的，如图 8.4 所示。其原理是：刮水电动机工作时，在电枢内同时产生反电动势，其方向与电枢电流的相反。如要使电枢旋转，外加电压必须克服反电势的作用。当电动机转速升高时，反电势增高，只有等外加电压等于反电势时，电枢的转速才能稳定。

① 三刷永磁式刮水电动机工作时，电枢绕组产生的反电势的方向如图 8.4(a)中箭头所示。当将刮水器开关 K 拨向 L(低速)时，电源电压加在电刷 B_1 和 B_3 之间的两条并联支路中，每条支路中各有 4 个串联绕组，反电势的大小与支路中反电势的大小相等。由于外加电压需要平衡 4 个绕组所产生的反电势，故电动机转速较低。

② 如图 8.4(b)所示，当将刮水器开关 K 拨向 H(高速)时，电源电压加在电刷 B_2 和 B_3 之间。绕组 1、2、3、4、8 同在一条支路中，其绕组 8 与绕组 1、2、3、4 的反电势方向相反，相互抵消后，使每条支路变为 3 个绕组，由于电动机内部的磁场方向和电枢的选装方向没有变化，所以各绕组内反电势的方向与低速时相同。但是外加电压只需平衡 3 个绕组所产生的反电势，因此，电动机的转速增高。

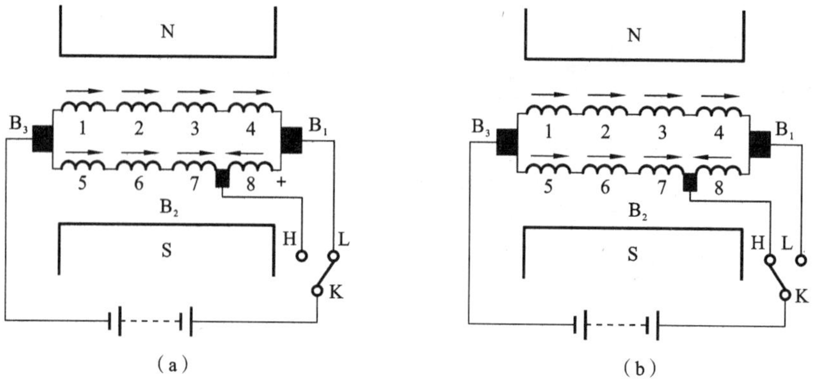

图 8.4　永磁式刮水电动机的工作原理图

(a) 低速旋转　(b) 高速旋转

5) 柔性齿条传动式刮水器

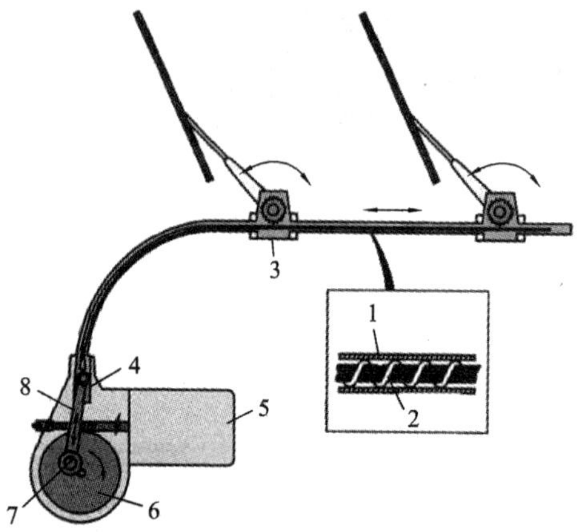

图 8.5　柔性齿条传动式刮水器的组成

1—护管;2—柔性齿条;3—齿轮箱;4—滑块;5—电动机;6—蜗轮;7—曲柄销;8—连杆

新型柔性齿条传动式刮水器由电动机、曲柄销、连杆、滑块、齿轮箱、柔性齿条、护管等组成,如图 8.5 所示。这种刮水器与一般拉杆传动式刮水器相比,具有体积小、噪声低等优点,而且可将刮水电动机总成安装在空间较大的地方,便于维修。

电动机驱动的蜗轮轴上有一个曲柄销,它驱动连杆机构,而连杆和一个装在硬管里的柔性齿条连接,因此,在连杆运转时,齿条则会做往复运动,齿条的往复运动带动齿轮箱中的小齿轮往复运动,从而驱动刮水片往复摆动,刮除风挡玻璃上的雨水等。

2. 洗涤装置

1) 作用

汽车在风沙或尘土较多的环境中行驶时,会由于灰尘落在挡风玻璃上而影响驾驶员的视线。为了及时消除风窗玻璃上的尘土和污物,使驾驶员有良好的视线,很多汽车的刮水系统中安装了洗涤装置,必要时向挡风玻璃喷水或专用清洗液(北方地区冬季不宜用水,以免冻裂储液罐或输液管),在刮水器的配合下,保持挡风玻璃洁净。

2) 结构原理

风窗洗涤装置的组成如图 8.6 所示,主要由储液罐、清洗泵、输液管、三通、喷嘴及清洗开关等组成。

储液罐一般由塑料制成,内盛洗涤液。洗涤液一般由水或水与适量的添加剂组成。添加剂有助于清洁或降低冰点,如在水中加入 5%的氯化钠(食盐)可提高洗涤液的湿润与清洁能力。在寒冷地区为了防止洗涤液冻结,可在水中加入 50%的甲醇或异丙基酒精。电动洗涤器的喷嘴有装一个,也有装两个的。喷嘴喷射方向可以调节,喷液直径一般为 0.8～1.0 mm,要求喷水量均匀,喷出的液体不分散。也有把喷嘴装在刮水器的刮臂上的,并和刮水器联动,定时地配合刮水片动作，喷射效果较好。有些储液罐上装有液面位置传感器，用以监视储液罐中清洗液的液位。洗涤泵实际上是由一个小型永磁直流电动机和一个小型离心式水泵共同构成的，其实物如图8.7所示。该电动机是封闭式、短时定额工作的高速电动机。当风扇玻璃上有灰尘或污物时，先开动洗涤泵，将洗涤液以一定压力（一般为70～88 kPa）通过输液管及三通送到喷嘴，然后经喷嘴喷到刮片的上部，湿润玻璃。然后再开动刮水器，将风窗玻璃上的灰尘或污物挂掉。

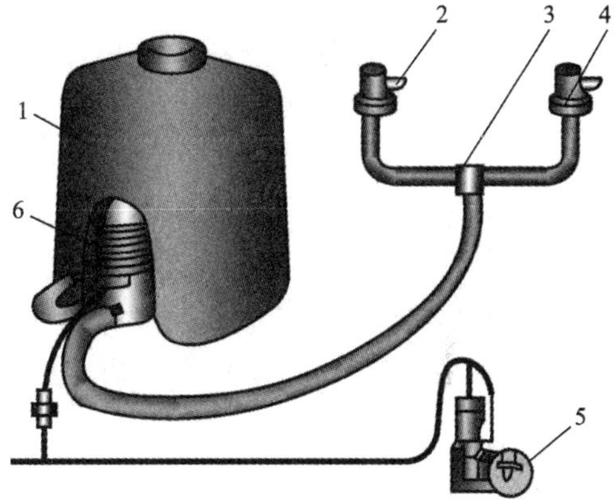

图8.6　风窗洗涤装置

1—储液罐；2、4—喷嘴；3—三通接头；5—刮水器；6—洗涤泵

图8.7　洗涤泵

清洗泵连续工作的时间一般不超过1 min，使用间歇时间不得少于10 s，无洗涤液时，不要开动洗涤泵。使用时应先打开清洗泵再打开刮水器，以避免刮水器在挡风玻璃上"干刮"。在喷水停止后，刮水器应该继续刮2～5次，这样配合使用才能达到良好的使用效果。所以，清洗装置的电路一般与刮水器开关联合动作。

3. 汽车刮水器控制电路

1）刮水电动机控制电路

永磁式电动机刮水器的自动复位装置的结构与工作原理如图8.8所示。

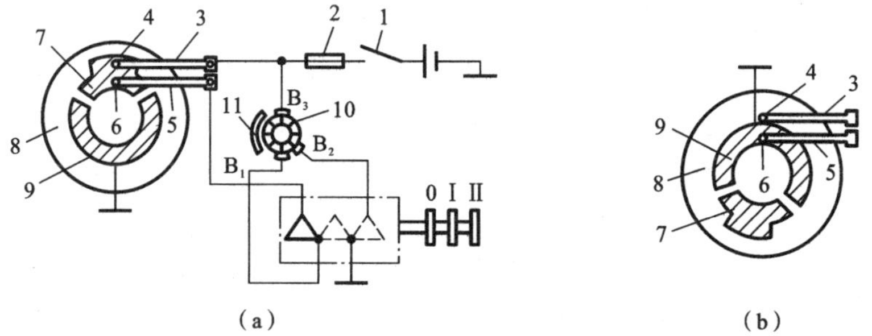

图8.8　永磁式电动机刮水器自动复位装置的结构与工作原理图

(a) 刮水器回位时铜环位置　(b) 刮水器未回位时铜环位置

1—电源开关；2—熔丝；3、5—触点臂；4、6—触点；7、9—铜环；8—蜗轮；10—电枢；11—永久磁铁；12—蓄电池；13—刮水器开关；B_1～B_3—电刷；a～d—刮水器开关接线柱

① 当电源开关1接通，将刮水器开关转到Ⅰ挡（低速挡）时，电流回路为

蓄电池 12 正极→电源开关 1→熔丝 2→电刷 B_1→电枢绕组→电刷 B_2→刮水器开关 13 接线柱 b→刮水器开关 13 接触片→刮水器开关 13 接线柱 c→搭铁→蓄电池 12 负极

② 把刮水器开关转到Ⅱ挡(高速挡)时,电流回路为

蓄电池 12 正极→电源开关 1→熔丝 2→电刷 B_1→电枢绕组→电刷 B_2→刮水器开关 13 接线柱 d→刮水器开关 13 接触片→刮水器开关 13 接线柱 c→搭铁→蓄电池 12 负极

③ 当开关转到“0”挡停止时,如果刮水器刮水片没有停到规定位置时,由于触点 6 与铜环 9 接触(见图 8.8(b)),则电流继续流入电枢,其电路为

蓄电池 12 正极→电源开关 1→熔丝 2-电刷 B_1→电枢绕组→电刷 B_3→刮水器开关 13 接线柱 b→刮水器开关 13 接触片→刮水器开关 13 接线柱 a→触点臂 5→铜环 9→搭铁→蓄电池 12 负极

电动机以低速转至蜗轮旋转到图 8.8(a)所示的位置时,触点 6 通过铜环 7 与触点 4 连通,将电动机电枢绕组短路。

由于电枢的旋转惯性,电动机不能立即停止转动,电动机以发电机方式运行,此时电枢绕组通过触点臂 3、5,与铜环 7 接通而短路,电枢绕组产生很大的反电势,产生制动力矩,电动机迅速停止转动,使刮水片复位到风窗玻璃的下部。

2) 刮水器的间歇控制

现在刮水器上都加装了电子间歇控制系统,使刮水器能按照一定的周期停止和刮水,这样在小雨或雾天中行驶时,不至于令玻璃上形成发黏的表面,使驾驶人获得更好的视线。

汽车刮水器的间歇控制电路有多种形式,按照间歇时间是否可调有可调节型(由刮水器开关控制)和不可调节型(由雨量传感器控制)。由刮水器开关控制的可调节型刮水器装置如图 8.9 所示。

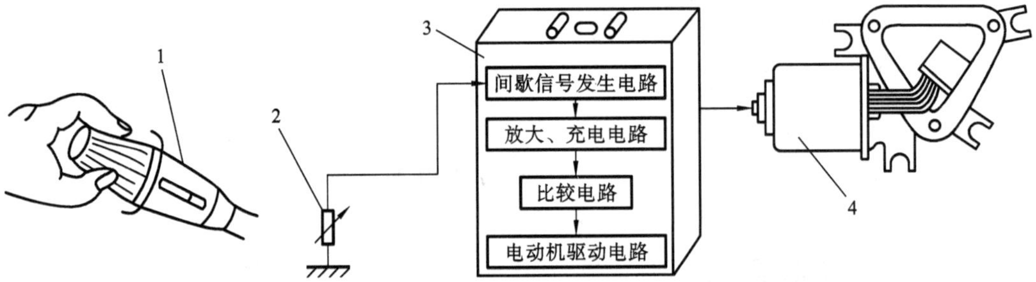

图 8.9 刮水器开关控制的可调节型刮水器装置

1—刮水器开关;2—可变电阻器;3—间歇刮水放大器;4—刮水器电动机

下面以同步振荡电路控制(不可调节间歇控制电路)的间歇刮水器为例,介绍刮水器的间歇控制工作过程。刮水器的间歇控制一般是利用自动复位装置和电子振荡电路或集成电路实现的。图 8.10 所示为电子间歇刮水器内部控制电路。

(1) 当刮水器开关 4 置于“0”位,且间歇开关 5 闭合时,电源将通过自动复位开关 2 向电容 C 充电,其电路为

蓄电池正极→熔丝→自动复位开关上触点(常闭)→电阻 R_1→电容 C→搭铁→蓄电池负极

构成充电电路。随着充电时间的增长,电容 C 两端的电压逐渐升高。

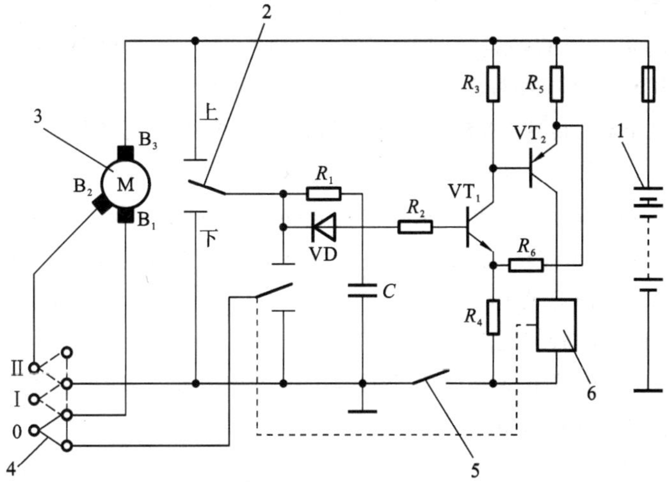

图 8.10　电子间歇刮水器内部控制电路

1—蓄电池；2—复位开关；3—刮水电动机；4—刮水器开关；5—间歇开关；6—继电器

(2) 当电容 C 两端的电压升高到一定值时，晶体管 VT_1 和 VT_2 先后相继由截止转为导通，从而接通继电器 6 的电路，其电路为

蓄电池正极→熔丝→电阻 R_5→晶体管 VT_2→继电器 6→间歇开关→搭铁→蓄电池负极

在电磁吸力的作用下，继电器 6 常闭触点打开，常开触点闭合，从而接通了刮水电动机的电路，其电路为

蓄电池正极→熔丝→B_3→B_1→刮水继电器 6 常开触点→搭铁→蓄电池负极

此时电动机将低速旋转。

(3) 当复位装置将自动复位开关的下触点(常开)接通时，电容 C 通过二极管 VD、自动复位开关下触点迅速放电，此时刮水电动机的通电电路不变，电动机继续转动。随着放电时间的增长，晶体管 VT_1 基极的电位逐渐降低。当晶体管 VT_1 基极的电位降低到一定值时，VT_1 和 VT_2 由导通转为截止，从而切断了通过继电器 6 的电路，继电器 6 复位，常开触点打开，常闭触点闭合。此时由于自动复位开关的下触点处于闭合状态，电动机仍然将继续转动，其电路为

蓄电池正极→熔丝→B_3→B_1→继电器 6 常闭触点→复位开关的常开触点→搭铁→蓄电池负极

只有当刮水片回到原位(即不影响驾驶人视线位置)，自动复位开关的下触点打开，上触点闭合时，电动机方能停止转动。继而电源将再次向电容 C 充电，重复以上过程。如此反复，实现刮水片的间歇动作，其间歇时间的长短取决于电阻 R_1、电容 C 充电时间常数的大小。

4. 刮水器和洗涤器的故障检修

1) 刮水器的检修

(1) 刮水器电动机的检测　将电动机从总成上拆下，把负电刷接蓄电池负极接线柱，正电刷和偏置电刷各接蓄电池正极接线柱一次，如果两次电动机都平稳转动且接偏置电刷时转速较高，则说明电动机正常，否则应检修或更换电动机。

(2) 刮水器电动机低速的检查　如图 8.11 所示，将蓄电池正极接线柱与刮水器电动机 A 端子相连，将蓄电池负极接线柱与托架相连，若刮水器电动机以 64～78 r/mind 的转速运转，

则表明刮水器电动机正常。

(3) 刮水器电动机高速的检查　进行高速检查时，应将蓄电池正极接线柱与刮水器电动机 B 端子相连，蓄电池负极接线柱与托架相连，蓄电池负极接线柱与托架相连，若此时刮水器电动机以 64～78 r/min 的转速运转，则表明刮水器电动机正常，否则说明刮水器电动机损坏，应更换。

(4) 线路及连接器的检测　拔下刮水器电动机的连接器(五芯插头)，将点火开关转至“RUN”位置，然后检测刮水器电动机的线路及其连接器。如果电动机正常，线路及连接器也正常，而电动机不能按要求正常运转，则应更换刮水器电动机盖(刮水器线路板)。

(5) 刮水器电动机自动回位试验。

① 如图 8.12 所示，将蓄电池正极接线柱与刮水器电动机 A 端子相连，蓄电池负极接线柱与托架相连，让刮水器电动机运转。

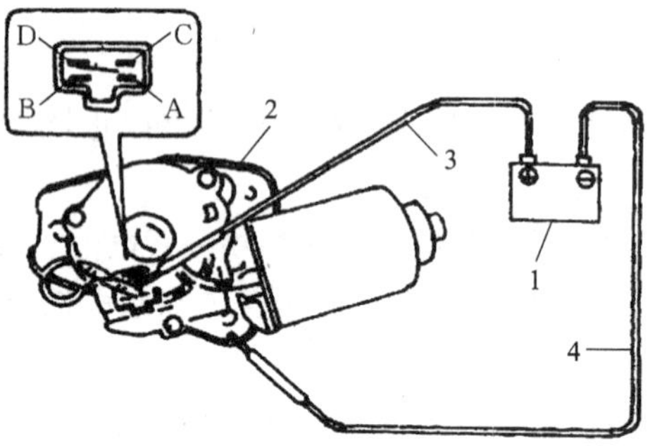

图 8.11　刮水器电动机的检查

1—蓄电池；2—刮水器电动机；3—红色导线；
4—黑色导线；A、B、C、D—电动机端子

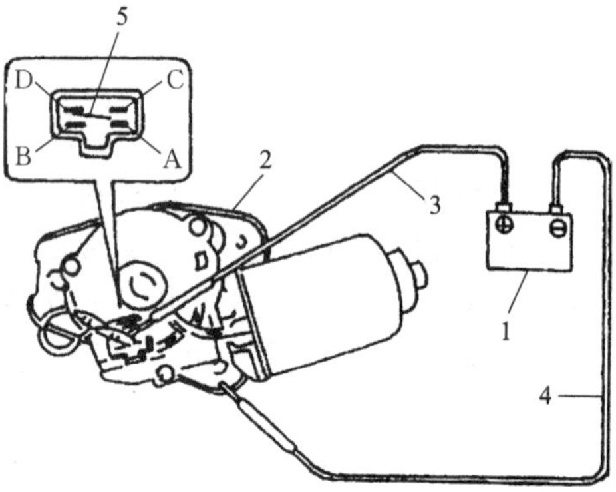

图 8.12　刮水器电动机自动回位试验

1—蓄电池；2—刮水器电动机；3—红色导线；
4—黑色导线；5—跨接线；A、B、C、D—电动机端子

② 从蓄电池上拆下与刮水器电动机 A 端子相连的线，让刮水器电动机停止运转。

③ 用跨接线连接刮水器电动机 A 端子和 D 端子，并将刮水器电动机 C 端子与蓄电池正极接线柱相连，再次观察刮水器电动机运转情况，刮水器电动机应在规定位置停机。

④ 重复检查，观察刮水器电动机是否每次都停在规定位置。

⑤ 若不良，则说明刮水器电动机损坏，应更换。

2) 刮水器的故障分析

长期使用刮水器或刮水器使用不当，会造成许多故障，有的故障通过调节就能恢复使用性能，有的则应查找原因进行故障分析，经诊断与维修才能恢复使用性能。刮水器常见故障包括各挡都不工作、个别挡位不工作和雨刷不能停在正确位置等。

(1) 刮水器各挡都不工作。

① 故障现象　接通点火开关后，刮水器开关无论置于哪一挡位，刮水器均不工作。

② 故障现象　熔断器烧断；刮水器电动机或刮水器开关有故障；机械传动部分故障；线路短路或插接件松脱。

③ 故障诊断与排除思路　首先检查熔断器中熔丝是否熔断，插接件是否松脱，线路有无短路；然后检查开关是否正常；最后检查电动机及机械传动部分。

(2) 个别挡位不工作。

① 故障现象　接通点火开关后，刮水器个别挡位(低速、高速或间歇挡)不工作，其余正常。

② 故障原因　刮水器电动机或开关有故障；间歇继电器有故障；线路短路或插接件松脱。

③ 故障诊断与排除思路　如果是高速或低速挡不工作，可先检查该挡位对应的线路是否正常；然后检查开关是否正常；最后检查电动机电刷。如果间歇挡不工作，应检查刮水器开关的间歇挡所在的线路及间歇继电器是否正常。

(3) 雨刷不能停在正确位置。

① 故障现象　开关断开或间歇工作时，刮水器不能停在底部。

② 故障原因　自动停位装置损坏；刮水器开关损坏；刮水臂调整不当；线路连接错误。

③ 故障诊断与排除思路　首先检查刮水臂的安装是否正确：然后检查开关线路连接是否正确；最后检查自动停位机构的触片和滑片接触是否良好。

3) 洗涤器的检修

这里主要介绍洗涤泵的检修方法。将蓄电池正极接线柱和负极接线柱分别与洗涤泵正极和负极端子相连，检查洗涤泵的排量。

一般车型的洗涤泵排量应大于 1.0 L/min，否则说明洗涤泵有故障，应更换。

4) 洗涤装置的故障分析

① 故障现象　所有喷嘴都不工作和个别喷嘴不工作。

② 故障原因　洗涤泵电动机或开关损坏；线路断路或插接件松脱；清洗液液面过低或连接杆脱落；喷嘴堵塞。

③ 故障诊断与排除思路　如果所有喷嘴都不工作，先检查清洗液液面和连接管是否正常；然后检查洗涤泵电动机及插接件是否有断路及松脱处；再检查开关和电动机是否正常。如果是个别喷嘴不工作，则是喷嘴堵塞或输液支管出现问题。

工作任务2 电 动 车 窗

1. 电动车窗的组成

电动车窗也称电动门窗或自动车窗，它可以使驾驶员更加集中精力驾车，方便驾驶员及乘员的操作。驾驶员操作时，可以使4个车窗中任意一个上升或下降，乘员只能使所在的车窗上升或下降。

电动车窗控制系统主要由车窗、车窗玻璃升降器、电动机、控制开关（主控开关、分控开关）等组成，主要零部件在车上的位置如图8.13所示。

图8.13 电动车窗部件在车上的位置

1—副驾驶侧车窗电动机；2—右后侧电动车窗控制开关；3—右后侧电动车窗电动机；4—左后侧电动车窗电动机；5—左后侧电动车窗控制开关；6—驾驶员侧车窗电动机

（1）车窗玻璃升降器 常见的车窗玻璃升降器有交叉传动臂式和钢丝滚筒式两种，如图8.14、图8.15所示。

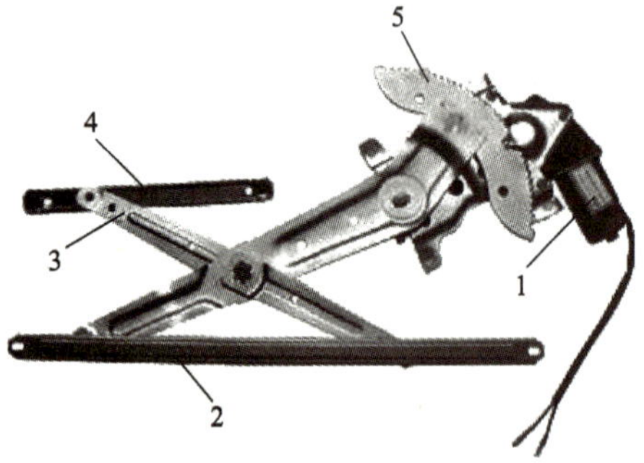

图8.14 交叉传动臂式车窗玻璃升降器

1—电动机；2、4—支架与导轨；3—调整杆；5—驱动齿扇

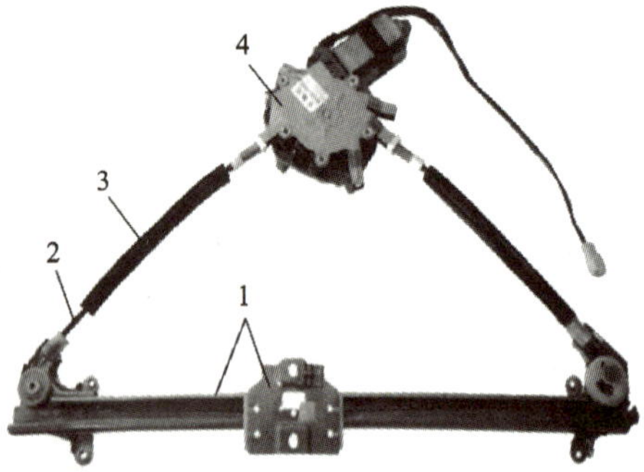

图8.15 钢丝滚筒式车窗玻璃升降器

1—支架与导轨；2—钢丝绳；3—导向套；4—电动机及减速器

（2）电动机 每个车窗安装有一台电动机。电动车窗控制系统采用双向旋转的直流电动机，分为双向永磁式或双绕组串激式两种，电动机外形如图8.16所示。

永磁式电动机不直接搭铁，电动机的搭铁受开关控制，通过改变电动机的电流方向来改变电动机的转向，从而实现车窗的升或降；双绕组式电动机一端直接搭铁，电动机有两组磁场绕组，通过接通不同的磁场绕组，使电动机的转向不同，实现车窗玻璃的升或降。

(3) 控制开关　控制开关的作用是控制电动机中的电流方向。控制开关(见图8.17)一般有两套：一套为主控开关(总开关)，装在驾驶员车门的内侧或变速杆附近，用于驾驶员操纵每个车窗玻璃的升降；另一套为分控开关，分别安装在每个车门的中部或车门把手上，用于乘员操纵车窗玻璃。

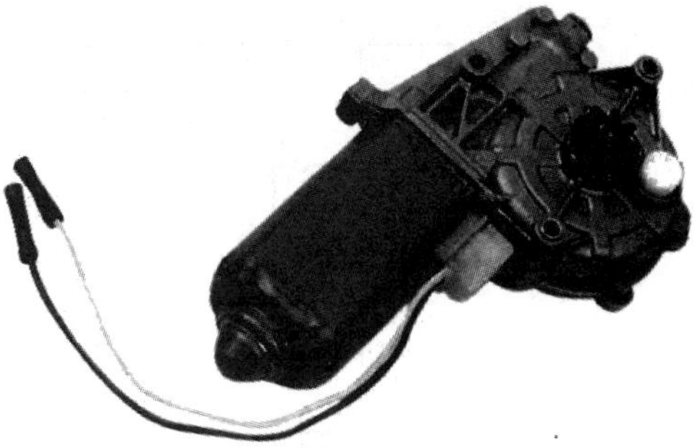

图8.16　电动机实物

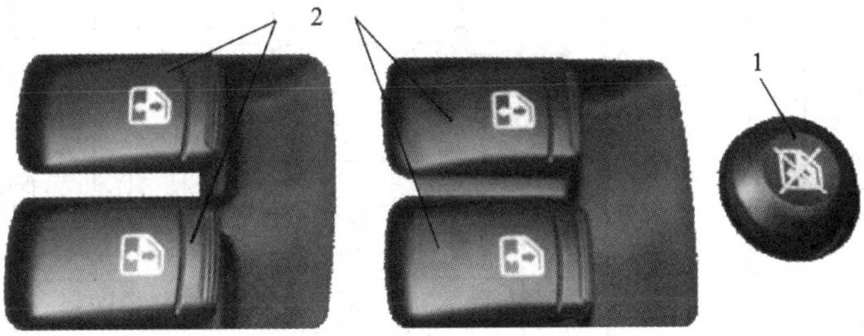

图8.17　电动车窗控制系统的控制开关

1—主控开关；2—分控开关

2. 电动车窗的工作原理及控制电路

1) 永磁式直流电动机电动车窗的控制电路及工作原理

永磁式直流电动机通过改变电动机电枢的电流方向来改变电动机的旋转方向，使车窗玻璃上升或下降。图8.18所示为永磁式直流电动机电动车窗控制电路，它由电源(蓄电池)、易熔线、电动车窗主继电器、开关(主开关、窗锁开关、点火开关)、电动车窗电动机和指示灯等组成。

当点火线圈转至点火挡时，电动车窗主继电器工作，触点闭合，给电动车窗提供了电源。如将主开关(主控开关)上的车窗锁开关闭合，则所以车窗都可以进入工作状态；若主开关上的车窗锁开关断开，则只有驾驶员侧车窗可进行工作。

(1) 前坐乘员侧车窗升降。

a. 驾驶人操纵。当驾驶人按下主开关上相应的前座乘员侧上升开关时，其电流路径为：蓄电池正极→易熔线→断路器→电动车窗主继电器→主开关→前乘员侧车窗开关左触点→电动车窗电动机→断路器→前座乘员侧车窗开关右触点→车窗锁开关→搭铁→蓄电池负极，构成闭合回路。该电路中的电动车窗电动机通电工作，使车窗上升。当需要车窗下降时，驾驶人按下主开关上的下降开关时，因电动车窗电动机是永磁双向电动机，其电动机的电流反向，电动车窗电动机通电而反转使车窗下降。

b. 乘员操纵。乘员接通前座乘员侧门窗上升开关时，其电流路径为：蓄电池正极→易熔线→断路器→前座乘员侧开关左触点→电动车窗电动机→断路器→前座乘员侧开关右触点→车窗锁开关→搭铁→蓄电池负极，构成了闭合电路。该电路中的电动机通电而工作使车窗上升。当需要车窗下降时，乘员按下前座乘员侧开关上的下降开关，电动车窗电动机的电流反向，电动车窗电动机通电而反转使车窗下降。

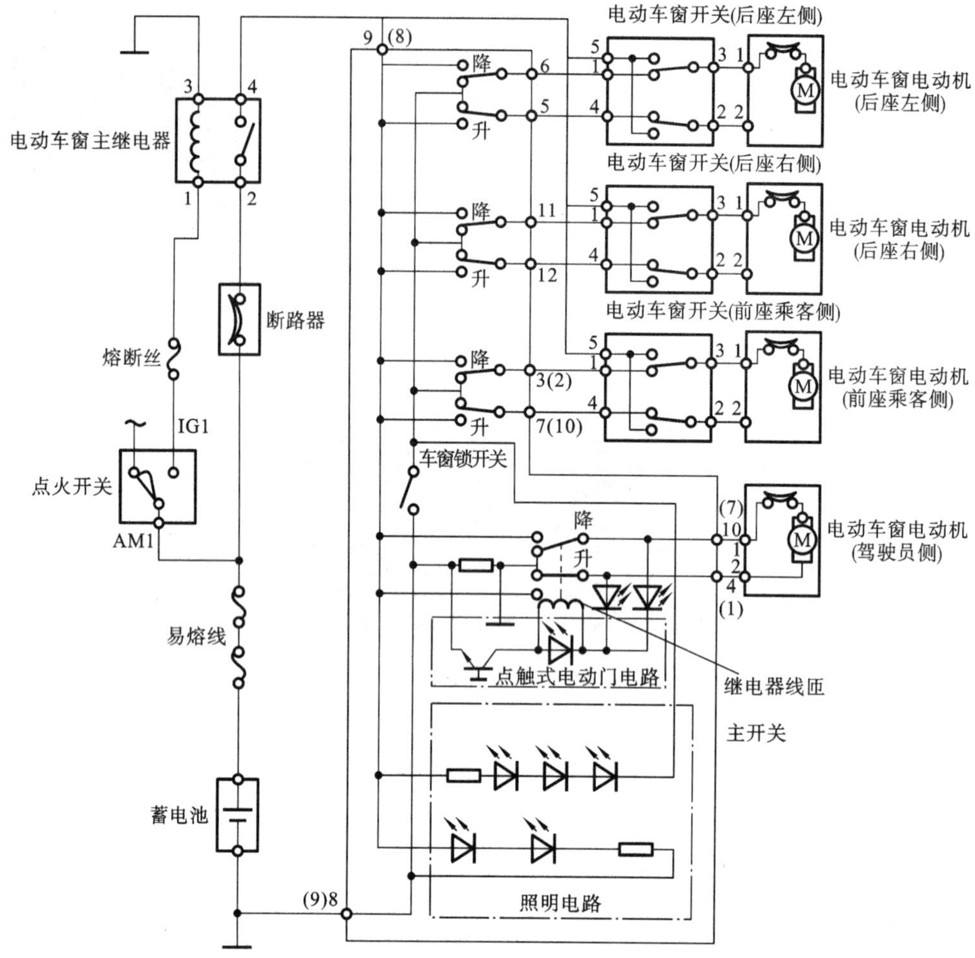

图 8.18　永磁式直流电动机的电动车窗控制电路

(2) 驾驶人侧的车窗升降。若主开关上的车窗锁开关断开,则只有驾驶人侧车窗具备工作条件。另外,驾驶人侧的车窗开关由触点式电动门电路控制。车窗在下降过程中,如果要使其停在某一位置,只要再点触一下开关即可。当驾驶人侧的车窗需要下将时,可按下主开关上的下降按钮,其工作电路电流路径为:蓄电池正极→断路器→电动车窗电动机→驾驶人侧开关的另一触点→车窗锁开关→蓄电池负极,构成闭合电路。与此同时,点触式开关的电路也接通,下降指示灯点亮,继电器线圈也通电而产生吸力,保持点触式开关处于下降工作状态,直至车窗下降到极限位置。在下降过程中,如果要使车窗停在某一位置,驾驶人可以再点触一下点触式开关,则继电器线圈断路,车窗下降停止。

2) 双绕组串激直流电动机电动车窗的控制电路及工作原理

双绕组串激直流电动机电动车窗控制电路如图 8.19 所示。双绕组串激直流电动机有两个绕向相反的磁场绕组,一个称为“上升”绕组,另一个称为“下降”绕组,在给不同的绕组通电时,会产生相反方向的磁场,电动机的旋转方向也就不同,从而实现车窗玻璃的上升或下降。

电动车窗的断路保护开关是双金属片触点臂结构,当电动机超载,电流中电流过大时,双金属片因温度上升而变形,触点打开,切断电路。电流消失后,双金属片冷却,恢复变形,触点再次闭合。如此周期动作，使电动机电流的平均值不超过规定值，避免电动机因过热而烧坏。

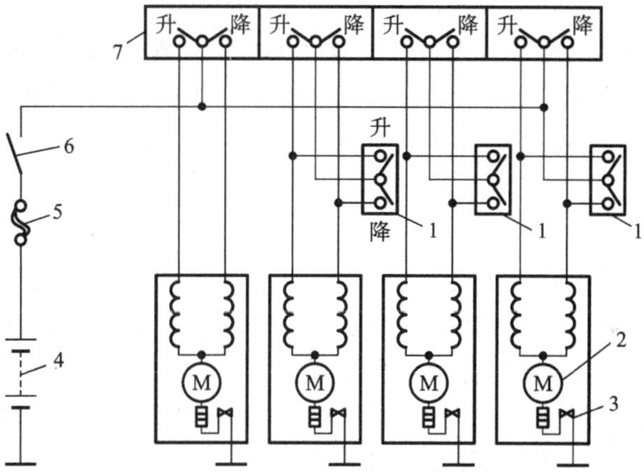

图8.19　双绕组串激直流电动机的电动车窗控制电路

1—门开关；2—电动机；3—断路开关；4—蓄电池；5—易熔线；6—点火开关；7—总控制开关

3. 电动车窗的检修及故障诊断

1）电动车窗开关的检修

从驾驶员侧装饰板上拆卸电动车窗主控开关，在维修手册上查找主控开关连接端子图。

用万用表的电阻挡检查总开关在车窗处于上升、下降和关闭状态时各个端子的导通情况。若测得结果与维修手册所描述不相符，说明车窗开关损坏，要更换。

2）电动车窗闭锁开关的检查

按车窗控制开关中的“LOCK”和“UNLOCK”开关，当开关处于“LOCK”位置时，端子之间断路；当开关处于“UNLOCK”位置时，端子之间导通。

3）电动车窗继电器的检修

（1）静态检测　将万用表置于电阻挡，端子85和86之间应为导通，测量若不导通，说明线圈损坏；端子30和87应为断路，若导通，说明开关触点烧结或常闭，应进行更换。

（2）工作状况检查　用蓄电池正负极接线柱分别接端子85和86，然后用万用表电压挡测量30和87号，此时应导通，否则应更换。

4）电动车窗分开关及车窗电动机的检查

（1）电动车窗分开关工作情况检查。

（2）车窗电动机检查。

5）玻璃升降器不工作

（1）故障现象　按下电动车窗开关，各玻璃升降器不动作，也无电动机声音。

（2）故障原因　熔断器断路；连接导线断路或相关插接件有松脱；有关继电器开关损坏；电动机损坏；搭铁线锈蚀、松动。

（3）故障诊断与排除思路　首先检查熔断器是否断路；然后检查各插接件连接是否紧固可靠；检查电源线是否有电，电压是否正常；检查搭铁线搭铁是否良好可靠；最后检查开关、继电器及电动机是否损坏，如果确属零部件损坏，则应更换新件。

6）某车窗不能升降或只能一个方向运动

（1）故障现象　按下电动车窗开关，某个玻璃升降器不工作，或只能一个方向运动。

（2）故障原因　该车窗开关或电动机损坏；该处导线断路或插接件松脱；安全开关故障。

（3）故障诊断与排除思路　首先检查安全开关是否正常；然后检查该窗的开关是否正常；再通电检查该窗电动机是否正常，如果有故障应检修或更换新件；若正常，应检修连接导线是否有断路处。如果车窗只能朝一个方向运动，一般是开关故障或相关导线断路，可先检查线路，再查开关。

7）升降器工作时有异响

（1）故障现象　按下电动车窗开关，玻璃升降器动作，但某个升降器有异常响声。

（2）故障原因　安装时未调整好；卷丝滚筒内的钢丝绳未落槽；滑动支架内传动钢丝夹转动；电动机盖板或固定架与玻璃碰擦等机械故障。

（3）故障诊断与排除思路　这类机械故障一般是安装位置或精度偏差所致，只需对所在位置的螺钉进行重新调整或紧固、校正即可。

工作任务 3　中央门控锁及防盗系统

1. 中央控门控锁系统及遥控门锁系统

1）中央门锁控制系统的组成

中央门锁控制系统主要由控制开关、门锁控制器和门锁执行机构等组成。中央门锁控制系统控制元件的安装位置如图 8.20 所示。

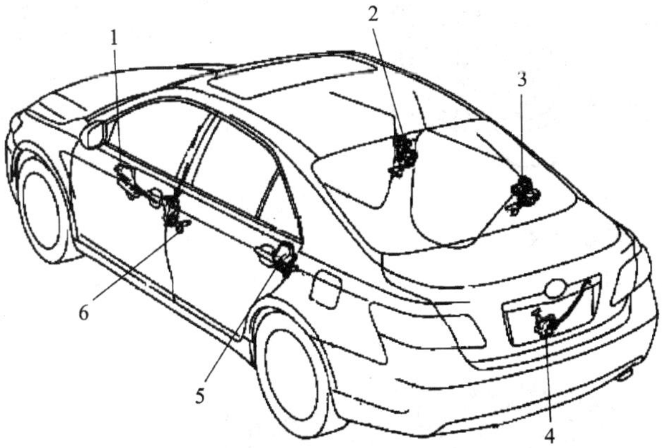

图 8.20　中央门锁控制系统控制元件的安装位置

1—门锁控制主开关；2—右前门锁电动机及开关；3—右后门锁电动机及开关；
4—后备箱锁及开关；5—左后门锁电动机及开关；6—左前门锁电动机及开关

（1）控制开关　控制开关主要由门锁控制开关、钥匙控制开关、行李厢门开启器开关、门控开关及门锁开关这几种类型。

① 钥匙控制开关　钥匙控制开关安装在每个前门的钥匙门上，如图 8.21 所示。当外面用钥匙开门和关门时，钥匙控制开关便发出开门或锁门的信号给门锁 ECU。

② 门控开关　门控开关用于检测车门的开闭情况：车门打开时，门控开关接通；车门关闭时，门控开关断开。

③ 门锁开关　门锁开关用来检测车门的开闭情况：当车门关闭，门锁开关断开；车门开启，门锁开关接通。常见的门锁开关有机械式、电子式等。机械式门锁开关通常采用键盘输入方式或拨盘输入方式，其优点是操作方便、工作可靠，但因有机械触点，容易烧蚀，需经常进行维护。电子式门锁开关通常采用触摸输入方式或遥控输入方式，其中遥控输入方式的联络信号可以是声、光、电、磁中的任何一种。这种门锁开关实际是由电子指令发射器和指令接收器组成的。此外，还有生物特征式门锁开关，其以车主的声音、指纹等人体特征作为输入指令，由计算机进行模式识别控制门锁，是当前智能化程度最高的门锁开关。

④ 行李厢门开启器开关　该开关位于仪表板下面，拉动此开关便能打开行李厢门，如图 8.22 所示。钥匙门靠近行李厢门开启器，推压钥匙门，断开行李厢内主开关，此时再拉行李厢门开启器开关也不能打开行李厢门。将钥匙插进钥匙门内顺时针方向旋转，打开钥匙门，当主开关再次接通，便可用行李厢门开启器打开行李厢。

⑤ 门锁控制开关　安装在前左门扶手上的门锁控制总开关和左门锁控制开关为杠杆型

开关，如图8.23所示。向后按门锁控制总开关是开门(所有车门都开锁)，向前按门锁控制总开关是锁门(所有车门都上锁)；将左门锁控制开关推向前是锁门，而推向后是开门。

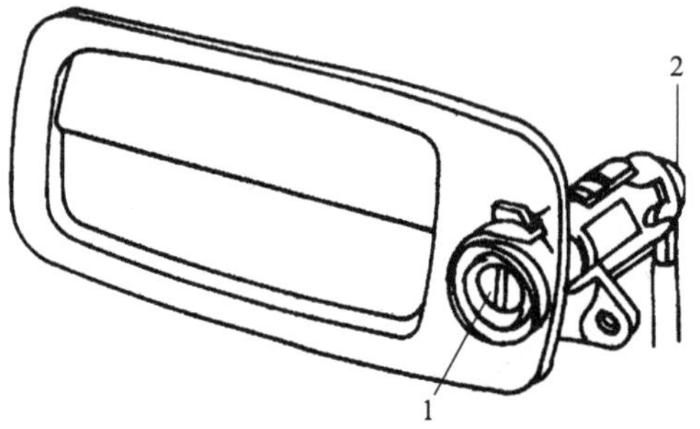

图8.21 钥匙控制开关

1—车门钥匙门；2—钥匙控制开关

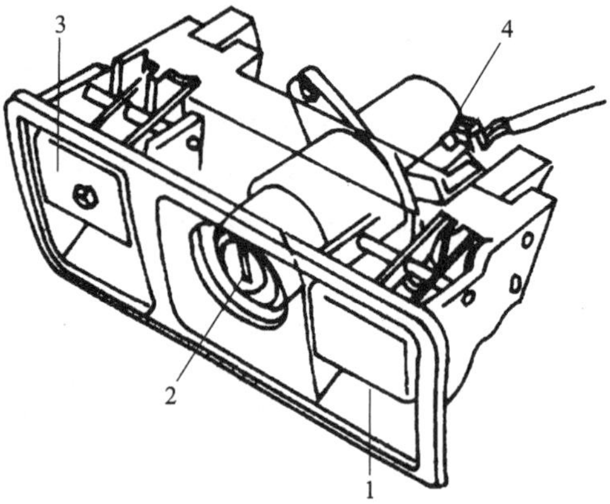

图8.22 行李厢门开启器开关

1—行李厢门开启器开关；2—钥匙门；
3—燃油箱盖开启器开关；4—行李厢门开启器主开关

图8.23 门锁控制开关

1—门锁控制总开关；2—左门锁控制开关

(2) 门锁控制器　门锁控制器具有控制执行机构通电电流方向的功能。门锁控制器还具有定时功能，即当锁扣连杆移到位、门锁已锁止或开启时，执行机构的通电电流应切断。门锁控制器有晶体管式门锁控制器、电容式门锁控制器和车速感应式门锁控制器。

① 晶体管式门锁控制器　如图8.24所示，门锁控制器内部设有闭锁和开锁两个继电器，由晶体管开关电路控制，利用电容器的充、放电过程，控制一定的脉冲电流持续时间，使门锁执行机构完成闭锁和开锁动作。

② 电容式门锁控制器　如图8.25所示，该系统利用电容器，在工作时继电器(5或6)串联接入电容器的放电回路，使其触点短时间闭合。当(正向或反向)转动车门钥匙时，相应的电路开关(闭锁或开锁)接通，电容器放电电流通过继电器线圈(5或6)搭铁，线圈产生电磁吸力，触点闭合，接通执行机构电磁线圈(9或10)的电路，完成闭锁或开锁的动作。当电容器放电完毕后，继电器触点打开，中央门锁控制系统停止工作。此时另一只电容器被充电，为下一次操作做好准备。

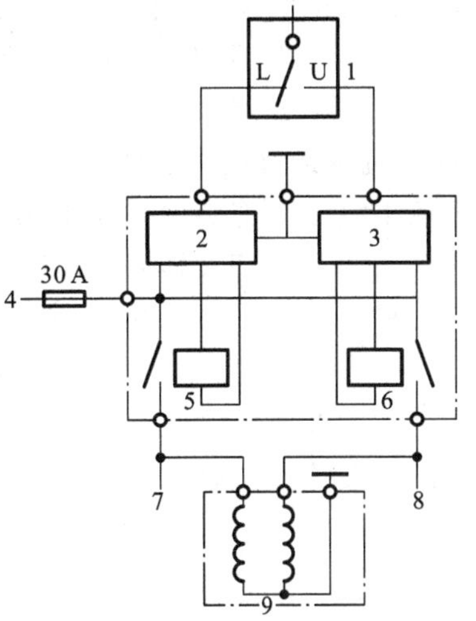

图 8.24　晶体管式中央门锁控制系统

1—门锁开关；2—锁门控制电路；3—开门控制电路；4—接电源；5—闭锁继电器；6—开锁继电器；7、8—接其他门锁；9—门锁执行机构(电磁式)；L—闭锁；U—开锁

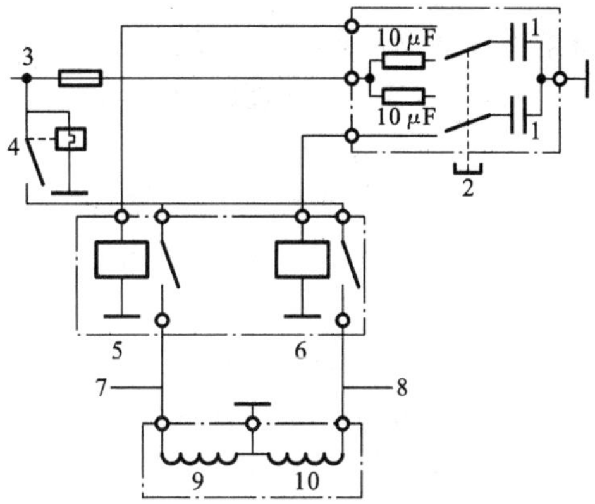

图 8.25　电容式中央门锁控制系统

1—电容器；2—门锁开关；3—接电源；4—热敏断路器；5—闭锁继电器；6—开锁继电器；7、8—接其他门锁；9、10—电磁式门锁执行机构

③ 车速感应式车门锁控制器　在中央门锁控制系统中加装一车速(10 km/h)感应开关，当汽车行驶速度达 10 km/h 以上时，若车门未闭锁，不需要驾驶人操作，门锁控制器将自动闭锁全部车门，可单独进行闭锁和开锁。车速感应式中央门锁控制系统电路如图 8.26 所示。

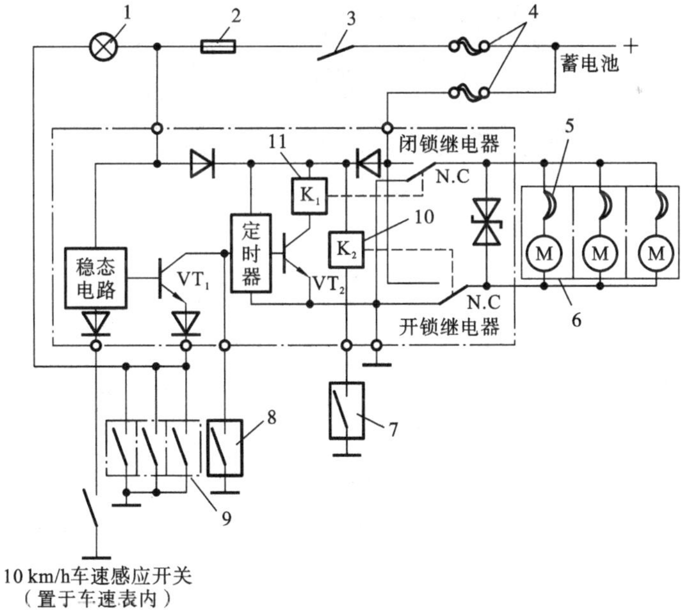

图 8.26　车速感应式中央门锁控制系统电路

1—车门报警灯；2—熔断器；3—点火开关；4—易熔线；5—断路器；6—门锁执行机构；7—开锁开关；8—闭锁开关；9—驾驶侧以外的车门报警灯开关；10—K_2 继电器；11—K_1 继电器

接通点火开关，电流流经三个车门报警器开关搭铁（此时若门锁未锁，则开关打开），报警灯点亮。若按下闭锁开关，则定时器晶体管 VT_2 导通。在 VT_2 导通期间，闭锁继电器 K_1 通电，闭锁继电器常开触点闭合，门锁执行机构通过正向电流，车门闭锁。当按下开锁开关，则开锁继电器线圈 K_2 通电，开锁继电器常开触点闭合，门锁执行机构通过反向电流，车门开锁。若车门未闭锁，且行车速度低于 10 km/h 时，置于车速表内的 10 km/h 开关闭合，此时稳态电路不向 VT_1 提供基极电流；当车速高于 10 km/h 时，10 km/h 车速感应开关断开，此时稳态电路给 VT_1 提供基极电流，VT_1 导通，定时触发器端经 VT_1 和车门报警灯开关搭铁，就像按下闭锁开关一样，使车门闭锁，从而保证行车安全。

（3）门锁执行机构　门锁执行机构是在门锁控制电路的控制及驱动下，执行门锁的锁止及开启任务。双线圈式门锁执行机构的任务都是通过改变极性来转换其运动方向，从而完成开、关动作的。电动门锁执行机构主要有电动机式、电磁式、真空式和电子式 4 种。一般车辆上常采用电磁式或电动机式门锁执行机构。

① 电动机式门锁执行机构　电动机式门锁机构一般采用可逆式电动机，结构如图 8.27 所示，工作原理如图 8.28 所示。当电动机转动时，蜗杆带动齿轮转动，齿轮推动锁杆，车门被锁上或打开，然后齿轮在回位弹簧的作用下返回原位置，防止操纵锁钮时电动机工作。位置开关当锁杆推向锁门位置时断开，推向开门位置时接通。其优点是体积小、耗电少及动作比较迅速；缺点是开启和关闭之后，由于疏忽通电，易烧坏电动机。

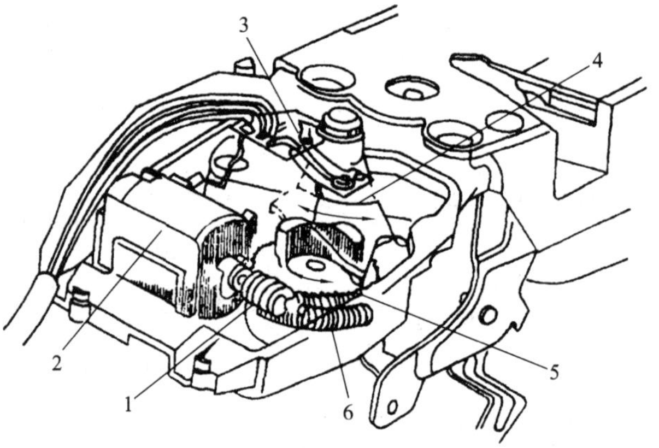

图 8.27　电动机式门锁总成

1—蜗杆；2—电动机；3—位置开关；4—锁柄；5—蜗轮；6—弹簧

② 电磁式门锁执行机构　电磁式门锁执行机构工作原理如图 8.29 所示，其内部有两个电磁线圈，分别用于开启和关闭门锁。当给锁门线圈通电时，衔铁带动连杆右移，即开锁。

无论是电磁式门锁执行机构，还是电动机式门锁执行机构，都是通过改变执行机构的通电电流方向来控制锁扣连杆左、右移动，实现门锁的锁止或开启的，而上述功能是由门锁控制器来完成的。

2）中央门锁控制系统的功能

中控门锁系统一般都具有以下集中功能。

（1）内外开启与锁止功能　在车内开启和锁止车门时，由车门锁控制开关来完成；在车外开启和锁止车门时，由钥匙转动控制开关来完成。

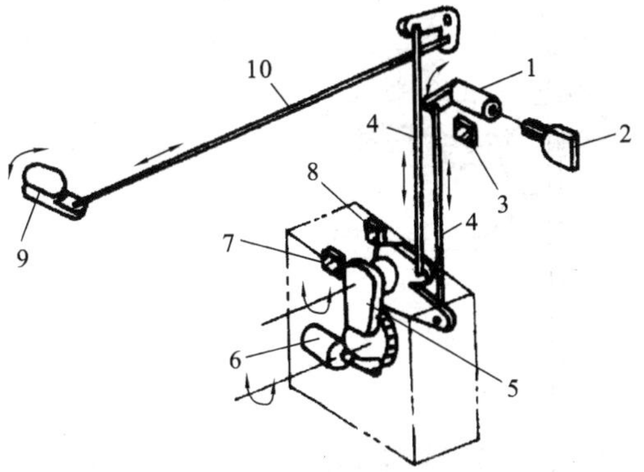

图 8.28　电动机式门锁执行机构结构与工作原理

1—门键筒体；2—键(钥匙)；3—门锁开关；
4、10—连接杆；5—锁杆；6—门锁电动机；
7—位置开关；8—门锁开关；9—门锁按钮(车厢内)

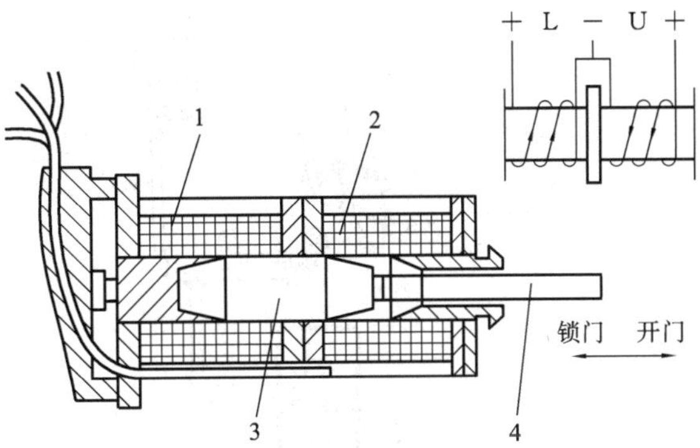

图 8.29　电磁式门锁执行机构工作原理

1—锁门线圈；2—开门线圈；
3—柱塞；4—连接门锁机构

(2) 中央控制锁止功能　操控门锁总开关，即可使所有门锁或行李厢锁同时锁止。在配装车速感应式车门锁控制器和车身电控单元控制式中央门锁控制的轿车上，当车速传感器表示车速达到 10～20 km/h 时，所有门锁与行李厢锁将自动锁止，防止发生意外和行李箱内物品丢失。

(3) 后车门安全锁止功能　中央门锁控制系统设置后车门安全锁止功能的目的是防止车内乘坐在后排车椅的儿童擅自打开车门。只有当中央门锁控制系统处于“开锁”状态时，后车门安全锁闩才能退出，如图 8.30 所示。有的轿车上，当后车门安全锁闩拨到锁止位置时，在车内用内扣手不能开门，而在车外用外扣手才能打开车门。

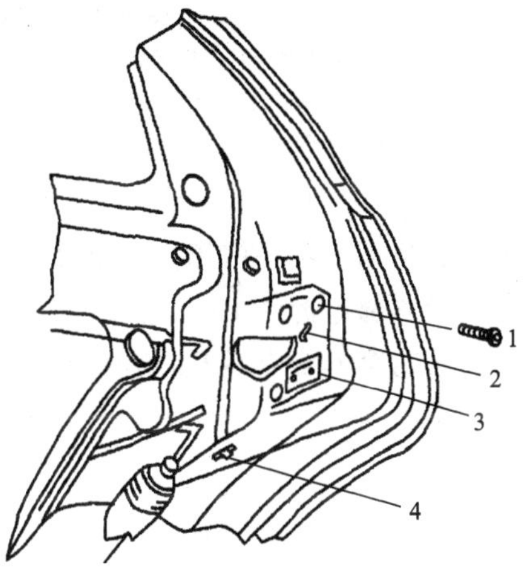

图 8.30　后车门安全锁止装置

1—安装螺钉；2—车门锁舌；
3—说明图案；4—儿童安全锁闩

(4) 防驾驶人侧车门误锁功能　在装配中央门锁控制系统的汽车上，当驾驶人侧车门关上后，内部锁止开关处于锁止位置并不能将该车门锁止，目的是防止车钥匙忘在车内而不能打开车门。有的汽车为了防止钥匙锁在车内，设置了钥匙开锁报警开关，安装在点火开关旁边，用其检测点火钥匙是否插进钥匙孔内。当钥匙在钥匙孔内时，钥匙开锁报警开关电路接通，发出报警信号；当钥匙离开钥匙孔时取消报警信号。

3) 中央门锁控制系统分析

中央门锁控制系统是由钥匙控制门锁锁闭与开启的装置，电动门窗和中央门锁控制系统的布置如图 8.31 所示。

中央门锁控制系统电路如图 8.32 所示，将左前门门锁按钮压下，中控开关第 2 位触点被接通。由于提钮压下过程中，中控开关的附带的控制触点 K 已被短暂闭合过，故左前中控门锁控制器(J53)已使其触点闭合。这时 A 路电源经熔丝，并通过 J53 的闭合触点及中控开关第

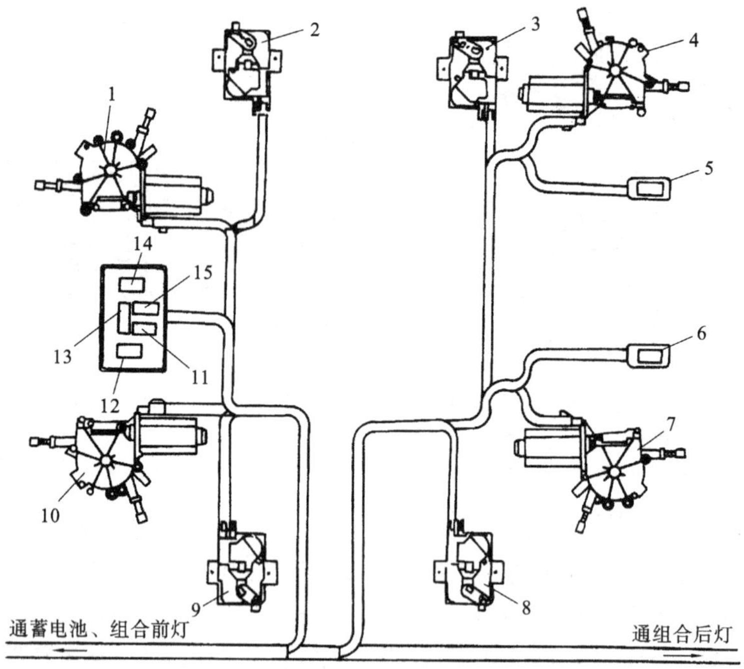

图 8.31　电动车窗和中央门锁控制系统的布置

1—右前车窗玻璃升降器电动机；2—右前中控闭锁器；3—右后中控闭锁器；4—右后车窗玻璃升降器电动机；5—右后车窗玻璃升降器开关；6—左后车窗玻璃升降器开关；7—左后车窗玻璃升降器电动机；8—左后中控闭锁器；9—左前中控门锁控制器；10—左前车窗玻璃升降器电动机；11—左后车窗玻璃升降器开关；12—左前车窗玻璃升降器开关；13—安全开关(按下后可锁定后车门玻璃升降)；14—右前车窗玻璃升降器开关；15—右后车窗玻璃升降器开关

二掷第 2 位加至中控门锁内部电源线 P2；与此同时电源的负极经中控开关第一掷第 2 位加至中控门锁内部电源线 P1。电动机 V30、V31 和 V32 反转，带动各自门锁锁闭。1～2 s 后，J53 控制其已闭合的触点断开，从而切断了为电动机供电的 A 路电源，电动机停止转动，并一直保持此状态。

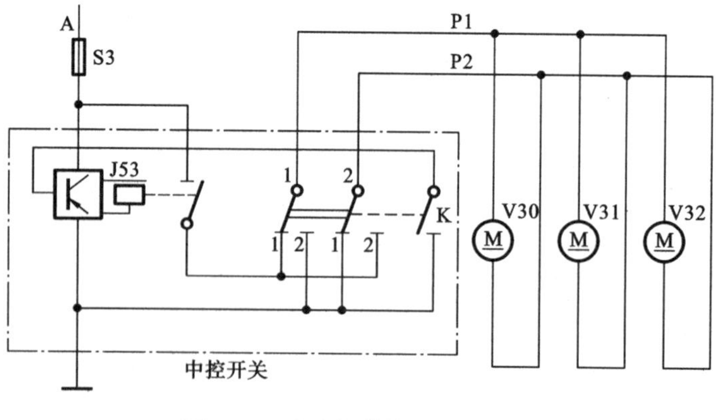

图 8.32　中央门锁控制系统电路

S3—熔丝；P1、P2—内部电源线；J53—左前中控门锁控制器；V30、V31、V32—右前、右后、左后中控门锁电动机

若将左前门门锁操纵按钮拔起，中控开关第 2 位触点被断开，第 1 位触点闭合。在这一过程中，中控开关附带的控制触点 K 又被短暂闭合，从而使 J53 的触点再次闭合 1～2 s。这时 A

路电源经 J53 的闭合触点和中控开关第一掷第 1 位加至内部电源线 P1；而电源的负极经中控开关第二掷第 1 位加至内部电源线 P2。内部电源的供电电压极性改变，电动机 V30、V31 和 V32 正转，带动各自的门锁开启。1～2 s 后，J53 控制其已闭合的触点断开，电动机停转。

2. 中控门锁的检修

1）车门锁电动机的检测

(1) 驾驶人侧车门锁电动机的检测。

① 卸下驾驶人侧车门面板。

② 断开电动机处的 2P(2 芯)插接器的连接，如图 8.33 所示。

③ 将电动机端子接上蓄电池，检查其工作情况。

在正常情况下：1 号端子接蓄电池“＋”极接线柱，2 号端子搭铁时，车门锁锁定；2 号端子接蓄电池“＋”极接线柱，1 号端子搭铁时，车门锁开锁。

④ 如果电动机工作不符合规定要求，则应更换驾驶人侧车门锁电动机。

(2) 乘员侧车门锁电动机的检测。

略。

2）门锁把手开关的检测

① 卸下驾驶人侧车门面板。

② 如图 8.34 所示，断开电动机 3P(3 芯)插接器的连接。

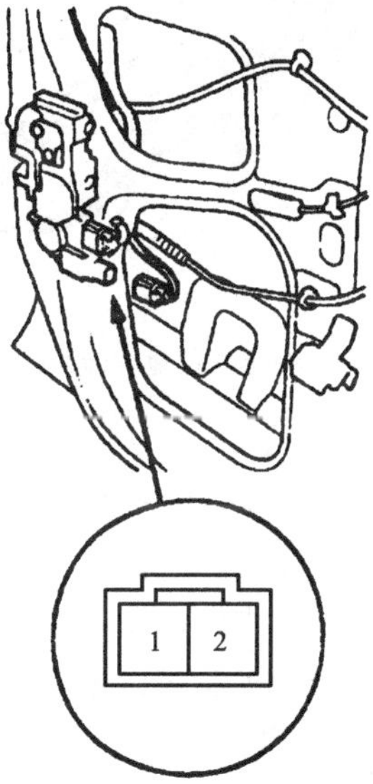

图 8.33 断开驾驶人侧车门锁电动机处的 2P 插头

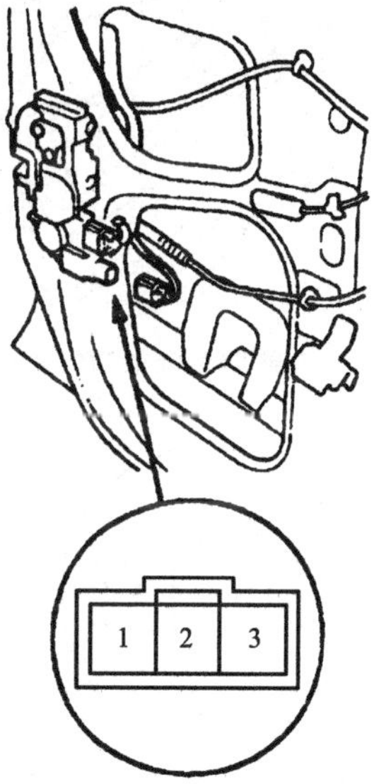

图 8.34 断开驾驶人侧车门锁电动机处的 3P 插头

③ 检查端子之间的导通性。

在门锁把手开关处于“LOCK”(锁止)位置时，2 号与 3 号端子之间应当导通，在开关处于“UNLOCK”(开锁)位置时不导通。

在门锁把手开关处于“UNLOCK”位置时，1 号与 3 号端子之间应当导通，在开关处于“LOCK”位置时不导通。

④ 如果导通性不符合规定要求，应更换门锁电动机。

3）前乘员侧车门锁把手开关的检测

① 卸下前乘员侧车门面板。

② 断开电动机 3P 插接器的连接，如图 8.35 所示。

③ 检查端子之间的导通性。

④ 如果导通性不符合要求，应更换门锁电动机。

4）后车门锁把手开关的检测

① 卸下左右侧车门面板。

② 断开电动机 3P 插接器的连接，如图 8.36 所示。

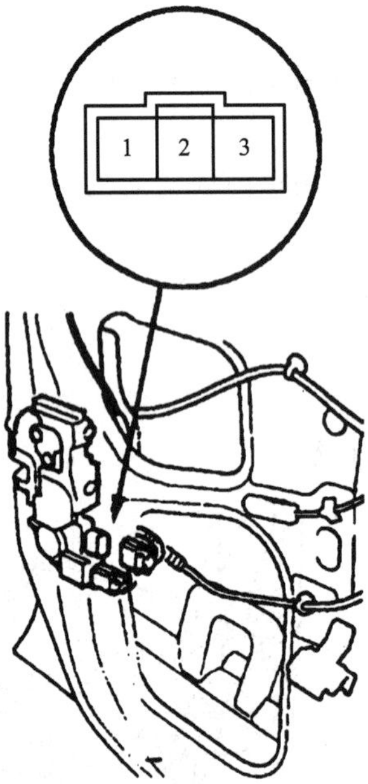

图 8.35　断开前乘员侧车门锁电动机 3P 插接器

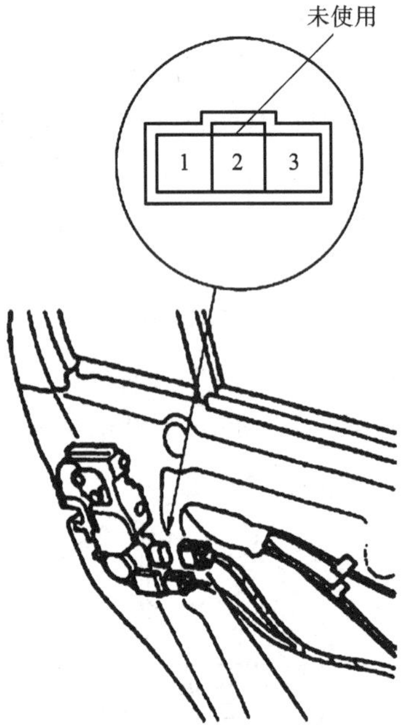

图 8.36　断开后车门锁电动机 3P 插接器

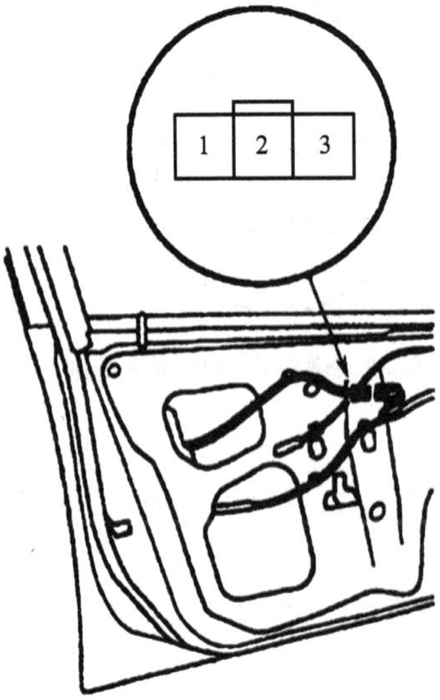

图 8.37　断开车门锁芯开关插接器

③ 检查端子之间的导通性。

④ 如果导通性不符合要求，应更换门锁电动机。

5）车门锁芯开关的测试

① 卸下驾驶人侧车门面板。

② 断开锁芯开关 3P 插接器的连接，如图 8.37。

③ 检查端子之间的导通性。

④ 如果导通性不符合要求，应更换车门锁芯总成。

6）遥控门锁系统检查

遥控门锁系统的检查操作方法见有关车型维修手册。

7）遥控门锁接收器的更换与设定

(1) 遥控门锁接收器的更换　遥控门锁接收器(RCDLR)的拆卸：拆下仪表盘，通过松开易扣接头拆下“RCDLR”，脱开“RCDLR”的导线插接器，从仪表板上拆下“RCDLR”。

遥控门锁接收器(RCDLR)的安装:将遥控门锁接收器“RCDLR”装在仪表底板上,插好“RCDLR”的导线插接件,通过连接易扣接头安装“RCDLR”,安装仪表板。

(2) 遥控门锁开锁控制设定方法(不用专用工具)　遥控门锁控制设定有 4 种模式;模式 1,设定遥控门锁不起作用;模式 2,设定仅喇叭响;模式 3,设定仅大灯闪亮;模式 4,设定喇叭响与大灯闪亮。

坐在驾驶座位上,关上所有车门;将点火开关转至“RUN”位置。

按下并保持门锁开关在“UNLOCK”位置;按下遥控器“UNLOCK”键,报警器将发出 1～4 次的响声,响的次数等于当前模式号,说明车辆处于该模式。

欲设定的模式号被警报器指示出时,将门锁开关从“UNLOCK”位置释放;将点火开关转至“OFF”位置,设置完成。

注意:在上述方法中,如果点火开关被移至“OFF”位置或任一车门被打开,遥控开锁校验设定被终止,且系统将保持在最新模式。

(3) 遥控门锁上锁控制设定方法　遥控上锁的控制设定方法与遥控开锁的控制设定方法基本相同,只是门锁开关位置和按下遥控器上的键改为“LOCK”键。

(4) 遥控器的校准　当出现下列情况是应对遥控器进行校准:遥控器使用超过 256 次;更换遥控器电池后,马上使用超过 16 次。

遥控器的校准方法:同时按下并保持住遥控器的“UNLOCK”和“LOCK”键至少 7 s 或直到喇叭响 3 次为止。

(5) 门锁电动机的检查　首先关闭点火开关,拆下车门内侧板,接近门锁电动机,拆下电动机的 2P 插头;然后将蓄电池的正、负极接线柱分别与电动机插座的两个插芯相通,电动机应转动;再将蓄电池的正、负极接线柱对调接在两个插芯上,电动机应反转。如果电动机不转或转动不平稳,则应修理或更换电动机。4 个车门及后备厢的电动机检查方法相同。

3. 汽车防盗系统

1) 作用

汽车防盗系统的作用是使偷盗者放弃偷盗汽车的企图。如果能使偷盗着无法开动汽车,同时汽车能发出刺耳醒目的报警信号,则会给偷盗者一种心理上的压力。警报一般以灯光闪烁与发声报警的形式发出,警报持续时间约为 1 min,且发动机供油控制电路直到车主用钥匙打开汽车门锁之前都始终处于断路的状态。

2) 分类

汽车防盗系统可分为机械式和电子式。机械式防盗器是用机械的方法对油路、变速杆、转向盘、制动器进行控制,如变速杆锁是锁住变速杆使其不能移动;转向盘锁也称拐杖锁,挂在转向盘和离合器踏板之间等。这些方法虽然费用低,但是使用不便,安全性差,已经逐渐被淘汰。电子防盗系统可分为普通电子防盗统和微机控制防盗系统,在中低档汽车上采用的防盗系统为振动触发的普通电子防盗系统;在中高档汽车上采用的防盗系统多为微机控制的电子钥匙式发动机防盗系统。当防盗系统启动后,如有非法移动车辆、划破玻璃、破坏点火开关锁芯、拆卸轮胎和音响、打开车门、打开燃油箱加注盖、打开行李箱门等动作,都立刻会引起防盗系统报警。

4. 汽车防盗系统电路及实例分析

防盗控制微机的输入信号由遥控模块,左右门锁开关和 4 个车门微动开关提供。在系统启动进入警戒状态后，如果有人非法开启车门，将使车门微动开关接通，并将此信号送给防盗控制微机，此时遥控模块和门锁开关将开门信号送给防盗控制微机，防盗控制微机即判断为非法进入，于是接通防盗扬声器和报警灯的电路。这种防盗系统的功能简单，只能报警和恐吓窃车贼，不能阻止车辆被开走或搬走。可以从两个方面来加强防盗系统的功能，一是增强中控门锁的功能，二是当前一个功能失效时，增强其他必要手段的锁止功能。

5. 免钥匙进入系统

1）无钥匙进入系统的功能

无钥匙系统包含无钥匙进入和无钥匙启动两项功能，英文名称为 Passive keyless entry 和 Passive keyless entry。它们的英文名称反映了这种钥匙的被动性（passive），即不需要人主动去拧钥匙即可开锁。

无钥匙系统相对于普通的遥控钥匙（remote keyless enty），操作和防盗性能都更加先进。具体内容涉及发动机芯片式防盗系统的发展历程。

当带着钥匙靠近车辆，进入车门探测区域或行李厢探测区域后，按下黑色的按钮即可打开车门或行李厢门。探测距离通常是 0.7～2.5 m。驾驶人带着钥匙进入车辆后，按下启动按钮（也有的车型是旋钮），即可启动车辆。反之，当驾驶人带着钥匙离开车辆后，发动机自动熄火，车门会自动锁上。

车辆的无钥匙系统分为两块功能：无钥匙进入和无钥匙启动。大部分车辆的无钥匙进入系统同时具有这两项功能，个别车型只有无钥匙进入功能而没有无钥匙启动功能，例如第八代无钥匙启动开关又分为按钮式和旋钮式。通常位于传统的插钥匙的位置，只有 Audi A6 位于换挡杆附件。

2）汽车芯片式防盗系统的发展

汽车防盗系统历经了机械式防盗、电子式防盗、芯片式防盗和网络式防盗。网络式防盗需要利用 GPS 定位系统，我国目前只在出租车行业有应用。现在的汽车防盗基本上都是芯片式防盗。而且只针对偷盗者使用技术手段配置假钥匙打开车门和启动发动机的盗窃行为，不涉及使用暴力手段打开车门和启动发动机。

芯片式防盗历经了三代产品的演化。

第一代产品：发动机防盗锁止系统。发动机锁止系统与发动机电控单元连接来锁止发动机的电路和油路。发动机防盗锁止系统的芯片历经了五代产品的演化。现在发动机防盗锁止系统可以单独使用，也可以配合遥控钥匙（RKE）和无钥匙系统（PKE）使用。

第二代产品：遥控钥匙（remote keyless entry，RKE）＋发动机防盗锁止系统。遥控钥匙用来打开和锁上车门，发动机防盗锁止系统用来控制发动机的锁止。遥控钥匙芯片的经历了三代产品的演化。目前，“遥控钥匙＋发动机防盗锁止系统”是很多中高级轿车的标准配置。其中，遥控钥匙的芯片大多采用第二代芯片，发动机防盗锁止采用第 4 代芯片，例如国产 307。

第三代产品：无钥匙进入/无钥匙启动（passive keyless entry /start）＋发动机防盗锁止系统。无钥匙进入和无钥匙启动集合为一个芯片。这是目前世界上最先进的芯片式防盗系统。

RKE 和 PKE 主要承担车门的防盗，防止盗贼通过自配的假钥匙打开车门。汽车防盗最主要的是发动机防盗锁止系统，它可以防止盗贼非法启动车辆开走汽车。Philips 公司的子公司 NXP（半导体公司）开发的防盗产品在德国被广泛应用；在中国，307 的遥控钥匙就是采用该公司的芯片。

(1) 第一代产品——发动机防盗锁止系统。

如图 8.38 所示，在钥匙中含有应答器芯片，在汽车上装有收发器芯片(一般位于仪表板点火开关附件)，控制单元是指发动机的控制单元。其中，收发器也称为基站。

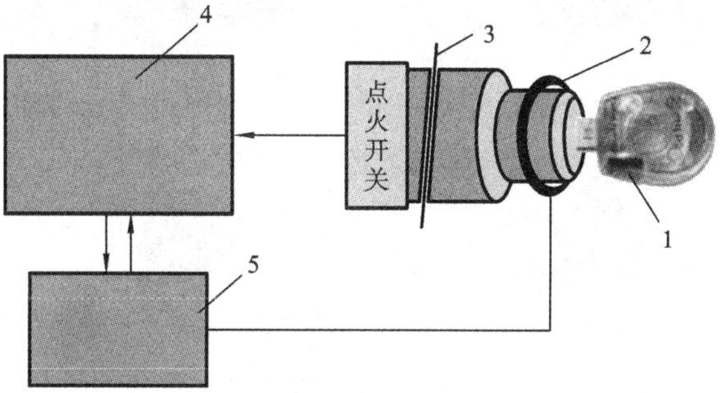

图 8.38　发动机防盗锁止系统结构

1—应答器;2—收发器线圈;3—锁环;4—控制单元;5—低频收发器

收发器的线圈向钥匙上的应答器发射低频信号，应答器接收信号后驱动应答器与收发器进行数据交换，数据通过认证后，收发器与发动机的控制单元进行数据交换，同时点火开关接通，发动机启动。如果数据没有通过认证，则控制单元锁止发动机的油路和电路，发动机不能启动，如图 8.39 所示。

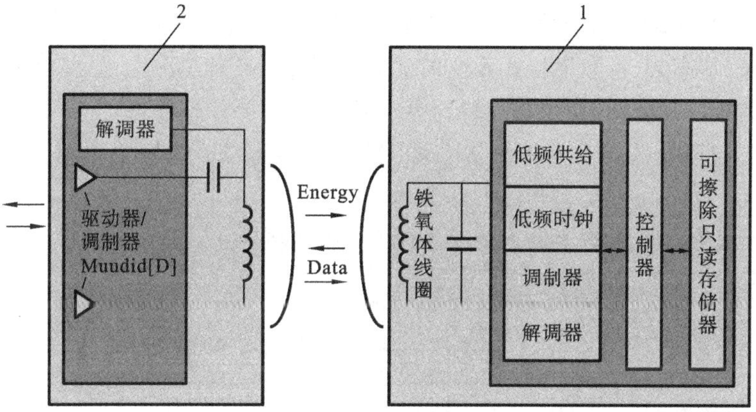

图 8.39　收发器、应答器数据交换

1—应答器;2—收发器

(2) 第二代产品——遥控钥匙(remote keyless entry，RKE)＋发动机防盗锁止系统。

这种钥匙是目前常用的汽车钥匙，钥匙内含有两个芯片。遥控无钥匙进入(remote keyless entry，RKE)芯片和发动机防盗锁止的应答器芯片，如图 8.40 所示。

钥匙上含有 RKE 发射器芯片，用来遥控打开汽车的中控门锁。RKE 与发动机防盗锁止系统的应答器芯片不同，RKE 芯片需要锂电池提供能量。

(3) 第三代产品——无钥匙进入/启动(passive keyless entry/start)＋发动机防盗锁止系统。

无钥匙启动是和发动机防盗锁止系统一起承担汽车防盗：第一是无钥匙启动系统对 PKE 芯片的认证，第二是发动机防盗锁止系统对钥匙应答器芯片的认证，而后者是最主要的。

① 当钥匙进入车辆有效距离内，并且用手按下车门把手上的按钮，车辆将发出低频(LF)

图 8.40 “RKE+发动机防盗锁止系统”的芯片

唤醒信号。如果唤醒信号与储存在 PKE 芯片上的数据匹配(即通过认证),PKE 芯片被唤醒。唤醒过程有以下两个特点。

a. PKE 芯片被唤醒之前,处于不工作状态,其他的干扰信号由于不能通过 PKE 芯片的认证,不能将 PKE 芯片唤醒。因此唤醒模式可以延长锂电池的使用寿命。

b. PKE 芯片的接收天线是三维的,只要在有效距离内,不论钥匙的方向,都可以接收到唤醒信号。

② 一旦被唤醒,PKE 芯片将接收来自车辆的随机口令(低频)和加密信号(低频),然后发出加密的反馈信号(特高频)。车辆接收到反馈信号后,对信号进行验证。如果反馈信号通过认证,则中控门锁被解锁。从 PKE 芯片被唤醒到中控解锁,只需要几毫秒,车主根本察觉不出来。

③ 一旦进入车辆,系统首先检测 PKE 芯片是否在车内。如果检测到 PKE 芯片在车内,则车辆和 PKE 芯片之间重复①和②的认证过程。

图 8.41 所示为汽车无钥匙进入系统的结构和数据交换结构。

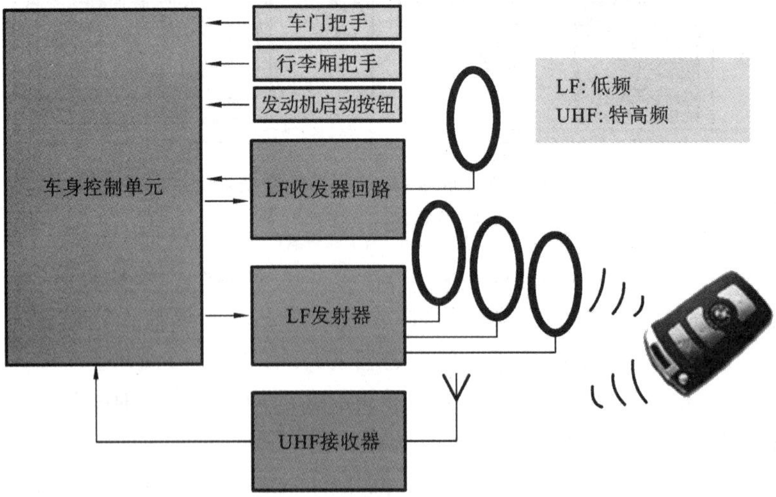

(a)

图 8.41 汽车无钥匙进入系统的结构和数据交换结构

(a) 系统结构 (b) 数据信号的交换

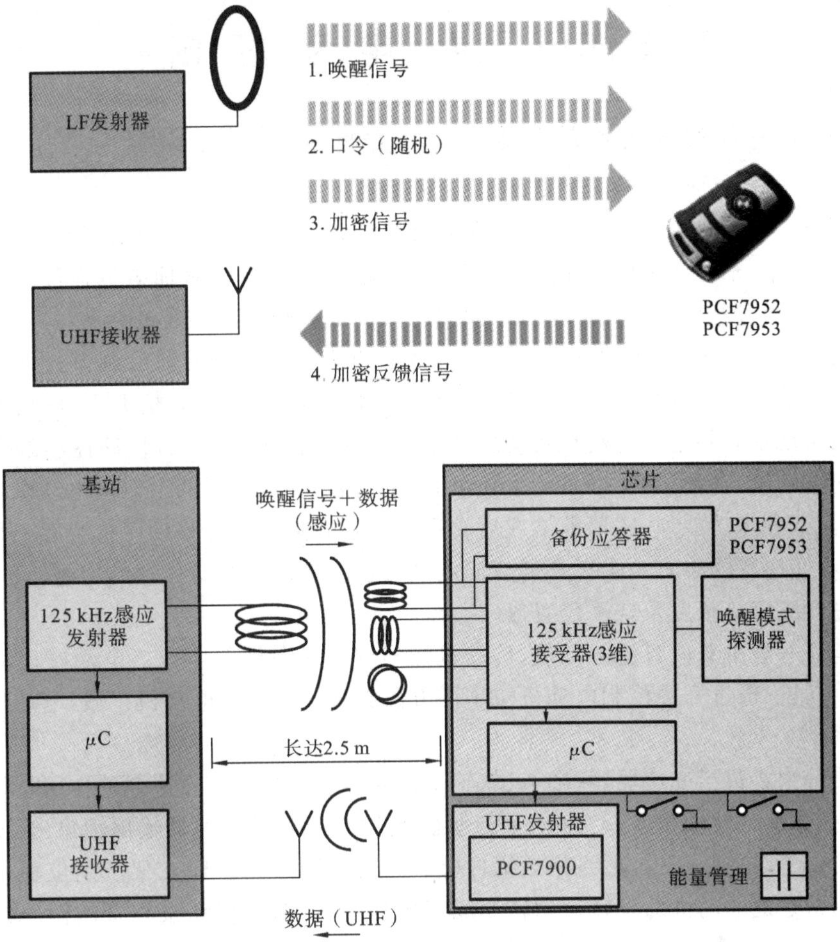
LF发射器
1. 唤醒信号
2. 口令（随机）
3. 加密信号
UHF接收器
PCF7952
PCF7953
4. 加密反馈信号
基站
125 kHz感应
发射器
μC
UHF
接收器
唤醒信号＋数据
（感应）
长达2.5 m
数据（UHF）
芯片
备份应答器
PCF7952
PCF7953
125 kHz感应
接受器(3维)
唤醒模式
探测器
μC
UHF发射器
PCF7900
能量管理

（b）

续图 8.41

工作任务4　电 动 座 椅

1. 电动座椅的组成及控制电路

1）电动座椅的组成

电动座椅以电动机为动力，通过传动装置和执行机构来调节座椅的各种位置，使驾驶员处于便于操作、安全、不易疲劳的驾乘最佳的驾驶位置，同时也能为其他乘员提供舒适、安全、不易疲劳的座椅，通过座椅调节，还可以改变坐姿，减少成员长时间乘车的疲劳。

电动座椅种类很多，有不同的组合方式。常见的调节有座椅的前后调节、上下调节，座位前部的上下调节，靠背的倾斜调节，侧背支撑调节，腰椎支撑调节，靠枕上下、前后调节。所有这些功能的实现都必须通过电动机带动传动机构来实现。进行前、后移动控制的电动座椅装有一个双向电动机，在前、后移动基础上还可升、降，移动座椅需要两个双向电动机，除具有前、后移动和上、下升降功能外，座椅前端或后端还可分别升降的六向移动座椅装有三个双向电动机，遥控电动座椅有的装有 4 个以上的双向电动机。除能保证八向移动的功能外，还能调整头枕高度、倾斜度、座椅长度及扶手位置等。

电动座椅一般由双向直流电动机、传动机构和座椅调节器等组成。电动座椅使用永磁式双向直流电动机，通过开关控制电动机按不同方向旋转。为防止电动机过载，电动机内一般都装有断路器。

传动装置主要包括变速器、联轴节、软轴及齿轮传动机构等。变速器的作用是降速并增大扭矩，电动机分别与软轴相连，动力经过变速器降速增扭后，从变速器输出轴输出，变速器输出轴与蜗杆轴（或齿轮轴）相连，最终蜗轮蜗杆（或齿轮齿条）带动座椅支架产生位移。传动和执行机构的作用是把电动机的旋转运动转变成座椅的上下、前后移动或靠背的倾斜摆动。蜗轮蜗杆机构是其核心部件，它具有较大的传动比且自锁性能良好。

电动座椅的构造如图 8.42 所示。

2）传动机构的类型

要求座椅传动机构运行时具有良好的平稳性，噪声要低。现代轿车的电动座椅的传动机构一般有蜗轮蜗杆传动、驱动钢丝传动等类型。

3）电动座椅的控制电路

电动座椅的电动机采用永磁电动机，利用调整开关可控制电流流经电动机的方向。六方向电动座椅的控制电路如图 8.43 所示，包括滑动电动机、前垂直电动机、倾斜电动机、后垂直电动机、腰垫电动机等，可以实现座椅的前后移动、前部高度调节、靠背倾斜程度调节、后部高度调节及腰垫前后调节。流过电动机的电流方向决定了电动机的旋转方向，而电流的流向则由调整开关的位置决定。如果驾驶人将调整开关中的四位置开关扳到“下”位置，整个座椅将下移。此时，调整开关的位置按点 3 和位置按点 4 均处在左位，蓄电池电源经过位置按点 4、6 和 8 分别送至座椅前部和后部的高度调节电动机。搭铁回路经位置按点 5 和 7 汇合到位置按点 3 搭铁。

2. 电动座椅的检修

电动座椅常见故障诊断与排除步骤如下。

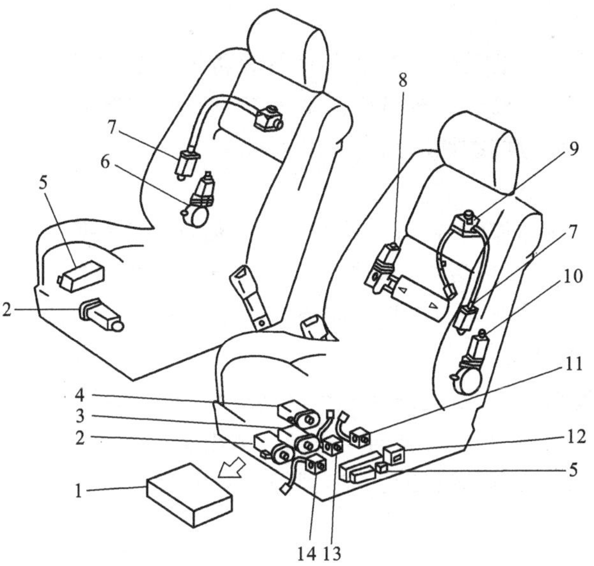

图 8.42　电动座椅的构造

1—电动座椅 ECU；2—滑动电动机；3—前垂直电动机；4—后垂直电动机；5—电动座椅开关；6—倾斜电动机；7—头枕电动机；8—腰垫电动机；9—头枕位置传感器；10—倾斜电动机和位置传感器；11—后垂直位置传感器；12—腰垫开关；13—前垂直位置传感器；14—滑动位置传感器

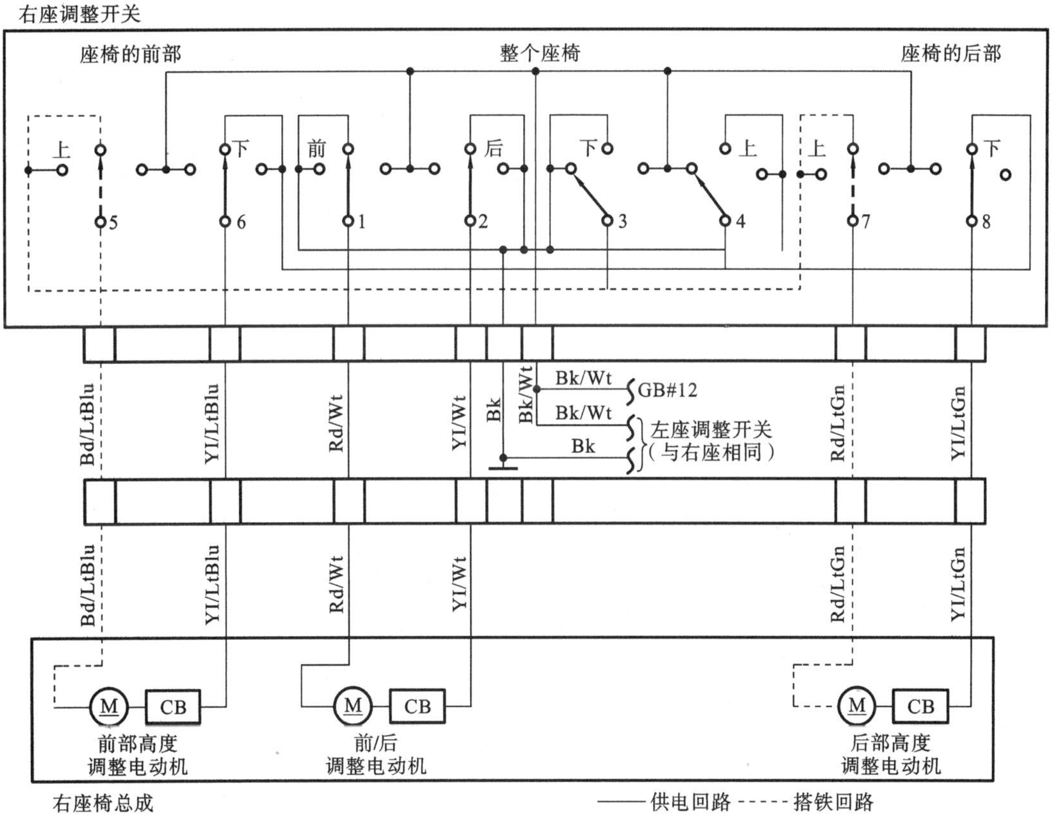

图 8.43　六方向电动座椅的控制电路

1）故障分析

常见故障为座椅完全不能动作或某个方向不能动作。座椅完全不能动作的主要原因有：熔断器熔丝断，线路断路，座椅开关故障等。某个方向不能动作的主要原因有：该方向对应的电动机损坏，开关损坏，对应的线路断路等。

2）诊断步骤

如果是座椅完全不能动作，可以首先检查熔断器熔丝是否熔断。若熔丝未断，则应检查所在线路及其插接件是否正常，最后检查座椅开关。对于有存储功能的电动座椅，还应检查其电子控制模块的电路及其搭铁线是否正常。如果是某个方向不能动作，可以先检查所在线路是否正常，再检查开关和电动机。

若电动机运转而座椅不动，首先观察是否已达到极限位置，然后检查电动机与变速器之间的相关元件是否磨损过大或损坏，必要时应更换。若电动机不工作，应检查电源线及电动机线路是否断路，开关接触是否良好，搭铁是否牢固等。

工作任务5　电动后视镜

1. 电动后视镜组成及控制电路

1）电动后视镜的组成

驾驶员在汽车上调整后视镜的位置也是不方便的，特别是在副驾驶座位一侧的后视镜，调整尤为困难。使用电气控制系统能很方便地解决这个问题，驾驶员只需要在驾驶位置上操纵电动后视镜开关，就可以获得理想的后视镜位置。为了便于驾驶员调整后视镜角度，很多轿车安装了电动后视镜，驾驶员可方便地对左右后视镜的角度进行调节。

电动后视镜主要是由镜面玻璃、双电动机、连接件、传动机构及其壳体等组成。图8.44所示为电动后视镜与控制开关的实物。控制开关由旋转开关、摇动开关和线束等组成，安装在左前门内饰板上。电动后视镜的背后装有两套电动机和驱动器，可操纵后视镜上下及左右转动。通常上下方向的转动用一个电动机控制，左右方向的转动用另一个电动机控制。通过改变电动机的电流方向，就可完成对后视镜的上下左右方向的调整。为了使车能够获得最大的驻车间隙，通过尽可能狭小的路段，有的电动后视镜还带有伸缩功能，由伸缩开关控制伸缩电动机工作，使两个后视镜整体回转伸出或缩回。

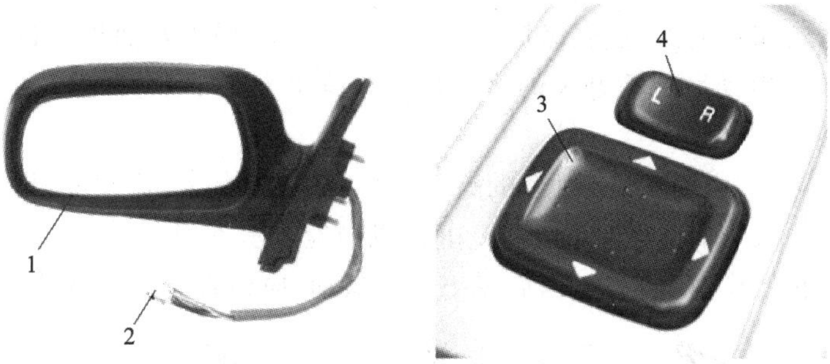

图8.44　电动后视镜与控制开关实物

(a) 电动后视镜总成　(b) 控制开关

1—左后视镜总成；2—连接线束接头；3—方向调节开关；4—左右后视镜选择开关

2）电动后视镜的控制电路

左、右电动后视镜的调整由设置在左前门内把手上端的调整开关控制。当点火开关处于“ON”位置，将此开关旋转，可选择需调整的后视镜(L为左侧，R为右侧，中间为停止操作)。摇动开关可调整后视镜反射面的空间角度。

两侧电动后视镜各有两个永磁电动机，通过控制两个电动机的开关可获得二正二负四种电流，即可进行四种运动，使镜面进行四种不同方位的位置调整。电动后视镜的控制电路如图8.45所示。

2. 电动后视镜的检修

电动后视镜若有故障，直接表现是后视镜不能操作。如果两个后视镜都不工作，往往都是熔断器熔丝熔断、线路断路或插接件松断等，也可能是开关有关故障。可以先查熔丝，然后检查开关上的插接件是否松脱，以及相关线路连接情况，最后检查开关。如果部分功能不正常，

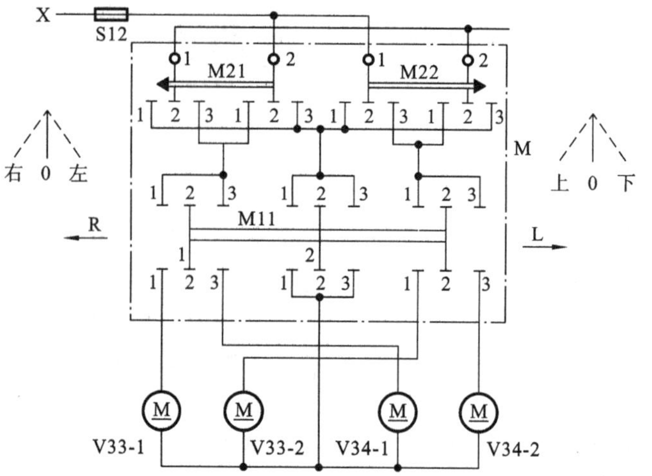

图 8.45　电动后视镜的控制电路

S12—熔丝；M—电动后视镜开关；M11、M21、M22—电动后视镜分开关；

V33-1、V33-2—右镜左右、上下电动机；V34-1、V34-2—左镜左右、上下电动机

很可能是个别电动机及控制开关对应部分有故障或相应线路断路、接触不良等。总之：先查线路，后查开关及电动机。此时可以进行如下操作。

（1）先检查熔丝和断电器（过载保护），从车上拆下车门面板及面板上拉手，然后用一个小的一字旋具压下位于电动后视镜开关的锁止片。从拉手上拆下开关，然后用万用表测试开关总成。

（2）如果开关完好，应用 12 V 电源的跨接线检查电动机的工作情况，接线换向时，电动机也应反向转动。图 8.46 所示为电动后视镜电动机的检查示意图。

（3）如果电动机工作情况正常，而后视镜仍不运动，应检查连接后视镜控制开关。

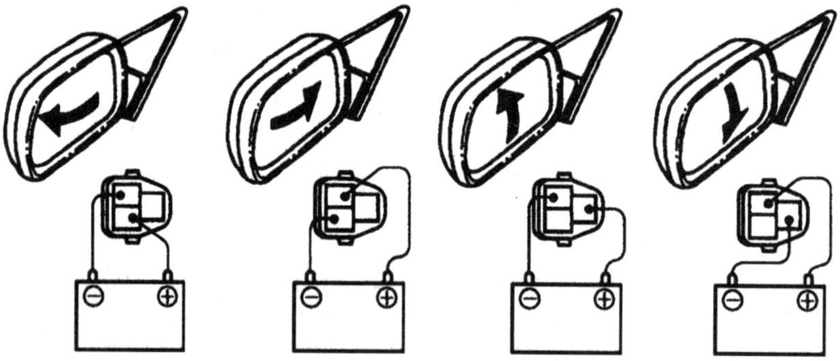

图 8.46　电动后视镜电动机的检查示意图

学习情境 9　安全气囊指示灯常亮

学习目标

1. 知识目标

- 了解安全气囊系统的组成。
- 能掌握安全气囊系统的结构。
- 能掌握安全气囊系统工作原理。
- 会分析安全气囊系统的电路。
- 能对汽车安全气囊系统常见问题进行检修。
- 能正确选择、使用工具和检测设备。
- 注重工作安全和事故防护规定。

2. 能力目标

- 能自主识读安全气囊系统图。
- 具有扩展相应的信息收集能力。
- 能独立制订工作计划并实施。
- 具有工作结果检查评估能力。
- 注重环保规定。

职业情境描述

有一客户开来一辆威驰轿车，仪表板上汽车安全气囊灯常亮，要求给予维修。

工作任务 1　安全气囊系统的认识

1. 安全气囊系统的分类与组成

1）安全气囊的分类

按照保护对象的不同，安全气囊分为以下几类。

（1）驾驶员防撞安全气囊　驾驶员防撞安全气囊装在方向盘上，按体积的大小分两种：一种气囊是考虑驾驶员没有佩带座椅安全带时汽车相撞，其体积较大，约 60 L；另一种气囊是设定驾驶员佩带座椅安全带而设计的，其体积较小，约 40 L。日本的安全气囊即属于此类。近年来，由于安全气囊的生产成本下降，日本防撞安全气囊规格有所增加，如本田车型的驾驶员防撞安全气囊的体积为 60 L。国内安全气囊保护系统以后一种为主。

(2) 前排乘员防撞安全气囊　由于乘员在车内位置不固定,因此为保护其撞车时免受伤害,设计的防撞安全气囊也较大,有两种规格,一种约 160 L 左右,另一种约 75 L 左右(后者考虑了乘员受座椅安全带的约束)。

(3) 后排乘员防撞安全气囊　装在前排座椅,主要用于后排乘员的碰撞防护。

(4) 侧面防撞安全气囊　侧面安全气囊是安装在座椅外侧的,目的是减缓侧面撞击造成的伤害。侧气囊一般分为前排侧气囊和后排侧气囊。

2) 安全气囊系统的组成

常用的汽车安全气囊系统由传感器、气囊组件、电控装置(ECU)等组成。

(1) 传感器　安全气囊传感器一般也称碰撞传感器,按照用途的不同,碰撞传感器分为触发碰撞传感器和防护碰撞传感器。触发碰撞传感器也称为碰撞强度传感器,用于检测碰撞时的加速度变化,并将碰撞信号传给气囊 ECU,作为气囊 ECU 的触发信号;防护碰撞传感器也称为安全碰撞传感器,它与触发碰撞传感器串联,用于防止气囊误爆。

按照结构的不同,碰撞传感器还可分为机电式碰撞传感器、电子式碰撞传感器及机械式碰撞传感器。防护碰撞传感器一般采用电子式结构,触发碰撞传感器一般采用机电结合式结构或机械式结构。

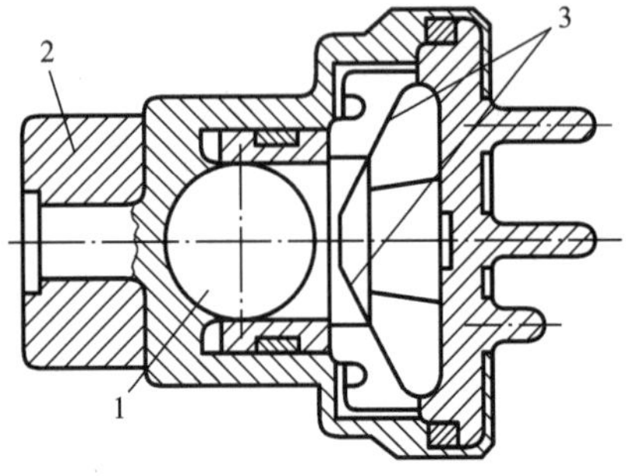

图 9.1　滚球式传感器

1—小钢球;2—磁铁;3—触点

① 机电结合式碰撞传感器　机电结合式碰撞传感器是利用机械机构运动来控制电气触点动作,通过触点断开与闭合来控制安全气囊电路的接通与切断。机电结合式碰撞传感器可分为滚球式、偏心式等。

a. 滚球式传感器　如图 9.1 所示,平时小钢球被磁场力所约束。当碰撞时,在圆柱形缸套内小钢球就向前运动。一旦接触到前面的触点,则将局部电路接通。这种传感器目前应用很广,可以检测各种撞击信号。

b. 偏心式传感器　偏心式传感器为具有偏心转动质量的机电式加速度传感器,由外壳、转子、偏心重块、旋转触点与固定触点、螺旋弹簧等构成。偏心式传感器的外侧装有一个电阻,做自检之用,检测传感器总成与其之间的线路是否有开路或短路。当汽车正常行驶时,偏心转子和偏心重块被螺旋弹簧拉回,处于平衡状态,此时转子上安装的旋转触点与固定触点不接触。当车辆受到正面碰撞且速度达到设定值时,由于偏心重块惯性的作用,使偏心重块连同偏心转子和旋转触点一起转动,旋转触点与固定触点发生接触,如图 9.2 所示,从而向 ECU 发出信号。

② 电子式碰撞传感器　电子式传感器对汽车正向加速度进行连续测量,并将测量结果输送给安全气囊 ECU,安全气囊 ECU 根据碰撞信号的分析处理,若需要引爆安全气囊,安全气囊 ECU 便会接通点火电路,如此时前方碰撞传感器的触点同时也闭合,则气体发生器的电路接通,安全气囊引爆。

③ 汞开关式碰撞传感器　汞开关式碰撞传感器利用汞导电良好的特性制成,一般用做安全传感器。汞开关式碰撞传感器的结构如图 9.3 所示。当汽车发生碰撞时使汞产生惯性力,惯性力在汞运动方向上的分力将汞抛向传感器电极,使两个电极接通,从而接通安全气囊点火器电路的电源。

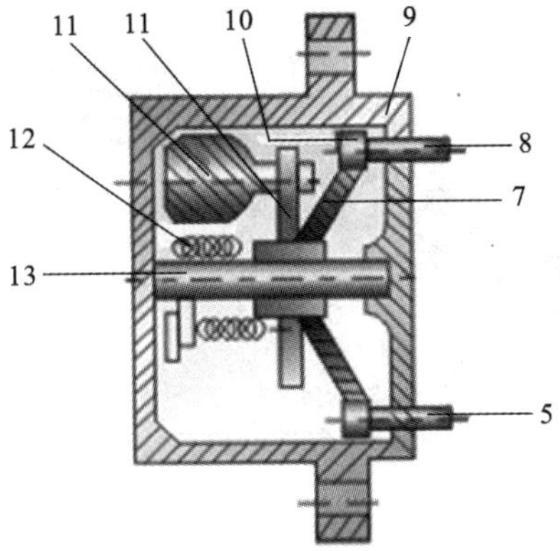

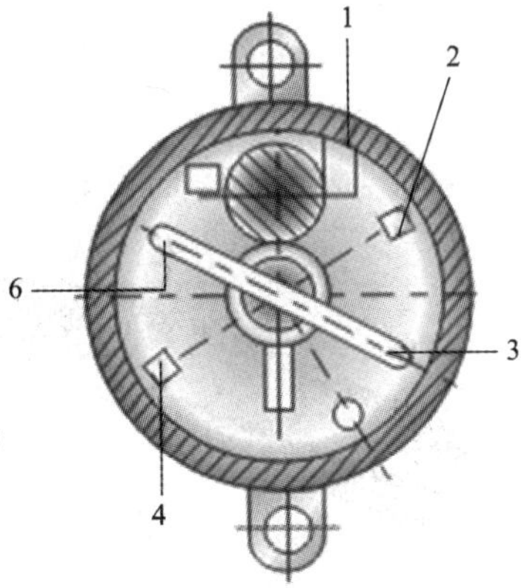

图 9.2　偏心式传感器结构

1—止位块；2、4—静触头；3、6、10—动触头；5、8—插头；7—触桥；

9—外壳；11—重锤转盘；12—扭力弹簧；13—心轴

(2) 气囊组件　气囊组件主要由气体发生器、点火器、气囊、饰盖和底板等组成。驾驶员侧气囊组件位于转向盘中心处，乘客侧气囊组件位于仪表板右侧杂物箱上方。

① 气体发生器　气体发生器又称充气泵或充气器，其作用是在点火器引燃充气剂后，将产生的气体充入气囊，使气囊膨开。气体发生器的结构如图 9.4 所示，气体发生器由上盖、下盖、充气剂（叠氮化钠固体药片）和金属滤网组成。上盖上制有若干个长方形或圆形充气孔，下盖上制有安装孔，以便用专用螺栓和专用螺母固定在气囊支架上，装配时只能用专用工具进行装配。上盖与下盖压成一体，壳体内装有充气剂、滤网和点火器。金属滤网安装在气体发生器的内表面，用以过滤充气剂和点火剂燃烧时所产生的渣粒。在点火器引爆点火剂瞬间，点火剂会产生大量热量，叠氮化钠药片受热立即分解，产生氮气并从充气孔充入气囊。虽然氮气是无毒气体，但是叠氮化钠的副产品有少量的氢氧化钠和碳酸氢钠（白色粉末）。这些物质是有害的，因此在清洁膨胀后的气囊时，应保持良好的通风并采取防护措施。

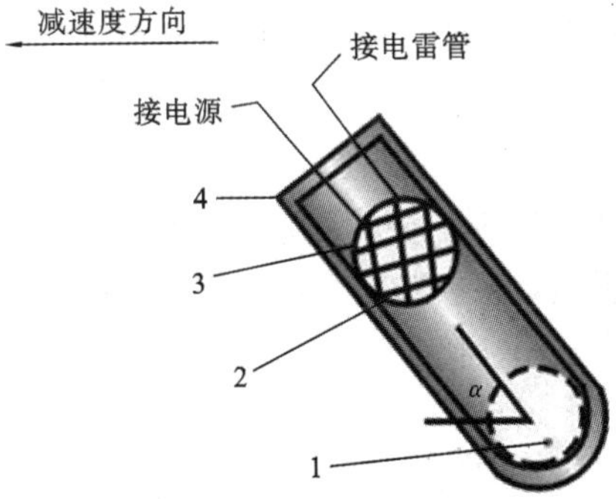

图 9.3　汞开关式碰撞传感器结构

1—水银（正常位置）；2—水银（碰撞位置）；

3—触头；4—外壳

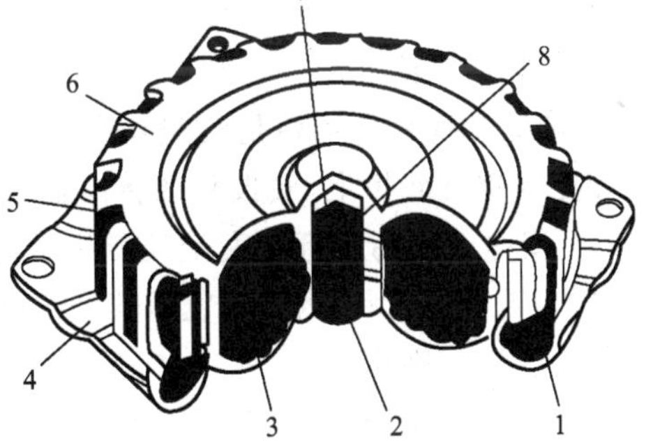

图 9.4　气体发生器的结构

1—金属滤网；2—点火器药筒；3—充气剂；4—下盖；

5—充气孔；6—上盖；7—引爆炸药（点火剂）；8—电热丝

② 点火器　点火器外包铝箔，安装在气体发生器内部中央位置，其功用是根据安全气囊 ECU 的指令引爆点火剂，产生热量使充气剂分解。点火器的结构如图 9.5 所示，主要由引爆炸药（点火剂）、药筒、引药、电热丝、电极和引出导线等组成。

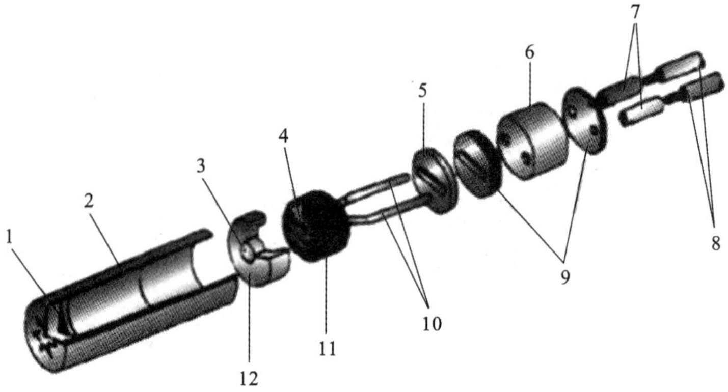

图 9.5 点火器的结构

1—引爆炸药(点火剂);2—药筒;3—引药;4—电热丝;5—陶瓷片;6—永久磁铁;7—绝缘套管;8—引出导线;9—绝缘垫片;10—电极;11—电热头;12—药托

点火器的所有部件均装在药筒内。点火剂包括引爆炸药和引药。引出导线与气囊连接器插头连接,连接器(一般为黄色)中设有短路片(铜质弹簧片)。当连接器插头拔下或插头与插座未能完全接合时,短路片将两根引线短接,防止静电或误通电将电热丝电路接通,从而避免使点火剂引爆而导致气囊误开。

③ 气囊　气囊按布置可分为驾驶员防撞安全气囊、前排乘员防撞安全气囊、后排成员防撞安全气囊、侧面气囊和顶部气囊等。按照大小可分为保护乘员上身的大型气囊和保护乘员面部的小型护面气囊。护面气囊成本低,但一定要和座椅安全带配合使用才能有效起保护作用。

气囊用聚酰胺织物制成,内层涂有聚氯丁二烯,用以密闭气体。气囊在静止状态是折叠在一起的,安放在气体发生器上部与气囊装饰盖之间。气囊装饰盖表面压有撕印,以便气囊充气时撕裂装饰盖。汽车发生碰撞时,安全气囊一般在碰撞发生 10 ms 内开始充气。从开始充气到气囊完全膨开的整个充气时间约为 30 ms。当乘员在惯性力作用下压到气囊上时,气囊便从其背面或顶部的排气孔排气,持续时间不到 1 s,从而吸收乘员与气囊碰撞的动能,降低人体所受到的冲击伤害。

④ 饰盖和底板　饰盖是气囊组件的盖板,上面模制有撕缝,以便气囊能冲破饰盖膨开。气囊和充气器在底板上,底板装在转向盘或车身上,气囊膨开时,底板承受气囊的反力。

(3) 安全气囊指示灯　安全气囊指示灯位于仪表板上,接通点火开关时,诊断单元对系统进行自检,若点亮 6 s 后熄灭,表示安全气囊系统正常;若 6 s 后表示要至气囊系统有故障,提示驾驶员应进行维修。

(4) 安全气囊 ECU　安全气囊 ECU 由逻辑控制模块 CPU、只读存储器 ROM、随机存储器 RAM、I/O 接口、驱动器等电子元件组成,同时,安全气囊 ECU 内部还有安全传感器、备用电源、稳压电路和故障自诊断电路等,如图 9.6 所示。

安全气囊 ECU 是安全气囊系统的控制中心,其功用是接收碰撞传感器及其他各传感器输入的信号,判断是否点火引爆气囊充气,并对系统故障进行自诊断。

安全气囊 ECU 还要对控制组件中关键部件的电路(如传感器电路、备用电源电路、点火电路、SRS 指示灯及其驱动电路)不断进行诊断测试,并通过 SRS 指示灯和存储在存储器中的故障代码来显示测试结果。

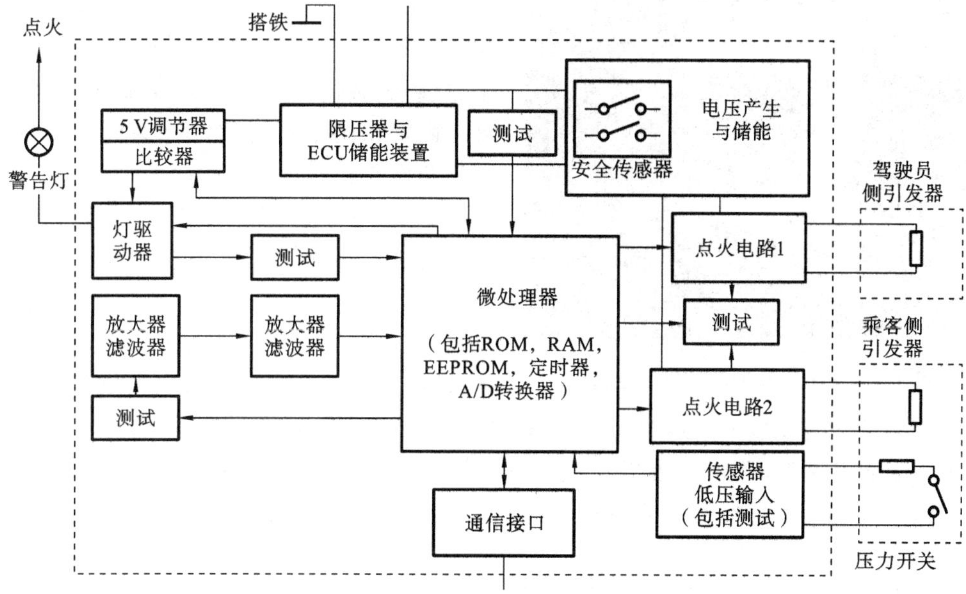

图 9.6　安全气囊 ECU 的结构

① 信号处理电路　信号处理电路主要由放大器和滤波器组成。其功用是对传感器检测的信号进行整形、放大和滤波，以便 ECU 能够接收、识别和处理。

② 备用电源电路　安全气囊系统有两个电源：一个是汽车电源（蓄电池和交流发电机）；另一个是备用电源（backup power）。备用电源又称为后备电源或紧急备用电源。备用电源电路由电源控制电路和若干个电容器组成。

备用电源的功用是：当汽车电源与安全气囊 ECU 之间的电路切断后，在一定时间（一般为 6 s）内，维持安全气囊系统供电，保持安全气囊系统的正常功能。当汽车遭受碰撞而导致蓄电池和交流发电机与安全气囊 ECU 之间的电路切断时，备用电源能在 6 s 之内向安全气囊 ECU 供给电能，保持安全气囊 ECU 检测碰撞、发出点火指令等正常功能；点火备用电源能在 6 s 之内向点火器供给足够的点火能量引爆点火剂，使充气剂受热分解给气囊充气。时间超过 6 s 之后，备用电源供电能力降低，安全气囊 ECU 备用电源不能保证检测出碰撞和发出点火指令；点火备用电源不能供给最小点火能量，气囊不能充气膨开。

③ 保护电路和稳压电路　在汽车电气系统中，许多电气元件带有电感线圈，开关琳琅满目，负载变化频繁。当线圈电流接通或切断、开关接通或断开、负载电流突然变化时，都会产生瞬时脉冲电压即过电压，这些过电压如果加到安全气囊系统电路上，系统中的电子元件就可能因电压过高而导致损坏。为了防止安全气囊系统元件遭受损害，安全气囊 ECU 必须设置保护电路。同时，为了保证汽车安全气囊系统能够正常工作，还必须设置稳压电路。

(5) 安全气囊系统线束与保险机构。

① 电气连接线束　安全气囊系统的所有线束都套装在黄色的波纹管内，并与车颈线束连成一体，以便于区别，一方面是为了便于检查，另一方面是为了保证在碰撞中能保持线路的连接。

② 螺旋形电缆　由于驾驶员侧气囊是装在方向盘上的，而方向盘要能转动，为了实现这

图 9.7　安全气囊工作螺旋形电缆

种静止端与活动端的电气连接，采用了螺旋形电缆（见图 9.7）。螺旋形电缆装在弹簧盘里，电缆盘用螺栓固定在转向柱顶部。螺旋型电缆以正、反两个方向的盘绕实现了做旋转运动的一端与固定端的电气连接。电缆内侧是固定端，利用花键与转向柱连在一起。

螺旋形电缆卷绕中心与转向柱的圆心的同心度对于能否保证气囊系统正常关系很大，如偏差过大，可能导致螺旋形电缆旋转过量而造成永久性伤害。考虑到偏差无法避免，螺旋形电缆在正、反两个方向上都要留出半圈的余量。另外，在初次安装时就应注意这个问题。每次拆卸均应做好标记，以保证能准确还原。

③ 连接器　气囊系统的连接器特别强调可靠性，采取了双保险锁定和分断自动短接等措施。连接器分断后，引发器的电源端和地线端会自动短接，防止因误通电或静电造成引发器误触发。

连接控制块的连接器还多了一个自检机构，如结合不良会给安全气囊的保养警示灯发出信号。

④ 保险机构。

a. 防止安全气囊误爆机构。

如图 9.8 所示，从安全气囊 ECU 至点火器之间的连接器 2、5、8 均采用了防止安全气囊误爆的短路片机构，用于当连接器拔下时，短路片自动将靠安全气囊 ECU 点火器一侧插头或连接器两个引线端子短接，如图 9.9 所示。

防止安全气囊误爆机构可以防止静电或误通电将电热丝电路接通而造成气囊膨开。连接器短路片有的设置在插头上，有的设置在连接器上，但短路片必须靠近点火器一侧，其作用效果完全相同。

在图 9.9 中，短路片设在连接器上。当插头与连接器正常连接时，插头的绝缘壳体将短路片向上顶起，如图 9.9(a)所示；短路片与连接器端子脱开，插头的引线端子与连接器的引线端子接触良好，点火器电热丝电路的“＋”端与保险传感器电路接通，“－”端与前碰撞传感器电路

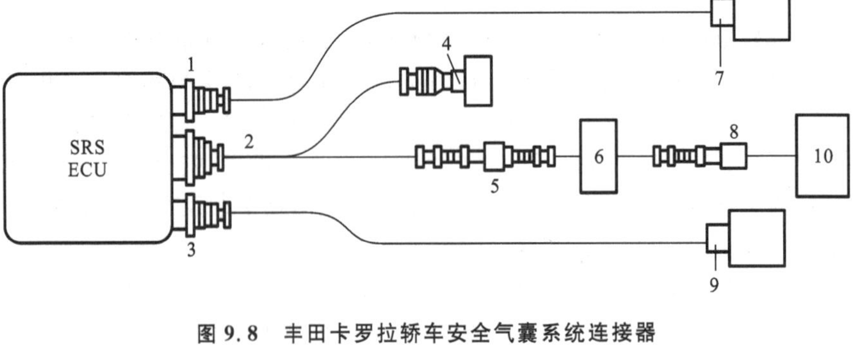

图 9.8　丰田卡罗拉轿车安全气囊系统连接器

1、2、3—ECU 连接器；4—SRS 电源连接器；5—中间线束连接器；6—螺旋线束；7—右碰撞传感器连接器；8—气囊组件连接器；9—左碰撞传感器连接器；10—点火器

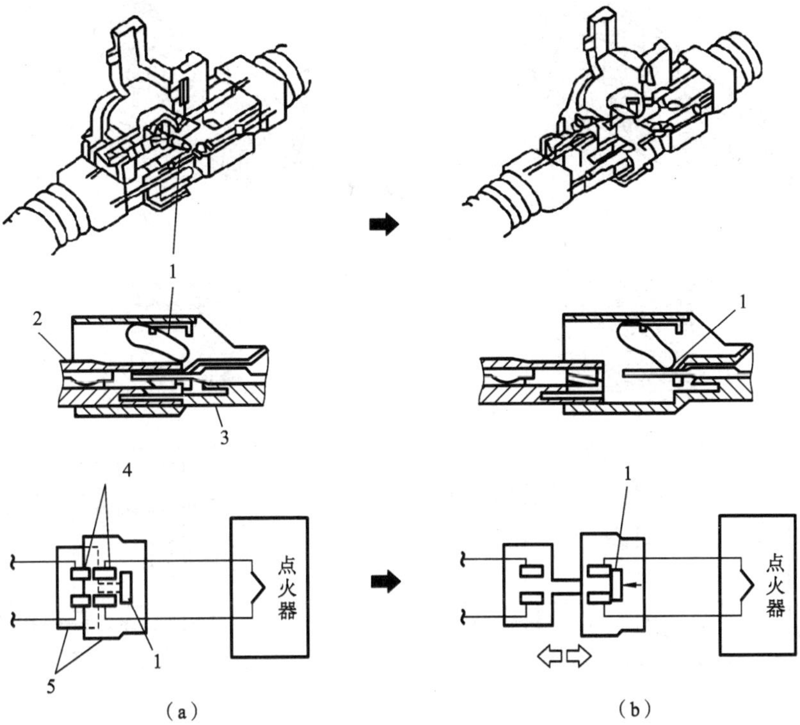

图9.9 防止安全气囊误爆机构的结构与原理

(a) 连接器正常连接,短路片与端子脱开 (b) 连接器拔下时,短路片端子短接

1—短路片;2—插头;3—插座;4—端子;5—连接器

接通,电热丝电路处于正常连接状态。

当插头与连接器脱开时,短路片自动将安全气囊点火器一侧连接器的引线端子短接,使点火器的电热丝与短路片构成回路,如图9.9(b)所示。此时即使将电源加到安全气囊点火器一侧连接器上,由于电源被短路片短路,因此点火器也不会引爆,从而防止安全气囊误爆。

b. 电路连接诊断机构 电路连接诊断机构用于监测连接器的插头与连接器是否连接可靠。前碰撞传感器连接器及其与安全气囊ECU连接的连接器采用了电路连接诊断机构,其结构如图9.10所示。连接器插头上有一个诊断销,连接器上有两个诊断端子,端子上有弹簧片。其中一个诊断端子与碰撞传感器触点的一端相连,另一个诊断端子经过一个电阻与碰撞传感器触点的一端相连。

前碰撞传感器触点为常开触点,当传感器插头与连接器半连接(未可靠连接)时,诊断端子与诊断销尚未接触,如图9.10(a)所示;此时电阻器尚未与传感器触点构成并联电路,连接器引线"+"与"−"之间的电阻值为无穷大。因为"+"、"−"引线与安全气囊ECU连接器1或3的插头连接,所以当ECU监测到碰撞传感器的电阻值为无穷大时,即诊断为连接器连接不可靠,自诊断电路便控制安全气囊提示灯闪亮报警,同时将故障编成代码储存在存储器中。

当传感器插头与连接器可靠连接时,诊断端子与诊断销可靠接触,如图9.10(b)所示,此时电阻器与碰撞传感器触点并联。因为传感器触点为常开触点,所以,当安全气囊ECU检测到的电阻值为该并联电阻器的电阻值时,即诊断为连接器连接可靠。

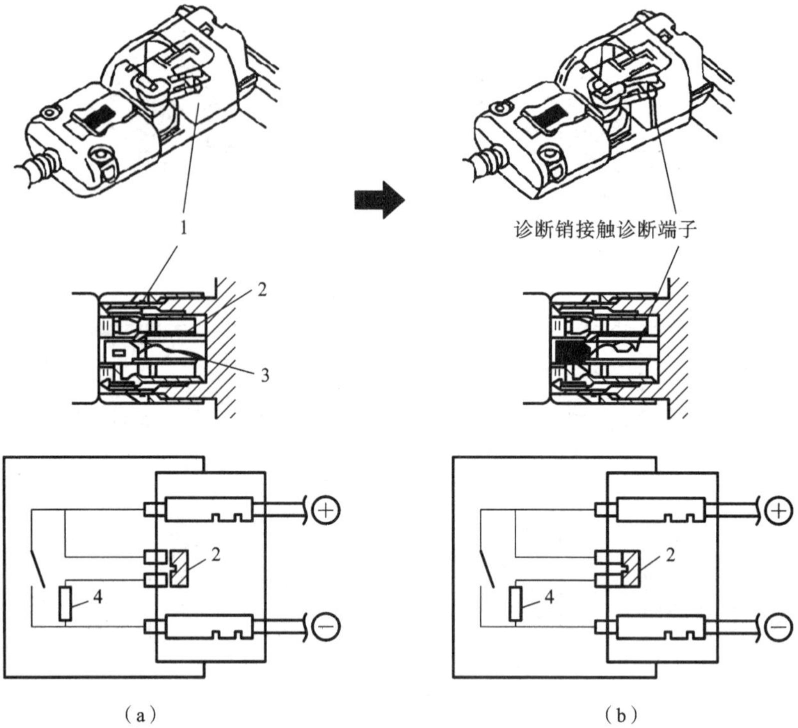

图 9.10　电路连接诊断机构结构与原理

(a) 半连接　(b) 可靠连接

1—诊断端子；2—诊断销；3—弹簧片；4—电阻器

c. 连接器双重锁定机构　安全气囊系统在线束的重要连接部位上，其连接器采用了双重锁定机构，用于锁定连接器插头与连接器，防止连接器脱开，其结构如图 9.11 所示。连接器插头上有主锁和两个凸台，连接器上有锁柄能够转动的副锁。当主锁未锁定时，插头上的两个凸台阻止副锁锁定，如图 9.11 (a)所示；当主锁完全锁定时，副锁锁柄方能转动并锁定，如图9.11 (b)所示；当主锁与副锁双重锁定后，连接器插头与连接器的连接状态如图 9.11 (c)所示，从而防止连接器插头与连接器脱开。

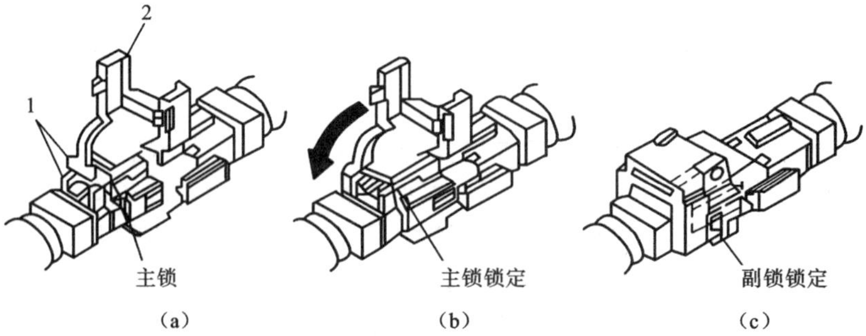

图 9.11　连接器双重锁定机构

(a) 主锁打开，副锁被挡住　(b) 主锁锁定，副锁可以锁定　(c) 双重锁定

1—凸台；2—副锁

d. 端子双重锁定机构　安全气囊系统的每一个连接器都设有端子双重锁定机构，用于防止引线在端子上滑动。端子双重锁定机构主要由连接器壳体上的锁柄与分隔片组成，如图9.12所示。锁柄为一次锁定机构，可防止端子沿引线轴线方向滑动；分隔片为二次锁定机构，可防止端子沿引线径向移动。

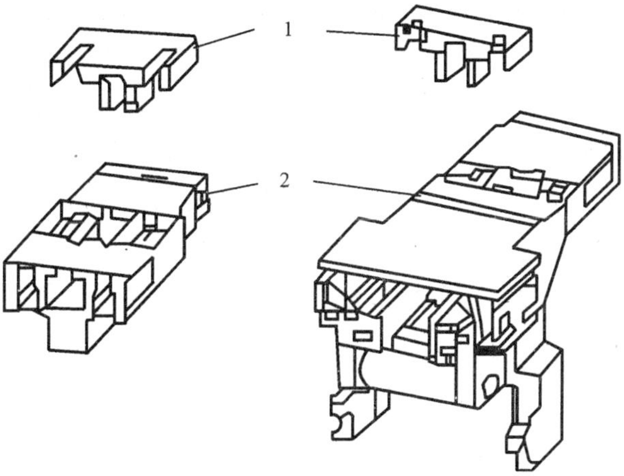

图9.12　端子双重锁定机构

(a) 插头　(b) 连接器

1—分隔片；2—锁柄

2. 安全气囊系统的工作原理

当汽车遭受正面碰撞和侧面碰撞时，安全气囊系统的工作原理完全相同。下面以图9.13所示的正面碰撞为例，说明安全气囊系统控制原理。

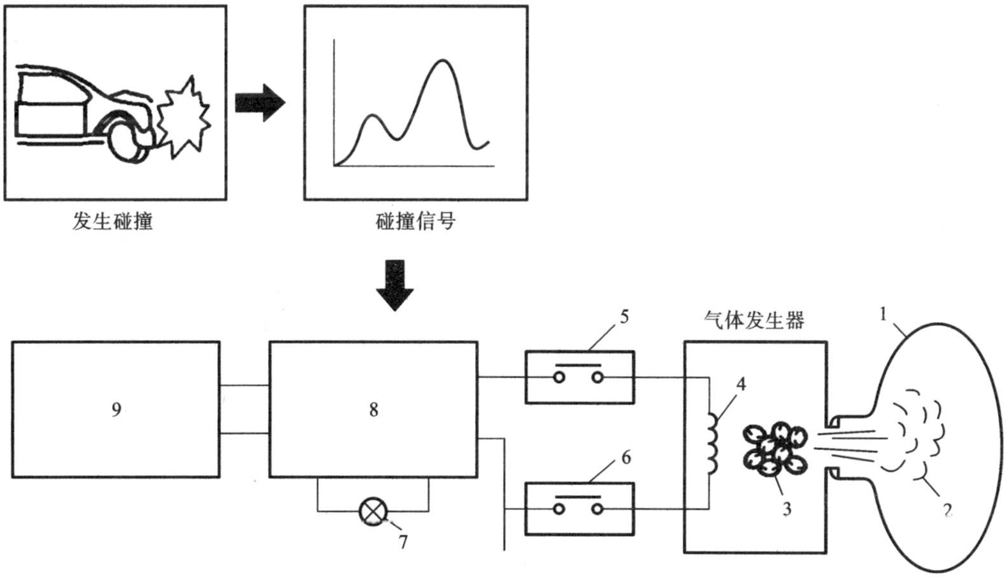

图9.13　安全气囊的工作原理

1—安全气囊；2—气体；3—充气剂；4—点火器；5—防护传感器；6—碰撞传感器；7—安全气囊指示灯；8—安全气囊 ECU；9—电源

安全气囊控制原理：当汽车遭受前方一定角度范围内的碰撞时，安装在汽车前部和安全气囊 ECU 内部的碰撞传感器都会检测到汽车突然减速的信号，并将信号输入安全气囊 ECU，以便判断是否发生碰撞。当汽车遭受碰撞且减速度达到设定值时，安全气囊 ECU 发出控制指令将气囊组件中的点火器（电雷管）电路接通，电雷管引爆，使点火剂（引药）受热爆炸（即电热丝通电发热引爆炸药）。点火剂引爆时，迅速产生大量热量，使充气剂（叠氮化钠固体药片）受热分解并释放出大量氮气充入气囊，气囊便冲开气囊组件上的装饰盖板，使驾驶员和乘员面部和胸部压靠在充满气体的气囊上，在人体与车内构件之间铺垫一个气垫，将人体与车内构件之间的刚性碰撞变为弹性碰撞，通过气囊产生变形和排气节流来吸收人体碰撞产生的动能，从而达到保护人体的目的。

工作任务2　安全气囊的故障检修

1. 安全气囊系统的控制电路

丰田威驰轿车安全气囊系统的控制电路如图9.14所示。

2. 安全气囊应用注意事项

(1) 检查、安装和维修安全气囊系统的工作只允许由受过培训的人员进行。

① 安全气囊单元无更换周期。

② 绝不能用检测灯、电压表或电阻表检测。

③ 燃爆部件只允许在安装状态下用制造商许可的车辆诊断、测量和信息系统进行检测。

④ 在安全气囊系统(燃爆部件、安全气囊控制器 、电缆等) 上进行工作时,必须在点火开关打开的情况下断开蓄电池接地线,紧接着盖住负极。

⑤ 断开蓄电池接线后,需要等待10 s。

⑥ 必须在点火开关已打开的情况下连接蓄电池,此时不允许有人在汽车内部逗留。例外:在乘客车厢内带有蓄电池的车辆。

⑦ 如果在重新连接蓄电池接线后点火开关未打开,仪表板中的指示灯不亮,那么只能坐在驾驶员座,将座椅调到最后,才可以打开点火开关(钥匙/按钮)。

⑧ 进行与乘员保护系统的燃爆部件有关的工作(例如脱开电插头)前,维修人员必须消除静电。通过触摸接地的金属部件可以消除静电,例如短时间触摸车门锁止楔。

⑨ 接触已引爆的乘员保护系统的燃爆部件后应洗手。

⑩ 燃爆部件既不允许打开,也不允许修理;原则上只能使用新部件(有人身伤害危险)。

⑪ 如果燃爆部件曾落到硬的底板上或有损坏,则不允许再安装。

⑫ 燃爆部件在从包装容器中取出后应立即进行安装。

⑬ 工作中断时,要把燃爆部件重新放回到包装容器中。

⑭ 不允许随意放置燃爆部件。

⑮ 连接乘员保护系统的燃爆部件时,只允许相关人员位于车内。

⑯ 不得用油脂、清洁剂或相似的洗剂处理燃爆部件。

⑰ 如有诸如机油、油脂、油漆、颜料和溶剂等污物进入气囊织物,必须更换安全气囊单元。

⑱ 也不得将燃爆部件置于100 ℃以上的温度中,即使很短的时间也不可以。

(2) 更换安全气囊单元时,必须遵守以下顺序。

① 将旧的安全气囊单元拆下,然后将软垫一侧朝上放置。

② 将新安全气囊单元从包装容器中取出,然后将软垫一侧朝上放置。

③ 立即将旧的安全气囊单元放入包装容器中。

④ 将新安全气囊单元装入车中。

3. 安全气囊系统的故障诊断

1) 安全气囊指示灯常亮故障的检修

以丰田威驰安全气囊指示灯电路为例,安全气囊指示灯安装在组合仪表上。当安全气囊系统正常时,点火开关从“LOCK”转至“ON”位置,安全气囊指示灯点亮大约6 s后自动熄灭。

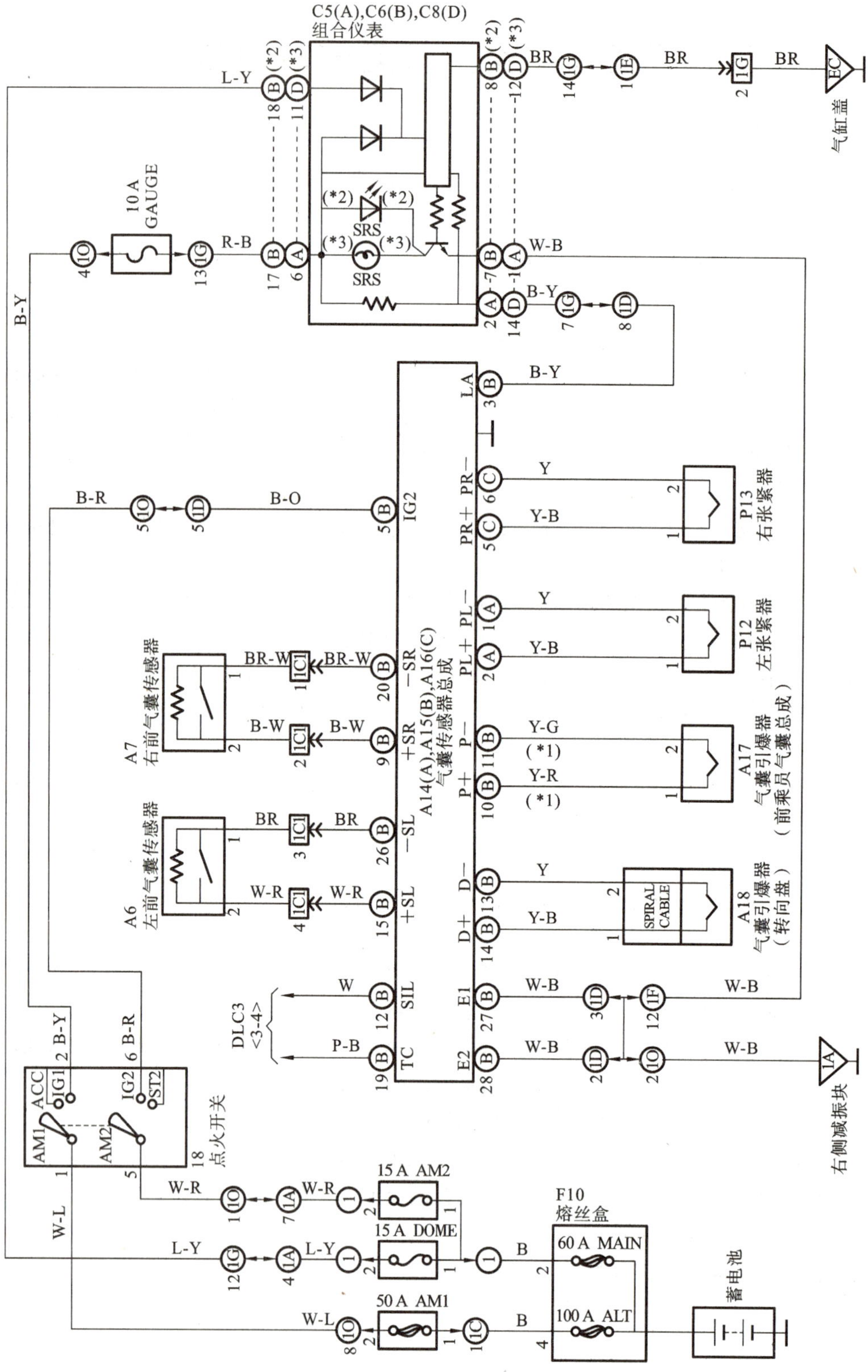

图9.14 威驰轿车安全气囊系统的控制电路

如果安全气囊系统有故障，安全气囊指示灯常亮，以通知驾驶员安全气囊系统不正常。

当连接 DLC3 的 TC 和 CG 端子时，通过安全气囊指示灯闪烁显示故障码。电路如图9.15所示。

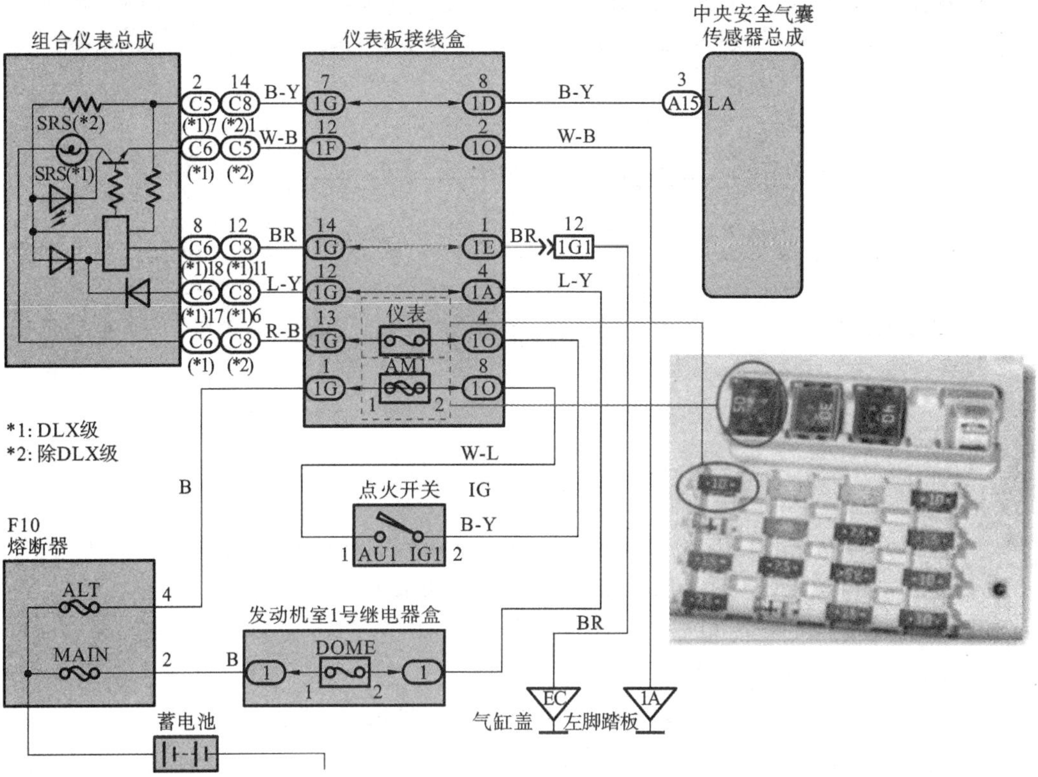

图 9.15　威驰安全气囊指示灯电路

检查步骤如下。

步骤 1　检查连接器。

- 把点火开关转至“LOCK”位置。
- 断开蓄电池负极(－)端子的导线，至少等待 90 s。
- 断开中央安全气囊传感器总成的连接器。
- 连接蓄电池负极(－)端子的导线。
- 检查安全气囊指示灯的状态。正常表示连接器连通。如果不正常，检查连接器。

如果正常，转到下一步骤。

步骤 2　检查组合仪表总成。

- 断开组合仪表总成连接器。
- 连接蓄电池负极(－)端子的导线，把点火开关转至“ON”位置。
- DLX 级：测量搭铁和中央安全气囊传感器总成连接的组合仪表总成连接器的 C6 至端子 17 之间的电压。
- GLX 级：测量搭铁和中央安全气囊传感器总成连接的组合仪表总成连接器的 C5 至端子 6 之间的电压。

正常电压为 8 V 或更高。

如果不正常，更换组合仪表总成；如果正常，更换中央安全气囊传感器总成。

2）TC 端子故障的检修

丰田威驰轿车的 TC 端子电路如图 9.16 所示。通过连接 DLC3 的 TC 和 CG 端子，设置码的输出模式，中央安全气囊传感器总成的故障码通过安全气囊指示灯闪烁显示出来。

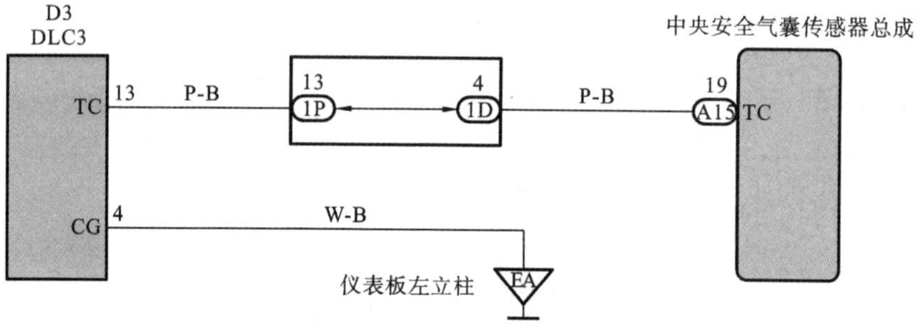

图 9.16　威驰 TC **端子电路**

步骤 1　检查线束（开路）（DLC3-蓄电池）（见图 9.17）。

- 把点火开关转至“ON”位置。
- 测量 DLC3 的 TC 和 CG 端之间的电阻值。正常电阻值低于 1 Ω。

如果不正常，修理或更换线束（DLC3 至蓄电池）；如果正常，转到下一步骤。

步骤 2　检查线束（开路）（DLC3 至蓄电池）（见图 9.17）。测量 DLC3 的 TC 端子和搭铁之间的电压。正常电压：4～14 V。

如果不正常，修理或更换线束（DLC3 至蓄电池）；如果正常，转到下一步骤。

步骤 3　检查线束（短路）（DLC3 至蓄电池）（见图 9.17）。

- 把点火开关转至“ON”位置。
- 断开蓄电池负极（－）端子的导线，至少等待 90 s。
- 测量 DLC3 的 TC 和 CG 端子之间的电阻值。正常电阻值为 1 MΩ 或更高。

如果不正常，修理或更换线束（DLC3 至蓄电池）；如果正常，更换中央安全气囊传感器总成。

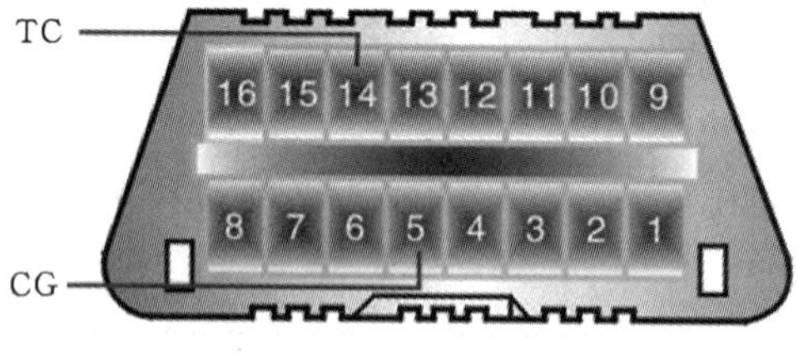

图 9.17　DLC3 **端子图**

学习情境 10　空调系统制冷效果不好

学习目标

1. 知识目标

- 了解空调系统的功能及组成。
- 掌握空调制冷系统的制冷原理。
- 掌握空调制冷系统的分类与组成。
- 了解空调供暖系统的组成。
- 掌握空调通风净化系统的组成与工作原理。
- 掌握自动空调工作原理。

2. 能力目标

- 掌握空调制冷系统的正确使用。
- 掌握空调系统制冷剂的检查与更换。
- 掌握空调制冷系统故障的检查与排除。

职业情境描述

客户反映空调系统制冷效果差，需要检修。

根据客户反映情况，检查发现空调系统制冷性能达不到标准要求。用制冷剂压力表进一步检查后发现，低压表读数时而正常，时而偏低，甚至真空；高压表读数也是时而正常，时而偏低。基本确定是因为制冷剂循环管路混入潮气。制冷系统抽真空，更换制冷剂后故障排除。

工作任务 1　汽车空调系统结构认知

1. 汽车空调系统的功能及组成

空调是空气调节器的简称，汽车空调系统可以对车内空气的温度、湿度、流动方向与速度、空气洁净度等状态进行调节。它可以将车内空气状态控制在一个合适的范围内，因此也属于车身舒适系统的一部分。

汽车空调系统的主要功能包括调温、除湿、通风、净化等。

调温：降低或升高车内空气温度，将车内空气温度调节到人体感觉舒适的范围。

除湿：降低车内空气湿度，将车内空气湿度减低到人体感觉舒适的范围，并可减轻车身玻璃内壁起雾状况。

通风：选择进风来源、控制各出风口开闭、调节车内出风口的方向及风量的大小。

净化：滤除空气中的粉尘和杂质，甚至吸附空气中的异味。

汽车空调系统的主要组成包括：制冷系统、供暖系统、通风净化系统、调节控制系统等。制冷系统和供暖系统工作过程中通过热能交换实现调温功能；通风净化系统可以把车外新鲜空气或车内再循环空气吹向热交换器（蒸发器或加热器芯），并通过预设管道吹向车内多个位置；调节控制系统则为乘员与汽车空调系统之间提供一个交互平台。

2. 汽车空调的制冷系统

汽车空调的制冷系统通过制冷剂的循环，将车内多余的热量转移到车外，实现车内降温，系统工作情况如图 10.1 所示。

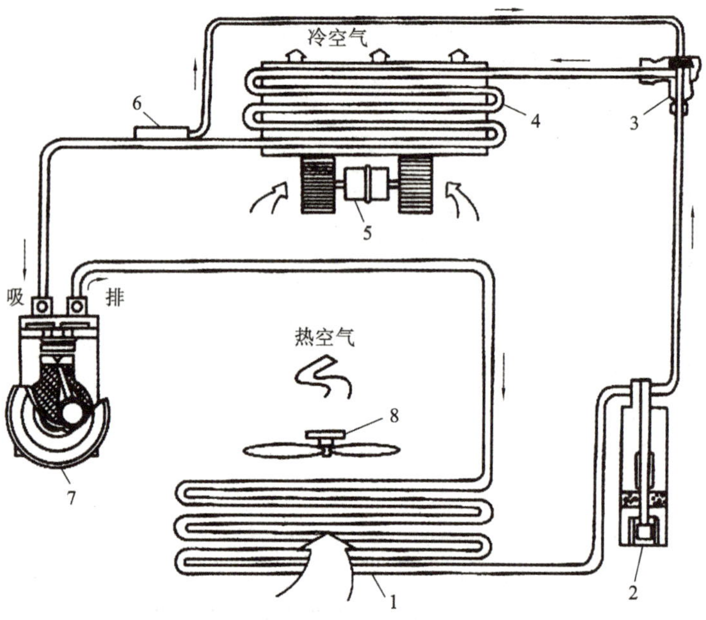

图 10.1　汽车空调制冷系统的基本组成

1—冷凝器；2—干燥过滤器；3—膨胀阀；4—蒸发器；5—鼓风机；6—感温包；7—压缩机；8—发动机冷却风扇

1）制冷系统的分类

大多数车型的制冷系统组成结构都是类似的，一般分为膨胀阀式和节流管式。

（1）膨胀阀式制冷系统　膨胀阀式制冷系统主要组成部件包括：压缩机、冷凝器、储液干燥器、膨胀阀、蒸发器和连接管路等，如图 10.2 所示。

压缩机一般由发动机通过传动皮带驱动，它可以将蒸发器内低温低压气态制冷剂（压力为 0.15～0.25 MPa，温度为 0～8 ℃）压缩成高压气态（压力为 1.5～1.7 MPa，温度一般高于 70 ℃）。

高压气态制冷剂随即进入冷凝器，冷凝器外围的空气带走管路内制冷剂放出的热量，制冷剂变成中温液态（温度为 40～50 ℃，夹杂部分气态制冷剂）。

储液干燥器则滤除从冷凝器出来的制冷剂中的水分和杂质，并截停其中的气态制冷剂，而将过滤后的液态制冷剂送往膨胀阀。

膨胀阀有一个带阀门控制的小孔，阀门打开后液态制冷剂从小孔喷出，变成雾状（液体小颗粒状）进入蒸发器。

进入蒸发器后的雾状制冷剂，因为蒸发器的容积较大，压力迅速降低，所以很快吸热气化。

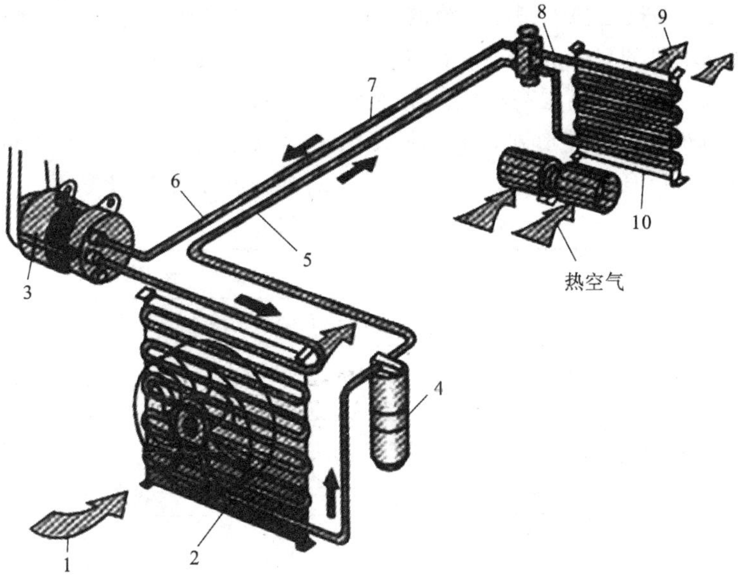

图 10.2　膨胀阀式制冷系统

1、9—冷空气；2—冷凝器；3—压缩机；4—储液干燥过滤器；5—高压侧；6—低压侧；7—管路；8—膨胀阀；10—蒸发器

制冷剂气化的过程吸收了大量的热量，蒸发器整体温度下降。这时候通风净化系统吹向蒸发器外壁的热空气被降温后，从车内出风口吹出。气化后的制冷剂被吸入压缩机，进入下一次循环。

(2) 节流管式制冷系统　节流管式制冷系统与膨胀阀式制冷系统原理相同，但是主要部件膨胀阀换成了不可调节流量的节流管，而且干燥器是安装在蒸发器和压缩机之间，如图10.3所示。安装在这个位置的干燥器除了滤除水分和杂质外，还要将液态制冷剂留在里面(液态制冷剂如果进入压缩机将造成压缩机严重损坏)，而将气态制冷剂送往压缩机，所以这种类型干燥器的名称为“集液干燥器”。

2) 制冷系统的组成部件

车载制冷系统各部件的安装位置(以小轿车为例)如图 10.4 所示。

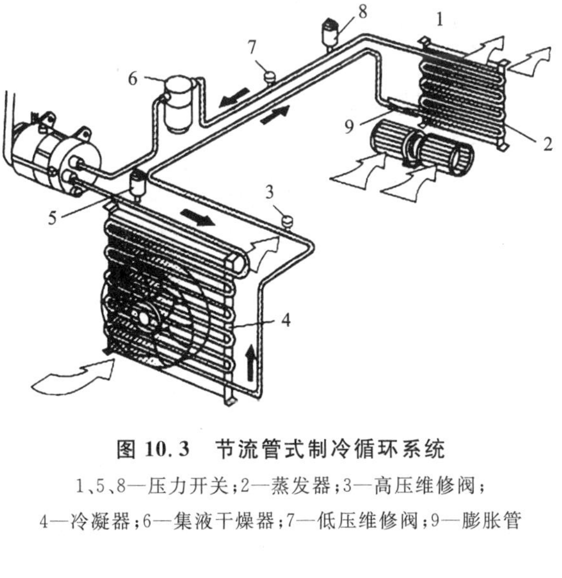

图 10.3　节流管式制冷循环系统

1、5、8—压力开关；2—蒸发器；3—高压维修阀；4—冷凝器；6—集液干燥器；7—低压维修阀；9—膨胀管

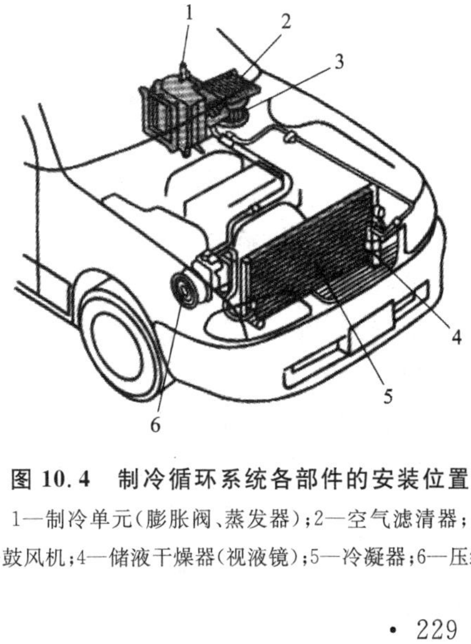

图 10.4　制冷循环系统各部件的安装位置

1—制冷单元(膨胀阀、蒸发器)；2—空气滤清器；3—鼓风机；4—储液干燥器(视液镜)；5—冷凝器；6—压缩机

(1) 压缩机　压缩机是整个制冷系统的心脏，它与发动机通过传动皮带连接，并可通过电磁离合器实现与发动机的接合和分离。在发动机的驱动下，压缩机将从蒸发器出来的低温低压气态制冷剂吸入并压缩成高温高压气态制冷剂送到冷凝器。根据压缩机排量控制的不同，可以分为定排量和变排量两种形式。变排量压缩机可以根据空调系统制冷负荷自动改变排量，使空调系统运行更加经济。目前市场主流的压缩机分类如表 10.1 所示。

表 10.1　主流压缩机的类型

<table>
<tr><th colspan="3">类　　型</th><th>应 用 情 况</th></tr>
<tr><td rowspan="3">直线压缩式</td><td>曲轴连杆式</td><td>定排量、变排量</td><td>多用于大型客车或大型载货车空调</td></tr>
<tr><td>摇板活塞式</td><td>单向活塞，5 或 7 缸；
定排量、变排量</td><td rowspan="2">多用于小轿车或中小型客车，向重量轻、体积小、可变排量方向发展</td></tr>
<tr><td>斜盘活塞式</td><td>双向活塞，6 或 10 缸；
定排量、变排量</td></tr>
<tr><td rowspan="3">旋转压缩式</td><td>叶片式</td><td>定排量、变排量</td><td></td></tr>
<tr><td>螺杆式</td><td>定排量、变排量</td><td>多用于大型客车</td></tr>
<tr><td>涡旋式</td><td>定排量、变排量</td><td>生产加工难度较大，发展潜力较大</td></tr>
</table>

曲轴连杆式压缩机结构与发动机类似，通过曲轴连杆机构驱动活塞在缸内往复运动来完成对气态制冷剂的压缩。如图 10.5 所示，活塞下行，缸内容积增大，压力减小，吸气阀打开，制冷剂被吸入气缸；然后活塞上行，缸内容积减小，压力增大，排气阀打开，制冷剂被挤压出气缸。

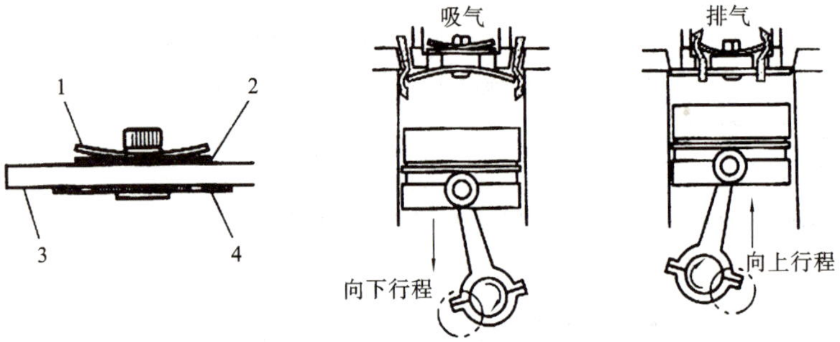

图 10.5　曲轴连杆式压缩机的工作原理

1—气门止动片；2—排气阀；3—吸气阀；4—配流盘

摇板活塞式压缩机工作时，主轴带动楔形传动板一起旋转。摇板受另一侧与外壳固定的锥齿轮的限制，不能旋转运动，只能在楔形板的作用力下以钢球为中心进行左右摇摆运动，并驱使各活塞在对应气缸做直线往复运动，如图 10.6 所示。与曲轴连杆式类似，活塞在对应气缸的往复运动可以将低压气态制冷剂压缩成高压状态送出气缸。

如果把楔形传动板替换成拖拉盘和导向销钉，拖拉盘和摇板之间有一个液压腔(摇板腔)，通过改变摇板腔内液体压力可以改变摇板倾斜角度，进而控制活塞的行程，如图 10.7 所示。这种结构就是可变排量的摇板活塞式压缩机。

斜盘活塞式压缩机与摇板活塞式压缩机的结构类似，但摇板活塞式压缩机是在摇板的单向布置活塞，而斜盘活塞式压缩机则是在斜盘的两侧对称布置活塞(区别如图 10.8 所示)，所

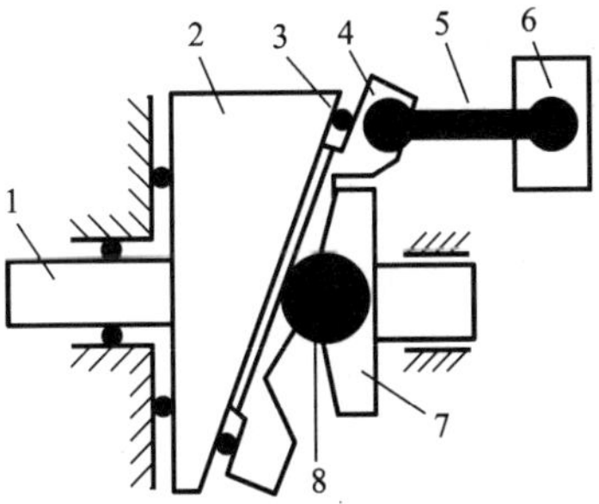

图 10.6　摇板活塞式压缩机

1—活塞；2—压块；3—钢球；4—摇板；
5—主轴；6—锲板；7—锥齿轮；8—钢球

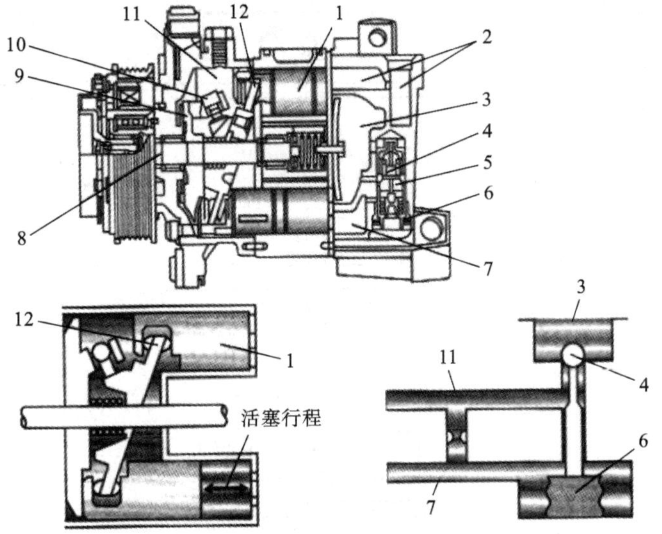

图 10.7　可变排量的摇板活塞式压缩机

1—活塞；2—低压腔；3—高压腔；4—阀；5—控制阀；
6—波纹管；7—低压腔；8—轴；9—拖拉盘；
10—导向销钉；11—斜盘腔；12—斜盘

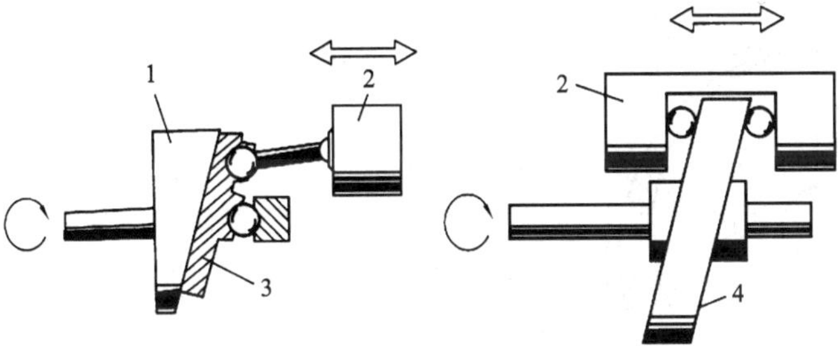

图 10.8　摇板活塞式与斜盘活塞式压缩机结构比较

1—传动板；2—活塞；3—摇板；4—回转斜板

以摇板活塞式压缩机的气缸数一般为单数，斜盘活塞式压缩机的气缸数一般为双数。

斜盘活塞式压缩机包含双向活塞、左右气缸、斜盘（与主轴制成一体）、滚珠等组成。当主轴受发动机驱动旋转时，斜盘跟随转动并拉压活塞直线运动，左、右气缸循环，不断完成吸气→压缩→排气的过程，如图 10.9 所示。

叶片式压缩机主要包含了定子、转子、叶片等部件组成，定子内孔与转子之间存在一个偏心距。转子旋转时，叶片在离心力的作用下会贴紧定子内孔表面旋转。这个过程中，叶片会在转子的叶片槽内做直线往复运动，以确保贴紧定子内孔表面。如图 10.10 所示，定子、转子、叶片形成的封闭空间的容积在旋转过程中一直变化，进气过程容积不断变大，将气态制冷剂吸入，然后这个容积在旋转过程中变小气态制冷剂被压缩，最后从排气口被挤压出来，完成一个循环周期。

也可以把气缸做成椭圆形，转子和气缸同心安装。转子转动一周时，完成两次吸入和压出制冷剂的循环，这种压缩机称为双作用叶片式压缩机。

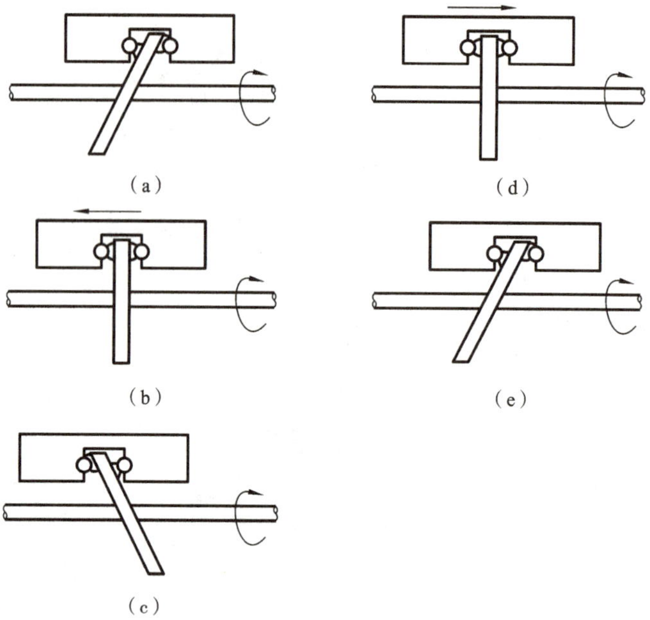

图 10.9 斜盘活塞式压缩机工作原理

(a) 0° (b) 90° (c) 180° (d) 270° (e) 360°

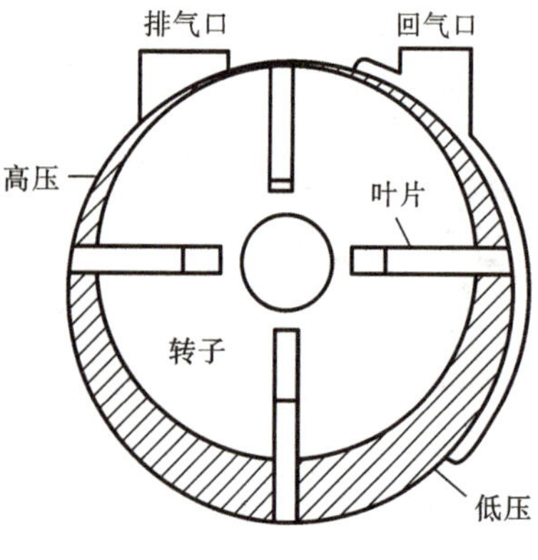

图 10.10 叶片式压缩机工作原理

涡旋式压缩机的工作过程如图 10.11 所示，定子和转子的形状相同，两者相互错开 180°，转子并非绕圆心自身转动，而是整体绕涡旋中心做公转运动。转子与定子之间有一个月牙形的封闭空间，在转子摆动过程中，这个封闭空间的容积和位置都在发生变化，靠近进气口时，容积较大，靠近排气口时容积被压缩变小，此时制冷剂的压力也变大被压缩排出。

(2) 冷凝器　小轿车的冷凝器通常安装在发动机舱内，在发动机散热器的前端。冷凝器一般采用风冷式结构，充分利用汽车行驶过程中的气流作用，配合安装在发动机散热器后端的风扇共同实现冷却过程。

汽车制冷系统的冷凝器是将压缩机送过来的高温高压气态制冷剂通过散热片与外界空气进行热交换，使其凝结为中温高压液态制冷剂。

冷凝器的结构如图 10.12 所示，主要包含了管路和散热片，制冷剂进口在上方，出口在下方。

(3) 储液干燥器　储液干燥器的作用如下。

① 储存液态制冷剂，使制冷剂流量与制冷负荷相适应。

② 滤除制冷剂中的水分和杂质，不堵塞膨胀阀。

③ 部分储液干燥器安装了观察玻璃，可以观察制冷剂流动情况(气泡数量)。

④ 还有部分车型的储液干燥器安装了压力开关或易熔塞，保证管路内压力正常。

⑤ 部分车型的储液干燥器安装有维修阀，可以安装压力表或加注制冷剂。

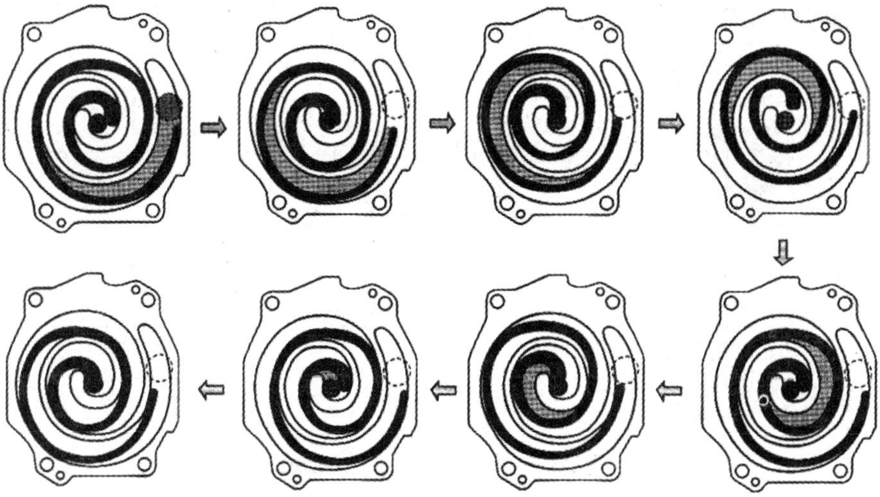

图 10.11　涡旋式压缩机的工作过程

储液干燥器的结构如图 10.13 所示。常用的干燥剂包括硅胶型和分子筛型。硅胶型干燥剂在干燥状态呈蓝色，吸水后呈粉红色；分子筛型是一种白色球状吸附剂，对含水量低、流速大的液态、气态制冷剂均具有极高的干燥能力。

(4) 膨胀阀　膨胀阀安装在蒸发器入口处，它可以将储液干燥器送过来的中温高压液态制冷剂从受阀门控制的微孔喷向蒸发器，而蒸发器容积较大，制冷剂压力瞬间变小，形成雾状(液体小颗粒状)。膨胀阀可以根据制冷负荷调节制冷剂的流量，确保蒸发器出口处的制冷剂全部转化为气态。按照结构形式的不同膨胀阀可以分为内平衡式、外平衡式和 H 型三种。

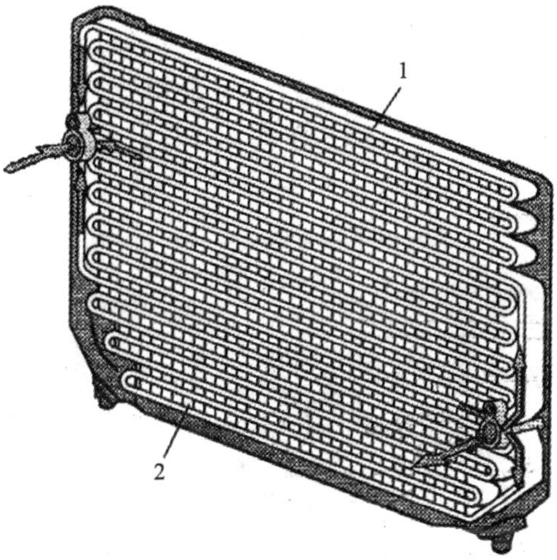

图 10.12　冷凝器的结构

1—管子；2—散热片

内平衡式膨胀阀结构原理如图 10.14 所示，热敏管安装在蒸发器出口附近。当蒸发器温度较高时，热敏管内气体受热膨胀在膜片处形成一个向下的压力，克服弹簧弹力和蒸发器进口处制冷剂向上的压力，驱动阀体的膜片向下运动将针阀顶开。温度越高，热敏管内的气体膨胀越大，针阀开度越大，流经膨胀阀的制冷剂越多。

外平衡式膨胀阀相比内平衡式多了一个外平衡管，外平衡管将膜片下方气室与蒸发器出口处连通。热敏管内的气体压力向下，弹簧弹力与蒸发器出口处的制冷剂压力共同向上，三力形成合力推动针阀运动，控制针阀开度，进而实现流量的控制，如图 10.15 所示。

H 型膨胀阀工作原理与外平衡式相似，但取消了细金属管和外平衡管，创新性将蒸发器的进口管和出口管设计成相邻的位置。通过热敏杆感应蒸发器出口处的温度，使膜片右侧气室压力发生变化。如图 10.16 所示，膜片右侧气室压力向左，弹簧弹力和蒸发器出口处制冷剂

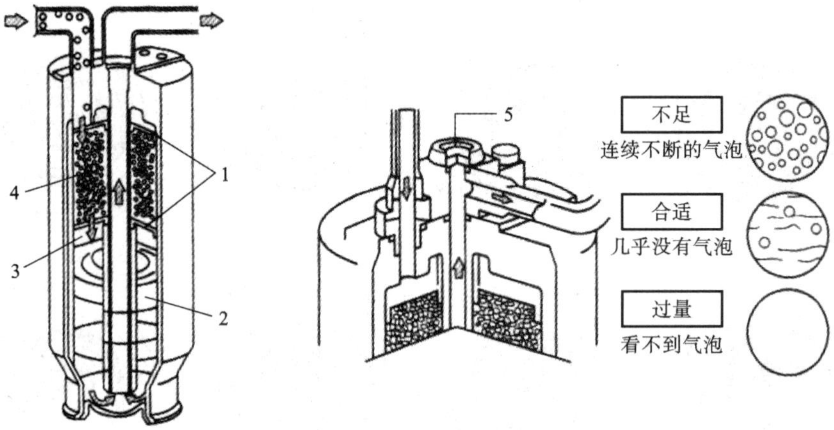

图 10.13　干燥过滤器的结构

1—过滤器；2—液态制冷剂；3—气态制冷剂；4—干燥剂；5—视液镜

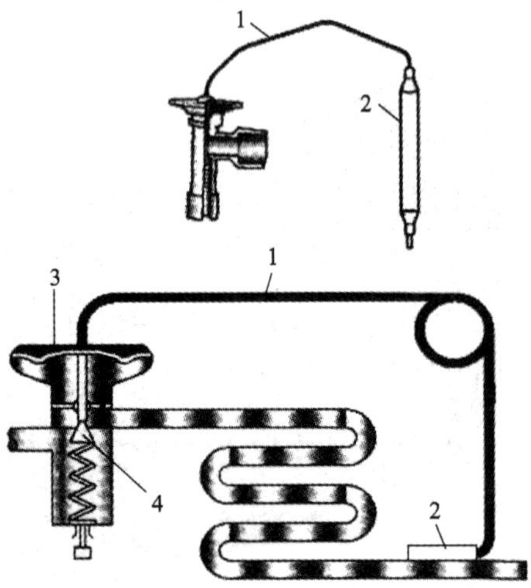

图 10.14　内平衡式膨胀阀的结构

1—毛细管；2—热敏管；3—膜片；4—针阀

压力向右，三力形成合力推动针阀运动，控制针阀开度，进而实现流量的控制。

H 型膨胀阀结构简单、工作可靠，在目前主流车型上运用越来越多。

(5) 蒸发器　与冷凝器相似，蒸发器也是一个热交换器，主要由毛细金属管和很多附着于其上的热交换片(翅片)组成。膨胀阀喷出来的雾状制冷剂在蒸发器的细金属管内部流动，流动过程中通过热交换片的热传导作用吸收了外界空气中的热量而气化，变为气态制冷剂。这个过程中，外界空气因为热量被吸收而降温，实现了制“冷”。

此外，由于暖空气中的含水量饱和度高于冷空气，因此外界空气被吸热降温的同时，有部分水分被迫析出并黏附在低温的热交换片和细金属管外表面。一般的汽车空调制冷系统蒸发器下方都有接水盘和排水管，将这些外界空气中析出的水分排出车外，如图 10.17 所示。这也是为什么我

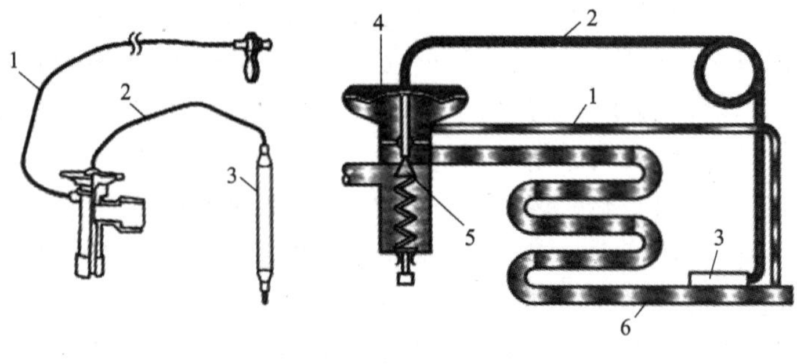

图 10.15　外平衡式膨胀阀的结构

1—平衡管；2—毛细管；3—热敏管；4—膜片；5—针阀；6—蒸发器

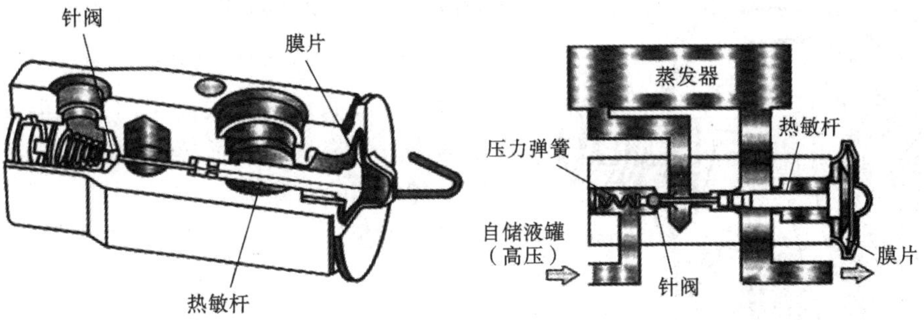

图 10.16　H 型膨胀阀的结构

们经常看到开着空调制冷功能的车子下方一直滴水的原因。

(6) 节流管　膨胀阀可以根据系统负荷调节制冷剂流量,而节流管的微孔管径却是固定的。如图 10.18 所示,因为节流管取消了运动部件,所以与膨胀阀相比,其结构更加简单,成本更低,性能也更可靠,因此也在高级轿车领域有一定的运用。

(7) 集液干燥器　集液干燥器又称"气液分离器",用于节流管式制冷系统,安装在蒸发器与压缩机之间。因为节流管无法调节制冷剂流量,所以从蒸发器出来的制冷剂不一定全部是气态。如果液态制冷剂进入压缩机,会造成压缩机"液击"损坏。

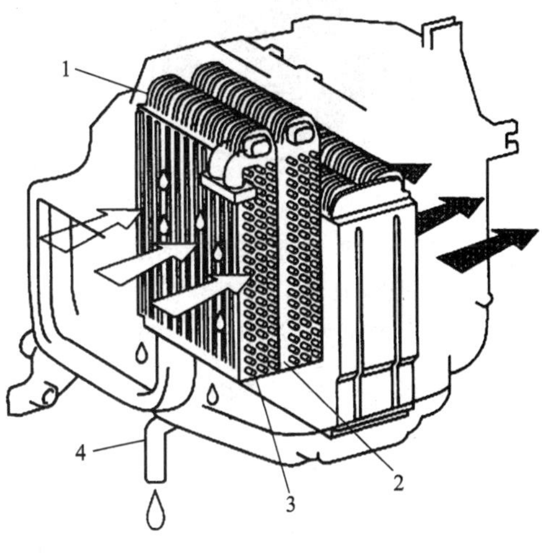

图 10.17　蒸发器的结构

1—水槽;2—热交换片;3—毛细金属管;4—排水管

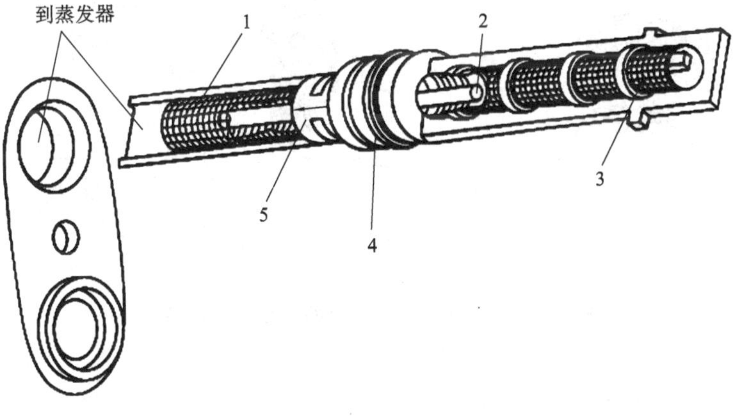

图 10.18　膨胀管的结构

1—制冷剂原子滤网;2—定直径孔管;3—灰尘滤网;4—O 形密封圈(将高压与低压隔开);5—制冷剂流向

如图 10.19 所示,从蒸发器出来的制冷剂通过集液干燥器上部的进口进入,液态制冷剂连同冷冻油沉入底部,气态制冷剂则聚集在上部并进入出气弯管。出气弯管底部转弯处有一个安装了特殊过滤材料的小孔,这个小孔只允许少量冷冻油(润滑压缩机用)渗入出气管中,与气

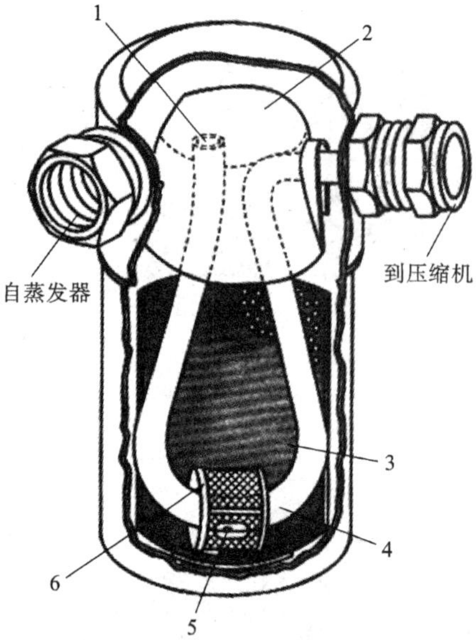

图 10.19 集液干燥器的结构

1—气态制冷剂进气口；2—塑料盖；3—干燥剂；4—U 形管；5—冷冻油孔；6—过滤器

态制冷剂一起进入压缩机。

3. 汽车空调的供暖系统

汽车供暖系统可以提高车内空气温度，驱除寒冷给驾乘人员带来的不适感，还能配合通风净化系统给车身玻璃除霜除雾。

根据供热源的不同，又可以把汽车暖风系统分成以下几类。

（1）发动机冷却液余热式。

（2）发动机废气余热式。

（3）独立燃烧式。

（4）电加热式。

1）发动机冷却液余热式供暖系统

这是最多见的一种供暖系统，它以水冷发动机冷却系统中循环的冷却液为热源。如图 10.20 所示，冷却液被引入供暖系统的热交换器（加热器芯）中，同时通风净化系统送过来的冷空气吹向加热器芯。冷空气与加热器芯中的冷却液进行热交换，温度升高后的空气导入车内。

图 10.20 余热式供暖系统的工作原理示意图

1—发动机冷却水；2—加热器芯；3—鼓风机

加热器芯也属于一种热交换器，所以结构与蒸发器类似，主要由细金属管和热交换片组成，如图 10.21 所示。

冷却液流量阀是用来控制进入加热器芯冷却液流量的一个部件，图 10.22 展示了一种旋转滑阀式的冷却液流量阀。

2）发动机废气余热式供暖系统

这种供暖系统多用于气冷发动机。如图 10.23 所示，利用发动机废气的余热加热废气管

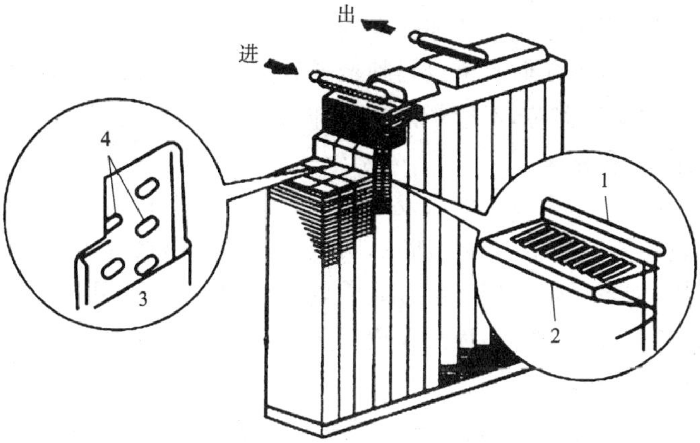

图 10.21　加热器的结构

1、3—毛细金属管；2—热交换片；4—凹坑

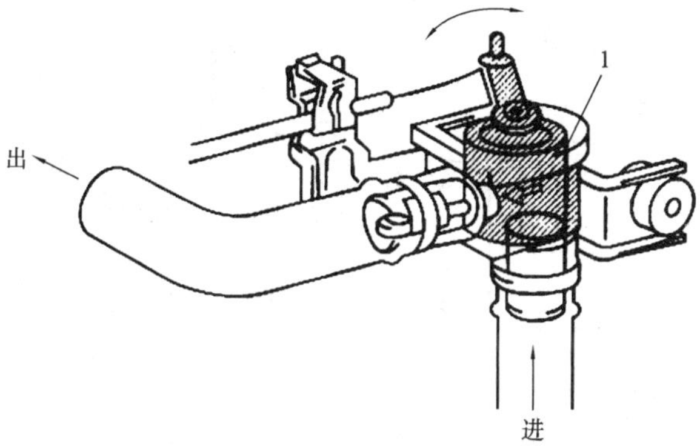

图 10.22　旋转滑阀式冷却液流量阀的结构

1—旋转滑阀

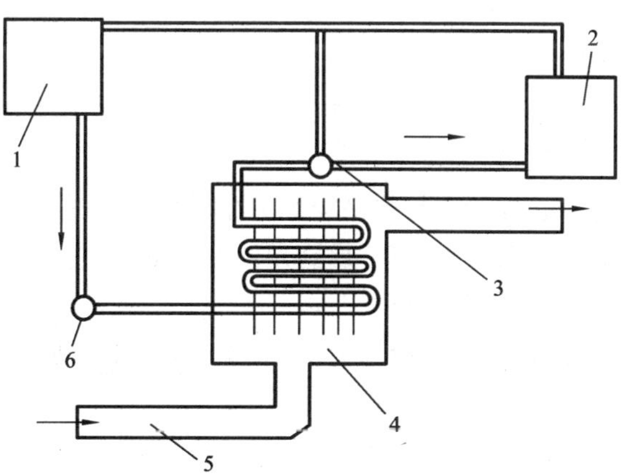

图 10.23　废气余热式暖风系统

1—水箱；2—加热器；3—电磁换向阀；4—热交换器；5—发动机排气管；6—水泵

路中的热交换器(热水器)。热水器中的液体可以被加热到 100 ℃左右,然后被送到空调通风管路中的加热器芯,配合通风净化系统加热车内空气。

车内不需要供暖时,电磁换向阀可以切换流通管路,使热水器内的热水直接回流水箱而不进入空调通风管路中的加热器芯,不给车内空气加热。

3) 独立燃烧式供暖系统

在寒冷地区运行的大、中型客车仅靠发动机冷却液余热供暖是不能满足需求的,因此需要采用独立燃烧式供暖系统。如图 10.24 所示,类似家用燃气热水器,燃油和空气按照一定混合浓度在燃烧室内燃烧,加热燃烧室周围细金属管内流动的冷却液,温度升高后的冷却液进入空调通风管路中的加热器芯向外散热,提高车内空气的温度。从加热器芯出来被降温后的冷却液返回发动机壳体进行再循环。

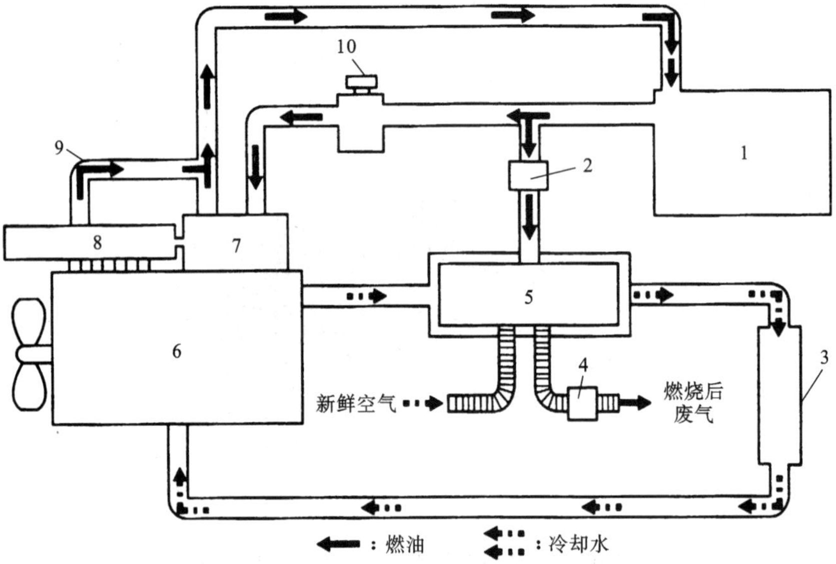

图 10.24　独立燃烧式供暖系统

1—油箱;2—油泵;3—加热器;4—消声器;5—燃烧室;6—发动机;7—喷油泵;8—共轨;9—回油管;10—燃油滤清器

4) 电加热式供暖系统

对于装备燃油发动机的车型而言,电加热功能一般为辅助供暖,多与水冷式加热器芯并排安装,如图 10.25 所示。

一般小轿车多用 PTC(正温度系数热敏电阻)加热器,它一般由 PTC 加热元件、铝散热片、铜片等组成,如图 10.26 所示。当 PTC 加热元件被通电时,它会产生热量并传递给铝散热片和铜片,然后一起加热流经该装置的空气。

一般情况下,空调控制器可以根据冷却液温度、环境温度、发动机转速、空气混合设置和电气负荷情况等信号来控制 PTC 加热器是否工作。

4. 汽车空调系统的通风净化系统

1) 车内外空气流通

汽车车厢是一个相对封闭的空间,汽车长时间行驶过程中必须引入车外新鲜的空气,并将车内浑浊的空气排出车外,一般称为外循环。但车外空气有严重异味时,可以短时间封闭车外

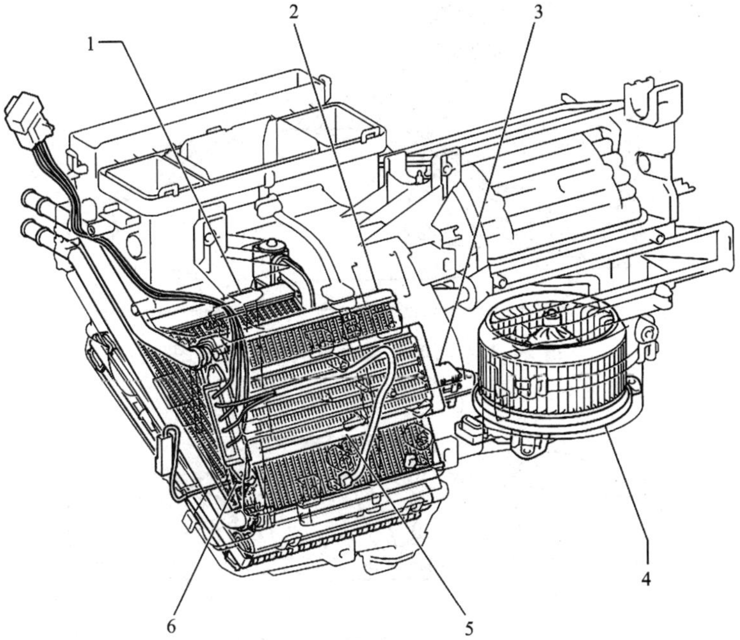

图 10.25　电加热式供暖系统

1—蒸发器；2—加热器散热单元；3—鼓风机电阻；4—1号冷却器热敏电阻（蒸发器温度传感器）；5—PTC加热器总成；6—鼓风机电动机

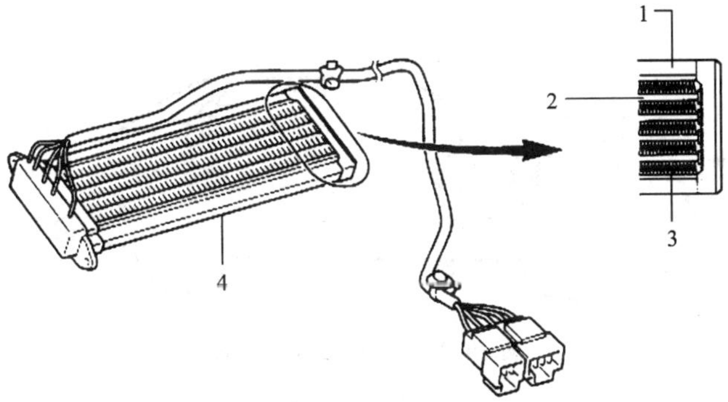

图 10.26　PTC **加热器**

1—铜片；2—PTC元件；3—铝散热片；4—PTC加热器

空气进入车内，构成内循环。内循环和外循环的切换一般通过改变翻板位置实现。

外循环一般有两种方式可以实现：利用汽车行驶过程中产生的空气压力进行自然通风；利用车载风机进行强制通风。

（1）自然通风　汽车向前行驶过程中，空气会在车身表面不同区域产生不同的压力，普通小轿车空气压力分布如图10.27所示。

所以，为了确保通风效率，空调通风净化系统的进风口大多设置在正压力区，一般为挡风玻璃与发动机室交界的隐蔽处；出风口设置在负压力区，一般为后排座椅靠背两侧，如图10.28所示。

自然通风的方式不需要额外增加动力，经济性较好，但在汽车低速行驶时效果较差。

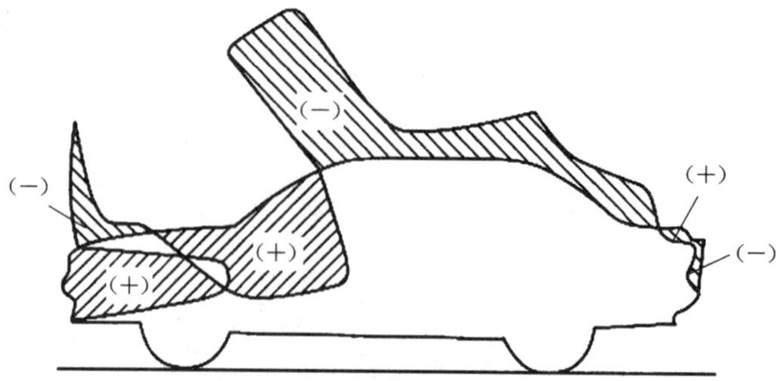

图 10.27　轿车外表面空气压力分布图

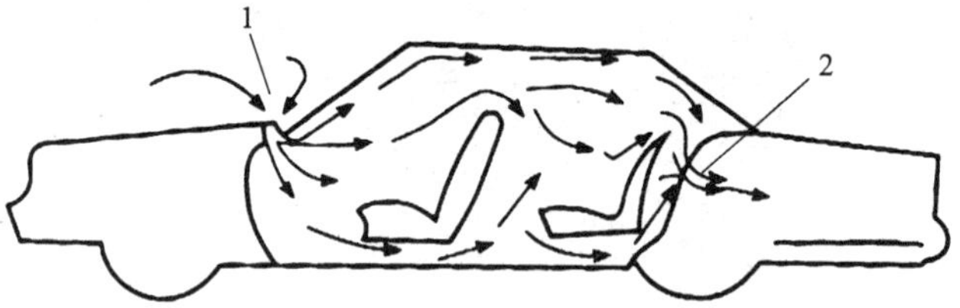

图 10.28　轿车的自然通风

1—进风口；2—排风口

(2) 强制通风　在通风净化系统的进风口附近安装电动风机(见图 10.29)，将车外新鲜空气强制吸入车内的方式称为强制通风。这种方式不受车速限制，可以在低速时实现较好通风效果。

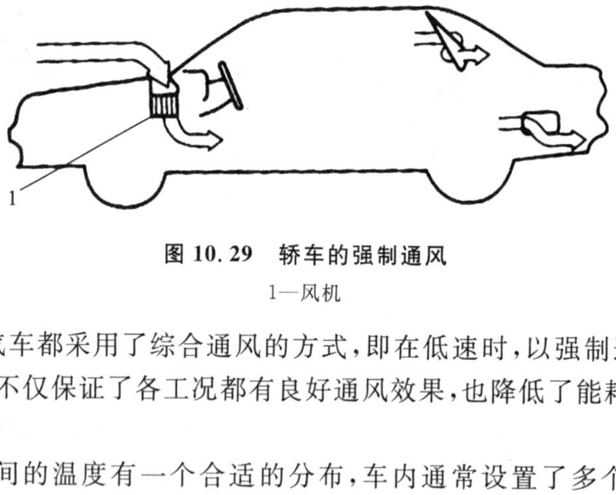

图 10.29　轿车的强制通风

1—风机

目前，大多小型汽车都采用了综合通风的方式，即在低速时，以强制通风为主；高速时，以自然通风为主。这样不仅保证了各工况都有良好通风效果，也降低了能耗。

2) 车内空气流动

为了保证车厢空间的温度有一个合适的分布，车内通常设置了多个出风口，如图 10.30 所示。

空调系统一般还可以根据所设置的不同模式选择调节各出风口(见图 10.30)的风量大小，如表 10.2 所示。

在风机转速一定的情况下，各出风口风量大小可以通过模式选择开关控制通风管道内各风门翻板位置来决定，如图 10.31 所示。

3) 空气净化

汽车空调的空气净化装置可以分为空气过滤式和光催化除臭式两种类型。

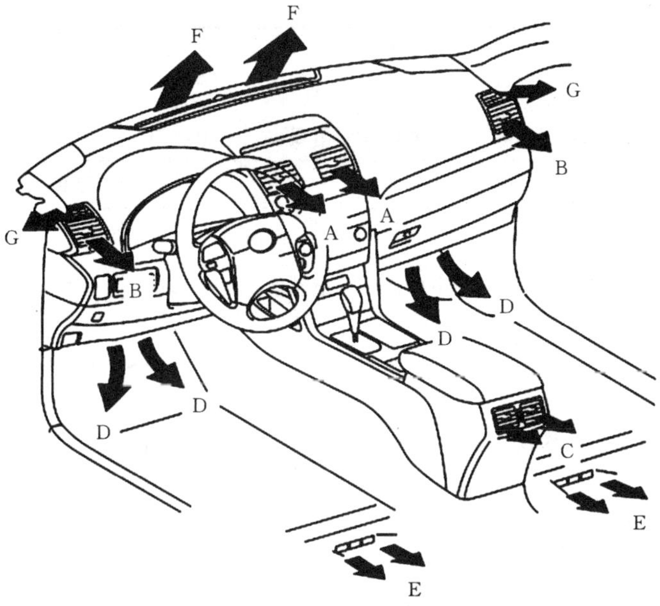

图 10.30　汽车空调出风口

表 10.2　不同模式选择调节各出风口的风量大小

模式	手动空调/自动空调	吹向脸部			吹向脚部		除霜	
		中央出风口	两侧出风口	后排出风口	前排出风口	后排出风口	中央出风口	两侧出风口
		A	B	C	D	E	F	G
FACE-U	手/自	大风量	大风量	大风量	关闭	关闭	关闭	关闭
B/L-U	手/自	中等风量	中等风量	中等风量	小风量	小风量	关闭	关闭
B/L-L	仅自动空调	小风量	小风量	小风量	中等风量	中等风量	关闭	关闭
FOOT-F	仅自动空调	关闭	小风量	小风量	中等风量	小风量	极小风量	极小风量
FOOT-R	手/自	关闭	小风量	小风量	中等风量	中等风量	极小风量	极小风量

续表

模　　式	手动空调/自动空调	吹向脸部			吹向脚部		除　　霜	
		中央出风口	两侧出风口	后排出风口	前排出风口	后排出风口	中央出风口	两侧出风口
		A	B	C	D	E	F	G
FOOT-D	仅自动空调	关闭	小风量	小风量	小风量	小风量	小风量	小风量
F/D	手/自	关闭	小风量	小风量	中等风量	中等风量	小风量	小风量
DEF	手/自	关闭	小风量	关闭	关闭	关闭	大风量	大风量

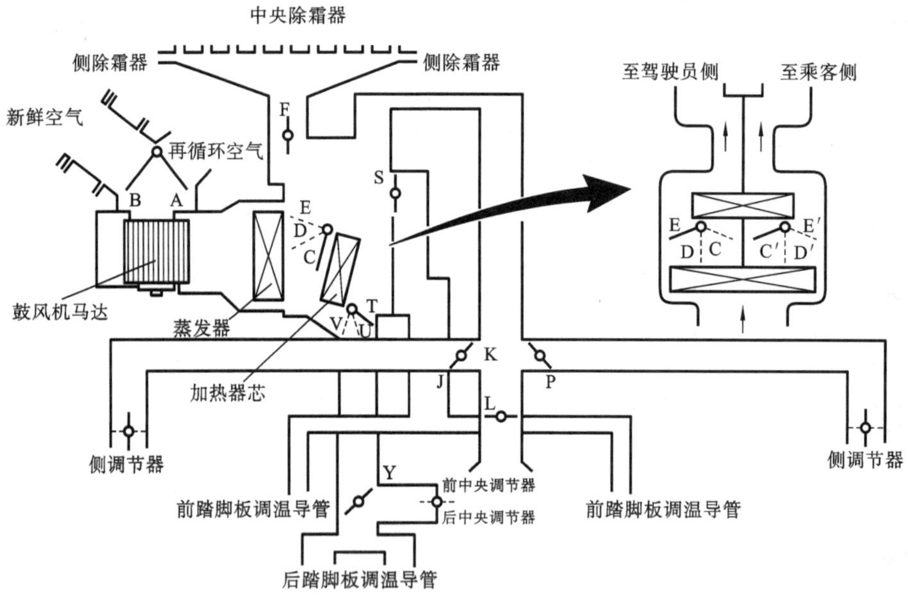

(a)

图 10.31　各模式下通风管道内各风门翻板位置

(a) DEF 挡时各风门翻板的位置　(b) FOOT/DEF 挡时各风门翻板的位置

(c) FOOT 挡时各风门翻板的位置　(d) BI-LIEVE 挡时各风门翻板的位置

(e) FACE 挡时各风门翻板的位置

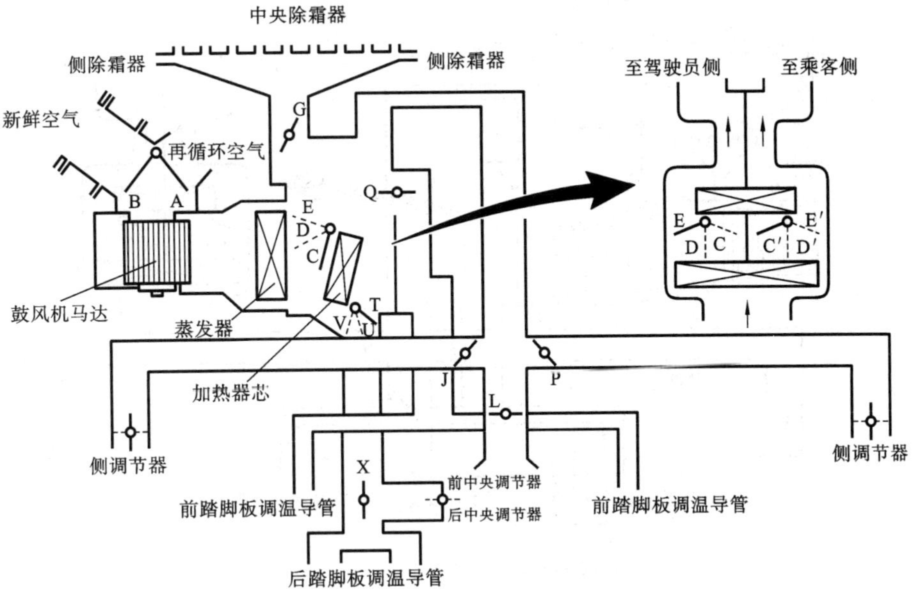
中央除霜器
侧除霜器
侧除霜器
至驾驶员侧
至乘客侧
新鲜空气
G
再循环空气
B
A
E
Q
D
C
E
C
C′
E′
D
D′
鼓风机马达
蒸发器
T
V
U
加热器芯
J
P
L
侧调节器
侧调节器
X
前中央调节器
后中央调节器
前踏脚板调温导管
前踏脚板调温导管
后踏脚板调温导管

（b）

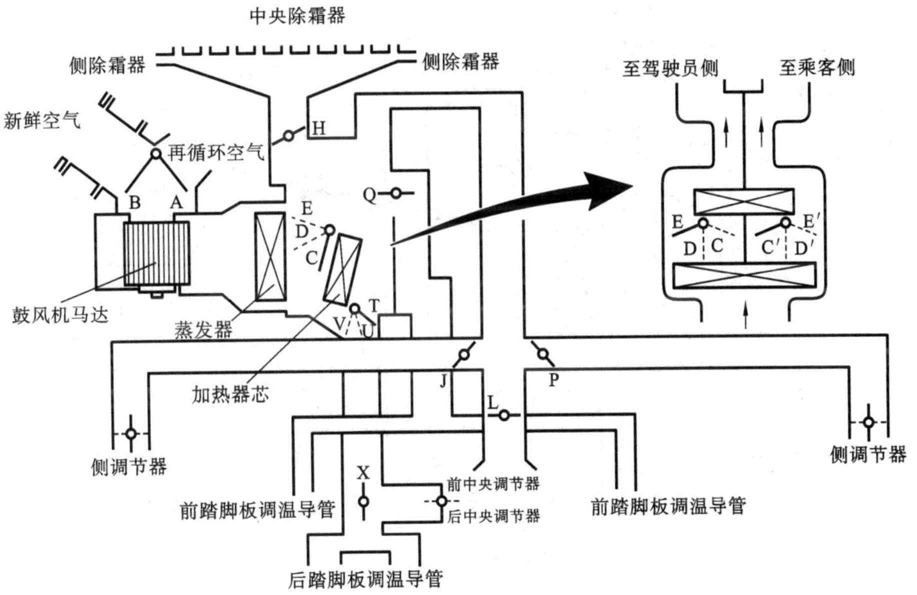
中央除霜器
侧除霜器
侧除霜器
至驾驶员侧
至乘客侧
新鲜空气
H
再循环空气
B
A
E
Q
D
C
E
C
C′
E′
D
D′
鼓风机马达
蒸发器
T
V
U
加热器芯
J
P
L
侧调节器
侧调节器
X
前中央调节器
后中央调节器
前踏脚板调温导管
前踏脚板调温导管
后踏脚板调温导管

（c）

续图 10.31

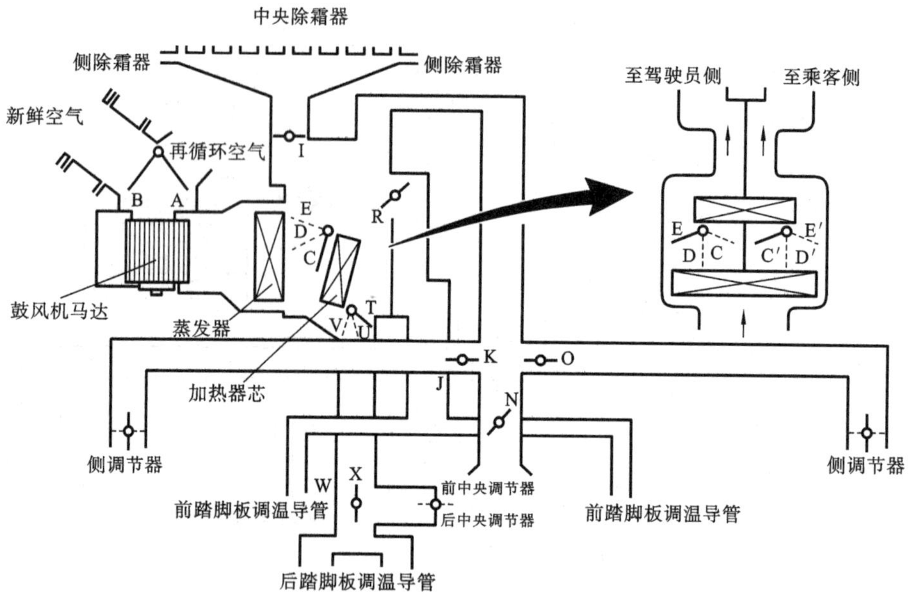
中央除霜器
侧除霜器
侧除霜器
至驾驶员侧
至乘客侧
新鲜空气
再循环空气
I
B
A
E
D
C
R
鼓风机马达
蒸发器
加热器芯
T
V
U
K
O
J
N
E
D
C
C′
D′
E′
侧调节器
侧调节器
W
X
前中央调节器
后中央调节器
前踏脚板调温导管
前踏脚板调温导管
后踏脚板调温导管

(d)

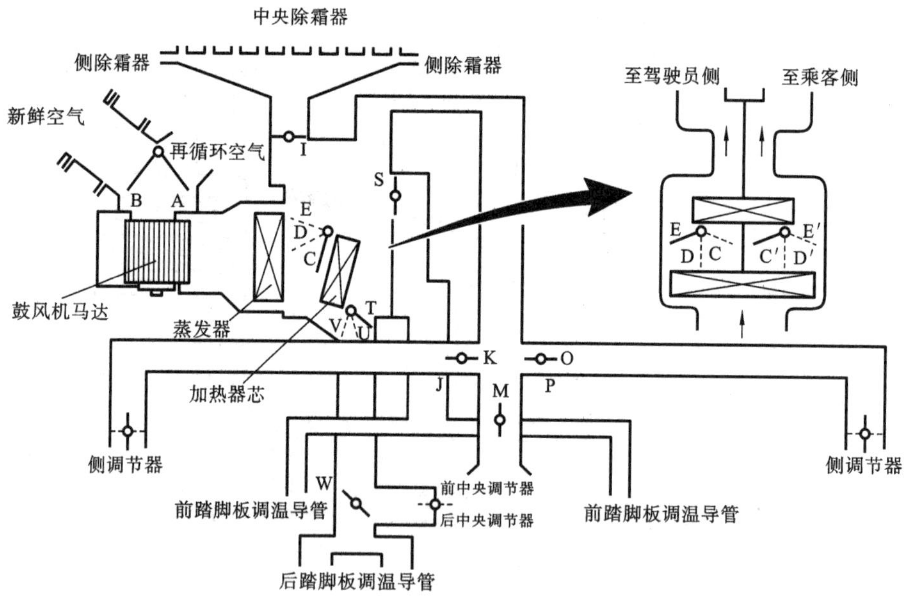
中央除霜器
侧除霜器
侧除霜器
至驾驶员侧
至乘客侧
新鲜空气
再循环空气
I
B
A
E
D
C
S
鼓风机马达
蒸发器
加热器芯
T
V
U
K
O
J
M
P
E
D
C
C′
D′
E′
侧调节器
侧调节器
W
前中央调节器
后中央调节器
前踏脚板调温导管
前踏脚板调温导管
后踏脚板调温导管

(e)

续图 10.31

空气过滤式一般为聚酯材料制成的一个折叠状矩形，其结构简单，工作可靠，大多安装在空调通风净化系统的进风口处（风机前端），如图10.32所示。它可以滤除空气中的灰尘和颗粒，但这种滤清器需要人工定期清理或更换。

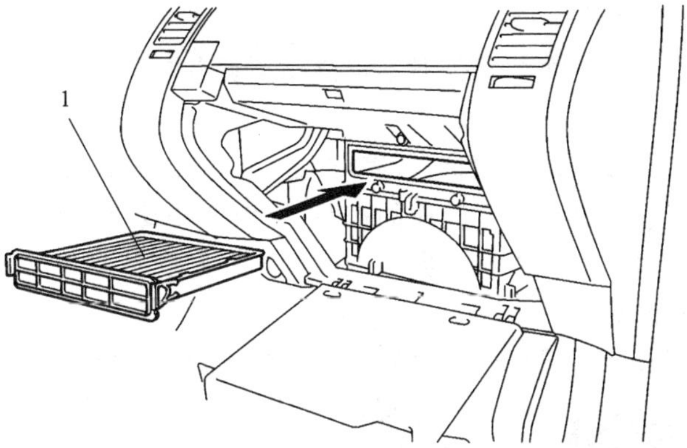

图10.32　空调滤清器

1—空调滤清器

光催化除臭式空气净化装置安装了带光催化剂的滤清器、风机和紫外线灯，如图10.33所示。紫外线灯照射滤清器表面的光催化剂，光催化剂可以将空气中的氧气和水蒸气转换为活性氧，活性氧则可以氧化、分解并去除滤清器的臭味。

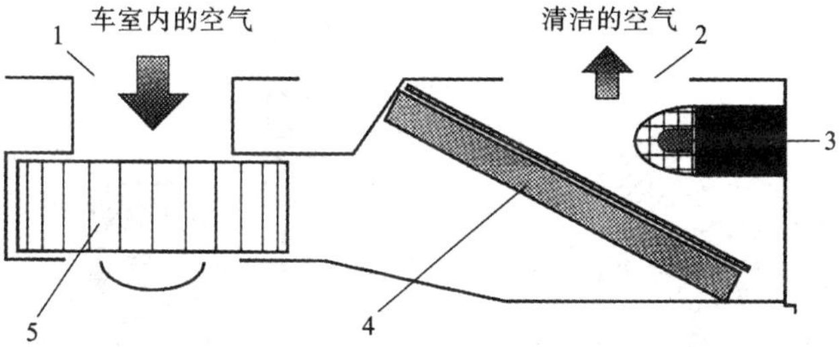

图10.33　光催化除臭式空气净化装置

1—进风口；2—出风口；3—紫外线灯；4—滤清器；5—风机

工作任务2　汽车空调控制系统

1. 空调基本控制系统

汽车空调的基本控制系统主要是为了维持汽车空调各功能的正常运行，并避免个别部件故障时对系统造成严重影响。

汽车空调的基本控制系统主要包括：压缩机启/停的控制、制冷剂管路压力的控制、蒸发器温度的控制、冷凝器风扇的控制、风机转速的控制、发动机过载断开保护控制、发动机怠速提升的控制、压缩机过热保护的控制、双蒸发器的控制等。

1）压缩机启/停的控制

压缩机的启动和停止一般是通过控制安装在压缩机轴上的电磁离合器的吸合或分离来实现的。电磁离合器吸合，发动机通过传动皮带驱动压缩机运转；电磁离合器分离，发动机驱动电磁离合器的皮带轮空转，动力不能够传递给压缩机轴。

图10.34　空调压缩机开关的图标

按下空调制冷开关（见图10.34），电磁离合器线圈通电产生磁场力，将压盘吸向皮带轮，使两者紧密结合，发动机动力便通过传动皮带传递到压盘，带动压缩机旋转，如图10.35所示。

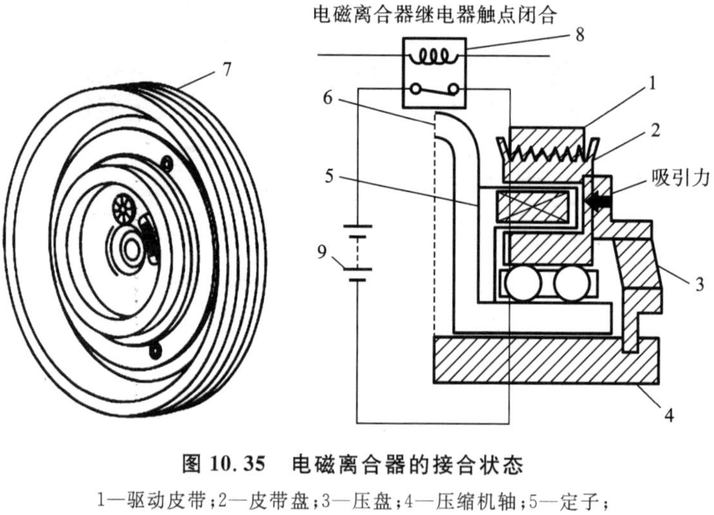

图10.35　电磁离合器的接合状态

1—驱动皮带；2—皮带盘；3—压盘；4—压缩机轴；5—定子；
6—前端壳体；7—电磁离合器；8—电磁离合器继电器；9—电源

再次按下空调制冷开关时，电磁离合器线圈断电，磁场力消失，压盘在弹性力作用下与皮带轮分离，皮带轮空转，压缩机轴停止旋转，如图10.36所示。

也有部分装备变排量压缩机的空调系统，取消了电磁离合器。关闭空调制冷开关后，系统通过控制电磁阀位置使摇板与转轴垂直（即倾角为0°），从而实现压缩缸内活塞“零行程”，这时候虽然压缩机轴仍然跟随发动机一直旋转，但不压缩做功。

2）制冷剂管路压力的控制

汽车空调系统制冷剂管道回路如果压力过低，说明制冷剂量过少，润滑油不能跟随制冷剂

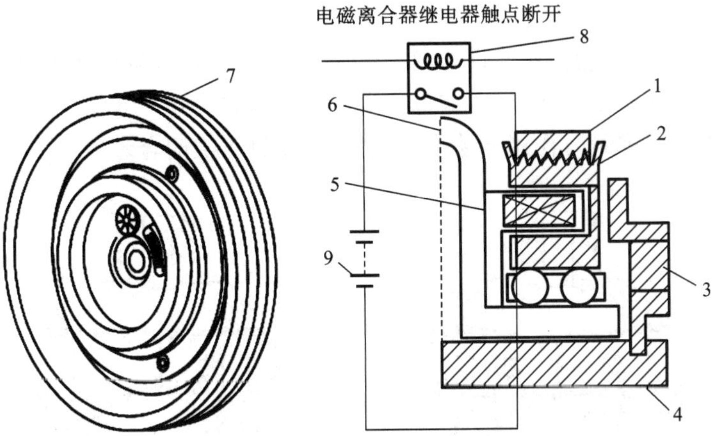

图 10.36　电磁离合器的分离状态

1—驱动皮带；2—皮带盘；3—压盘；4—压缩机轴；5—定子；
6—前端壳体；7—电磁离合器；8—电磁离合器继电器；9—电源

一起循环，容易造成压缩机缺油而过度磨损；如果压力过高，则可能造成系统部件胀裂而损坏。因此，对制冷剂管路进行压力检测控制，可以避免系统部件遭受严重损坏。

一般通过设置压力开关的方式对系统进行压力检测，而压力开关一般分为高压压力开关、低压压力开关、压力组合开关、压力传感器。

(1) 高压压力开关　高压压力开关一般安装在储液干燥器与膨胀阀之间的高压管路中。若制冷剂管路压力超过设定最高限值(约为 3.2 MPa)时，高压压力开关将切断电磁离合器回路，压缩机停止工作。

常闭型高压压力开关的工作原理如图 10.37 所示，当制冷剂管路压力超过设定值时，克服向下弹簧力，推动膜片上行断开固定触点，电磁离合器回路被切断。当管路压力降低到标准值范围时，弹簧力克服制冷剂向上的推力，膜片下行闭合固定触点。

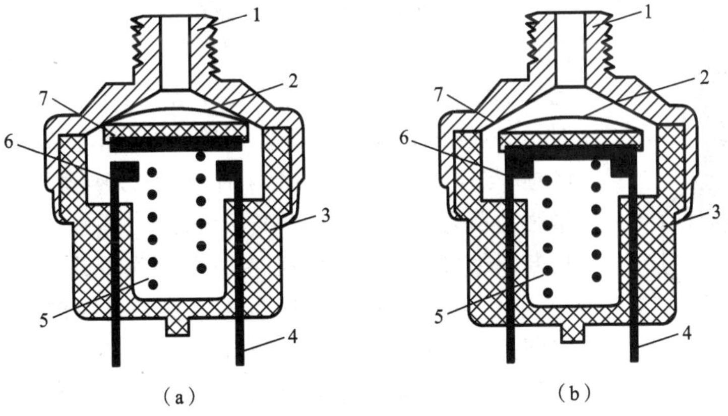

图 10.37　常闭型高压压力开关

(a) 断开　(b) 闭合

1—接头；2—膜片；3—外壳；4—接线柱；5—弹簧；6—固定触点；7—活动触点

(2) 低压压力开关　对于膨胀阀式制冷系统，低压压力开关也是安装在高压管路中，当空调系统制冷剂缺失或不足造成管路压力过低时，触发该开关，避免对压缩机等重要部件造成损坏。

常闭型低压压力开关的工作原理如图 10.38 所示，当制冷剂管路压力过低时，膜片在弹簧力的作用下向下行，断开固定触点，压缩机的电磁离合器回路被切断；当系统管路压力回复正常后，制冷剂压力克服弹簧力作用推动膜片上行，固定触点被闭合。

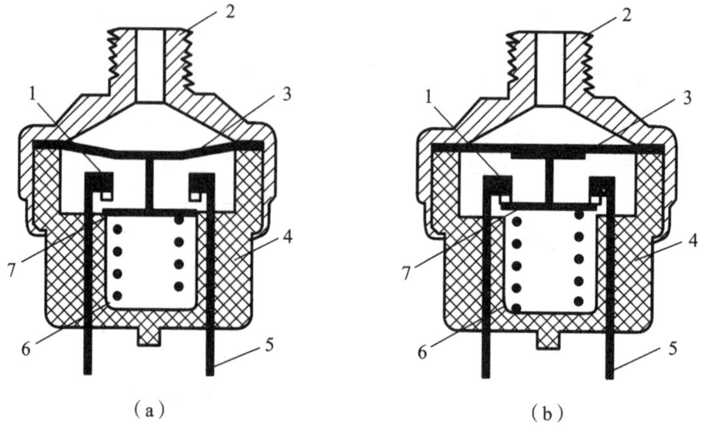

图 10.38　常闭型低压压力开关

(a) 断开　(b) 闭合

1—固定触点；2—接头；3—金属膜片；4—绝缘外壳；5—接线柱；6—弹簧；7—活动触点

对于节流管式制冷系统，低压压力开关大多安装在蒸发器至压缩机之间的低压管路中。当制冷剂流量过大时，蒸发器温度过低，制冷剂气化不完全，一方面，蒸发器温度过低，其表面会发生结霜现象，堵塞空气通路，降低空调制冷效果；另一方面，气化不完全的制冷剂过多会增加压缩机遭“液击”的风险。而制冷剂气化不完全，会导致这段低压管路压力偏低，因而在此安装低压压力开关，可以在压力较低时断开压缩机离合器回路，暂停压缩机的运行，避免蒸发器表面结霜并保护压缩机。

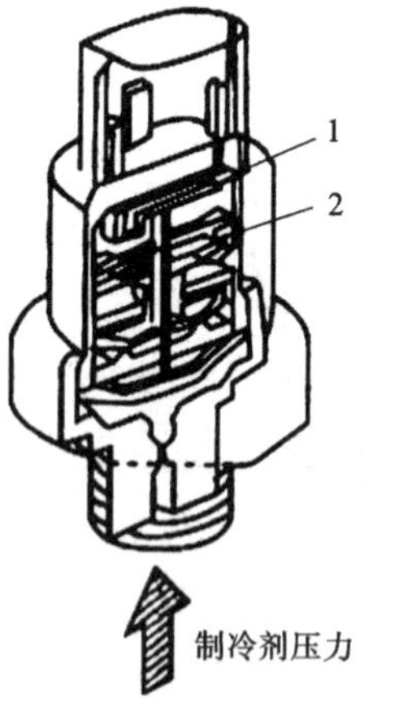

图 10.39　压力组合开关

1—中压开关；2—高、低压开关

(3) 压力组合开关　部分车型是在冷凝器和膨胀阀之间装配压力组合开关，一般具有高压、中压、低压三重开关，其结构如图 10.39 所示。当压力小于 0.2 MPa(不同车型稍有区别，下同)时，切断压缩机电磁离合器回路，避免压缩机因缺润滑油而过度磨损；当压力大于 1.6 MPa 时，接通冷凝器风扇高速挡回路，以增强冷凝器冷却强度，降低系统压力；当压力大于 3.2 MPa 时，切断压缩机电磁离合器回路，避免系统管路胀裂。

(4) 压力传感器　压力传感器安装在储液干燥器与膨胀阀之间的高压管路中，它可以检测管路压力的连续变化。压力传感器把管路压力的大小转变为电压高低的信号，并发送给电子控制模块。控制模块可以根据压力传感器采集的信号发送指令，以实现电磁离合器的控制、冷凝器冷却风扇转速的控制等。

制冷剂管路压力传感器一般有 3 个接线端子，如图 10.40 所示。一根连接控制模块的＋5 V 电源输出正极(图 10.40 中“3”号端子)，一根连接电源负极(图 10.40 中“1”号端子)，最后一根为信号线(图 10.40 中“2”号端子，即为 PR 端子）。信号线的电压一般随着管路压力的升高而增大。

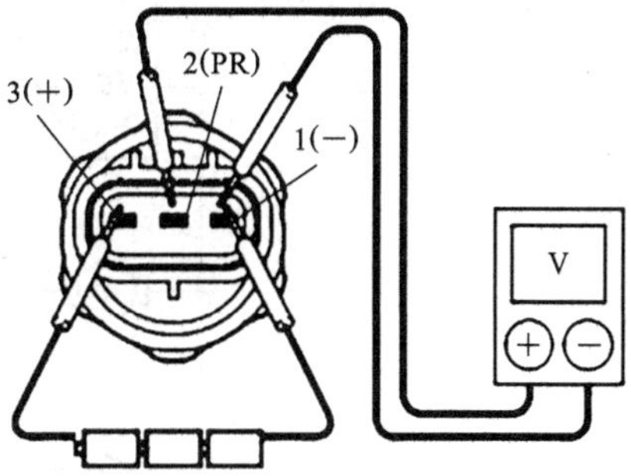

图 10.40　压力传感器接线示意图

3）蒸发器的温度控制

若蒸发器表面温度低于 0 ℃，凝结在蒸发器表面的水分就会结霜或结冰，严重时会堵塞蒸发器的空气通路，大大降低空调系统制冷效果。蒸发器温度控制的目的就是防止这种现象的发生。

目前流行的解决技术方案有两个：第一个就是前面提到的在蒸发器到压缩机之间的低压管路中安装“低压压力开关”；另一个则是在蒸发器表面安装温度传感器。

安装在蒸发器表面的温度传感器主要有两种形式：机械式恒温器和热敏电阻器式温度传感器。

机械式恒温器检测到蒸发器表面温度低于其设定值时，断开内部触点开关，切断压缩机电磁离合器电路，在蒸发器温度恢复前，压缩机不工作；蒸发器表面温度升到设定值后，恒温器内部触点闭合，接通压缩机电磁离合器电路，压缩机恢复工作。

热敏电阻器式温度传感器一般有两个接线端子，它们将温度信号传输给控制模块，控制模块则根据预设程序接通或切断压缩机电磁离合器电路，以控制蒸发器表面温度不低于 0 ℃，如图 10.41 所示。

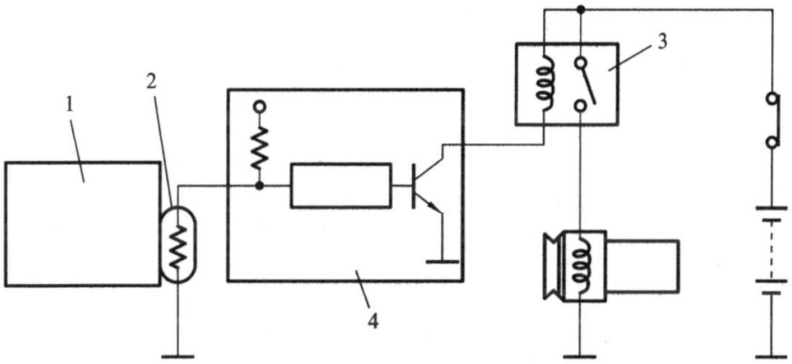

图 10.41　应用热敏电阻器式温度传感器的温度控制电路

1—蒸发器；2—热敏电阻器；3—电磁离合器继电器；4—控制模块

4）冷凝器风扇的控制

对于同时安装了散热器风扇和冷凝器风扇的车型，可以利用风扇串联电阻的方式调节转速，也可以将两个风扇相互串联或并联的方式调节转速。

利用制冷剂管路高压压力开关（压力低时接通，压力高时断开）、冷却液温度开关（温度低时接通、温度高时断开）及四个继电器可以实现散热器风扇和冷凝器风扇的转速控制。该电路可以控制两个风扇完成四种不同的工作模式：两个风扇同时不工作，散热器风扇单独工作，两个风扇同时低速旋转，两个风扇同时高速旋转。

如图 10.42 所示，空调关闭，冷却液温度也不高时，电磁离合器继电器断开，3 号继电器断开，冷凝器风扇不工作；同时，1 号继电器吸合（此时压力开关和冷却液温度开关均闭合），不接通散热器风扇回路，散热器风扇不工作。

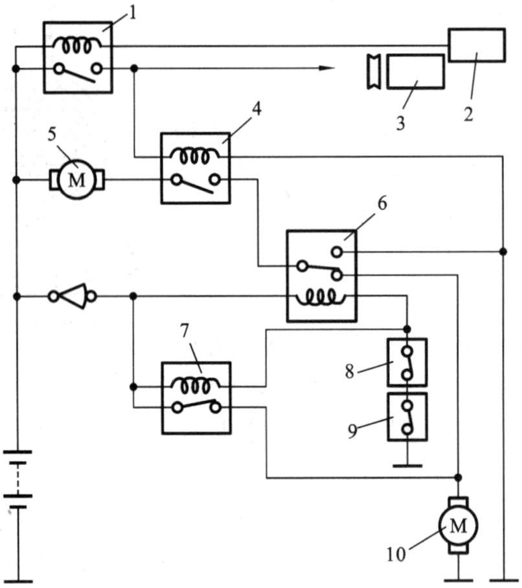

图 10.42　冷凝器和散热器风扇控制电路(同时不工作)

1—电磁离合器继电器;2—控制模块;3—电磁离合器;4—3 号继电器;5—冷凝器风扇;
6—2 号继电器;7—1 号继电器;8—压力开关;9—冷却液温度开关;10—散热器风扇

如图 10.43 所示,空调关闭,但冷却液温度较高时,电磁离合器继电器断开,3 号继电器断开,冷凝器风扇不工作;同时,1 号继电器断开(此时压力开关闭合,但冷却液温度开关断开),接通回路:蓄电池正极→1 号继电器 30 端子→1 号继电器 87a 端子→散热器风扇→搭铁。散热器风扇开始工作。

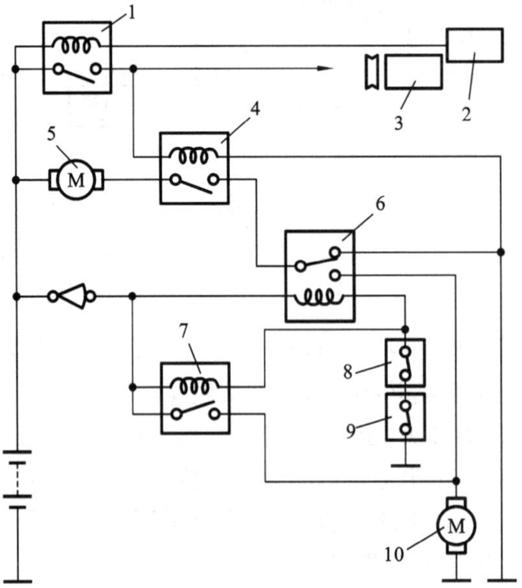

图 10.43　冷凝器和散热器风扇控制电路(只有散热风扇工作)

1—电磁离合器继电器;2—控制模块;3—电磁离合器;4—3 号继电器;5—冷凝器风扇;
6—2 号继电器;7—1 号继电器;8—压力开关;9—水温开关;10—散热器风扇

如图 10.44 所示，打开空调，当冷却液温度较低时，电磁离合器继电器吸合，3 号继电器吸合，2 号继电器吸合，1 号继电器吸合(此时压力开关和冷却液温度开关均闭合)。接通回路：蓄电池正极→冷凝器风扇→3 号继电器 30 端子→3 号继电器 87 端子→2 号继电器 30 端子→2 号继电器 87 端子→散热器风扇→搭铁。两个风扇串联同时低速旋转。

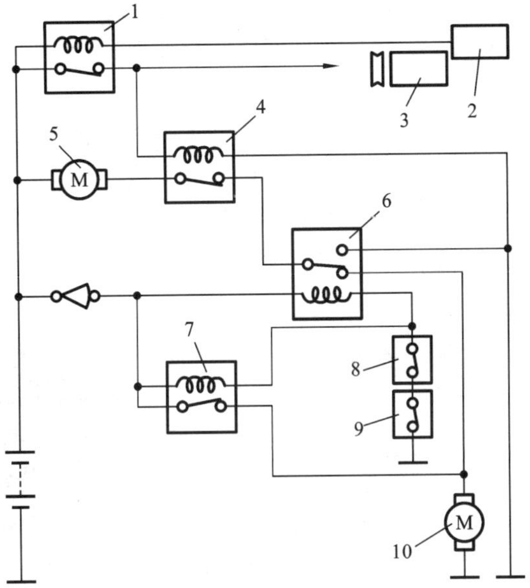

图 10.44　冷凝器和散热器风扇控制电路(两个风扇同时低速工作)

1—电磁离合器继电器；2—控制模块；3—电磁离合器；4—3 号继电器；5—冷凝器风扇；
6—2 号继电器；7—1 号继电器；8—压力开关；9—水温开关；10—散热器风扇

如图 10.45 所示，打开空调，当冷却液温度较高时(或空调制冷剂管路压力过高)，电磁离

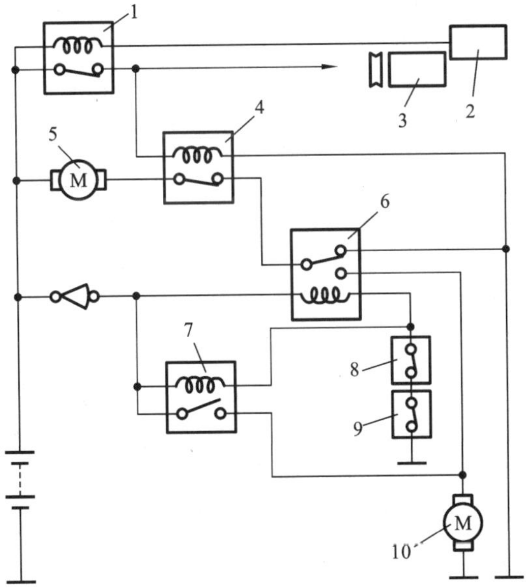

图 10.45　冷凝器和散热器风扇控制电路(两个风扇同时高速工作)

1—电磁离合器继电器；2—控制模块；3—电磁离合器；4—3 号继电器；5—冷凝器风扇；
6—2 号继电器；7—1 号继电器；8—压力开关；9—水温开关；10—散热器风扇

合器继电器吸合,3 号继电器吸合,2 号继电器断开,1 号继电器断开(此时压力开关或冷却液温度开关断开)。接通回路 1:蓄电池正极→冷凝器风扇→3 号继电器 30 端子→3 号继电器 87 端子→2 号继电器 30 端子→2 号继电器 87a 端子→搭铁。接通回路 2:蓄电池正极→1 号继电器 30 端子→1 号继电器 87 端子→搭铁。两个风扇并联同时高速旋转。

5) 风机转速的控制

目前汽车空调的风机不少是一个有刷直流电动机驱动一个鼠笼式扇叶旋转并推动空气在通风管路内流动。

有刷直流电动机转速的调节一般通过串联一个可调电阻器的方式来实现。如图 10.46 所示,可调电阻器被串联在风机开关与电动机之间,改变风机开关挡位可以改变可调电阻器的阻值,进而改变电动机两端的电压值,实现转速的调节。可调电阻器在电动机工作时会发热,因此通常被安装在散热良好的位置。

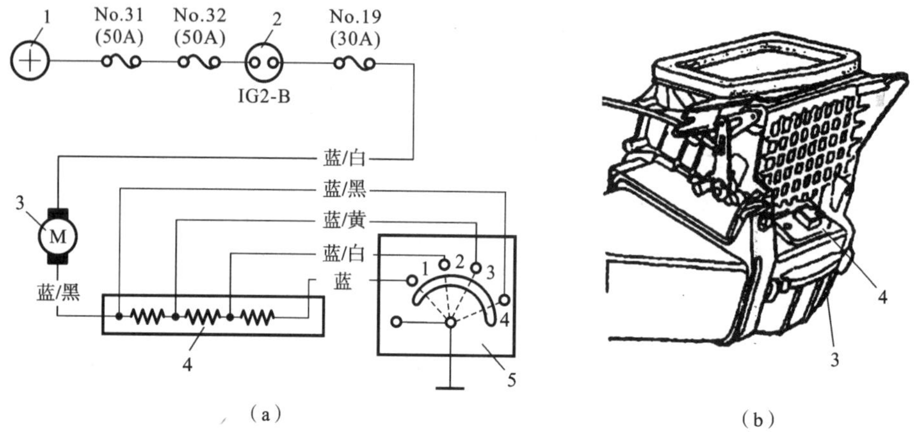

图 10.46　风机开关与风机变阻器

(a) 鼓风机控制电路　(b) 鼓风机变阻器位置

1—电源;2—点火开关;3—风机;4—风机变阻器;5—风机开关

为了缩小机器外形尺寸,有一些高档汽车开始采用无刷直流电动机作为风机动力源。无刷电动机就是依靠改变输入到其定子绕组上的电流交变频率和波形,在绕组周围形成一个绕电动机几何轴心旋转的磁场,这个磁场驱动转子上的永磁磁钢,电动机就转起来了。无刷电动机的核心是其控制器,它可以根据指令改变电流交变频率来实现转速的改变。

6) 发动机过载断开保护控制

(1) 急加速断开保护控制　汽车空调压缩机工作时占用了较多的发动机输出功率,因此,很多新款汽车通过监控节气门位置传感器,在节气门开度超过预设值(如 90%)时,断开压缩机电磁离合器电路。由于压缩机停止工作,发动机不再给压缩机供给功率,从而提高了汽车的加速性能。

(2) 冷却液温度过高断开保护控制　为了防止发动机冷却液温度过高,部分车型的空调控制电路中设有冷却液温度开关,当冷却液温度超过一设定值(约 105 ℃)时,断开压缩机电磁离合器电路,使压缩机停止工作;当温度下降到某一设定值(约 95 ℃)时,再次接通压缩机电磁离合器电路,使压缩机恢复工作。

在装备自动空调的车型中,多采用冷却液温度传感器(一般是负温度系数的热敏电阻器)

取代冷却液温度开关，若控制模块检测到发动机冷却液温度超过设定值时，直接控制断开压缩机电磁离合器。

(3) 发动机失速断开保护控制　当发动机转速过低(空调控制模块一般通过检测发动机的点火脉冲来计算)时，控制模块判断发动机已过载，断开压缩机电磁离合器，使压缩机停止工作，减轻发动机负载，避免发动机失速熄火。

(4) 传动皮带打滑断开保护控制　如果压缩机出现故障锁死时，可能破坏传动皮带，影响同一皮带驱动的发电机、动力转向泵等附件。为了避免这种情况的发生，部分车型的空调控制电路中增加了传动皮带打滑断开保护控制。控制模块通过比较发动机转速和压缩机转速来判断传动皮带是否打滑。压缩机转速传感器位置如图10.47所示。

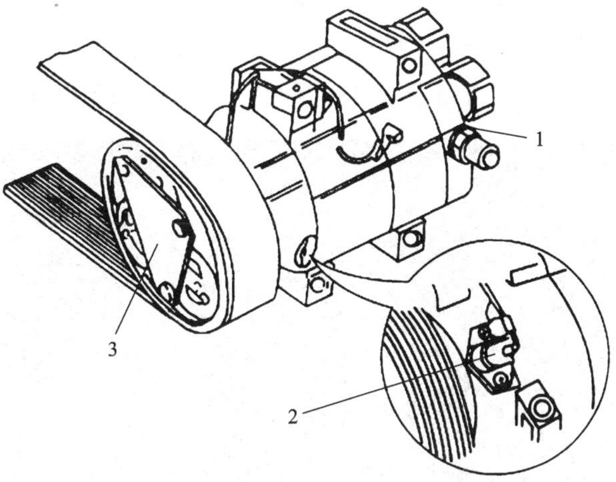

图10.47　压缩机转速传感器安装位置

1—压缩机；2—转速传感器(G111)；3—电磁离合器(N25)

7) 发动机怠速提升的控制

汽车空调在发动机在怠速运转工况下运行时，可能会因为发动机动力输出不足而造成其过热或熄火。为了避免这种情况的发生，大多车型采用了怠速提升装置。

当接通空调制冷开关后，发动机控制单元(ECU)便接收到空调开启的信号，ECU便控制怠速控制阀将怠速旁通气道的通路增大，使进气量增加，提高怠速。对于采用电子节气门的车型，大多是直接控制电子节气门稍微增大开度，提高怠速。

8) 压缩机过热保护的控制

压缩机过热一般都是缺少制冷剂引起的，若压缩机在这种情况下继续运转，将会过热损坏。压缩机过热保护就是通过传感器检测到压缩机部件温度过高时，切断电磁离合器，停止压缩机工作。

2. 自动空调控制系统

空调控制系统一般可分为手动控制和自动控制两种，又称手动空调和自动空调。手动空调的控制面板如图10.48所示，其中温度控制旋钮可以改变通风管路内冷风/热风的混合比例，以达到温度调节的目的；风速控制旋钮可以通过改变风机转速，调节出风口的风速；空气分配模式则可以选择出风口；空调按钮又称压缩机开关，用于接合或断开压缩机电磁离合器；内循环按钮则可以选择通风管路的内/外循环。

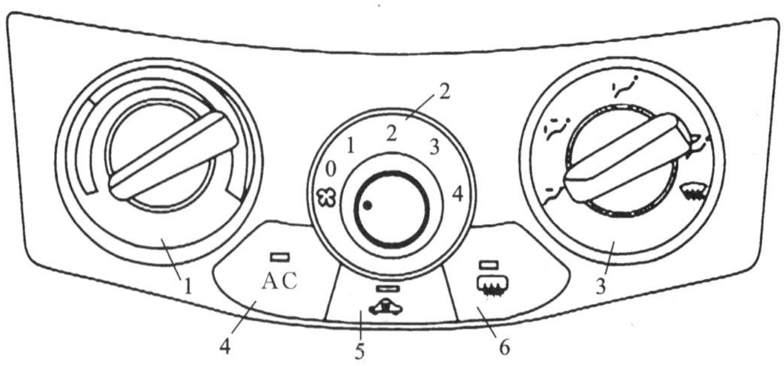

图 10.48　手动空调控制面板

1—温度控制旋钮；2—风速控制旋钮；3—空气分配模式旋钮；4—空调按钮；5—内循环按钮；6—后窗除雾旋钮

自动空调控制系统的温度可以由驾驶员手动选择并自动维持，但模式风门和风机转速都可以自动调节。从外观上来看，自动空调一般有个“AUTO”按键，如图 10.49 所示。

图 10.49　自动空调“AUTO”按键

在“AUTO”模式下，风门位置和风机转速等工作参数都可以实现自动控制。但若驾驶员手动干预温度设置或空气分配模式，系统将退出“AUTO”模式，但仍会继续监控温度变化，进行温度自动控制。若驾驶员同时干预温度设置和风机转速设置，或温度被设置在最冷、最热位置，系统将进入手动控制模式，温度将不再自动保持。

为了实现自动控制，自动空调采用了多个温度传感器、湿度传感器、环境光线传感器、空气质量传感器等，各执行器(如通风管路翻板、风机等)的控制方式均采用电控，并具备完整的反馈电路。传感器、执行器和控制模块组成了一套闭环控制系统，实现车内温度的自动控制。

目前还有部分中高级轿车配备了双区自动空调系统(甚至三区自动空调系统)。双区自动空调系统是利用将通风管道分隔成左、右(或前、后)两个独立部分，与普通的自动空调系统相比，增设了独立的左右温度风门翻板、独立的左右出风口温度传感器等部件，以实现左右分区的温度自动控制。

1）自动空调系统传感器

(1) 车内温度传感器　车内温度传感器通常与阳光负荷传感器(或自动大灯的环境光线传感器)制成一体，安装在仪表台中间位置，如图 10.50 所示。

车内温度传感器检测车内温度是否达到自动空调系统设定的温度值，将温度信号传递给

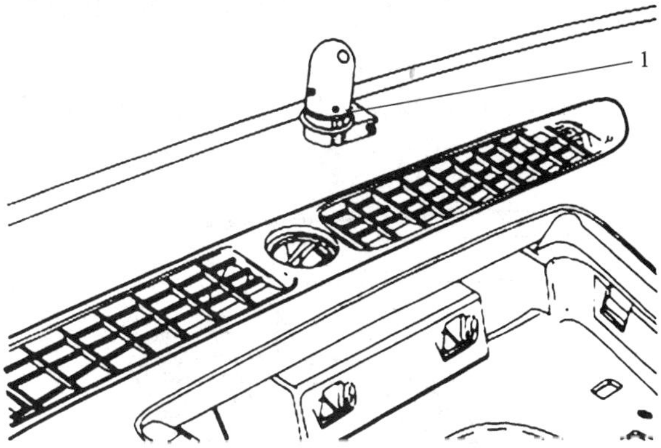

图 10.50 车内温度/阳光负荷传感器

1—车内温度传感器/阳光负荷传感器/环境光线传感器

控制模块。大多车型采用了负温度系数的热敏电阻器作为车内温度传感器，车内空气温度越高，传感器阻值越小。传感器的信号电压在0～5 V之间变化。

(2) 阳光负荷传感器 阳光负荷传感器也称光照强度传感器，大多与车内温度传感器和自动大灯环境光线传感器制成一体，安装在仪表台中央易于接收阳光的位置，如图10.50所示。阳光负荷传感器采集光照强度信号并传输给控制模块，当阳光强烈时，适当增加制冷强度以弥补因阳光照射而引起的温度上升。

阳光负荷传感器一般由控制模块提供一个+5 V电源和搭铁，另外一个端子则随着光照强度的增加，其信号电压也增大。

(3) 出风口温度传感器 出风口温度传感器通常包括上出风口温度传感器和下出风口温度传感器，如图10.51所示。它可以将出风口的温度信息传递到控制模块，从而实现风门位置的精确调节，以便更好地对车内温度进行控制。

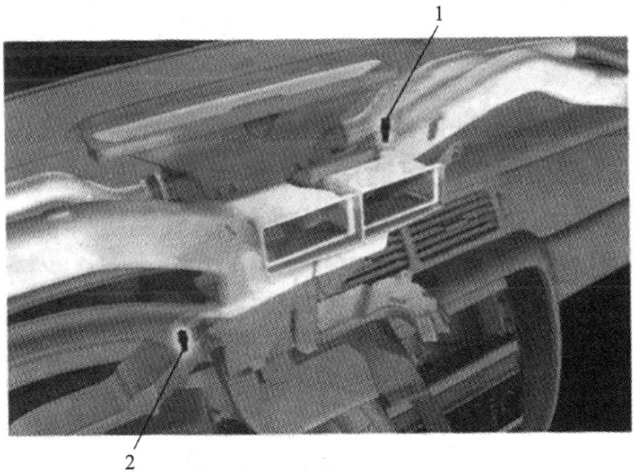

图 10.51 出风口温度传感器

1—上出风口温度传感器；2—下出风口温度传感器

上出风口温度传感器安装在仪表板出风口附近，在面部出风模式和除霜模式下检测出风口温度的变化。下出风口温度传感器安装在腿部出风口附近，在腿部出风模式下检测出风口温度的变化。如果是双区自动空调系统，还分左、右出风口温度传感器，可分别对左、右温区的温度独立监测。

（4）车内湿度传感器　车内湿度传感器可以安装在车内后视镜固定座内部，如图 10.52 所示。

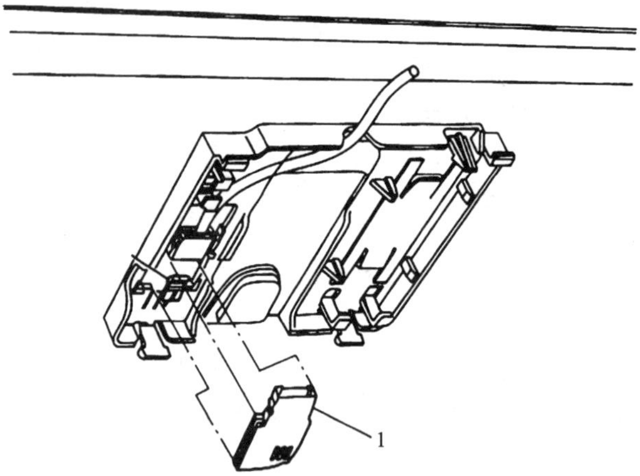

图 10.52　挡风玻璃温度/车内湿度传感器

1—挡风玻璃温度/车内湿度传感器

该传感器一般包含湿度传感器和用来检测前挡风玻璃温度的温度传感器。自动空调系统根据这两个信号计算前挡风玻璃水雾凝结的概率，并在合适时机控制各执行元件（如出风口、风机和温度风门翻板等）动作，以避免因水雾凝结而影响视线。

（5）空气质量传感器　空气质量传感器一般安装在通风管路的进风口（多在车外前挡风玻璃下方），如图 10.53 所示。

图 10.53　空气质量传感器

1—空气质量传感器

空气质量传感器一般有三根线，一根接正极，一根接负极，另外一根是信号线，连接到空调控制模块。若它检测到污染物浓度超过预设值，空调控制模块将结合其他传感器信号综合判断是否要关闭通风管路内的外循环风门翻板。

2）自动空调控制模块

自动空调控制模块主要是采集各传感器和开关信号，进行运算处理后，输出指令给各执行元件，从而实现车内温度的自动控制。

部分车型直接将控制模块集成到空调控制面板中，但也有部分车型安装了独立的空调控制模块。另外，有些车型的自动空调控制模块甚至集成了变排量压缩机的电磁阀调节控制功能。

3）自动空调系统执行器

（1）风门翻板电动机　自动空调系统的通风管路中的风门翻板大多都是由可以正反转动的电动机控制，如温度风门、模式风门等，如图10.54所示。

图10.54　风门执行器

1—温度风门执行器；2—模式风门执行器

风门翻板电动机大多是采用直流电动机，按照接线端子数量可以分为双线制、三线制和五线制。双线制电动机可以控制风门翻板在两个极限位置间切换，如内外循环风门翻板。三线制电动机带了一个逻辑电路，可以控制风门翻板停留在多个位置，如温度风门翻板。五线制电动机包含了一个直流电动机和电位计，它可以接收控制模块信号，将风门翻板停留在任意位置，还可以将风门翻板的位置信号反馈回控制模块。

此外，还有部分风门翻板采用步进电动机驱动，这些电动机也有5根连接线，但不同的是空调控制模块会按一定的顺序给各接线端子发送脉冲方波，实现电动机旋转角度的精准控制。

（2）风机控制器　除了前面提到的可以通过串联不同阻值的电阻器实现风机转速控制，目前不少自动空调系统会通过使用空调控制模块发送的脉宽调制信号（PWM方波）给转速控制模块（见图10.55），转速控制模块则根据信号将风机两端的工作电压控制在2～13 V之间，且线性变化，极好地实现了风机转速的无级控制。

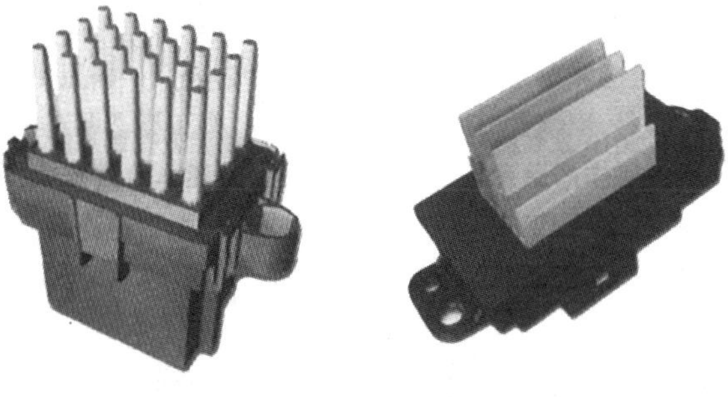

图10.55　风机转速控制模块

部分高档汽车甚至开始采用无刷直流电动机作为风机动力源。无刷电动机就是依靠改变输入到其定子绕组上的电流交变频率和波形，在绕组周围形成一个绕电动机几何轴心旋转的磁场，这个磁场驱动转子上的永磁磁钢，电动机就转起来了。无刷电动机体积小、功率大，是风机电动机发展趋势，它的转速调节需要专门的无刷电动机驱动器来实现。

工作任务3　汽车空调系统的使用与维护

1. 空调系统的正确使用

1）前挡风玻璃除雾

前挡风玻璃起雾是因为暖湿空气接触到较冷的前挡风玻璃后，在玻璃表面凝结一层水雾。这种现象严重影响驾驶人的视线，妨碍驾驶安全。前挡风玻璃起雾一般分为外侧起雾和内侧起雾。

前挡风玻璃外侧起雾一般是由于车内空调将前挡风玻璃降温后变冷，车外的暖湿空气在前挡风玻璃外侧凝结一层水雾，一般通过打开刮水器将水雾刮除。

前挡风玻璃内侧起雾一般是因为前挡风玻璃与车外温度保持较低水平，而车内由于空气流动差，乘客呼出的暖湿空气会在玻璃内侧凝结一层水雾。这种情况可以有两种办法解决。

（1）开启汽车空调取暖功能，利用暖风将前挡风玻璃加热，使得玻璃内侧面的温度不低于车内气温，车内暖湿气流无法在其表面凝结。但通常需要较长时间（一般 5～10 min）才能使得玻璃内侧温度上升，不适用于紧急除雾的场合。

（2）开启汽车空调系统制冷功能（建议配合外循环使用），将车内暖湿空气经过制冷系统冷却干燥后，不能在玻璃内侧面凝结。将空调系统吹出来的干冷空气可以快速将玻璃表面已形成的水雾快速去除（通常几秒钟后即可见效）。

2）暴晒后的车辆先通风降温再开制冷功能

夏季停在户外被曝晒后的车辆，车内的温度比车外温度高，不能刚进入车内就打开内循环进行降温。应该先开窗通风，并切换到外循环、高风量模式，将车内积聚的热气排出车外，然后再启动空调并切换到内循环模式对车内进一步进行降温处理。

3）停车熄火前应提前几分钟关闭压缩机

空调制冷系统工作时，蒸发器温度很低，如果不提前关闭压缩机，直接熄火关闭风机，车内空气中的水分就会在蒸发器表面凝结成水珠并附着在其散热片的缝隙中，成为真菌繁衍的好场所，极易发臭。提前几分钟关闭压缩机可以提前切断制冷剂循环流动，让蒸发器表面温度升高，同时风机可以将蒸发器表面已经凝结的水珠吹干，破坏真菌繁衍成长的环境。

2. 制冷系统的检查

1）汽车空调系统检修注意事项

（1）处理制冷剂的注意事项如下。

① 最好事先准备好眼睛冲洗设备。要是有制冷剂进入眼睛，就须要用水彻底地冲洗15 min。

② 若制冷剂进入眼睛，在用水冲洗之后，接着朝眼睛里滴眼药水，并立即去看医生，即使眼睛不痛也要立即看医生。必须告诉医生，由于受到制冷剂 R134a 的作用，眼睛受到了冻伤。

③ 如果尽管注意了安全措施，但仍有制冷剂碰到了身体的其他部分，那么同样须用冷水进行至少 15 min 的彻底冲洗。

④ 处理制冷剂全过程避免在封闭的空间进行。

⑤ 处理制冷剂的操作技师必须全程佩戴防护眼镜和橡胶手套。

⑥ 不可将制冷剂储存罐放置到高于40 ℃的环境中，不可将储存罐底部朝向自己或他人。

⑦ 尽管制冷剂不易燃烧，但仍不可在充满制冷剂的屋内吸烟、焊接及硬/软钎焊。其原因是制冷剂因热会发生化学反应，人吸入这种有毒体后会干咳、恶心。

(2) 更换零件或管路的注意事项如下。

① 尽量使用制冷剂回收装置回收制冷剂，以便再次使用，并避免污染空气。

② 未连接的管路或零件应该用塞子密封，避免潮气、灰尘进入空调系统。

③ 连接零件和管路时，可以滴几滴压缩机油到O形密封圈，易以紧固并避免漏气。

④ 按规定力矩使用开口扳手紧固管路螺母，可避免管路扭曲。

(3) 加注制冷剂的注意事项如下。

① 制冷剂不足时，可能使压缩机润滑不良而导致损坏。

② 制冷循环开始运转后，只允许开启低压阀将制冷剂吸入循环管路中。

③ 不可将制冷剂容器倒置，以避免液态制冷剂进入循环管路，造成压缩机因液击损坏。

④ 制冷剂不可加注过量，否则容易造成制冷不良等故障。

2) 制冷系统性能检查

制冷系统性能检查是用数据反映其制冷效率，标准检测流程如下。

(1) 将汽车停放在阴凉处。

(2) 将歧管压力表的高压和低压两侧分别与制冷系统对应的检修接头连接。

(3) 关闭汽车所有门窗。

(4) 启动发动机，使发动机转速维持在2000 r/min。

(5) 将温度控制开关调整到最冷位置，如果是自动空调，将温度设置为最低。

(6) 将冷气管道全部打开，风速设为最大。

(7) 当车厢内的温度为25～35 ℃时，读取歧管压力表的指示值。正常读数应该是：高压表1.4～1.6 MPa，低压表1.5～2.5 MPa。

(8) 将干湿球温度计放在制冷系统的进气口处，将玻璃棒温度计放在冷气的出口处。

根据所测得的干球和湿球的温度值，利用湿空气曲线(见图10.56)求出蒸发器出口处的相对湿度。举个例子，若蒸发器进气口处的干球温度和湿球温度分别为25 ℃和19.5 ℃，则图10.57中虚线的交叉点即为所测的相对湿度60%。

将制冷系统进气口处干球温度计读数减去冷气出口处玻璃棒温度计读数，得到进气口和出气口的温度差。根据标准性能曲线图(见图10.57)，若相对湿度和温度差交叉点在图中两条阴影线包含范围，则表示制冷性能良好，否则制冷系统有待检修。

3) 制冷系统检修方法

(1) 直观检查。

① 通过储液干燥器的观察孔，观察制冷剂是否适量。当空调系统处于最大制冷负荷状态，若观察孔看到制冷剂流动稳定，压缩机转速变化时偶尔可看到气泡，则表明制冷剂量是合适的。

② 观察各接头处是否有油污和灰尘，以辨别制冷剂是否泄漏。同时观察冷凝器表明是否脏污，散热片是否变形。

③ 听压缩机电磁离合器是否有刺耳的噪声，若有噪声可能是因为电磁线圈老化吸力不足，或单向离合器打滑造成。

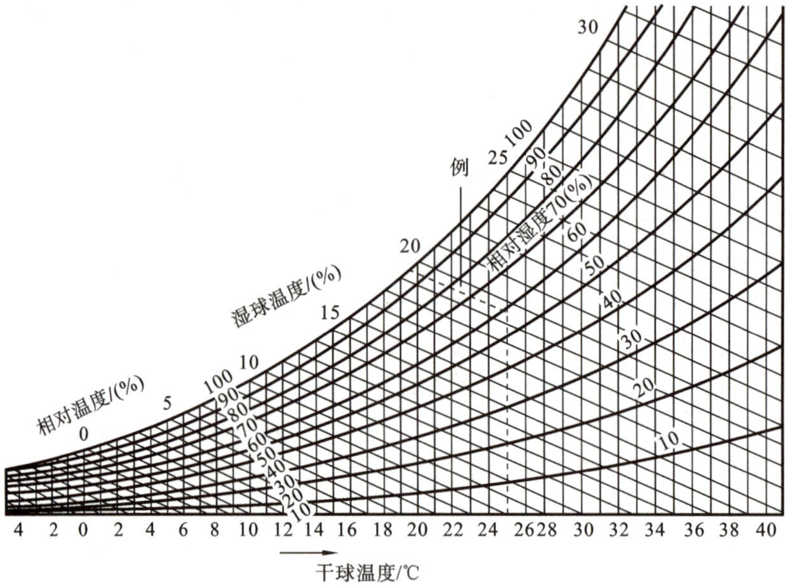

图 10.56　湿空气曲线

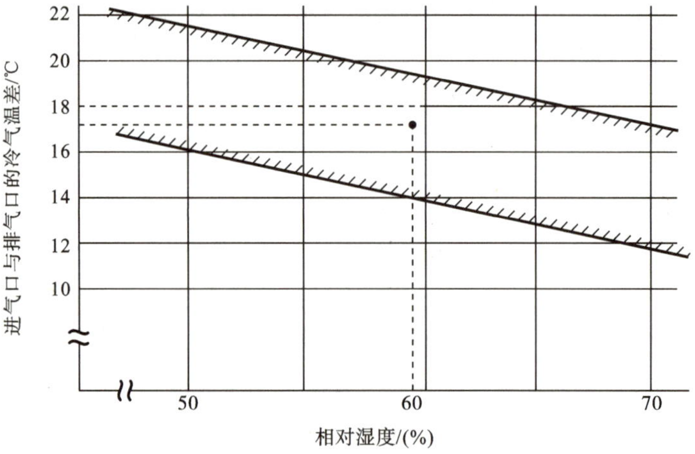

图 10.57　标准性能曲线

④ 听压缩机是否有液击声，若有则应调整膨胀阀或释放部分制冷剂。

⑤ 高压管路的表面温度一般较高，用手触摸检查整条管路不能出现某段前后温差特别明显，否则可能是制冷剂发生堵塞。

⑥ 低压管路的表面温度一般较低，用手触摸检查膨胀阀两端应该有明显温差。膨胀阀与压缩机之间软管表面的温度应该低而不结霜。

(2) 制冷剂泄漏的检查　汽车空调制冷系统各部件与管路都采用了可拆卸式连接，而制冷剂的渗透能力非常强，因此制冷剂泄漏难于避免。据统计，70%～80%不制冷或制冷不足的故障都是因为系统制冷剂泄漏造成。汽车空调制冷系统检漏方法包括：外观油污检测法、真空保压检测法、肥皂泡沫检测法、电子检漏仪检测法、荧光检测法等。

① 外观油污检测法　制冷剂能与压缩机润滑油互溶，制冷剂泄漏时也会带出少量润滑

油，泄漏处便会形成油斑，甚至黏上尘土形成油泥。肉眼仔细检查管路便能找到泄漏部位。但一般泄漏比较严重时，这种现象才比较明显。

② 真空保压检测法　对制冷系统进行抽真空后，让系统保持真空状态一定时间(最少 20 分钟甚至数小时)后，观察低压表读数是否发生变化。如果发生明显变化，则说明系统有泄漏。但这种方法仅能判断是否系统泄漏，无法确定具体泄漏部位。

③ 肥皂泡沫检测法　将肥皂水涂在需要检查的部位，如连接头、焊缝等易漏处，若听到有排气声或看到吹出的肥皂泡，则说明该处有泄漏。这种方法简单、易操作，但灵敏度较差。若管路压力不够可以使用专用设备充入干燥氮气或制冷剂。操作完毕应将肥皂水清除干净。

④ 电子检漏仪检测法　采用电子检漏仪必须保证制冷管路有一定压力的制冷剂(若系统刚进行完抽真空作业，必须从高压侧注入 200 g 以上制冷剂)。重点检漏部位包括：拆修过的系统部件及各连接口；压缩机轴油封、密封垫、检修阀；冷凝器散热片及制冷剂进出连接口；制冷系统各管路及连接部位。

⑤ 荧光检测法　荧光检测法利用了荧光检漏剂在紫外光照射下会发出明亮的黄绿光的原理。首先将荧光剂按一定比例加入到系统中，然后让空调制冷系统运行不少于 20 min，维修人员戴上专用眼镜，用紫外光照射系统外部，泄漏处将呈黄绿色。该方法定位泄漏点比较准确，且检修成本较低。

(3) 制冷管路压力的检查　连接好制冷系统管路高低压表；发动机以 1500 r/min 的速度运转；将风道循环开关设置为“外循环”；空调 A/C 开关设置在“ON”位置；将温度控制开关设置在“最冷”位置；风机速度控制开关设置在“高速”位置；车外空气 30～35 ℃；打开所有车门。

满足上述测试条件下，根据高低压力表读数判断制冷系统工作状况。

① 制冷系统正常工作压力　空调制冷系统工作正常时低压侧压力表读数 0.15～0.25 MPa，高压侧压力表读数 1.4～1.6 MPa，如图 10.58 所示。

② 制冷剂不足　制冷剂不足时，会出现制冷性能差的故障。这时低压侧压力表读数和高压侧压力表读数均偏低，如图 10.59 所示。出现这种情况，应进一步检查制冷剂循环管路是否发生泄漏。

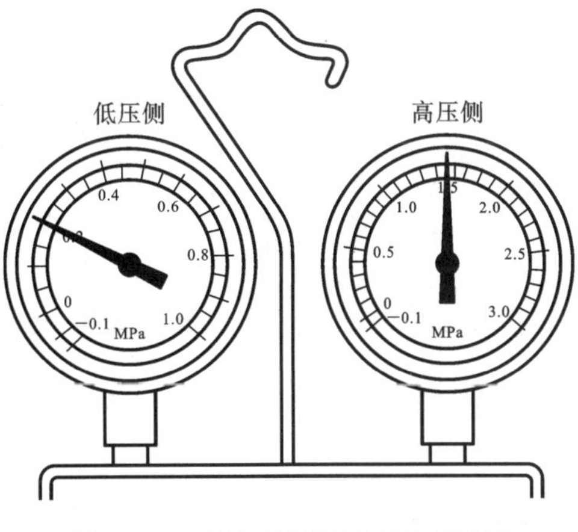

图 10.58　制冷系统正常压力表显示

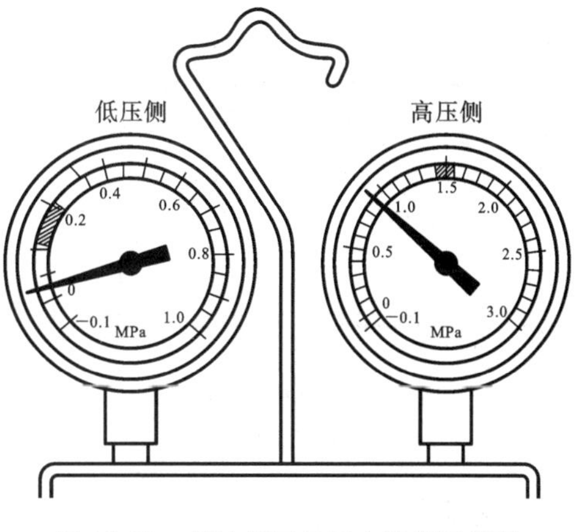

图 10.59　制冷剂不足压力表显示情况

③ 制冷剂过量或冷凝器冷却不足　制冷剂过量或冷凝器冷却不足时，低压侧压力表读数和高压侧压力表读数均偏高（见图 10.60），发动机转速降低，在干燥器观察窗也看不到气泡。

④ 制冷剂循环管路有潮气　制冷剂循环管路有潮气时，低压侧压力表读数有时正常，有时真空；高压侧压力表读数大多也会在正常和偏低之间摆动，如图 10.61 所示。这是因为潮气在膨胀阀出口冻结堵塞管路循环，让系统压力偏低；一段时间后管路温度上升，堵塞冰块融化，系统恢复正常。周而复始。

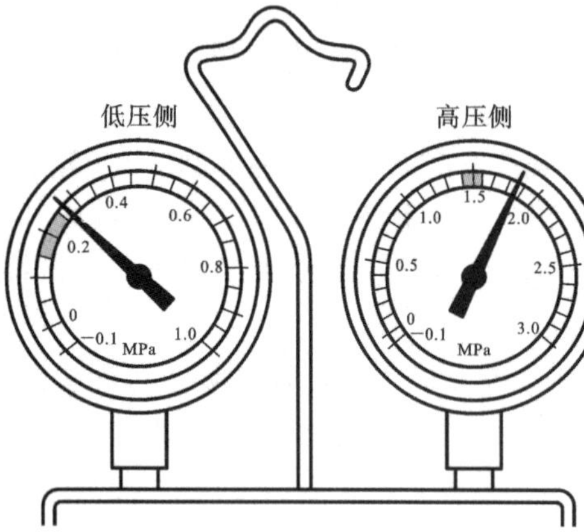

图 10.60　制冷剂过量或冷凝器冷却不足压力表显示情况

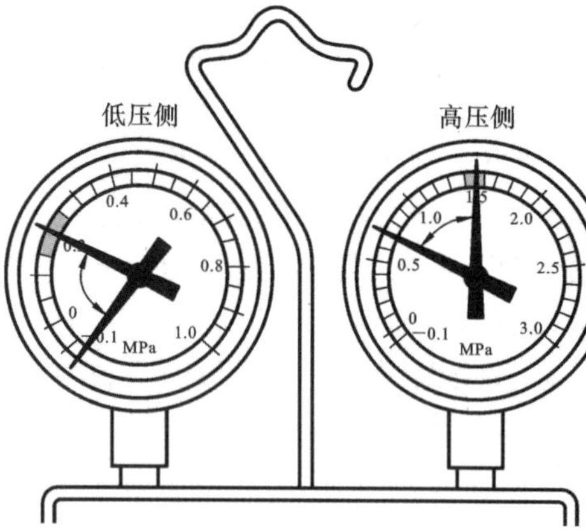

图 10.61　制冷剂循环管路有潮气压力表显示情况

⑤ 压缩机有故障　压缩机出现故障时，不能在高低压管路间建立较大的压力差，会出现低压偏高，高压偏低的现象，如图 10.62 所示。

⑥ 制冷剂循环管路阻塞　制冷剂循环管路有污物阻塞导致制冷剂循环差甚至不能循环时，低压侧压力表读数严重偏低甚至显示真空，高压侧压力表读数也会明显偏低，如图 10.63 所示。此时储液干燥器到蒸发器之间的管路会出现不同程度的结霜现象。

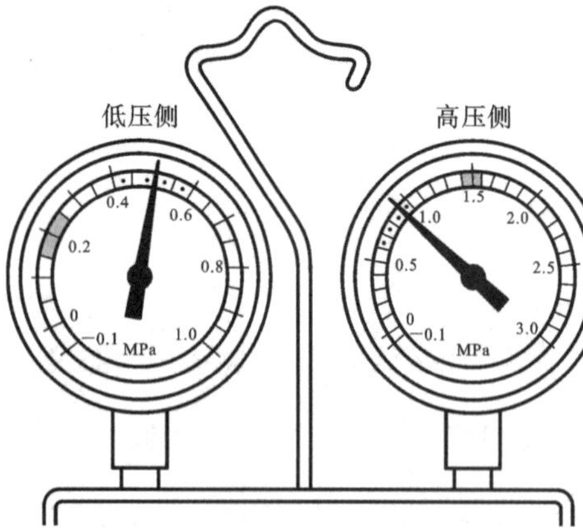

图 10.62　压缩机压缩异常时压力表显示情况

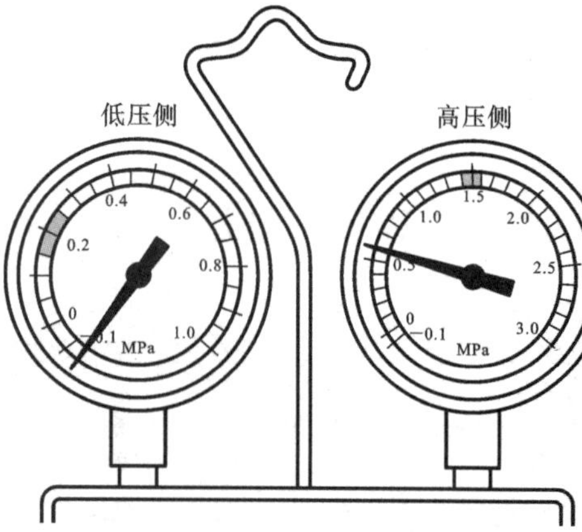

图 10.63　制冷剂循环管路阻塞时压力表显示情况

⑦ 膨胀阀开启过度　出现膨胀阀开启过度的故障时，低压侧压力表读数和高压侧压力表读数均偏高（见图 10.64），同时低压侧管路出现结霜或大量露水。

3. 制冷剂与冷冻机油的回收与加注

1）制冷剂的回收

制冷剂若直接排放到大气中将对环境造成污染，因此必须进行回收处理。回收制冷剂是指将汽车空调，制冷系统内的制冷剂转移到外部容器中。按照环境保护协会（EPA）的要求，回收量应达到系统中充量的 80%～90%。没有专用回收设备的情况下，可以采用以下方法进行回收。

（1）将回收容器置于车身侧边盛有冰块的大桶里，回收容器应低于空调制冷系统平面，容器内液体不能超过容积的 80%。

（2）往桶内加入水和盐，使温度降低到约－18 ℃；或者加入干冰将温度降低到更低，如图 10.65 所示。可用毛毯将回收容器和大桶盖住，隔绝环境空气。

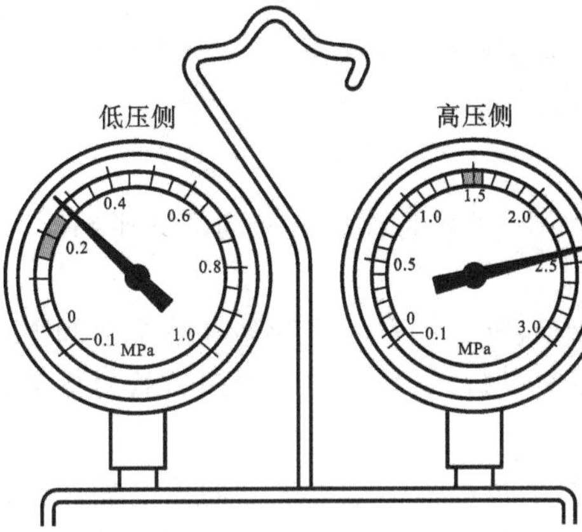

图 10.64　膨胀阀开启过度时压力表显示情况

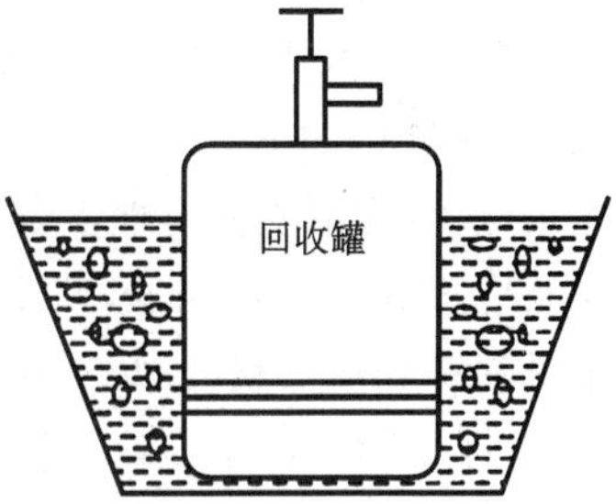

图 10.65　回收制冷剂的装冰大桶

（3）用维修软管将系统高压侧的检修阀与回收容器上的气门阀相连接。

（4）打开检修阀和气门阀。

（5）将灯光或其他热源置于储液器附近。

（6）回收过程最少需要 1～2 h，实际所需时间由环境温度和回收的制冷剂数量决定。

2）制冷剂循环管路抽真空

空调制冷系统运行一段时间后或检修完，其制冷剂循环管路难免混入部分空气，而空气中包含大量水蒸气，水蒸气对制冷剂在循环管路中的流动有阻碍作用，因此必须进行抽真空作业，将循环管路内的空气尽可能抽走。由于压力降低后，液态水逐渐气化，被抽走的过程比较缓慢，因而抽真空的时间最少需要 30 min 以上。抽真空作业的具体操作步骤如下。

（1）将制冷剂压力计的高（通常为红色）、低（通常为蓝色）压软管分别与空调制冷系统的高、低压检修阀连接，中间软管（通常为黄色）与真空泵连接，如图 10.66 所示。

（2）打开高、低压手动阀，并启动真空泵，注意观察两个压力表，经过 30 min 以上的时间，将系统压力抽至负压为 0.1 MPa。

（3）关闭高、低压手动阀，观察压力表 5 min，若压力不回升，并可结束抽真空（也可再重复抽 1～2 次）；若显示压力增加，说明有空气进入制冷剂循环管路，这时应排查泄漏点并修复。

（4）确认先关闭了高、低压手动阀的前提下，关闭真空泵。

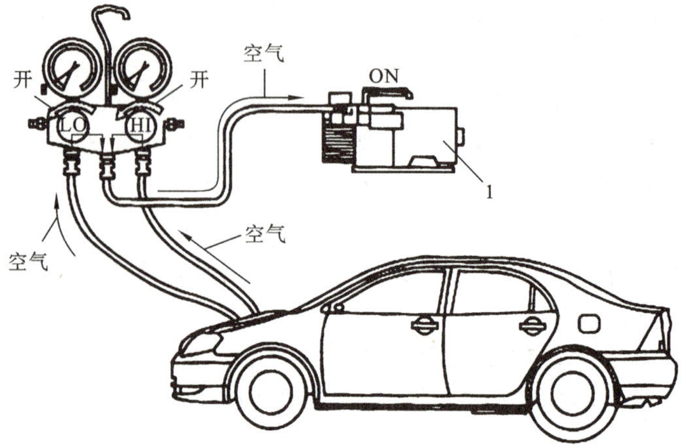

图 10.66 抽真空

1—真空泵

3）制冷剂的加注(含冷冻油)

(1) 如果是制冷剂循环管路刚完成抽真空作业，可以将液态制冷剂从高压阀注入制冷系统，其加注流程如下。

① 在确认系统密封性良好的前提下，将制冷剂压力计中间软管从真空泵上卸下，改接到装在制冷剂罐的注入阀上，并用注入阀刺穿制冷剂罐口。然后，按下中间软管对应的泄压阀，直至听到嘶嘶声后松开，以排除中间软管内的空气。

② 打开制冷剂压力计高压侧阀门，制冷剂便经过高压侧软管进入制冷剂循环管路，如图10.67所示。这时应注意低压表读数应跟随高压表读数一起升高，否则说明系统内部有堵塞，应及时检修。

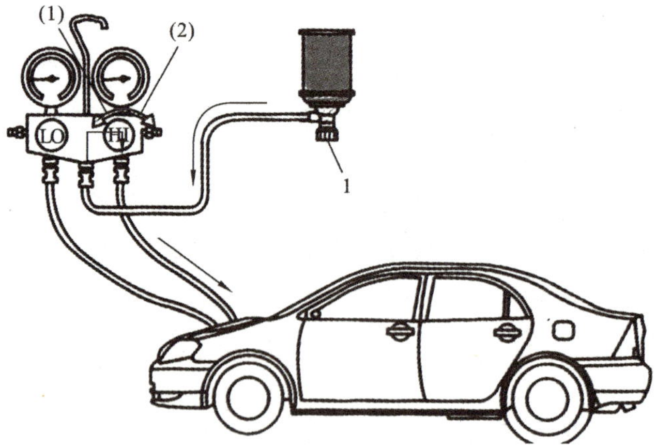

图 10.67 从高压侧充注液态制冷剂

1—加注罐

③ 若低压表读数跟随正常回升，可将制冷剂罐倒立，使制冷剂呈液态装流入系统。注入规定量(一般为200 g左右)的制冷剂后，关闭制冷剂压力计高压阀，即可进行检漏或试运行。

(2) 当制冷剂循环管路中已经注入了一定量制冷剂后，一般从低压侧进行下一步的加注作业，其加注流程如下。

① 将制冷剂压力计的高、低压软管分别与空调制冷系统的高、低压检修阀连接，中间软管与制冷剂罐连接。如果是重新连接，必须先将这三条软管内的空气排出。

② 启动发动机，并维持1500～2000 r/min左右转速，接通空调A/C开关，使压缩机工作，设置风机高速旋转，设置出风口温度为最冷。

③ 用注入阀刺穿制冷剂罐口，并保持罐体正立（不可倒立，避免液态制冷剂进入压缩机），然后缓慢打开制冷剂压力计的低压阀，让制冷剂被压缩机吸入制冷系统低压侧，如图10.68所示。

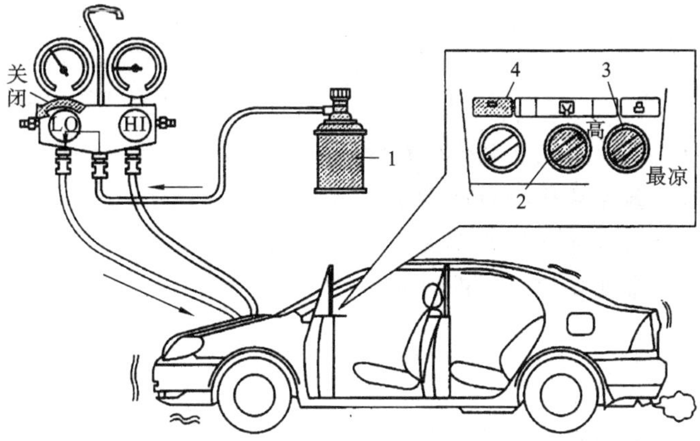

图10.68　从低压侧充注液态制冷剂

1—加注罐；2—风机速度选择开关；3—温度选择开关；4—空调开关

④ 加注过程注意调节低压阀的开度，使低压表读数不超过4.2 MPa，若想加快加注速度，可将制冷剂罐竖立在40 ℃左右的温水中。

⑤ 加注完毕后，关闭制冷剂压力计的高、低压阀门，关闭制冷剂罐体注入阀，关闭空调A/C开关和风机开关，关闭发动机，拆除制冷剂压力计。

学习情境 11　汽车多媒体播放声音效果不良

学习目标

1. 知识目标

- 掌握汽车音响系统的组成及操作使用方法。
- 掌握音响常用元器件的检测和代换方法。
- 掌握汽车音响的基本电路识读方法。
- 掌握汽车音响的常见故障诊断检测方法。

2. 能力目标

- 能正确使用汽车音响系统。
- 能正确拆装汽车音响系统的主要部件。
- 会正确使用维修工具、仪器、仪表。
- 会排除汽车音响系统的典型故障。

职业情境描述

一辆 2008 款速腾 1.6AT 轿车，行驶 1000 km，客户反映该车收音机无法正常工作，当打开收音机时，屏幕显示“SAFE”字样。请按规范对音响系统进行解锁，并向客户提出使用建议。

工作任务 1　汽车音响系统的认识

1. 汽车音响系统的组成及特点

汽车音响是提高汽车驾驶娱乐和获取信息的重要途径，已经成为汽车的标准配置。

随着数字音响技术的发展和人们对乘车舒适性要求的不断提高，汽车音响已由最初单一的汽车收音机、放音机发展到集视听娱乐、通信导航和辅助驾驶等多种功能于一体的综合性多媒体车载电子系统。激光唱机取代磁带播放机，成为中高档轿车音响的主流，MD 和 MP3 开始成为汽车音响的选装配置。

大中型旅行客车和长途客车配置了带卡拉 OK 功能的车载 VCD 多媒体系统，部分高档轿车配置了车载 DVD 多媒体系统。更先进的汽车音响系统可以打电话、发传真、收发电子邮件，并兼有防盗、辅助安全驾驶等功能。

1）汽车音响系统的组成

汽车音响系统的组成随车型和等级有所不同，主要由主机（信号源）、音频处理器、功率放大器、扬声器、视频系统（多媒体）、电源及供电电路等组成。某型号汽车音响系统如图 11.1 所示。

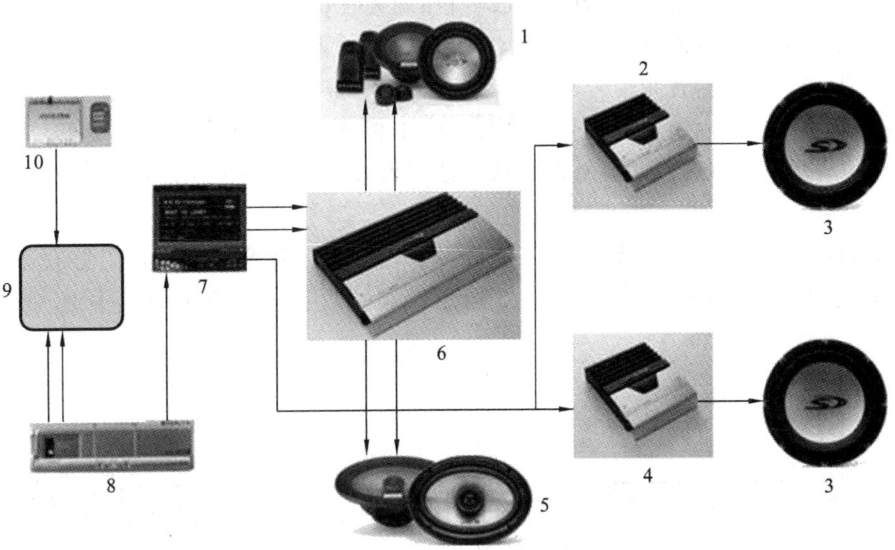

图 11.1　ALPINE 汽车多媒体影音系统的结构

1—前声场扬声器；2—低音功率放大器；3—超低音喇叭；4—低音功率放大器；5—后声场扬声器；
6—主功率放大器；7—媒体中心；8—6 碟 DVD 换碟机；9—扩展盒 KCE-104V；10—电视调谐器

2）汽车音响系统的特点

（1）采用汽车 12 V 蓄电池直流供电。

（2）采用低阻抗、大功率、体积小的扬声器。

（3）采用匣式机芯，防尘、耐热、抗震。

（4）收音机接收灵敏度高。汽车驾驶室有屏蔽作用，加上汽车高速行驶，有时离发射台很远，故要求 AM 广播的接收灵敏度要小于 50 μV，FM 大于 3 μV，AM 的自动增益范围要求大于 40 dB，能承受 1000 mV 的大信号输入而不产生阻塞失真。

（5）电感调谐。为了防止汽车在行驶中震动对调谐的影响，汽车收音机大多采用电感调谐。

（6）具有夜光照明功能。汽车在夜间行驶时，为了收音和放音的方便，常常设有透光的照明按键。设计这种照明装置时，部分影响 LCD 数字显示效果。

（7）体积较小，按照有关标准，汽车音响限定体积为 183 mm×50 mm×153 mm。

（8）抗干扰能力强。

2. 信号源

信号源是汽车音响的节目源，包括汽车收音机（调谐器）、磁带放音机、CD 唱机、车用 VCD 机或 DVD 机等。目前，普通低中档汽车音响系统的信号源主要是车用收放音机和 VCD 机，高档汽车音响系统的信号源主要是收放音机、车用 DVD 机，还可以选装 MP3 和 MD 唱机。

1）收音机

收音机是汽车上最早采用的一种的语音娱乐装置，也是车载影音娱乐系统最常见配置之一。现在几乎没有不配备收音机的汽车了。

(1) 收音机的类别　收音机的类别很多。按广播制式分为调幅收音机、调频收音机、调频调幅收音机；按电路原理分为直放式收音机和超外差式收音机，前者在检波前不改变所接收的频率；后者将所选收的频率变成一个较固定的中间载频（中频），然后再进行放大、检波。常用的收音机是超外差式收音机，主要有调幅收音机、调频收音机和调频立体声收音机三类。

(2) 收音机原理　目前使用的基本上都是超外差式收音机。信号在检波之前，先进行变频和中频放大，然后检波，音频信号经过低频放大送到扬声器。所谓外差是指天线输入信号和本机振荡信号产生一个固定中频信号的过程。由于超外差收音机有中频放大器，对固定中频信号进行放大，所以该收音机的灵敏度和选择性可大大提高，但同时也附带产生中频干扰和镜像干扰。

① 调幅收音机　用来接收调幅制广播节目的收音机。其解调过程是用检波器对已调幅高频信号进行解调，其原理框图如图 11.2 所示。调幅收音机一般工作在中波、短波或长波波段。

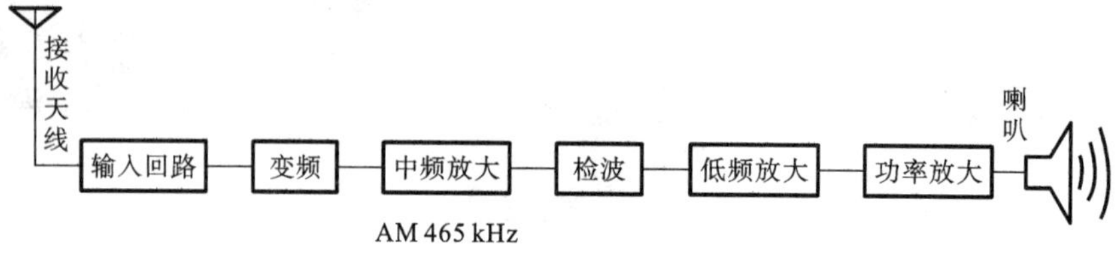

图 11.2　调幅收音机原理框图

② 调频收音机　用来接收调频制广播节目的收音机。其解调过程是用鉴频器对已调频高频信号进行解调。调频信号在传输过程中，由于各种干扰，使振幅产生起伏，为了消除干扰的影响，在鉴频器前常用限幅器进行限幅，使调频信号恢复成等幅状态，其原理框图见图11.3。调频收音机一般工作在超短波波段，其抗干扰能力强、噪声小、音频频带宽，音质比调幅收音机好。高保真收音机和立体声收音机都是调频收音机。调频波段都在超高频（VHF）波段，国际上规定为 87～108 MHz。

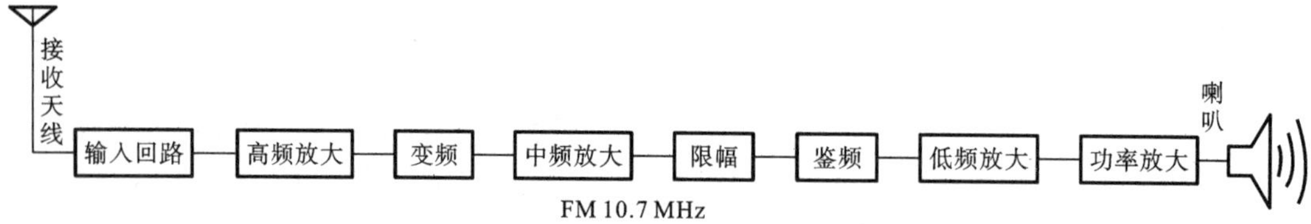

图 11.3　调频收音机原理框图

2) CD 唱机

CD(compact disc)唱机即激光唱机，是用来播放激光唱片的设备。它是一种用微处理器控制的智能化高保真立体声音响设备，采用了先进的激光技术、数码技术、计算机技术和各种新型元器件，具有高密度记录、放音时间长（达 60～75 min）、操作简便、选曲快速等优点。

CD 唱机中主要包括机械系统、信号读取系统（激光头系统）、伺服系统（包括聚焦伺服、循迹伺服、径向进给伺服、主轴伺服）、译码、纠错和数/模变换器等数字信号处理系统、系统控制及电源。图 11.4 所示为 CD 唱机的系统构成。

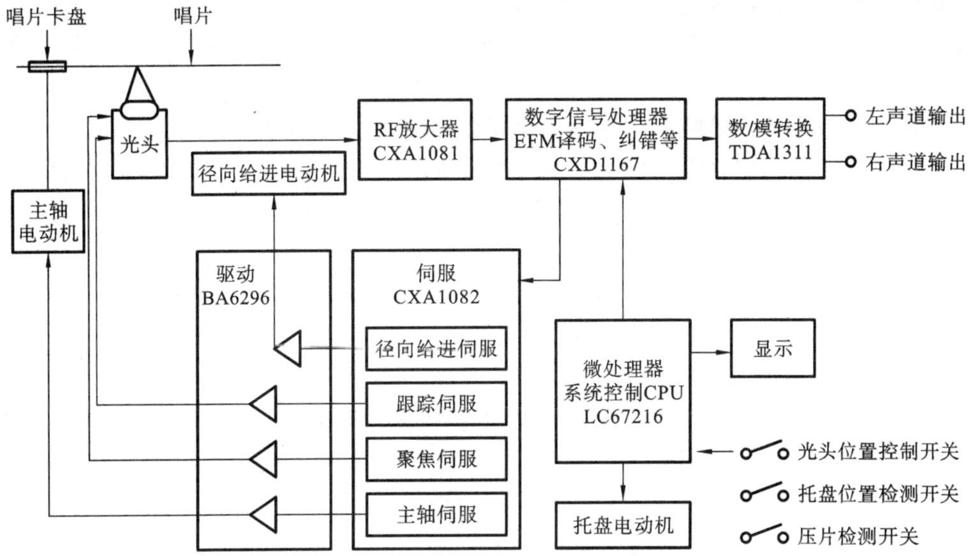

图 11.4　CD 唱机的系统构成

CD 机的主要功能是播放 CD 唱片。首先，CD 唱机要使 CD 唱片以适当的速度稳定旋转，然后激光头读取从唱片上反射的激光束，获取相关数字信息，然后再将这些信息精确还原为原始的模拟信号，以便让功放将这些信号放大，并在扬声器中播放出来。

CD 唱机是通过机械和电路两部分构造来完成上述功能的。其中机械部分主要是指机芯，包括主轴、主轴电动机、循迹导轨、循迹电动机和激光头组件等，这些组件协同运作，完成包括托盘进出、光盘装卸、转盘、夹持、光束聚焦和循迹等一系列工作。

电路部分则包括主要由激光头、信号处理、机芯伺服、控制显示和电源电路等，完成从光盘读取，信号转换与处理的一系列工作。

3) VCD(video compact disc)机

VCD 机是用来播放采用 MPEG-1 标准压缩编码的激光影碟的设备。VCD 机激光拾音器工作方式同 CD 唱机一样，机芯是通用的。VCD 机与 CD 唱机唯一的不同是增加了数字化音视信号解压缩功能，并分别经数/模变换后输出模拟的声音和图像信号。VCD 机兼容 CD 唱机的功能。

4) DVD(digital video disc)机

DVD 是指数字影碟机，采用的是 MPEG-2 标准压缩编码。DVD 机解决了 VCD 机图像清晰度不够高的问题，是更高级的激光影碟机。

3. 放大器

放大器简称功放，其主要作用是将各种节目信号进行电压放大和功率放大，然后推动扬声器发出声音。按功能不同又分为：调整放大器(也称前置放大器)、功率放大器(也称主放大器)和环绕立体声放大器等类型。

1) 前置放大器

前置放大器连接信号源及控制信号的开关，并对各种信号进行必要的处理和电压放大。前置放大器与信号源之间设置各种均衡电路，用于实现前后级的阻抗匹配和频率补偿，前置放大器主要包括输入电路、音调控制和线路放大。

输入电路对收音机、激光唱机和磁带送来的信号进行均衡和控制，包括阻抗和频率的均衡。

音调控制对信号的各段频率成分提升或衰减，以便满足不同需要。

由信号源传送来的信号需要放大到一定的电压值才能推动功率放大器。线路放大器把弱信号放大到0.2～1 V，以便和功率放大器配接。

2）功率放大器

功率放大器主要对前置放大器送来的电信号进行不失真的放大，推动扬声器发声，功率放大器主要包括等响度控制电路、音量控制、功率放大和保护电路等。

3）环绕立体声放大器

环绕立体声能使听众感到立体临场感，使人在欣赏音乐时有被声音环绕的感觉。环绕立体声放大器主要包括以下两部分。

（1）环绕立体声处理电路　利用信号延迟方法产生环绕声效果。

（2）环绕立体声放大器　带动环绕音响发声，由于环绕立体声放大器用于模拟反射声，故其频响一般不需要很宽，功率也不需要过大。

4．扬声器

扬声器又称喇叭，是汽车音响系统的终端。扬声器是一种把电信号转变为声信号的换能器件，扬声器的性能优劣对音质的影响很大。

1）扬声器特征

（1）扬声器有两个接线柱（两根引线），当使用单只扬声器时，两根引脚不分正负极性；多只扬声器同时使用时，两个引脚有极性之分。

（2）扬声器有一个纸盆，它的颜色通常为黑色，也有白色。

（3）扬声器的外形有圆形和椭圆形两大类。

（4）扬声器纸盆背面是磁铁，外磁式扬声器用金属螺丝刀去接触磁铁时会感觉到磁性的存在；内磁式扬声器中没有这种感觉，但是内部确有磁铁。

（5）扬声器装在面板上或音箱内。

2）扬声器的种类

扬声器的种类很多，按其换能原理可分为电动式（动圈式）、静电式（电容式）、电磁式（舌簧式）、压电式（晶体式）等几种；按频率范围可分为低频扬声器、中频扬声器、高频扬声器，这些常在音箱中作为组合扬声器使用。

（1）低频扬声器　对于各种不同的音箱，对低频扬声器的品质因素 Q_0 值的要求是不同。对闭箱和倒相箱来说，Q_0 值一般在0.3～0.6之间最好。一般来说，低频扬声器的口径、磁体和音圈直径越大，低频重放性能、瞬态特性就越好，灵敏度也就越高。低音单元的结构形式多为锥盆式，也有少量的为平板式。低音单元的振膜种类繁多，有铝合金振膜、铝镁合金振膜、陶瓷振膜、碳纤维振膜、防弹布振膜、玻璃纤维振膜、丙烯振膜、纸振膜等。采用铝合金振膜、玻璃纤维振膜的低音单元一般口径比较小，承受功率比较大，而采用强化纸盆、玻璃纤维振膜的低音单元重播音乐时的音色较准确，整体平衡度不错。

（2）中频扬声器　一般来说，中频扬声器只要频率响应曲线平坦，有效频响范围大于它在系统中担负的放声频带的宽度，阻抗与灵敏度和低频单元一致即可。有时中音的功率容量不够，也可选择灵敏度较高，而阻抗高于低音单元的中音，从而减少中音单元的实际输入功率。中音单元一般有锥盆和球顶两种。只不过它的尺寸和承受功率都比高音单元大而适合于播放中音频而已。中音单元的振膜以纸盆和绢膜等软性物质为主，偶尔也有少量的合金球顶振膜。

（3）高频扬声器　高频扬声器是放高频声音的单元，其结构形式主要有号筒式、锥盆式、球顶式和铝带式等几大类。

3）电动式扬声器的结构和工作原理

电动式扬声器应用最广泛，它又分为纸盆式、号筒式和球顶式三种。这里只介绍纸盆式扬声器。

纸盆式扬声器又称为动圈式扬声器。它由以下三部分组成。

① 振动系统，包括锥形纸盆、音圈和定心支片等。

② 磁路系统，包括永久磁铁、导磁板和场心柱等。

③ 辅助系统，包括盆架、接线板、压边和防尘盖等。

当处于磁场中的音圈有音频电流通过时，就产生随音频电流变化的磁场，这一磁场和永久磁铁的磁场发生相互作用，使音圈沿着轴向振动。这类扬声器结构简单、低音丰满、音质柔和、频带宽，但效率较低。

纸盆式扬声器电磁铁采用螺管式结构，铁芯上绕有线圈，上、下铁芯之间的气隙在线圈中间，所以能产生较大的吸力。它无扬声筒，而是将上铁芯、膜片和共鸣板固装在中心轴上。当电路接通时，线圈产生吸力，上铁芯被吸下与下铁芯碰撞，产生较低的基本频率，并激励与膜片一体的共鸣板产生共鸣，从而发出比基本频率强得多，且分布又比较集中的谐音。为了减小触点火花，保护触点，在触点间并联了一个电容器（或消弧电阻）。

图 11.5 所示为纸盆式扬声器的结构。

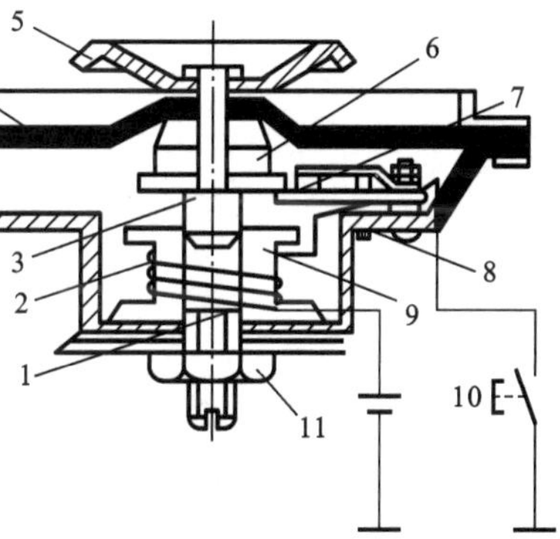

图 11.5　纸盆式扬声器的结构与工作原理

1—下铁芯；2—线圈；3—上铁芯；4—膜片；5—共鸣板；6—衔铁；

7—触点；8—调整螺钉；9—电磁铁芯；10—按钮；11—锁紧螺母

4）扬声器的阻抗

阻抗是指扬声器输入信号的电压与电流的比值，其单位为欧姆（Ω），阻抗也就是扬声器对电流所呈现出的阻力，阻抗并不等于就是电阻，而是包括电阻和电抗，即包括电阻和电感、电容产生的感抗和容抗三个部分，是这三者在向量上的总和。阻抗值并不是一个常数值，而是随着播放的音乐的频率而不断变化起伏，可能在某频率高到十几欧姆或二十几欧姆，也可能在某频率低到一欧姆或以下，一般以其谐振频率下共振峰之间所呈现的最低阻抗值来作为其标称值。

目前，大部分车载扬声器的阻抗是在 2～8 Ω。我国国家标准规定的音箱阻抗优选值有4 Ω、8 Ω、16 Ω(国际标准推荐值为 8 Ω)。

5）分频器

分频器是指将不同频段的声音信号区分开来，分别给予放大，然后送到相应频段的扬声器中再进行重放。在高质量声音重放时，需要进行电子分频处理。

从结构来看，分频器本质上是由电容器和电感线圈构成的 *LC* 滤波网络，高音通道是高通滤波器，它只让高频信号通过而阻止低频信号；低音通道正好相反，它只让低频信号通过而阻止高频信号；中音通道则是一个带通滤波器，除了一低一高两个分频点之间的频率可以通过，高频成分和低频成分都将被阻止。在实际的分频器中，有时为了平衡高、低音单元之间的灵敏度差异，还要加入衰减电阻器；另外，有些分频器中还加入了由电阻器、电容器构成的阻抗补偿网络，其目的是使音箱的阻抗曲线平坦一些，以便于功放驱动。

工作任务 2　汽车音响系统的基本电路及典型故障分析

1. 汽车音响系统的基本电路

识读东风雪铁龙 2011 款新爱丽舍轿车音响系统电路图(见图 11.6),并分析其工作过程。图 11.7 所示为线束图,图 11.8 所示为元件位置图。

2. 汽车音响系统常见故障

汽车音响系统与家用音响系统的基本原理大致相同,但在结构和线路方面仍然有自身的特点。由于汽车音响系统的工作环境具有温度高、灰尘多和震动大等特点,因此故障发生率较高,但故障原因仍有一定规律可循,常见的故障和维护检修方法介绍如下。

1) 机芯系统故障

相较于普通的收录机机芯,汽车音响系统中的收放机机芯更加牢固,故障发生率较少,故障原因一般是不当操作引起。但当保养不善或积灰太多时,有些收放机的机芯会出现失灵、盒带无法出盒及转速过缓等故障。

2) 收音部分故障

汽车音响系统的收音部分若出现故障,便会成为硬性故障。如发现汽车音响的收音功能丧失,维修人员应该首先检查上述故障的发声部位,再考虑外围元器件是否遭到损坏。确定外围元器件无任何损坏情况后,再对音响中集成块的电压进行测量,如发现引脚电压与正常值不同,就可判定集成块已经造成损坏。由于音响中的集成块结构复杂,故障因素难以划分,并且价格较高且不易购买,因此集成块不能轻易拆除。

3) 功率放大器故障

功率放大器故障是汽车音响系统中最常发生的故障,而引起功率放大器故障的主要原因大多是集成块被击穿损坏。具体来讲:第一,因为汽车电源系统中的电压调节器功能丧失,电源电压不正常的上升,从而使集成块出现热量过大的情况;第二,因为汽车电路中产生了瞬态峰值电压,该电压击穿功率放大器中的集成块。通过对故障的研究可以发现,在第一种类型的故障中常伴有扼流圈等元件烧毁情况发生,并使滤波电容也出现完全性的损坏,最终造成功率放大器的外壳变形。第二种类型的故障的损坏情况较轻,损坏的部分仅仅体现在集成块部分,其他元件则不会出现损坏。功率放大器故障的检修流程并不复杂。

3. 汽车音响系统常见故障检修

在使用汽车音响系统时,由于汽车的特殊环境或使用不当,易使音响系统发生故障和损坏。汽车音响系统作为汽车的一种基本设施,几乎在所有的汽车上都有安装。现代汽车音响系统是结构较为复杂且精密的机电一体化设备。其检修是一项技术性和经验性很强的工作。

1) 汽车音响系统常见故障检修程序

汽车音响系统的检修应该按照图 11.9 所示的程序规范进行。

(1) 用户调查　当用户送来故障机检修时,维修人员动手之前,不要忙于通电,先要仔细询问用户,了解音响系统的使用情况、故障产生的过程及发展状况等,并做好认真的记录。具体内容如下。

① 故障发生前后是否有冒烟、异响、碰撞等。

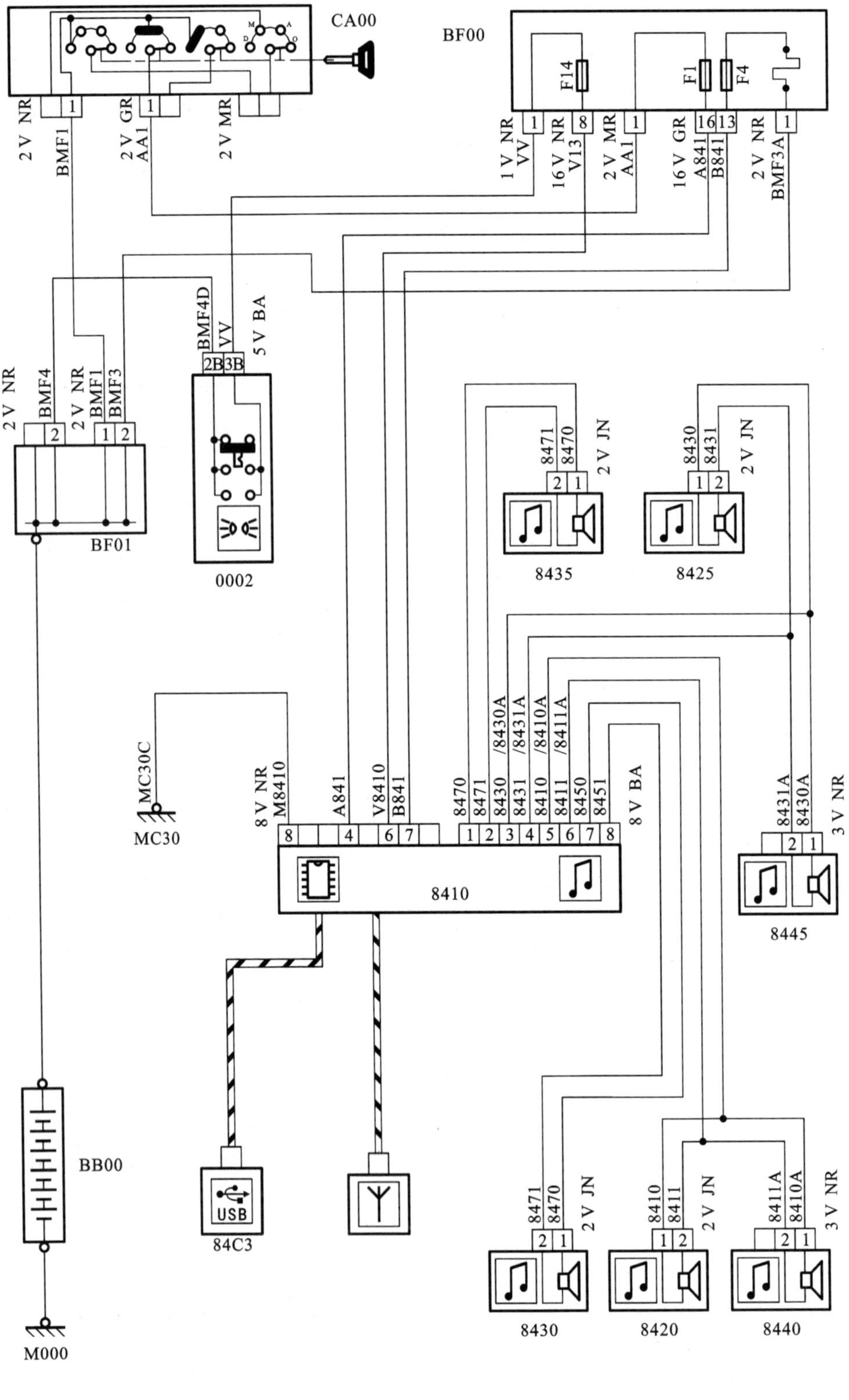

图11.6　东风雪铁龙2011款新爱丽舍轿车音响系统电路原理图

BB00—蓄电池；BF00—座舱保险丝盒；BF01—发动机舱保险丝盒；CA00—点火开关；
0002—照明信号开关；8410—汽车音响主机；8435—右后扬声器；8435—左后扬声器；8425—右前高音扬声器；
8445—右前中音扬声器；8430—左后中音扬声器；8420—左前高音扬声器；8440—左前中音扬声器

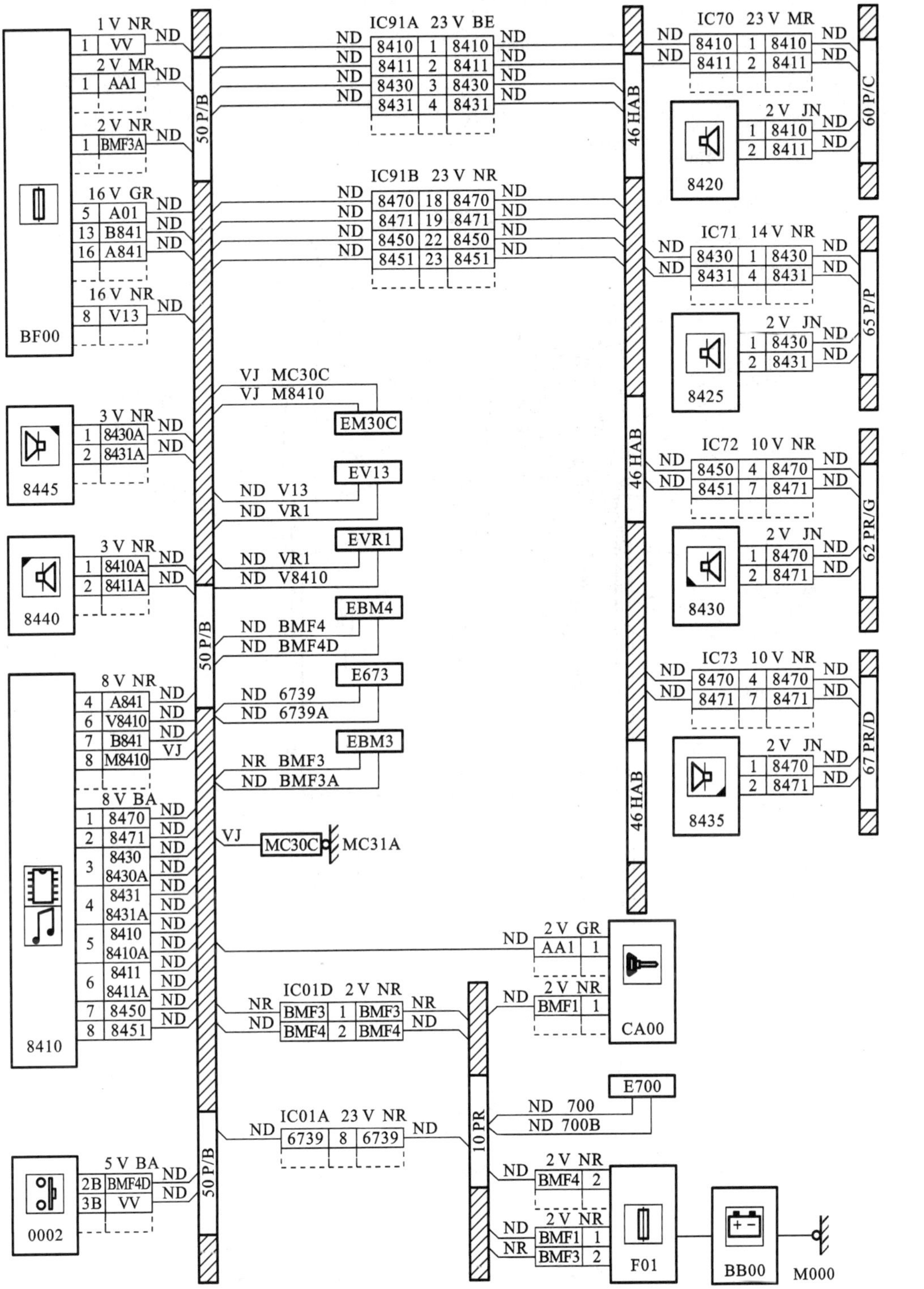

图 11.7　东风雪铁龙 2011 款新爱丽舍轿车音响系统线束图

8410—左前扬声器控制⁺；8411—左前扬声器控制⁻；8430—右前扬声器控制⁺；

8431—右前扬声器控制⁻；8450—左后扬声器控制⁺；8451—左后扬声器控制⁻；

8470—右后扬声器控制⁺；8471—右后扬声器控制⁻；8462—蓝牙免提音响⁺；8463—蓝牙免提音响⁻

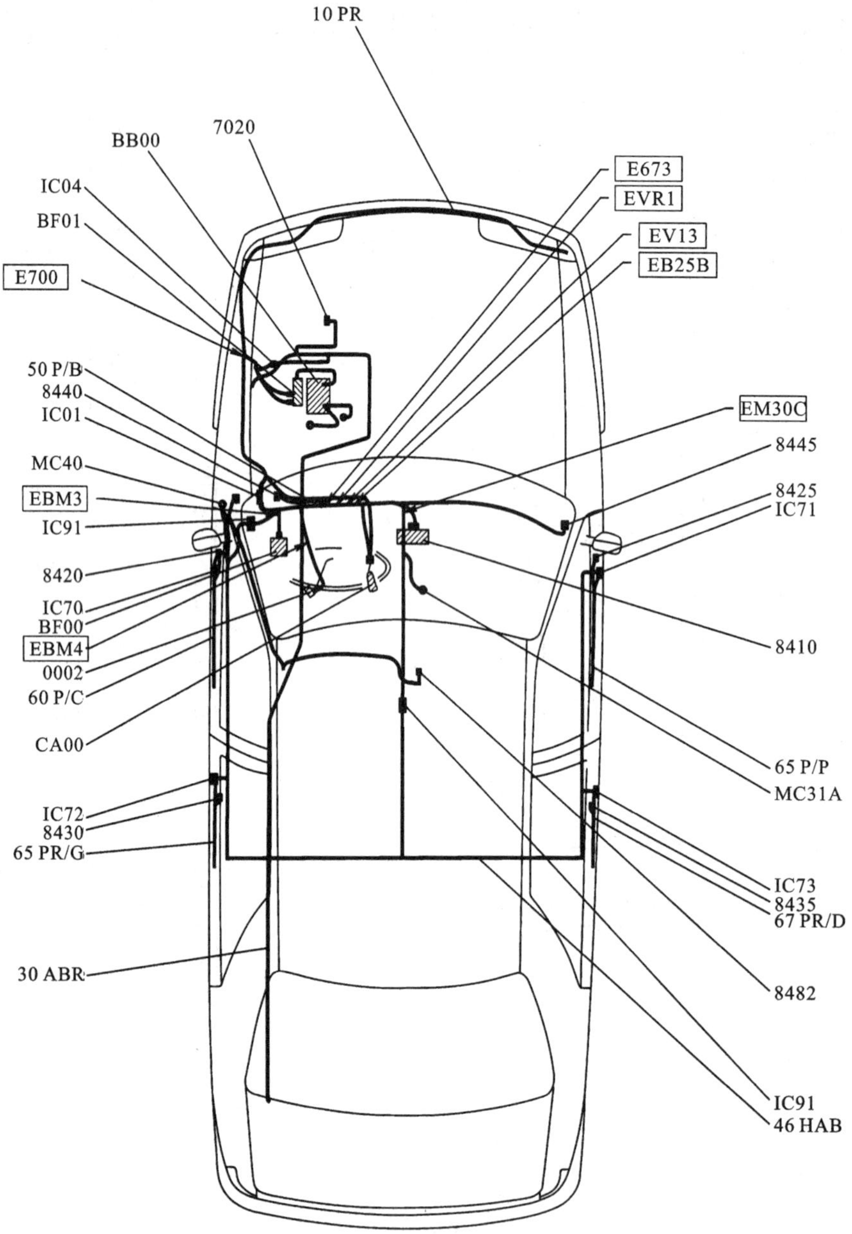

图 11.8　东风雪铁龙 2011 款新爱丽舍轿车音响系统元件位置图

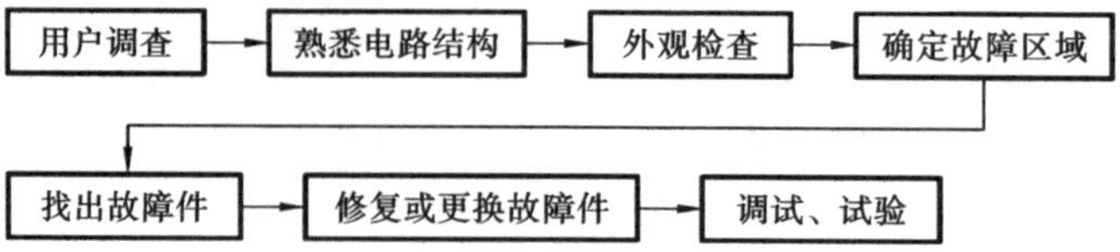

图 11.9　汽车音响系统检修流程

② 故障发生前后性能的变化。

③ 故障发生后通电与否。

④ 机器的使用时间。

⑤ 机器是否修理过，修理的部位和调整的元件。

⑥ 机器的使用环境有无过热、潮湿、碰撞等情况。

(2) 熟悉电路结构　对用户调查了解并获得第一手资料后，接下来便是熟悉待修汽车音响系统的电路结构。首先是熟悉其电路结构方框图的工作原理。只有了解和熟悉其工作原理后，检修起来方能做到胸中有数，分析、判断才有依据；其次是熟悉待修汽车音响系统的主要元器件的结构、作用和特性，否则，即使找到了故障点，还是难以判别元件的好坏，盲目地乱拆乱装还可能导致故障的扩大，即使无故障的元器件经过几次拆装之后也会发生故障。

(3) 外观检查　对汽车音响系统的外观检查，主要是查看待修机外表面上的伤痕，电源插头及导线是否良好，连接插座是否松动，各信号源的信号输出线与放大器的连接，放大器与喇叭的连接等是否良好，同时还应对待修机的牌号、型号、新旧程度及使用保养等情况进行观察。

(4) 确定故障区域　根据上述几方面了解到的故障所表现出的特征及用户的陈述，并结合音响系统的结构原理及信号流程，再借助以往的维修经验，综合系统分析与逻辑判断，以推断造成故障的各种可能原因，最后将故障点缩小到一定的电路范围，按照发生故障的可能性大小排队，确定故障存在的大致区域。

(5) 找出故障部件　通过以上四步的检查以后，对汽车音响系统故障存在区域已经划分出来了，再具体对照故障单元的电路原理图和印制电路板图，分析其工作原理，并在印制电路板上找到相应部位，运用仪器、仪表进行测试，分析所测得的数据，并与正常工作时的数据进行对比，最后找出故障元、器件或电路的开路与短路点。

(6) 故障件的修复与更换　故障元器件检查出来后，再根据该元器件的结构和工作原理进行测试分析，针对不同的故障程度，采用相应的修复或变通代换措施进行排除。对于有些机械类易损件可通过调校、整形及加工仿制等措施修复；对于声电或电声转换部件则可采取局部修复措施进行修复；对于电路类易损件，一般属于元件变质或性能参数下降，有些可通过调整电路工作点恢复其功能；对于集成电路或厚膜块，若局部损坏则可采用外贴元件的修复措施，若损坏程序严重，则可采用代换措施排除故障。

(7) 调试与试验　故障件修复或更换元件之后应调试，使整机各电声技术指标恢复至原机要求。然后在满负荷状态下对整机性能进行测试，并进行一定时间的疲劳实验，确保经过修理的机器能稳定可靠的工作。

2) 汽车音响系统常见故障的检修方法

(1) 用户询问法　用户询问法就是通过询问的方式，向车主提出有关故障的相关问题，并让车主描述故障原因与故障现象的过程。因此维修人员在处理故障时，不要急于把汽车拆开修理，而是要先询问车主故障发生的时间与损坏的程度，最好再向其了解以往的修理记录。如此一来，维修人员就可通过车主的描述与回答，获取到故障的准确信息与资料，以此减少维修时间与维修流程，使维修效率得以提高。

(2) 面板操作压缩法　该方法实现的主要工具是汽车收音机与播放器上的各种功能按钮与接口插头。在面板操作压缩法的实施过程中，维修人员可以通过对功能按钮与接口插头的不断操作与切换，将故障范围进行快速压缩，从而判断出故障的大体范围与严重程度。此方法对维修人员的操作技术要求较高，这一点尤其体现在维修人员对操作开关与按钮性能的熟练程度上，这使得维修人员必须对汽车的电路原理和机芯机构都有比较全面地认识与了解。

(3) 信号追踪法　音频信号发射器会产生一定程度的信号，信号追踪法就是在利用信号的基础上，遵从电路由低至高的等级顺序，先把不同程度频率的信号按照顺序，对应加入到汽车的收放机中，再用万用表测出输出信号的实际电压大小。如音响受损害程度较轻，维修人员便可打开扬声器，仔细比较不同音量下的声音大小，最终准确找出故障位置。

(4) 触击检查法　触击检查法是维修人员有意识的对元件或电路板进行敲击、振动的方法。通过触击检查法，维修人员可以准确判断由于接触不良、导线烧裂引起音响故障的具体范围。一般来讲，只要轻轻的振动或敲击，就能找到音响中线路虚焊和元件松动的部位。在敲击或振动的过程中，要结合扬声器，仔细分辨扬声器的音量变化，这样才能判断出故障的具体部位。

(5) 脱开检查法　脱开检查法的通用工具是万用表，在脱开检查法中，首先要把汽车音响系统中的部分电路进行无损害的断开，再利用万用表测出音响工作时的电阻值、电流值与电压值，从而实现故障的判断。脱开检查法一般用于电源电压不稳、短路和自激等故障的检查中。由于电路的短路故障会导致电流增大，如果此时采用的是其他方法，长时间下来，会使其他故障伴随发生。脱开检查法的实施流程是：首先，为了确保电流没有任何异常，先断开音响系统中的部分电路；其次，观察音响系统总电流的变化情况，以此判定故障发生的大体部位，从而进行针对性的检查与维修，还不损伤其他功能完整的元件与电路；最后，断开怀疑故障电路的电流，若断开后该部分电路的电流迅速的降至正常值或更小，那么就可以把故障范围锁定在此部分电路中。若没有出现上述情况，维修人员则要继续使用此方法，按照顺序断开其他怀疑故障电路，最终确定故障所在。

参考文献

[1] 周建平.汽车电气设备构造与维修[M].2版.北京:人民交通出版社,2010.

[2] 史懂深,方斌.汽车电气系统检修[M].北京:清华大学出版社,2014.

[3] 胡光辉.汽车电气[M].2版.北京:北京理工大学出版社,2015.

[4] 朱帆.汽车电气设备电路解析与故障检修[M].北京:化学工业出版社,2016.

[5] 杨智勇,惠怀策.图解汽车电器维修[M].北京:化学工业出版社,2016.

[6] 赵福堂.汽车电器设备与维修实训[M].北京:中央广播电视大学出版社,2006.

[7] 江军,鄂义.汽车电器设备与维修学习工作页[M].武汉:华中科技大学出版社,2015.

[8] 潘伟荣.汽车空调系统构造与维修[M].北京:人民交通出版社,2013.

[9] 陈宁.汽车电路分析与检测[M].2版.北京:电子工业出版社,2014.

[10] 林世生.汽车音响[M].北京:中央广播电视大学出版社,2007.

[11] 毛峰,杜春盛.汽车车身辅助电器系统检测与修复[M].北京:机械工业出版社,2011.

[12] 曾显恒.汽车电器系统故障检测与修复[M].南京:东南大学出版社,2015.

[13] 刘春晖.汽车电气设备检修与技术详解[M].2版.北京:机械工业出版社,2015.

[14] 张月相,赵英君.电控汽车安全气囊培训教程[M].哈尔滨:黑龙江科学技术出版社,2007.

[15] 陶荣伟.怎样识读汽车电路图[M].北京:中国电力出版社,2016.

[16] 杨智勇.汽车电器[M].北京:人民邮电出版社,2011.

[17] 姚道如,安宗权.汽车电器与辅助电子系统技术及检修[M].合肥:中国科学技术大学出版社,2014.

[18] 刘子荣,龙清宇.汽车电气设备构造与检修项目一体化教程[M].沈阳:东北大学出版社,2015.

[19] 张胜宾.汽车安全与舒适系统检测诊断与维修[M].北京:北京出版社,2016.

[20] 于万海.汽车电气设备原理与检修[M].北京:电子工业出版社,2006.

[21] 李春明.汽车电器与电路[M].北京:高等教育出版社,2003.

[22] 马云贵,黄鹏.汽车电路与电器[M].长沙:中南大学出版社,2011.

[23] 杨志红,廖兵.汽车电器[M].北京:机械工业出版社,2015.

[24] 胡光辉.汽车电器设备构造与检修[M].北京:机械工业出版社,2010.

[25] 马云贵,赵进福.汽车电源与启动系统检修[M].北京:人民交通出版社,2010.

[26] 上海通用汽车有限公司.汽车电子与电气系统及检修[M].北京:高等教育出版社,2016.

[27] 周建平.汽车电气设备构造与维修[M].北京:人民交通出版社,2005.

[28] 胡光辉.汽车电气设备构造与检修[M].北京:机械工业出版社,2010.
[29] 管海兵.汽车电气故障诊断与修复[M].北京:人民交通出版社,2017.
[30] 上海通用汽车有限公司.汽车空调系统及检修[M].北京:高等教育出版社,2016.
[31] 张俊.汽车车身电控技术[M].北京:人民大学出版社,2012.
[32] 冀望年.汽车空调结构与维修[M].北京:电子工业出版社,2011.
[33] 许康.汽车电气设备构造与拆装[M].北京:人民交通出版社,2013.